THE
TRIUNE
GOD

성부
-
성자
-
성령

삼위 하나님

THE TRIUNE GOD
Edited by Ronald L. Kohl

Copyright ⓒ 2014 by Alliance of Confessing Evangelicals
Originally published in English under the title,
The Triune God
Translated and published by permission of P&R Publishing
P.O. Box 817, Phillipsburg, NJ 08865, USA
All rights reserved.

Korean Edition published by Word of Life Press, Seoul 2015
Printed in Korea.

성부 성자 성령
삼위 하나님

ⓒ 생명의말씀사 2015

2015년 11월 17일 1판 1쇄 발행
2016년 2월 10일 　　　2쇄 발행

펴낸이 | 김재권
펴낸곳 | 생명의말씀사

등록 | 1962. 1. 10. No.300-1962-1
주소 | 서울시 종로구 경희궁1길 5-9(03176)
전화 | 02)738-6555(본사) · 02)3159-7979(영업)
팩스 | 02)739-3824(본사) · 080-022-8585(영업)

기획편집 | 박미현, 유영란
디자인 | 김혜진, 최윤창
인쇄 | 예원프린팅
제본 | 정문바인텍

ISBN 978-89-04-03150-4(03230)

저작권자의 허락없이 이 책의 일부 또는 전체를
무단 복제, 전재, 발췌하면 저작권법에 의해 처벌을 받습니다.

성부
-
성자
-
성령

삼위
하나님

THE
TRINUE
GOD

편집자 서문

신학교에 다니던 시절, 어떤 교수는 "삼위일체를 부인하면 영혼을 잃을 것이고, 삼위일체를 설명하려고 애쓰면 생각을 잃을 것이다."라고 말했다.

이 책의 목적은 삼위일체를 정의하거나 설명하는 데 있지 않다. 이 책은 성삼위 하나님을 사랑하는 마음을 더욱 북돋우기 위해 쓰여졌다.

이 책은 하나님은 한 분이며 삼위로 존재하신다는 성경의 전제를 따른다. 제임스 패커는 이렇게 말했다. "하나님을 믿는 기독교 신앙의 핵심은 성경에 계시된 삼위일체의 신비에 있다. 라틴어 '트리니타스'(*trinitas*)는 '삼위'를 뜻한다. 기독교는 하나님이 세 위격으로 존재하신다는 '삼위일체 교리'를 믿는다."[1]

'삼위일체'라는 용어는 성경에 없다. 이 용어를 처음 사용한 사람은 테르툴리아누스였다. 그러나 성부와 성자와 성령의 동등성과 존재를 의식하지 않고 성경을 읽는 것은 불가능하다. 예수님이 세례를 받으실 때 성부 하나님의 음성이 하늘에서 들려왔고, 성령께서 그분에게 임하셨다. 예수님은 '지상명령'(The Great Commission)으로 알려진 말씀을 통해 "그러므로 너희는 가서 모든 민족을 제자로 삼아 아버지와 아들과 성령의 이름으로 세례를 베풀고"(마 28:19)라고 제자들에게 명령하셨다.

---

1) J. I. Packer, *Knowing God* (Downers Grove, IL: InterVarsity Press, 1973), 65.

우리가 믿는 하나님은 한 분이면서 삼위로 존재하시는 삼위일체 하나님이시다.

위대한 청교도 토머스 왓슨은 이렇게 말했다. "한 분 하나님이 삼위로 존재하신다면 성삼위 하나님 모두를 똑같이 공경해야 한다. 성삼위 하나님 가운데 우열은 존재하지 않는다. 성부 하나님은 성자나 성령 하나님보다 더 우위에 계시지 않는다."[2]

(성삼위 하나님 각 분에게 각각 다섯 편씩 할애된) 이 책의 논문은 본래 '고백 복음주의자 연합'(The Alliance of Confessing Evangelicals)이 후원한 콘퍼런스에서 전해진 설교였다. 성부 하나님에 관한 내용은 '우리의 위대하신 하나님'이라는 주제 아래 개최된 '2011년 개혁주의 신학 퀘이커타운 레저널 콘퍼런스'(Quakertown Regional Conference on Reformed Thelogy, QrCRT)에서 발표된 것이고, 성자 하나님에 관한 내용은 2010년에 '우리의 영광스런 주님이요 구원자이신 예수 그리스도'라는 주제 아래 개최된 동일한 콘퍼런스에서 발표된 것이다. 그러나 성령 하나님에 관한 내용은 그 유래가 좀 더 깊다. 이 내용은 개혁주의 신학 콘퍼런스의 '산실'에 해당하는 '개혁주의 신학 필라델피아 콘퍼런스'(PCRT) 곧 소천한 제임스 몽고메리의 주도 아래 1974년에 처음 시작된 콘퍼런스와 관계가 있다. 좀 더 정확히 말하면 성령 하나님에 관한 내용은 2002년에 '약속된 성령'이라는 주제 아래 개최된 '개혁주의 신학 필라델피아 콘퍼런스'에서 비롯한 것이다.

나는 이 책을 편집하는 동안 때로 많은 부담을 느끼면서도 하나님의 영감으로 기록된 정확무오한 성경 본문을 실천적인 관점에서 깊이 있게 파헤친 위대한 신학자들의 탁월한 사상을 접하는 놀라운 특권을 누렸다. 참으로 감사하기 그지없다. 전에 대부분 들은 적이 있는 그들의 설교를 다시 읽으면서 내 마음과 생각이 풍요로워졌고, 다시금 "삼위로 존재하시는 복되신 삼위일체 하나님"[3]에 관한 성경적 진리의 깊이와 넓이와 높이를 의식할 수 있었다.

---

2) Thomas Watson, *A Body of Divinity* (Grand Rapids: Christian Classics Ethereal Library, n. d.), 108. 다음 사이트를 참조하라. http://www.ccel.org/ccel/watson/divinity.pdf
3) Reginald Heber, "Holy, Holy, Holy" (1826).

아무리 탐구해도 다 알 수 없는 주제를 다루는 데 모든 지혜와 수고를 아낌없이 할애한 신학자들에게 깊이 감사한다. 바쁜 일정에도 불구하고 기꺼이 퀘이커타운을 방문해 놀라운 통찰력으로 성도들의 덕을 세워준 조엘 비키, 브라이언 채플, D. A. 카슨, 케빈 드영, 이안 더귀드. 리처드 필립스에게 감사한다.

아울러 2002년에 '필라델피아 제10장로교회'에서 개최된 콘퍼런스에서 말씀을 전한 D. A. 카슨, 마이클 호튼, 하이웰 존스, 필립 라이큰, R. C. 스프로울에게도 심심한 사의를 표한다. 이 콘퍼런스는 오래 전에 보이스 박사가 처음 시작한 것으로 그 이후에 개최된 많은 콘퍼런스에 영감을 주었다. 나는 그동안 제10장로교회의 강단을 빛내준 경건한 사람들을 통해 많은 유익을 얻었다. 주의 깊게 성경을 가르쳐 신자들을 굳세게 하고 하나님을 영화롭게 하는 것은 언제나 설교자의 가장 고귀한 소명에 해당한다.

이 책은 성부 하나님의 속성을 탐구하는 것에서부터 시작한다. 하나님의 속성을 모두 다 이해하기는 불가능하지만 그 가운데 특별히 다섯 가지 속성을 골라 깊이 있게 다루려고 노력했다. 브라이언 채플은 하나님의 위대하심과 사랑에 관심을 갖도록 적절히 잘 이끌었고, 케빈 드영은 독특한 유머 감각과 예리한 통찰력을 드러내며 진리라는 주제를 하나님과 연관시켜 파헤쳤으며, 리처드 필립스는 하나님의 거룩하심과 진노를 다루기 위해 사무엘하 6장과 히브리서 10장을 신중하게 주석했다.

성삼위 하나님 가운데 두 번째 위격에 관한 2부의 내용은 D. A. 카슨의 논문에서부터 시작된다. 그는 요한복음 5장을 통해 성자 하나님의 영광을 밝히 보여주면서 그리스도에 관한 사실을 시간적인 순서에 따라 적절히 설명했다. 조엘 비키는 요한복음 1장을 통해 "육신이 되어 우리 가운데 거하시매"(14절)라는 말씀의 중요성을 상기시켜 주었고, 이안 두굿은 구약성경에 관한 해박한 지식을 토대로 예수님의 생애와 사역을 조명했다. 조엘 비키는 또한 간질하고도 끈기 있는 태도로 예수님의 십자가를 강조하며 그분이 어떤 일을 감당하셨고, 또 죄인들을 위한 대속물로서 고난과 죽음을 통해 무엇을 이루셨는지를 설명했으며, 마지막으로 D. A. 카슨은 도마의 눈을 통해 그리스도의 부활이 지니는 경이로움을 보여주었다.

성령에 관한 3부의 내용은 성령의 사역에 강조점을 두면서 사뭇 다른 방식으로 전개된다. D. A. 카슨은 요한복음 7장에 기록된 예수님의 말씀, 곧 '생수의 강'을 흐르게 만들 성령 강림에 관한 말씀을 중심으로 3부의 서론에 해당하는 말씀을 전했고, 마이클 호튼은 비유와 유추를 논리 전개의 기준으로 활용해 '성령의 시대'라는 제목의 글을 완성했다. 하이웰 존스는 바울이 기록한 위대한 본문인 로마서 8장을 토대로 성령 안에서의 삶을 설명했고, 필립 라이큰은 요한복음 3장에 나오는 예수님과 니고데모의 대화를 토대로 '성령으로 거듭난다는 것'의 의미를 상세히 밝혔다. 마지막으로 R. C. 스프로울은 보혜사로서의 성령의 사역을 솜씨 있게 다루었다.

이런 작업을 할 때면 으레 그렇듯이 귀한 조언과 통찰력과 격려를 아끼지 않은 사람들이 많았다.

'개혁주의 신학 퀘이커타운 콘퍼런스'(QtCRT)의 시작과 발전에 크게 공헌한 사람들에게 깊이 감사한다. 단순한 바람으로 시작된 것이 우리의 기대를 크게 넘어섰다. 매년 자원해서 일해 준 사람들을 비롯해 특히 기획 위원회에 참여해 활동한 폴 비밴-제넬리스, 애덤 디펜바흐, 토리 힌클, 제시 라이트, 도린 맥일레이스, 마이클 로버츠, 에릭 월핑거, 다이앤 월핑거에게 감사드린다. 희생을 마다하지 않고 기꺼이 시간을 바쳐 기쁨으로 사람이 아닌 주님을 섬기는 일에 헌신한 이들의 모습은 늘 많은 격려가 된다.

'고백 복음주의자 연합'의 친절한 사람들, 밥 브래디, 캐런 시아볼렐라, 제프리 워팅턴에게도 이 자리를 빌려 감사드린다. 이들의 많은 격려와 인내에 감사한다. 기네스북에 기록될 정도로 많은 이메일을 주고받은 일로 인해 이들이 귀찮아하지 않았기를 바란다.

'P&R 출판사'의 이안 톰슨, 아만다 마틴, 아론 고티어에게도 감사드린다. 내게 이 작업을 맡겨주었을 뿐 아니라 정작 나 자신은 확신이 없을 때도 잘 마무리될 것이라고 믿어준 그들이 참으로 고맙다.

지난 몇 년 동안 특별히 나를 도와준 사람들에게 감사드린다. 런다 보이스는 친절한 쪽지와 소중한 말을 통해 그녀의 남편이 살아 있었더라면 우리가 퀘이커타운에서 하는 일을 기쁘게 생각할 것이라는 인상을 심어주었다. 다른 중요한 일이 많았을 텐데도 시간과 조언을 아끼지 않고 그리스도 안에서 형제가 된 내게 참된 은혜를 보여준 칼 트루먼, 릭 필립스, 필립 라이큰에게도 깊이 감사드리고, 뜨거운 탐구 열정으로 각주 인용을 도와준 마이클 로버츠에게도 감사드린다. 그의 도움 덕분에 마감 일정에 쫓긴 편집자의 머리가 좀 더 희어지는 일이 크게 줄어들었다.

퀘이커타운의 '그레이스 바이블 펠로십교회'의 회중과 목회자들과 장로들과 집사들과 직원들에게 감사드린다. 하나님과 그분의 말씀을 갈망하며, 담임 목회자에게 사랑과 우정과 보살핌과 도움을 베풂으로써 이런 작업에 몰두할 수 있게 배려해 주어 참으로 감사하다. 이들을 기억할 때마다 하나님께 감사드린다.

귀한 선물인 아내 켄드라에게 감사한다. 나는 아내를 사랑한다. 그녀는 내게 없어서는 안 될 조력자다. 아내가 이 사실을 알아주기를 바란다. 나는 늘 아내와 결혼해서 너무나도 행복하다고 말한다. 혹시 아내는 믿지 못할지 몰라도 이것은 한 치의 거짓이 없는 사실이다.

무엇보다도 이 죄인을 타락의 깊은 늪에서 건져내 어둠의 나라에서 사랑하는 아들의 나라로 옮겨주신 하나님께 영원히 감사드린다.

아무쪼록 이 책이 홀로 영광과 존귀와 권세를 받으시기에 합당하신 성삼위 하나님을 영화롭게 할 수 있기를 간절히 바란다.

_ 로널드 콜(Ronald L. Kohl)

THE
TRIUNE
GOD

편집자 서문 _ 로널드 콜   5

1부 성부 하나님   GOD THE FATHER

1장. 하나님의 위대하심 : 브라이언 채플   16

인본주의의 희망을 넘어서는 희망
완전한 인간의 믿음이 아니었다
아브라함에게 의로 여겨진 믿음
하나님의 능력과 섭리를 믿는 믿음

2장. 하나님의 거룩하심 : 리처드 필립스   32

어떻게 거룩하신 하나님은 자기를 계시하시는가
언약궤는 하나님에 관해 무엇을 상징하는가
거룩하신 하나님을 예배할 때 무지로 인해 초래되는 위험
웃사의 죽음은 결코 사소한 실수가 아니었다
거룩하신 하나님을 어떻게 대해야 할까
복음, 구원에 관한 거룩한 계시

3장. 하나님의 진리 : 케빈 드영   54

진리는 기독교의 필수불가결한 요소다
오해 1: 진지함이 진리의 척도다
오해 2: 겸손은 확신을 드러내지 않는 것이다
오해 3: 우리가 가진 것은 해석뿐이다
기억해야 할 한 가지 중요한 진리

CONTENTS

4장. 하나님의 진노 : 리처드 필립스　　　　　　　76

　지옥의 실재
　성경이 말하는 지옥
　신자들을 향한 특정한 경고
　거룩함을 독려하는 하나님의 진노
　배교의 두려움
　하나님의 사랑의 선물

5장. 하나님의 사랑 : 브라이언 채플　　　　　　　96

　그리스도와의 연합
　그리스도 안에서 주어진 사랑 진단서
　이제는 죄의 노예가 아니다
　십자가에 못 박혀 죽어 장사되다
　새로운 소명
　그리스도의 구원을 의지해서 살아가기
　이제는 노예가 되지 말라

2부 성자 하나님　　　　　　　　　　　GOD THE SON

6장. 성자의 영광 : D. A. 카슨　　　　　　　　　116

　문제의 핵심을 파고들다
　동등함과 순종의 관계
　아버지처럼, 아들도
　성자에게 일임된 심판의 권한
　구원의 중심점

7장. 성육하신 말씀 : 조엘 비키　　　　　　　　140

　영원하고 사랑스럽고 신성한 말씀
　유한자인 인간의 몸과 영혼을 입으신 말씀
　주님을 영원히 믿고 섬겨라

THE
TRIUNE
GOD

8장. 예수님의 생애와 사역 : 이안 M. 더귀드   **164**

    종이신 예수님
    그리스도의 사역 : 많은 사람을 위한 대속물
    완전히 거룩한 삶
    그리스도의 대속 사역을 통해 일어난 변화

9장. 그리스도의 십자가 : 조엘 비키   **182**

    그리스도께서 당하신 고난의 극심함
    그리스도께서 고난당하신 이유
    그리스도의 고난의 배후에 있는 사랑

10장. 부활하신 구세주 : D. A. 카슨   **210**

    다양한 종류의 의심
    절망한 회의주의자의 부르짖음
    깜짝 놀란 회의주의자의 찬양
    회심한 회의주의자의 특별한 기능
    부활이 없다면 어떻게 될까
    모든 것이 기록된 목적

3부 성령 하나님   GOD THE HOLY SPIRIT

11장. 생수의 강 : D. A. 카슨   **236**

    생수의 강과 관련된 배경
    요한복음에 나타난 성령
    우리가 그의 영광을 보니

12장. 성령의 시대 : 마이클 호튼　　　　　254

성전, 증인, 영광으로 나타나신 성령
성령 강림에 대한 예고
성령 충만한 증인
오순절에 시작된 성령의 시대

13장. 성령으로 거듭남 : 필립 라이큰　　　　　272

니고데모와 중생
중생, 구원의 필수 요건
문제 : 인간의 타락
중생은 가능한가
모든 신자를 위한 중생
중생에 나타난 하나님의 주권
예수님을 바라보라

14장. 생명의 성령으로 사는 삶 : 하이웰 존스　　　　　296

성령의 정체성
거룩하고, 죽지 않고, 승리하는 성령으로 사는 삶
자유와 인도하심이 있는 성령으로 사는 삶
성령께서 인도하시는 거룩함과 확신과 기도

15장. 보혜사 성령 : R. C. 스프로울　　　　　310

어떤 종류의 보혜사인가
우리의 대언자, 우리의 변호인
작별, 과연 달콤한 슬픔일까
교회가 믿지 않았던 가르침
성령께서는 의에 대해 세상을 책망하실 것이다

저자들에 대하여　　324

1부
—
성부 하나님

GOD
THE
FATHER

하나님의 위대하심
하나님의 거룩하심
하나님의 진리
하나님의 진노
하나님의 사랑

1장

THE GREATNESS OF GOD

하나님의 위대하심

: 브라이언 채플

    하나님의 성품, 하나님의 속성, 하나님의 섭리와 같은 주제를 생각해 보자. 이 모든 것은 하나님의 존재나 행위와 관련된 것으로 진정 위대하기 그지없다. 그러나 하나님의 위대하심에 대해 논할 때 애로사항이라면, 참으로 방대한 주제라 어디에서부터 시작해야 좋을지 알기조차 어렵다는 것이다.
    하나님은 인간이 상상할 수 있는 방식보다 더 많은 방식으로 그 위대하심을 드러내신다. 특별히 그 가운데 한 가지 방식은 우리 인간의 본성과 크게 상충된다.
    이를 분명하게 보여주는 성경 본문은 로마서 4장이다. 로마서 4장은 사도 바울이 로마서 3장 28절 "사람이 의롭다 하심을 얻는 것은 율법의 행위에 있지 않고 믿음으로 되는 줄 우리가 인정하노라"에서 이미 진술한 놀라운 진리에 대한 상세한 설명이다. 인간이 행위(율법의 행위)가 아닌 믿음으로 하나님 앞에서 의롭게 된다는 것은 너무나도 놀랍고 충격적인 주장이 아닐 수 없다. 그런 대담한 주장에는 틀림없이 이의 제기가 뒤따랐을 것이다. 따라서 사도 바울은 한 가지 예를 제시하기로 했다. 그는 특히 이방인 신자들과 함께 로마 교회에 모인 유대인들을 위해 아브라함을 본보기로 내세웠다. 아브라함에 관한 바울의 말은 사실상 '아브라함이 아직 할례 받기 이전이었기 때문에 그가 율법의 행위가 아닌 믿음으로 의롭다 하심을 받았다는 것을 기억해야 한다.'라는 의미를 내포한다. 이 진리로 하나님의 섭리하심의 위대함과 우리를 향한 긍휼하심의 위대함이 드러나기 시작한다. 하나님은 스스로의 힘으로는 의롭게 될 수 없는 죄인들에게 의를 베풀어 주셨다.

이런 이유로 로마서 4장 18절은 "아브라함이 바랄 수 없는 중에 바라고 믿었으니 이는 네 후손이 이같으리라 하신 말씀대로 많은 민족의 조상이 되게 하려 하심이라"고 말씀한다. "바랄 수 없는 중에 바라고"라는 말은 무슨 의미일까? 짐 콜린스의 『좋은 기업을 넘어 위대한 기업으로』에 보면 '스톡데일 패러독스'라는 표현이 등장한다. 이 표현은 해군 사령관 짐 스톡데일에게서 유래했다. 그는 베트남 전쟁 당시에 총상을 입고 포로가 되어 악명 높은 '하노이 힐튼 수용소'에서 7년 6개월이라는 긴 세월을 갇혀 지냈던 최고위급 미군 장교였다.

그가 얼마나 큰 정신적 압박감에 시달렸을지는 익히 짐작할 수 있다. 그러나 그 어려운 시기에 그가 발휘했던 리더십에 관한 놀라운 사실들이 많은 글을 통해 세상에 알려졌다. 그는 고문으로는 조국을 배신하게 만들 수 없음을 자신을 사로잡은 자들에게 보여주기 위해 모진 학대를 꿋꿋이 감수했다. 짐 콜린스는 스톡데일에게 희망이 없는 상황에서 무엇이 견뎌낼 수 있는 힘과 희망을 주었느냐고 물었다. 그러자 그는 "나는 이 이야기의 결말에 대한 믿음을 결코 포기하지 않았습니다. 나는 내가 자유를 얻게 될 뿐 아니라 결국에는 모든 것을 이겨내고, 이 경험이 내 인생의 전환점이 될 것이라고 믿어 의심하지 않았어요."라고 대답했다.

콜린스는 다시 "하노이 힐튼의 상황을 이겨내지 못한 사람들은 누구인가요?"라고 물었다. 그러자 스톡데일은 이렇게 대답했다. "대답하기 쉬운 질문이군요. 상황을 이겨내지 못한 사람들은 낙관주의자들이었습니다. 그들은 '성탄절에는 나갈 수 있을 거야.'라고 말했지요. 그리고 성탄절이 그냥 지나가고 나면, 그들은 '부활절에는 나갈 수 있을 거야.'라고 말했어요. 그리고 부활절도 그냥 지나가고 나면 그때는 추수감사절을 기대하고, 그러다가 또다시 성탄절을 기대했지요. 그들은 그렇게 거듭 실망하다가 상실감에 젖어 죽고 말았습니다."

스톡데일은 그런 사람들에게 "우리는 성탄절에 고향에 돌아가지 못할 테니 그에 대비하세요."라고 말하곤 했다. 그는 다른 사람들과 자기 자신으로 하여금 어떻게 그런 상실감과 절망을 극복하도록 훈련하고 이끌었는지 콜린스에게 설명했다. 그는 이렇게 결론지었다. "이것이 가장 중요한 교훈입니다. 결국에는 모든 것을 극복하게 될 것이라는 믿음, 곧 결코 무너지지 않는다는 믿음과 현실 속에서 일어나는 일이 제아무리 가혹할지라도 정면으로 맞서기 위한 훈련, 이 둘을 절대 혼동해서는 안 됩니다."[1]

간단히 말하면, 스톡데일 패러독스란 결국에는 우리 인생의 이야기가 다 잘 될 거라고 완전히 믿지만 동시에 우리가 처한 현실에서 아무리 가혹한 상황일지라도 직면해 이겨내야 한다는 말이다.

많은 영감을 주는 말이지만 신자인 우리가 듣기에는 다소 공허한 감이 없지 않다. 왜냐하면 스톡데일은 매우 단호한 어조로 "결과가 좋을 것이라고 믿어야 한다."고 힘주어 말했지만 사실상 그가 감옥에서 살아 나올 것이라는 보장은 전혀 없었기 때문이다. 간단히 말해 그는 한 가지 희망으로 또 다른 희망에 맞섰던 셈이다. 그는 장기적으로 결과가 좋을 것이라 믿는 낙관주의로, 단기적으로 결과가 좋을 것이라 믿는 낙관주의를 논박했다. 이 두 가지 형태의 낙관주의는 모두 인간의 능력의 한계를 벗어날 수 없는 인본주의적 낙관론에 지나지 않는다.

인본주의의 희망을 넘어서는 희망

사도 바울은 로마서 4장에서 바랄 수 없는 소망을 언급하면서 "어떤 인본주의 낙관론이 다른 인본주의 낙관론보다 더 낫다."는 식으로 말하지 않았다. 그

---

1) Jim Collins, *Good to Great: Why Some Companies Make the Leap……and Others Don't* (New York: HarperBusiness, 2001), 83-85.

는 인본주의적 희망과는 전혀 다른 소망이 존재한다고 말했다. 그것은 인간의 능력과 선의와 의지와 결심에 의존하지 않는다. 성경적인 소망은 인본주의적인 희망과는 질적으로 다르다. 그것은 거룩한 소망, 곧 인간의 능력이나 결심이나 의로움이 아니라 하나님의 위대하심에서 비롯하는 소망이다.

바울이 로마서 4장에서 아브라함에 대해 언급한 말을 살펴보면 그의 의도를 분명하게 알 수 있다. 우리는 가장 먼저 엄연한 현실을 직시해야만 한다. 이렇게 해야 하는 이유는 우리가 아브라함처럼 마지막 날을 향한 소망을 품고 있기 때문이다. 그렇다면 아브라함은 무엇을 소망했을까? 로마서 4장 18절은 "아브라함이 바랄 수 없는 중에 바라고 믿었으니 이는 네 후손이 이같으리라 하신 말씀대로 많은 민족의 조상이 되게 하려 하심이라"고 말씀한다.

아브라함이 품은 처음 소망은 무엇이었는가? '아브라함'이라는 이름은 '여러 민족의 아버지'라는 뜻이다. 그가 바랐던 좋은 결과는 곧 그의 이름대로 이루어지는 것이었다. 그러나 그가 직시해야 할 엄연한 현실이 로마서 4장 19절에 기록되어 있다. "그가 백 세나 되어 자기 몸이 죽은 것 같고 사라의 태가 죽은 것 같음을 알고도 믿음이 약하여지지 아니하고" 듣기에 좋거나 완곡한 말투는 한마디도 없다. 그는 죽은 것이나 다름없었고, 사라도 임신 능력이 없었다.

이 말씀을 대충 읽어 보아도 그들의 고통을 십분 이해할 수 있다. 아브라함은 더 이상 자녀를 낳을 수 없는 상태였다. 그는 75세에 하나님의 약속을 받았지만 99세가 될 때까지도 자식을 얻지 못했다. 그의 아내는 단지 그 기간 동안만이 아니라 젊었을 때부터 아이를 낳지 못했다. 특히 그 지역의 문화에서 자식을 낳지 못하는 부부는 삶이 만족스럽지 못했을 뿐 아니라 큰 수치를 떠안아야 했다. 그 수치는 여자의 경우가 더 컸다. 그러나 그것은 엄연한 현실이었다. 아브라함은 죽은 것이나 다름없었고 사라는 임신 능력이 없었다.

그들은 지금과는 다른 시대에 살았다. 아브라함은 여러모로 장수를 누렸다. 그는 가족과 종들을 거느리고 도보로 수백 킬로미터를 여행하며 온갖 어려움을 견뎌낼 수 있는 체력을 지녔다. 그의 아내는 늙었는데도 왕들의 관심을 자극할 만큼 아름다웠다. 그러나 그들은 둘 다 아이를 낳을 능력이 없었다. 그는 75세에 약속을 받았지만, 그 약속은 99세가 될 때까지 이루어지지 않았다. 더욱이 사라는 그때까지 한 번도 자녀를 낳은 적이 없었다. 둘 다 아이를 낳기에는 적합하지 않았다. 하나님께서 약속이 이루어질 것이라고 말씀하셨을 때 아브라함은 엎드려 웃었고 사라도 웃고는 그 사실을 애써 부인했다. 그들은 자식을 낳을 수 없었다. 그들은 자식을 낳기에 적합한 나이가 아니었다. 그들은 약속의 성취를 기다리면서 자신들의 무능력함을 직시해야 했다. 그것은 엄연한 현실이었다. 75세에 약속을 받고, 또다시 거의 25년을 기다려야 했던 아브라함은 과연 어떤 심정이었을까? 레이 프리처드는 이렇게 묘사했다.

아브라함은 76세에 아기 침대를 사야 했다. 그가 가게에 갔다고 상상해 보자. "할아버지, 손자가 쓸 것인가요?" "아니오. 나와 내 아내가 낳을 아이가 쓸 것이라오." 77세 때는 아기 방을 단장할 색깔을 골라 페인트를 칠했고, 78세 때는 아이 이름을 짓기 위해 긴 목록을 만들었으며, 80세가 되었을 때는 기저귀를 대여하는 가게에 등록을 했고, 82세 때에는 새내기 부모를 위한 잡지 구독을 신청했으며, 95세가 되었을 때는 아이 방에 다시 페인트를 칠했고, 99세 때는 아내와 함께 '라마즈 강좌'에 참석했다. 그리고 이따금 머리를 긁적이며 "하나님이 그냥 농담을 하셨나?"하며 한숨을 내쉬곤 했다.[2]

아브라함은 이삭을 낳을 것이라는 말을 듣고는 엎드려 웃었다(창 18장). 그의 반응은 즐거움의 웃음이 아니라 깊은 감정의 고통을 토로하는 실소였다. 그는 절망했다. 그는 그 말을 곧이곧대로 받아들일 수 없었다. 그러나 바울이 말하듯 그는 "믿음이 없어 하나님의 약속을 의심하지 않고 믿음으로 견고하여져서 하나님께 영광을 돌"(롬 4:20)렸다.

아브라함이 가혹한 현실을 믿지 않았다는 말은 참으로 놀랍기 그지없다. 그는 하나님의 인격을 믿었다. "나는 왜 계속 믿는가? 나는 왜 믿음을 포기하지 않는가? 그 이유는 믿음을 포기하지 않도록 상황이 도와주기 때문이 아니라

---

2) Ray Pritchard, "The Oldest Dad in the Nursery-Romans 4:18-25," *Keep Believing Ministries*, http://www.keepbelieving.com/sermon/1992-05-24-The-Oldest-Dad-in-the-Nursery/. 2013년 11월 26일 검색.

내가 하나님을 믿기 때문이다." 아브라함이 아들에 대한 약속을 포기하지 않았던 이유는 하나님으로부터 그 약속을 받았기 때문이다. 우리가 어려운 상황에 직면해서도 포기하지 않는 이유는 아들에 대한 약속 때문이 아니라 우리에게 하나님께서 독생자를 '주셨기' 때문이다. 이것이 하나님이 우리에게 보이신 것이다. "내 상황을 돌아볼 때 하나님을 신뢰할 만한 이유가 전혀 발견되지 않지만 나는 그분의 인격을 믿기에 그분을 신뢰한다."라고 말하는 것은 목회 사역과 기독교 신앙의 가장 어렵고도 중요한 측면 가운데 하나다.

나는 몇 년 전에 한 신학 콘퍼런스에 강사로 초청된 바 있다. 나를 공항에서 콘퍼런스 장소까지 차로 태워다 준 사람은 한동안 알고 지냈던 사람으로 한 장로교회의 시무장로였다. 그는 공항에서 나를 데려오는 동안, 최근 몇 년 동안 겪었던 일을 상세히 말하기 시작했다. 그의 아들 하나는 감옥에 있었고, 딸 하나는 남편이 아닌 사람과 함께 살았으며, 교회는 어려운 상황에 직면해 있었다. 그는 고통 가운데 처했지만 그와 그의 가족을 도와줄 사람이 주위에 아무도 없었다. 그는 이야기 끝에 내게 "이 모든 상황 속에서 어떻게 하나님을 신뢰할 수 있겠습니까?"라고 물었다.

그 순간 나는 혀가 굳어버린 듯 아무 대답도 할 수 없었다. 즉시 대답해 줄 말을 알고 있어야 마땅했지만, 내가 할 수 있었던 말은 "우리가 하나님을 신뢰할 수 있는 이유는 예수님을 보내주셨기 때문입니다."라는 한마디뿐이었다. 하나님의 말씀에 따르면 이 세상은 타락한 상태이다. 이 세상은 부패했기 때문에 우리는 온갖 슬픈 일을 당할 수밖에 없다. 상황에 의존해 하나님을 신뢰하려고 하면 깊은 절망을 맛볼 수밖에 없다. 상황을 보지 말고 하나님을 바라봐야 한다.

내가 처음 목회 사역을 시작했던 곳은 광산 채굴과 농사일을 주업으로 하는 마을이었다. 그곳의 경건한 신자들은 비록 신학교에서 배운 용어를 사용하지는 않았지만 내게 믿음에 관해 많은 것을 가르쳐 주었다. 젊었을 때 광산 일을 하다가 부상을 당한 한 나이든 광부의 이야기는 어려운 상황에서 하나님을 신뢰한다는 것이 무슨 의미인지를 내게 깨우쳐 주었다. 그는 그 사고로 인해 남은 생애를 병자로 지내야 했다. 그는 가족과 친구들이 잘 되는 모습을 지켜보면서 깊은 박탈감을 느끼며 살아야 했다.

그가 나이가 들었을 때 한 젊은이가 그에게 다가와서 이렇게 말했다. "어르신이 믿음의 사람이라는 말을 들었습니다. 그동안 살면서 겪은 그 모든 어려움에도 불구하고 어떻게 하나님을 신뢰할 수 있었습니까?"

그는 병자로서 침상에 누운 채 솔직하면서도 정직하게 그 물음에 대답했다. "젊은이의 말이 옳네. 이따금 사탄이 젊은이가 앉아 있는 그 의자에 앉아 그런 질문을 내게 던지곤 한다네. 그는 창 밖에 있는 내 또래의 사람들을 가리키면서 그들이 광산에서 열심히 일하면서 형통한 삶을 사는 모습을 보여준다네. 내게는 없는 다복한 가정과 좋은 집을 소유한 사람들을 가리키면서 '예수님이 진정으로 너를 사랑하느냐?'라고 묻는다네. 사탄은 나처럼 다리가 부러지지 않고 육신이 멀쩡한 젊은이들과 노인들을 가리키고 그들의 건강한 육체를 보여주면서 '예수님이 정말로 너를 사랑하느냐?'고 묻는다네."

젊은이는 그 노인의 솔직한 대답에 깜짝 놀라지 않을 수 없었다. 그는 "그런 때는 어떻게 하십니까? 사탄이 그런 식으로 말하면 어떻게 대처하시나요?"라고 물었다.

노인은 이렇게 대답했다. "나는 사탄의 손을 붙잡고 그를 갈보리 언덕으로 데려간다네. 그런 다음에는 이마의 가시관과 양손의 못을 가리키며 '보라. 예수님이 나를 사랑하지 않는가?'라고 말한다네."

아브라함이 자신의 상황을 보았더라면 하나님의 선하심이나 위대하심을 믿을 만한 이유를 찾을 수 없었을 것이다. 그러나 그는 하나님의 인격을 바라보고 이렇게 말했다. "하나님은 내게 아들을 약속하셨다. 그분의 의로우심은 그분이 내게 드러내신 성품 안에 잘 나타나 있다. 내 믿음의 근거는 상황이 아니다. 내 믿음은 하나님의 인격에 근거한다. 그것이 내가 모든 것을 견디는 이유다." 그런 소망을 지탱해 주는 믿음의 본질은 무엇일까? 이 믿음의 본질은 하나님이 위대하시고 선하실 뿐 아니라 겉으로 드러난 상황으로는 도저히 불가능해 보여도 반드시 약속을 이루는 분이시라는 확신에 근거한다. 바울의 말대로 아브라함이 "믿음이 없어 하나님의 약속을 의심하지 않"았던 이유는 그가 아들을 약속하신 하나님을 믿었기 때문이다(롬 4:20).

완전한 인간의 믿음이 아니었다

위대하신 하나님을 바라고 믿는 믿음을 생각한다면 기억하라. 그 믿음은 완전한 사람의 것이 아니었다. 아브라함의 생애는 무엇을 말하는가? 하나님은 그에게 약속을 주셨다. 그분은 "내가 네게 아들을 허락하겠다."고 말씀하셨다. 아브라함은 믿었지만 하나님이 그 일을 어떻게 이루실지는 정확히 알지 못했다. 따라서 그는 아내의 하녀와 동침함으로써 그 약속을 스스로 이루기로 결심했다. 그녀가 임신하자 가정에 불화가 생겨났다. 그는 자신이 이용한 여인을 집에서 내쫓았다. 그것이 그녀에게 사형 선고나 다름없다는 것을 알면서도 그렇게 했다. 그는 "내 아내가 나와 너의 관계 때문에 화가 났으니 이제부터 네 스스로 살 길을 찾아라."고 말한 것과 같았다.

그는 단지 자신의 첩에게만 불충실하지 않았다. 그는 자신의 아내에게도 거듭 불충실했다. 그는 아름다운 아내와 함께 외국 땅에 거하는 동안, 목숨을 부지할 요량으로 그녀를 다른 남자에게 두 차례나 넘겨주었다.

심지어 그는 소돔의 심판을 둘러싸고 하나님과 논쟁을 벌이기까지 했다. 그는 "주님, 그들의 죄는 참으로 추악하기 한이 없지만 의로운 사람 50명이 있다면, 45명이 있다면, 30명이 있다면, 20명이 있다면 10명이 있다면……" 하는 식으로 죄인들을 보호하기 위해 거듭 논쟁을 벌였다.

그는 이삭에 대한 약속이 주어졌을 때 웃었을 뿐 아니라 아내의 하녀로 인해 야기된 문제를 스스로 처리하려고 했다. 그는 그녀가 낳은 자신의 혈육과 그녀를 광야로 내보내 그곳에서 죽게 만들려고 했다. 이것은 결코 완전한 사람의 믿음이 아니었다. 하나님이 그를 구원하시려면 참으로 큰 긍휼을 베푸셔야 했다. 하나님의 선하심이 "약속하신 그것을 또한 능히 이루실 줄을 확신하였으니"(롬 4:21)라는 말씀 안에 분명하게 드러난다.

아브라함은 무엇을 확신했는가? 그의 선함이 아니었다. 그는 하나님의 위대하심을 확신했다. 하나님은 약속하신 대로 행하실 수 있다. 아브라함은 이렇게 말할 수 있었다. "나는 99세이고, 아내는 결혼 생활 내내 아이를 낳지 못했다. 그러나 하나님은 약속하신 대로 행할 수 있으시다. 그분은 죽은 것도 살릴 수 있으시다. 이것이 내가 믿는 하나님의 본성이다. 나는 그것을 믿는다."

아브라함이 그렇게 말한 것이 위선인 것처럼 생각된다면 성경에서 불완전한 사람들을 통해 종종 표현된 믿음의 본질을 이해할 필요가 있다. 섭리를 베푸시는 하나님의 위대하심이 중요할 뿐, 믿음을 표현하는 사람들의 위대함은 중요하지 않다. 중요한 것은 그런 불완전한 믿음을 받아주시는 하나님의 위대하심이다. 예수님께 찾아와 "제 아이를 구해 주소서."라고 간구했던 사람을 보라. 예수님께서 "믿는 자에게는 능히 하지 못할 일이 없느니라."고 말씀하시자 그 사람은 "내가 믿나이다. 나의 믿음 없는 것을 도와주소서."라고 부르짖었다 (막 9:24 참조).

여기 아브라함이 있다. 성경은 그의 믿음을 거듭 칭찬한다. 그러나 그의 생애를 보면 그의 믿음은 매우 불완전했다. "나는 하나님이 하실 수 있다고 생각해. 아마도 내가 그분을 도와드려야 하겠지만 그분은 어떤 식으로든 그 일을 행하실 거야." 아브라함의 믿음은 이런 정도의 수준을 넘어서지 못했다. 나 자신도 하나님이 나를 축복하고, 나를 붙드시고, 내게 충실하신 이유가 **나의** 충실함이 아닌 **그분** 자신의 충실하심 때문임을 종종 상기할 필요가 있다. 나의 충실함은 너무나도 연약하다. 나의 충실함은 내가 알고 있는 것보다 훨씬 더 보잘것없다.

최근에 어떤 교회 장로와 대화를 나눈 적이 있다. 그는 이렇게 말했다. "하나님이 제 아들을 데려가셨을 때 제 믿음은 마치 물렁한 사탕처럼 연약했습니다. 너무나도 빤하고 나약해 곧 무너지고 말 것이 틀림없었습니다. 내 믿음은 그처럼 무기력했습니다. 믿음을 더 이상 유지할 수 있을지조차 의심스러웠지요. 그런데도 하나님은 그 믿음을 귀하게 보셨습니다. 나는 지금도 여전히 하나님의 약속은 영원하다고 믿습니다. 나는 내 아들이 내 품에서는 사라졌지만 그분의 품에 안겨 있다고 믿습니다. 언젠가 위대한 날이 밝으면 그를 다시 볼 것이라고 확신합니다."

자기 자신의 위대함이 아니라 하나님의 위대하심을 믿는다는 것은 무슨 의미일까? 그것은 주어진 상황 속에서 자신을 신뢰하는 마음이 모두 사라지고 오직 하나님만을 의지하는 믿음 외에는 아무것도 남지 않는 것을 의미한다.

아브라함의 경우가 그랬다. 그는 가정과 재물과 안전하고 친숙한 삶을 버리고 자신을 낯선 땅으로 부르신 하나님께 헌신했다. 그 하나님이 약속을 이루어 주지 않으시는 것처럼 보였다. 그가 부딪힌 삶의 상황은 자신의 능력으로 무엇인가를 할 수 있다는 자신감을 송두리째 앗아갔고, 하나님 외에는 아무것도 남지 않게 만들었다. 그에게 다른 무엇이 남았던가? 그에게 남은 것은 하나님뿐이었다.

『나니아 연대기 : 새벽 출정호의 항해』(The Voyage of the Dawn Treader)에서 버르장머리 없는 유스터스는 항해를 하다가 한 섬에 도착한다. 그는 동굴에서 자신이 원한다고 생각했던 보물을 발견하고는 기뻐 어쩔 줄 몰라 한다. 그는 어느덧 그곳에서 잠이 들었는데, 그 동굴은 꿈에 나오는 모습대로 사람을 바꾸는 마법의 동굴이었다. 그가 보물 위에 누워 생시에 자신을 괴롭혔다고 생각하는 사람들에게 복수하는 꿈을 꾸는 순간, 그는 주위에 있는 모든 사람을 해롭게 하는 흉물스럽고 추악하며 냉혹하고 천박한 용으로 변한다. 그는 용이 되기를 원하지 않았지만 그것이 그의 참 모습이었다.

그러나 위대한 사자 아슬란이 나타나 용의 가죽을 뒤집어쓴 그에게 옷을 벗어야 한다고 말한다. 용으로 변신한 그는 옷을 입고 있지 않기 때문에 처음에는 옷을 벗을 수 없다 생각하고 난처한 기색을 보이지만, 곧 가죽을 벗으라는 것임을 깨닫는다. 유스터스는 나중에 그 이야기를 들려주면서 이렇게 말했다. "나는 내 몸을 긁기 시작했어. 그러자 곳곳에서 비늘이 떨어져 나가기 시작했지. 그리고 나서 좀 더 깊숙이 긁으니까 단지 비늘이 떨어지는 것에 그치지 않고 가죽이 아름답게 벗겨지기 시작했어. 마치 피부병을 앓다가 나았거나 내가 바나나이기라도 한 것처럼 말이야."

그는 가죽을 다 벗겨낼 수 있었지만 그 첫 번째 가죽 밑에 또 다른 흉물스런 용의 가죽이 있는 것을 발견했다. 그는 몸을 긁어 가죽을 찢어 냈지만 그 밑에는 또 다른 흉측한 가죽이 숨어 있었다. 유스터스는 당시의 일을 회고하면서 "나는 '이런, 얼마나 많은 가죽을 벗겨내야 하는 거지?'라는 생각이 들었어."라고 말했다.

마침내 아슬란이 끼어들었다. "내가 가죽을 벗겨 줄까?" 유스터스는 사자의 발톱이 무서웠지만 자신의 처지가 너무나도 절박하여 허락했다. 유스터스는 당시의 일을 이렇게 말했다. "그가 처음 가죽을 잡아 뜯는데 그 깊이가 너무 깊어 마치 내 심장을 도려내는 것처럼 느껴졌어. 내 가죽을 벗겨냈을 때는 처음 느끼는 고통에 까무러칠 것 같았어. 내가 그 아픔을 견딜 수 있었던 이유는 오직 한 가지, 가죽이 벗겨나갈 때 느껴지는 쾌감이었어."[3]

내가 무슨 말을 하는지 알겠는가? 당신은 그 의미를 알고, 또 이해했다고 생각했을지 모른다. 자신의 믿음이 효력을 발휘했고, 하나님이 은혜로 보살펴 주셨으며, 그분과 동행하며 모든 것을 잘해왔다고 생각할 것이다. 스스로 잘했기 때문에 하나님이 자신을 사랑하셨고, 또 삶이 즐거웠다고 믿을 것이다. 그러나 하나님은 느닷없이 이렇게 말씀하신다. "네가 의지하는 것이 너 자신이냐 나냐? 네 믿음이 어디에 있느냐? 네 믿음이 충분하다고 생각하느냐? 네 믿음이 네가 하는 것, 곧 네 행위에 근거하느냐? 만일 그렇다면 나로 하여금 좀 더 깊이 들어가게 해다오. 내가 너를 벗겨내도록 허락해다오."

상실이나 고통이나 실패를 경험하거나 전에는 의식하지 못했던 자신의 능력에 대한 불안감과 불확실함을 의식하게 되면 내 말의 의미를 정확하게 이해할 수 있을 것이다. 하나님은 "네가 신뢰하던 삶의 모든 측면을 다 벗겨내면 나를 믿는 믿음 외에는 아무것도 남지 않을 것이다. 오직 나를 믿는 믿음만이 남을 것이다."라고 말씀하신다. 우리가 하나님의 능력을 신뢰할 수 있는 이유는 우리는 불완전하지만 그분은 위대하시기 때문이다. 하나님은 능력이 있으시기 때문에 그 위대하심을 우리에게 밝히 드러내신다. 아브라함은 그것을 믿었다. 아브라함이 능력이 있었던 것이 아니라 그의 하나님이 능력이 있으셨다.

바울은 "그러므로 그것이 그에게 의로 여겨졌느니라"(롬 4:22)고 말했다. 우리는 소망을 지탱해 주는 믿음의 본질만이 아니라 은혜와 결부된 믿음의 본질을 아울러 이해해야 한다. 아브라함의 믿음을 통해 예시된 소망을 제공하는 은혜는 과연 어떤 은혜일까? 성경은 "그것(그의 믿음)이 그에게 의로 여겨졌느

---

3) C. S. Lewis, *The Voyage of the Dawn Treader* (New York: MacMillan, 1970), 89-90.

니라"고 분명하게 말한다. 그렇다면 어떻게 그런 일이 가능했을까?

아브라함에게 의로 여겨진 믿음

사도 바울의 요점을 이해하려면 로마서 4장 20절을 다시 살펴봐야 한다. "믿음이 없어 하나님의 약속을 의심하지 않고 믿음으로 견고하여져서 하나님께 영광을 돌리며." 한 가지 사실은 분명하다. 즉 아브라함의 믿음이 견고해졌다면 전에는 그의 믿음이 강하지 않았다는 의미다. 처음에 그의 믿음은 나중과는 달리 불완전하고 연약했다. 그의 믿음이 견고해진 것은 그가 하나님을 영화롭게 했기 때문이다.

그의 믿음이 의로 여겨졌다는 것은 자신을 의지하는 것이 모두 사라져 그가 행하는 모든 일이 하나님께 영광이 되었다는 뜻이다. 남은 것은 오직 하나였다. "하나님은 나의 전부이시다. 내게는 오직 그분만이 남았다. 하나님은 자신의 약속에 충실하시다. 어떻게, 언제 그 약속을 이루실지는 알 수 없지만 하나님은 자신이 말씀하신 것을 능히 이루실 수 있다고 확신한다." 그의 믿음은 그렇게 말할 수 있는 경지에까지 도달했다. 아브라함은 자신과 자신의 희망과 능력을 모두 포기했다. 그는 모든 것을 포기하고 오직 하나님의 인격과 그분의 능력만을 바라보았다. 그는 더 이상 자신에게 희망을 걸지 않았다. 이것이 구약성경이 가르치는 하나님으로 옷 입는다는 진리다. 그에게 남은 것은 하나님의 영광뿐이었다. 그것이 그의 믿음의 결말이었다.

아브라함은 자아를 신뢰하는 마음을 버리고, "오직 하나님뿐이야. 다른 것은 없어. 내 믿음이나 행위나 태도는 중요하지 않아. 하나님이 나의 전부야. 나의 충실함도 신뢰할 수 없어. 오직 그분뿐이야."라고 말하는 법을 배워야 했다. 우리가 그렇게 고백할 때 하나님은 이렇게 말씀하신다. "네가 나를 온전히 의지하면 나의 것이 모두 너의 것이 된다. 나는 약속을 지키고 능히 이룰 수 있는 의로운 하나님이다. 나는 의와 권능이 지극히 뛰어나다. 네가 나를 온전히 의지하면 그 모든 것이 네 것이 된다."

이것이 복음의 위대한 약속이다. 그렇지 않은가? 믿음이 의로 여겨진다. 이것은 아브라함에게나 우리에게나 똑같이 적용된다. 성경은 아브라함의 믿음만 의로 여김을 받았다고 말하지 않는다. 믿음이 의로 여겨진다는 것은 모든 신자에게 똑같이 주어진 성경의 약속이다. 바울은 로마서 4장 23, 24절에서 이렇게 선언했다.

"그에게 의로 여겨졌다 기록된 것은 아브라함만 위한 것이 아니요 의로 여기심을 받을 우리도 위함이니 곧 예수 우리 주를 죽은 자 가운데서 살리신 이를 믿는 자니라."

하나님의 능력과 섭리를 믿는 믿음

어떤 믿음을 지니고 있는가? 하나님의 위대하심과 권능을 믿는 믿음을 지녀야 한다. 그분은 죽은 것도 다시 살리실 수 있다. 죽은 자와 같이 되어 더 이상 자녀를 낳을 수 없는 아브라함을 하나님은 다시 살리셨다. 하나님은 죽은 자도 살리실 수 있다. 그분은 죽은 태(胎)도 다시 살리실 수 있다. 그분은 죽은 예수님을 다시 살리셨다. 그분은 죽은 우리도 다시 살리실 수 있다. 우리는 이것을 궁극적으로 의지해야 한다. 우리 자신이나 행위를 의지하는 마음을 버리는 순간, 우리의 구원에 스스로 기여할 수 있는 것은 아무것도 없다는 사실을 깨닫기 때문이다. 하나님이 나를 사랑하시고, 내게 의를 베푸셔야 할 이유는 없다. 우리가 죽은 것을 다시 살리실 수 있는 하나님만을 믿는 믿음으로 오직 그분만을 오롯이 의지해야 하는 이유는 내가 소유한 능력이 아니라 그분의 위대한 능력만을 믿는 믿음이 필요하기 때문이다.

그러나 단지 하나님의 능력만을 믿는 데 그쳐서는 곤란하다. 궁극적으로는 그분의 섭리를 믿어야 한다. 하나님은 죽은 예수님을 다시 살리셨다. 바울은 로마서 4장 25절에서 "예수는 우리가 범죄한 것 때문에 내줌이 되고 또한 우리를 의롭다 하시기 위하여 살아나셨느니라"고 말했다. 무엇이 하나님의 위대하심인가? 바울은 로마서 3장 25절에서 이미 그 대답을 분명하게 제시했다. 그는 "이 예수를 하나님이 그의 피로써 믿음으로 말미암는 화목제물로 세우셨으니"라고 말했다. 위대하신 하나님은 자기 백성의 부족함을 아시고 자신의 독생자를 희생제물로 제공하셨다. 그분은 독생자에게 자기 백성의 죄와 세상의 죄를 짊어지게 하셨다. 우리는 하나님의 구원 섭리가 얼마나 위대한지 잘 이해하지 못한다. 예수 그리스도의 희생은 세상의 죄를 감당하기에 충분하다. 그분은 우리가 마땅히 당해야 할 형벌을 모두 감당하셨다. 그분을 믿는 자들의 형벌이 모두 그분에게 옮겨졌다. 참으로 위대한 섭리가 아닐 수 없다.

로마서 4장 25절에서 많은 신학자들이 어려워하는 부분은 "예수는 우리가 범죄한 것 때문에 내줌이 되고"라는 전반부가 아니다. 우리는 이 말씀이 무슨 의미인지 잘 안다. 이 말씀은 예수님이 우리가 받아야 마땅한 죄의 형벌을 대신 감당하셨다는 뜻이다. 이해하기 힘든 부분은 "우리를 의롭다 하시기 위하여 살아나셨느니라"는 후반부이다. 나는 예수님이 우리를 의롭다 하시기 위해 십자가에 못 박히셨다고 생각했었다. 그러나 바울은 그리스도께서 "우리를 의롭다 하시기 위하여 살아나셨느니라"고 말했다.

나는 예수님이 중풍병자를 고쳐주실 때 하신 말씀과 이 말씀이 유사하다고 생각한다. 중풍병자는 혼자서 움직일 수 없었고, 그의 친구들은 군중을 뚫고 그를 데리고 나아갈 수 없었다. 그러면 그들은 어떻게 했을까? 그들은 지붕에 구멍을 내 그를 아래로 달아 내렸다. 예수님은 그에게 일어나 걸으라고 말씀하지 않고, "작은 자야 네 죄 사함을 받았느니라"(막 2:5)고 말씀하셨다. 모든 사람이 그 말을 기쁘게 받아들여야 마땅했지만 그렇지 못했다. 어떤 서기관들은 "이 사람이 어찌 이렇게 말하는가 신성모독이로다 오직 하나님 한 분 외에는 누가 능히 죄를 사하겠느냐"(7절)라고 생각했다. 예수님은 그들의 생각을 아시고, "그러나 인자가 땅에서 죄를 사하는 권세가 있는 줄을 너희로 알게 하려 하노라……내가 네게 이르노니 일어나 네 상을 가지고 집으로 가라"(10, 11절)고 말씀하셨다.

예수님이 중풍병자의 사지를 움직이게 하셨던 것처럼, 하나님은 죽은 것을 다시 살리실 수 있다. 하나님은 그런 능력을 지니고 계신다. "너희 죄를 짊어지겠다."고 말씀하시는 주님은 능히 그렇게 하실 수 있다. 예수님이 무덤에서 다시 살아나신 것이 우리가 하나님 앞에서 의롭다 하심을 받았다는 증거다. 우리의 죄는 사라졌다. 예수님이 다시 살아나셨다는 것은 곧 하나님이 "네 죄가 용서받았다."고 선언하셨다는 명백한 증거다.

그리스도께서 이 일을 이루셨다. 죽은 것을 다시 살리시는 하나님의 능력은 그분의 위대하심은 물론, 우리를 향한 긍휼의 위대함을 밝히 보여준다. 흔히 말하는 대로 생명이 있는 곳에 소망이 있다. 우리는 우리에게 있는 것이 아니라 그리스도를 믿는 믿음 덕분에 그분의 생명을 공유한다. 이 믿음은 우리에게 능력뿐만 아니라 긍휼도 베풀어 주시는 하나님의 위대하심에 대한 소망을 제공한다.

2010년에 아이티에서 큰 지진이 발생한 것을 기억하는가? 그 재난 속에서 발생한 갖가지 놀라운 사연 가운데 도프 부부(프랭크와 질)의 사연이 있다. 프랭크는 아내의 전화를 받을 무렵에 거의 160킬로미터나 떨어진 산속에 있었다. 당시 그녀는 무너진 건물 더미에 갇혀 꼼짝도 할 수 없는 상황이었다. 그는 즉시 아내를 구하기 위해 지진으로 황폐해진 지역을 자동차로 6시간이나 달려갔다. 그리고 아내가 있는 곳에 도착하자마자 몇 시간 동안 건물 잔해를 파헤쳐 그녀를 구해냈다. 그가 그토록 많은 수고를 아끼지 않았던 이유는 무엇일까? 그 이유는 생명이 있는 곳에 소망이 있었기 때문이다. 그는 그런 노력을 기울일 만한 가치가 충분함을 알았다. 그는 자신의 아내가 존귀하게 여길 만한 가치, 곧 믿음으로 열심히 추구할 만한 가치가 있음을 알았기에 기꺼이 그녀를 위해 살고, 수고하며, 섬기려고 애썼던 것이다.

예수님이 살아 계시기 때문에, 나는 하나님께서 모든 약속을 이루실 수 있다고 확신한다. 하나님께서 인간적인 희망이 모두 사라진 아브라함에게 아들을 허락하셨던 것처럼 말이다. 믿음을 지탱해 주었던 것은 하나님에게서 비롯한 소망이었다. 내 믿음이 불완전해도 믿고 확신할 수 있는 이유는 예수님이 죽은 자 가운데서 다시 살아나셨다는 사실 때문이다. 인간적인 희망이 모두 사라진 듯 보일 때 나는 하나님의 거룩한 사역 안에서 바랄 수 없는 중에 바라고 믿을 수 있다. 왜냐하면 하나님이 예수 그리스도를 주신 섭리로써 그 위대하신 권능과 긍휼을 나타내셨기 때문이다. 다른 것이 모두 나를 버리고 그 무엇에도 희망을 걸 수 없을 때 나는 그리스도를 믿고, 오직 하나님만을 믿는 믿음만을 의지한다. 이것이 나의 소망이다. 하나님은 지극히 위대하시기 때문에 나의 모든 노력이 실패하더라도 나의 길에는 항상 그분의 위대하심이 뒤따를 것이다.

2장

THE HOLINESS OF GOD

하나님의 거룩하심

: 리처드 필립스

    하나님의 거룩하심은 그분의 속성 가운데 가장 정의하기 어려운 속성에 해당한다. 이 속성은 '절대 타자'이신 하나님, 곧 자기 백성을 온전히 초월하시는 하나님을 가리키기 때문이다. 우리는 거룩함이 무엇인지 정확하게 정의할 수 없다. 거룩함의 본질을 규명하는 것보다 거룩함이 아닌 것을 언급하는 것이 훨씬 더 간단하다.
    우리는 거룩함을 도덕적인 순결의 관점에서 생각하는 경향이 있다. 물론 그것도 하나님의 거룩하심에 속하지만 그분의 거룩하심의 본질을 나타내는 것은 아니다. 거룩한 장소, 거룩한 그릇, 거룩한 사람이라는 표현은 일반적인 용도가 아닌 하나님을 위한 용도로 구별된 장소나 물건이나 사람을 가리킨다. 하나님의 거룩하심은 그분이 창조하신 피조물과는 엄격하게 구별되는 그분의 절대적 초월성을 가리킨다. '거룩하다'라는 말은 '잘라내다, 분리하다'를 뜻하는 용어에서 유래했다. 곧 하나님은 그분이 지으신 모든 것과 구별되심을 의미한다.
    스프로울은 하나님의 거룩하심에 대해 이렇게 말했다.

거룩함은 하나님이 우리를 온전히 초월하신다는 의식을 가리킨다. 이 말은 하나님의 지고하고 절대적인 위대성을 의미한다. ……그분은 세상보다 더 높으시며, 세상에 대해 절대적인 권능을 행사하신다. 세상은 그분에게 아무런 영향을 미칠 수 없다. 초월성이란 하나님의 지고한 위엄과 지극히 높으심을 묘사하는 표현이다. 이 말은 하나님과 피조물 사이의 무한한 거리를 나타낸다. 하나님은 다른 모든 것을 무한히 초월하신다.[1]

예수님이 가르치신 기도의 첫 번째 간구가 "하늘에 계신 우리 아버지여 이름이 거룩히 여김을 받으시오며"임을 기억하면 하나님의 거룩하심이 그리스도인들에게 얼마나 중요한지를 분명하게 깨달을 수 있다. 그리스도인들은 하나님의 거룩하심을 이해해야만 한다. 하나님을 예배하고 그분을 섬기려면 그분의 거룩하심을 이해해야 한다. 다윗도 하나님의 거룩하심을 이해해야 할 필요가 있었다. 사무엘하 6장에 보면 하나님이 다윗에게 한 가지 사건을 통해 자신의 거룩함을 확실하게 깨우치신 것을 알 수 있다.

사무엘하 6장의 사건은 다윗이 이스라엘 왕국의 왕으로 등극한 이후에 일어났다. 다윗은 하나님을 대신해 백성을 이끄는 것이 무엇을 의미하는지를 분명하게 이해했다. 그는 예루살렘을 장악하고 민족을 통일시키는 위대한 업적을 이루었다(삼하 5장). 그러나 그는 하나님을 대신해 사람들 앞에 서는 것이 무슨 의미인지를 배워야 했고, 또 한 사람의 인간으로서 하나님 앞에 서는 것이 무슨 의미인지를 깨달아야만 했다.

6장에 기록된 사건이란 다름 아닌 언약궤를 예루살렘으로 옮긴 일이었다. 다윗이 행한 일과 하나님의 반응은 그분의 거룩하심을 적절하게 가르쳐 준다. 이 가르침은 특히 언약궤를 신중하게 묘사하는 6장의 첫머리에 잘 드러난다. 2절은 언약궤를 매우 흥미롭게 묘사한다. 다윗은 언약궤가 있는 곳으로 갔다. 언약궤는 "그룹들 사이에 좌정하신 만군의 여호와의 이름으로 불리는 것"으로 묘사되었다. 이것은 우연적인 묘사가 아니라 중요한 신학적 진술이다. 이

---

[1] R. C. Sproul, *The Holiness of God* (Wheaton, IL.: Tyndale House, 1985), 55.

말은 거룩하고 초월적인 하나님이 어떻게 자신을 계시하시고, 또 어떻게 자기 백성 가운데 거하시는지를 보여준다. 그렇다면 언약궤가 '만군의 여호와'의 이름으로 불린다는 것은 과연 어떤 의미일까? 2절은 언약궤와 하나님의 성례전적인 관계를 암시한다.

이것은 출애굽 기간 동안 모세가 언약궤가 출발하면 "여호와여, 일어나소서."라고 외치고, 하루가 지나 언약궤가 움직임을 멈추면 "여호와여, 돌아오소서."라고 외쳤던 것과 매우 밀접한 관련이 있다. 다윗은 시편 24편에서 언약궤가 예루살렘에 도착했을 때 "문들아 너희 머리를 들지어다 영원한 문들아 들릴지어다 영광의 왕이 들어가시리로다"(7절)라고 말했다. 이처럼 언약궤와 하나님은 서로 밀접한 관계가 있다.

어떻게 거룩하신 하나님은 자신을 계시하시는가

모세는 물론 다윗도 언약궤가 곧 하나님이 아님을 잘 알고 있었다. 하나님이 상자 안에 갇혀 있으실 리는 만무하다. 그러나 하나님은 언약궤가 있는 곳에서 자신의 거룩한 영광을 나타내기로 작정하셨다. 거룩하신 하나님은 자신을 계시하기 위한 수단을 필요로 하신다.

하나님은 지극히 거룩하시고 구별되어 계시고 우리를 무한히 초월하시기 때문에 그분의 영적 본질은 누구도 알 수 없다. 그분의 무한한 위엄과 영광은 유한한 인간의 이해를 초월한다. 따라서 하나님은 우리를 위해 우리 앞에 상징물을 두셨다. 우리는 거룩하거나 무한한 존재가 아니기 때문에 입은 것을 벗어버림으로써 우리 자신을 드러낸다는 말을 들은 적이 있다. 나는 그 말이 매우 유용하다고 생각한다. 비록 한계는 있지만 옷을 벗을수록 우리 자신을 더 많이 드러내는 것은 사실이다. 그러나 하나님은 피조물과 전혀 다른 존재이시기 때문에 아무도 그분을 볼 수 없다. 따라서 그분은 무엇인가를 매개 수단으로 삼아 자신을 계시하신다. 언약궤는 그런 수단 가운데 하나다. 하나님은 언약궤를 상징물로 삼아 자신의 존재와 속성을 드러내셨다.

존 칼빈은 이렇게 말했다. "우리는 하나님께 다가가기를 원해도 그렇게 할 수 없다. 하나님은 우리가 다가갈 수 없는 절대 타자이시다. 따라서 우리가 다가갈 수 없기 때문에 그분이 우리에게 다가오셔야 한다. 그렇다면 하나님은 어떻게 우리에게 다가오시는가? 하나님의 본질에 관한 한, 우리는 그분을 절대로 알 수 없다. 따라서 하나님은 우리에게 익숙한 방식으로 자신을 계시하셔야 한다."[2]

칼빈의 이 말은 우리에게 많은 도움이 된다. 왜냐하면 언약궤는 신약성경의 성례와 비슷하기 때문이다. 성례란 하나님이 정하신 상징으로 그분에 관한 것을 드러내고, 하나님이 자기 백성을 인정하심을 공식적으로 보증한다. 세례는 그리스도의 보혈로 죄 사함을 받고 성령의 씻음으로 새롭게 되었음을 상징한다. 세례는 우리가 하나님의 백성 가운데 속했음을 보증한다. 아울러 성찬은 그리스도의 속죄의 죽음과 그로 인한 구원의 축복을 상징한다. 거룩하신 하나님은 그런 식으로 죄 사함의 은혜를 나타내시고, 자신의 독생자인 예수 그리스도에게 속한 자들을 받아들이신다.

언약궤는 하나님에 관해 무엇을 상징하는가

그렇다면 언약궤는 하나님에 관해 무엇을 나타냈는가?

첫째, 언약궤는 하나님의 통치권, 곧 그분의 주권적인 왕권을 나타냈다. 언약궤는 하나님이 자기 백성의 주권적인 통치자이심을 보여주었다. 사무엘하 6장 2절은 하나님을 "그룹들 사이에 좌정하신 만군의 여호와"로 묘사한다. 고대 이스라엘 백성이 하나님께서 언약궤를 장식한 두 천사 사이에 실제로 거하신다고 믿은 것이 아니다. 칼빈은 "언약궤는 하나님이 자기 백성 가운데 거하기 원하심을 보여주는 상징이다."라고 설명했다.[3] 언약궤는 하나님의 보좌의 발등

---

2) John Calvin, *Sermons on 2 Samuel, 1-13*, trans. Douglas Kelly (Edinburgh: Banner of Truth, 1992), 233.
3) Ibid.

상으로 간주되었다. 이는 하나님이 왕이요 주권자요 주님으로서 자기 백성 가운데 거하심을 의미한다. 언약궤는 하나님의 왕권과 주재권을 보여주는 상징이었다.

둘째, 언약궤는 하나님의 화해를 상징한다. 대제사장은 속죄일에 언약궤 앞에 서서 화목제로 희생된 제물의 피를 그 뚜껑 위에 뿌렸다. 백성들은 그런 행위를 통해 자신들과 하나님과의 관계가 회복되었음을 알았다. 그들은 죄인이었지만 속죄가 이루어진 덕분에 그들의 죄가 덮어졌다. 하나님은 율법을 어긴 행위를 보지 않으시고(언약궤 안에 율법이 들어 있었다), 적합한 희생 제물을 통해 속죄가 이루어진 것을 보셨다.

셋째, "언약궤는 하나님의 계시를 상징한다. 왜냐하면 언약의 계명이 적힌 석판이 그 안에 들어 있었기 때문이다"(출 25:16, 21, 신 10:1-5).[4] 이스라엘 백성이 하나님을 믿고 예배하려면 그분이 언약궤를 통해 나타내신 것들을 알아야만 했다. 하나님은 자기를 믿는 백성의 통치자요 화해자요 계시자이셨다.

아울러 언약궤를 하나님을 가시적으로 나타내는 상징물로 간주하려는 시도가 전혀 없었다는 사실도 주목할 만한 가치가 있다. 언약궤는 하나님의 백성 가운데 있었다. 그것은 그들의 삶과 예배의 중심이었다. 그러나 언약궤가 곧 하나님은 아니었다. 왜 그럴까? 그 이유는 하나님은 거룩하시기 때문이다. 그분은 그런 식으로 이해할 수 없다. 십계명의 두 번째 계명은 형상을 만들어 예배하는 것을 엄격히 금지한다.

이스라엘의 역사를 돌이켜 보면 성전이 여러 형상으로 장식된 것을 알 수 있다. 종려나무와 각종 열매들과 석류 등, 피조물의 형상들이 사용되었다. 하나님은 심지어 천사들의 형상까지 언약궤 뚜껑 위에 두도록 하셨다. 요점은 어떤 형상도 만들어서는 안 된다는 것이 아니다. 그것이 하나님을 나타내어 백성들이 예배하게 하지 말라는 것이다. 우리는 에덴동산에 접근할 수 없다. 그 형상은 천사들이 생명나무로 가는 길을 막는 상태로 나타난다. 언약궤 위에 그룹이 새겨져 있었다는 사실에 주목하라. 이는 하나님을 눈으로 볼 수 없

---

4) Dale Ralph Davis, *2 Samuel: Out of Every Adversity* (Ross-shire, UK: Christian Focus, 1999), 62.

음을 암시하는 신학적 의미를 지닌다.

그림과 형상을 통해 하나님을 예배하는 것의 문제는 무슨 형상을 사용하든지 하나님을 그릇 나타낼 수밖에 없다는 사실이다. 왜 그럴까? 그 이유는 하나님이 거룩하시기 때문이다. 우리는 예수님을 그린 그림을 보고 싶어한다. 그런 그림들은 대개 보기에 좋다. 그러나 혹시 아는지 모르겠지만 신약성경에서 예수님을 직접 대면한 사람들에 관한 기록을 읽어보면 그들이 그분의 거룩하심에 압도되었음을 알 수 있다. 베드로는 "주여 나를 떠나소서 나는 죄인이로소이다"(눅 5:8)라고 말했다. 예수님을 체포하러 간 성전 경비병들도 놀라서 뒷걸음쳤다. 주 예수님을 대면하는 것이 곧 거룩하신 분을 대면하는 것이었기 때문이다. 그림으로는 절대로 그런 거룩하심을 나타낼 수 없다. 언약궤는 하나님을 신학적으로 묘사할 뿐이다. 왜 그럴까? 그분이 거룩하시기 때문이다. 언약궤는, 너무나도 거룩하시기 때문에 눈으로 볼 수 없는 하나님을 조금이나마 이해할 수 있게 해주는 명제적 진리에 해당한다.

어떤 민족의 경우든 예배를 소홀히 하거나 왜곡시키는 것은 곧 영적 타락을 나타내는 징후다. 다윗이 사무엘하 6장에서 다루고자 했던 문제가 이것이다. 그는 이 문제(곧 하나님께 대한 예배가 영적 타락의 징후를 드러낸다는 것)를 의식했기에 자신의 왕국을 건설하고 나서 그 문제에 대한 조처를 취하기 원했다.

그 이전에 하나님은 에벤에셀에서의 첫 번째 전투에서 언약궤를 블레셋 족속에게 넘겨줌으로써 이스라엘을 심판하셨다. 이는 홉니와 비느하스의 시대에 일어났던 사건으로 그들은 실로의 성막에서 사악한 죄를 일삼던 부패한 제사장들이었다. 블레셋 족속이 침략하자 이스라엘 백성은 그 위협에 대처하기 위해 언약궤를 앞세웠다. 그들은 "언약궤를 가져오자. 우리는 힘이 필요하다. 하나님을 이곳에 모셔와 우리의 목적을 위해 활용하자."라는 식으로 말했다.

그러나 하나님은 거룩하시기 때문에 자신을 그린 식으로 이용하도록 허락하지 않으셨다. 이스라엘 백성은 전쟁에서 패했을 뿐 아니라 언약궤마저 블레셋 족속에게 빼앗기고 말았다(삼상 4장). 잘 알다시피 블레셋 족속은 언약궤를 다곤 신당에 가져다 두었다(삼상 5장). 그러자 심각한 사태가 빚어지기 시작했다. 하나님은 다곤의 머리와 두 손목을 끊어버리심으로 이스라엘이 패배한 이유가 블레셋 족속이 강해서가 아니라 자신을 의지하고 신뢰하지 않았기 때문임을 분명하게 보여주셨다(하나님은 블레셋 족속을 능히 멸할 수 있으셨다).

요즘 흔히들 이렇게 말한다. "주변 문화가 너무 강력해. 단지 성경만 전해서는 곤란해. 그것만으로는 사람들의 관심을 끌 수 없어. 성경적인 예배만으로는 역부족이야. 사람들은 그런 것에 관심을 기울이지 않아. 블레셋의 문화를 좇아야 해. 그렇지 않으면 패배할 거야."

하나님은 자신이 블레셋 족속을 능히 다루실 수 있다는 사실을 우리에게 상기시켜 주신다. 언약궤는 전혀 해를 당하지 않는다. 사실 블레셋 족속은 곧바로 언약궤를 없애려고 노력했다. 그들은 "이 거룩하신 하나님이 이곳에 있는 사람들을 죽이고 계시니 이 궤를 어떻게 처리해야 좋단 말인가?"라고 말하기 시작했다. 하나님은 단지 우상만이 아니라 그것을 섬기는 사람들까지 죽이셨다. 사람들에게 독한 종기가 발생하고 언약궤를 둔 아스돗에 역병이 나돌았다. 블레셋 족속은 언약궤를 이웃 마을인 가드로 옮겼지만 결과는 마찬가지였다. 그들은 이번에는 언약궤를 에그론으로 옮기려고 했다. 그러자 그곳 주민들이 일어나 "이 거룩한 하나님을 우리 마을로 옮기지 말라."고 강력히 반대했다. 그들은 결국 언약궤를 젖 나는 소들이 끄는 마차에 실어 이스라엘 백성에게 돌려보냈다. 그 후 언약궤는 기럇여아림이라는 마을에 사는 아비나답의 집에 오랫동안 머물렀다. 역대상 13장 3절은 이스라엘 백성이 사울 왕 당시에 언약궤를 보지 못했다고 진술한다.

당시는 영적 타락의 시대였다. 이스라엘의 영적 타락은 사울 왕의 통치 기간까지 계속되었다. 그들은 하나님의 통치권과 임재를 상징하는 언약궤를 통해 주어지는 그분의 특별한 계시를 구하지 않았다. 그러던 차에 통일 왕국의 왕이 되어 보좌에 오른 다윗은 참된 믿음을 회복시키기 원했다. 그는 백성들이 하나님께서 정하신 예배 제도와 언약적인 삶을 회복하기를 바랐다. 경건하지 못한 이전 세대는 참 예배를 외면했지만 다윗은 거룩한 예배와 경외심을 가장 우선시하기 원했다.

다윗이 언약궤를 옮긴 사건이 역대상 13장에도 기록되어 있다. 다윗은 언약궤를 옮기는 일을 위해 이스라엘의 장로들과 지도자들을 모두 불러 회의를 소집했다. 그는 "우리가 이스라엘 온 땅에 남아 있는 우리 형제와 또 초원이 딸린 성읍에 사는 제사장과 레위 사람에게 전령을 보내 그들을 우리에게로 모이게 하고 우리가 우리 하나님의 궤를 우리에게로 옮겨오자"(2, 3절)라고 말했다. 참으로 놀라운 순간이었다. 다윗은 이스라엘 온 지파의 대표자들을 소집하기 원했다. 언약궤를 옮기는 일에 그렇게 많은 사람을 동원할 필요는 없었지만 하나님은 거룩하시기 때문에 다윗은 예배 회복을 가장 중요시하는 데 모든 지도자들이 힘을 보태기를 원했다. 그는 거룩하신 하나님을 위해 성경적인 예배를 회복하려면 모든 사람의 대표자들이 참여하는 것이 좋다고 생각했다.

윌리엄 블래키는 다윗과 그를 따르는 사람들의 경건함을 이렇게 칭찬했다. "그들은 많은 숫자였지만 아무도 시간이나 수고나 비용에 대해 불평하지 않았다. 실제로 그 일을 하는 데는 약간의 사람만으로도 충분했을 것이다. 그러나 수천 명의 지도자들이 소집되어……하나님께 영광을 돌렸다."[5] 다윗이 하나님께 대한 참된 예배를 회복하는 데 온갖 정성을 다했다는 것은 그분의 거룩하심에 대한 그의 확신을 여실히 보여준다.

때로 사람들은 "목사님, 왜 교회에 나가야 하죠?"라고 묻곤 한다. 교회에 나가면 좋은 이유는 많다. 예를 들어 어떤 사람들은 이렇게 말한다. "교제를 통해 유익을 얻을 수 있어요. 이곳에는 좋은 사람들이 많아요. 멋진 아가씨도 만날 수 있고 멋진 총각도 만날 수 있어요. 심지어 이곳에서는 사업상 큰 계약이 이루어지기도 하지요. 또 음악도 즐길 수 있고, 설교도 재미있어요." 사실 어느 정도는 그런 이유도 있다. 그러나 우리가 따로 시간을 내 설레는 마음으로 함께 와서 예배를 준비하고, 하나님의 백성으로서 함께 모이는 이유는 하나님이 거룩하시기 때문이다. 그분은 지극히 존귀하고 거룩하고 초월적인 하나님이시다. 그분은 우리의 예배를 요구하시고, 또 예배를 받을 자격이 충분하시다. 하나님은 거룩하시다. 참된 예배를 강조하고 중요시하는 것은 곧 세상 사람들 앞에서 그분의 거룩하심을 증언하는 것이다.

---

5) William G. Blaikie, *Expository Lectures on the Book of Second Samuel* (1887; repr., Birmingham, AL: Solid Ground Christian Books, 2005), 85-86.

다윗 당시의 이스라엘 사람들은 예배를 선택 사항이나 사소한 활동으로 생각하지 않았다. 그들은 예배가 민족의 안녕을 위해 절대적으로 필요하다고 생각했다. 우리 그리스도인들도 하나님의 거룩하심을 의식하면 예배 참여를 가장 우선시하지 않을 수 없다. 하나님을 당연시해서는 곤란하다. 그분을 경홀히 여겨서는 안 된다. 하나님은 거룩하시다. 그분은 지극히 존귀하시고 우리를 무한히 초월하신다. 우리는 그분의 말씀을 전하는 설교에 정성껏 귀를 기울여야 한다. 왜 그래야 할까? 그 이유는 거룩하신 하나님의 말씀이 선포되기 때문이다.

때로 내가 설교를 잘 전하지 못하거나 사람들이 말씀에 반응하지 않는 것처럼 생각될 때면 "릭, 너는 지금 거룩하신 하나님의 말씀을 전하고 있어."라며 나 자신을 새롭게 일깨우곤 한다. 말씀을 전하고 듣는 일은 참으로 중요하다. 우리는 기도와 성례와 더불어 말씀에 기꺼이 헌신해야 한다. 이스라엘 백성이 언약궤 앞에서 하나님을 공경해야 했던 것처럼, 오늘날의 신자들도 그리스도께서 교회에 명령하신 의식에 참여할 때 그분을 거룩하게 여겨야 마땅하다.

사무엘하 6장 5절을 살펴보면 다윗과 그를 따르는 사람들의 예배 태도를 엿볼 수 있다. 다윗과 이스라엘 온 족속은 기쁨을 표현하기 위해 여러 가지 악기와 수금과 비파와 소고와 양금과 제금으로 여호와 앞에서 연주했다. 그들이 성경적인 예배를 지루하거나 부적절한 것으로 간주하지 않았다는 것은 참으로 흥미롭기 그지없다.

자기를 계시하시는 하나님과 참된 교제를 나누는 사람들은 결코 지루함을 느끼지 않는다. 그들은 지루해하기는커녕 큰 경외심을 느낀다. 하나님과의 만남은 절대 실망스럽지 않다. 블래키는 이렇게 말했다. "다윗과 그의 백성은 하나님을 섬기는 일에서 행복을 느꼈다. 그런 태도는 하나님의 은혜로 죄 사함을 얻어 그분의 자녀가 되는 특권을 누리게 된 모든 사람의 특징이다."[6]

이 말은 예배를 사소하게 여기거나 속된 방법으로 예배를 즐기라는 뜻과는 거리가 멀다. 사람마다 예배를 드리는 방식이 다르다. 나는 하나님께 가까이

---

6) Ibid., 87.

이끌리는 듯한 느낌이 들 때면 더욱 조용해지는 편이다. 그런 경우에 다른 사람들의 표현 방식은 나와 다를 수 있다. 요점은 표현 방식이 어떻든 간에 마음이 고양되어야 한다는 것이다. 왜 그래야 할까? 그 이유는 하나님을 알고 예배하며, 또 그분께 인정을 받는 것은 참으로 놀라운 특권이기 때문이다.

다윗이 이스라엘 백성 가운데서 참 예배를 회복하기 위해 노력한 일에는 칭찬받을 만한 것이 많다. 그는 거룩하신 하나님을 인간적인 방법으로 예배할 수 없음을 이해했다. 따라서 그는 하나님을 올바로 예배하는 방식이 회복되기를 원했다. 그럼에도 불구하고 그는 하나님이 얼마나 거룩하신 분인지를 정확하게 인지하지 못했다. 그는 하나님의 거룩하심에 대해 새로운 교훈을 받아야 했다. 그는 그 과정에서 분노와 실망과 불쾌함과 두려움을 느껴야 했다.

이 점을 온전히 이해하려면 다윗이 언약궤를 옮기는 동안 어떤 일이 있어났는지를 알아야 한다. 그는 그 거룩한 물건을 운반하는 방식에서 큰 잘못을 저질렀다. 사무엘하 6장 3, 4절은 "그들이 하나님의 궤를 새 수레에 싣고"라는 말로 시작한다. 사실 새 수레를 사용했다는 것은 하나님을 존중하는 마음으로 그 귀한 물건을 옮기려 했던 의도를 드러낸다. 다윗은 새 수레를 준비해 언약궤를 아비나답의 집에서 싣고 나왔다. 아비나답의 아들 웃사가 수레를 몰았고, 또 다른 아들 아효가 그 앞에서 걸어갔다.

거룩하신 하나님을 예배할 때 무지로 인해 초래되는 위험

우리는 "어떤 예배가 하나님이 받으시는 예배인가?"라는 질문에 대한 대답으로 이른바 '예배 모범'을 시행한다.

나는 담임하고 있는 교회에서 새신자들을 가르치는 일을 막 끝마쳤다. 마지막 교육의 주제는 '개혁주의 예배'였는데 나는 항상 이렇게 운을 떼며 사람들을 놀래기 좋아한다. "우리 제2장로교회는 소비자 중심의 예배를 지향합니다." 그러고 나서는 이렇게 말한다. "사실입니다. 우리에게는 목표 청중이 있습니다. 우리는 그들을 기쁘게 하려고 노력합니다. 우리는 목표 청중의 기호와 취향을 파악하려고 애씁니다. 왜냐하면 그들이 기뻐하기를 원하기 때문이지요. 우리는 예배가 즐거워 목표 청중이 다시 교회를 찾기를 바랍니다."

새신자반에서 그렇게 말하면 좀 더 보수적인 성향을 지닌 개혁주의 신자들은 슬그머니 자리에서 일어난다. 그들이 자리를 뜨기 전에 나는 "우리의 목표 청중이란 다름 아닌 삼위일체 하나님이십니다."라고 얼른 덧붙인다. 우리는 하나님이 받으시는 예배를 드리기 원한다. "인정할 수 있는 예배란 어떤 예배인가요?"라고 물으면 사람들은 즉시 "누가 인정하느냐에 따라 다르죠."라고 대답한다. 하나님이 인정하셔야 한다. 하나님은 말씀을 통해 자신을 예배하는 방식을 분명하게 계시하셨다.

신중하게 성경을 공부하는 사람이라면 언약궤를 다루는 웃사와 아효의 방식이 잘못되었음을 금방 알아차렸을 것이다. 왜냐하면 하나님은 계시를 통해 언약궤를 옮기는 방식을 상세하게 알려주셨기 때문이다. 언약궤는 아무렇게나 운반하는 것이 아니었다. 하나님은 거룩하시다. 그분은 성물(聖物)을 다루는 방식을 통해 자신의 거룩하심을 더욱 분명하게 드러내기를 원하셨다. 민수기 4장 5-15절에 따르면 언약궤는 고핫 자손의 레위 지파 사람들만이 운반할 수 있었다. 그들은 언약궤를 다루는 일을 위해 거룩하게 구별되었다. 그들은 언약궤를 운반하는 일에만 종사하도록 구별된 사람들이었다.

언약궤를 운반하려면 일단 염소 가죽(저자는 NLT를 인용해 염소 가죽이라 언급한 듯하다. 한글 개역개정을 포함한 대부분의 성경은 '해달의 가죽'이라고 되어 있다.-편집자주)으로 그것을 덮어야 했다. 왜 그래야 했을까? 그 이유는 언약궤를 볼 수 있는 권한이 없는데 그것을 보는 경우 죽음의 형벌을 당해야 했기 때문이다. 언약궤가 블레셋 족속으로부터 이스라엘 품으로 다시 돌아왔을 때 벧세메스 사람들은 이 교훈을 절실히 깨달아야 했다(삼상 6장). 그들은 언약궤를 구경거리로 취급했다가 70명이 목숨을 잃는 불행을 당하고 말았다. 언약궤는 일단 염소 가죽으로 덮고, 고핫 자손이 지정된 장대를 사용해 운반해야 했다. 민수기 4장 15절은 언약궤를 운반할 때 그 거룩한 물건을 만져 죽음을 당하는 일이 없게 하라고 경고한다.

이런 확실한 성경의 지침과 경고에도 불구하고 다윗이 성경에 대해 무지하여 언약궤를 자기 생각대로 운반한 것은 매우 어리석고 위험한 일이었다. "다윗은 도대체 무슨 생각이었을까?"라고 묻지 않을 수 없다. 칼빈은 그것이 이전 세대의 무지에서 비롯한 결과였다면서 영적으로 타락하면 그런 일이 일어날 수밖에 없다고 지적했다. "이 사건은 사람들이 하나님을 예배하는 일에 참여하는 것에 익숙하지 않고…… 그 일이 전혀 생소하게 느껴질 때 일어나는 현상이다. ……백성이 스스로를 더럽히고, 하나님을 예배하는 일에 익숙하지 않고, 예배의 기본 요소에 무지한 것이 그런 실패의 원인이 아니었겠는가?"[7]

그것은 틀림없는 사실이다. 그러나 다윗의 경우에는 또 다른 요인이 있었다고 생각한다. 블레셋 족속은 언약궤를 없애려고 소가 끄는 수레에 실어 운반했다. 다윗이 언약궤가 안치된 아비나답의 집에 도착해 그와 그의 아들 엘르아살에게 "언약궤를 운반하는 방법을 알고 있는가?"라고 물었다고 가정해 보자. 아마도 그들은 "언약궤가 처음 우리에게 올 때 소가 끄는 수레에 실려 왔습니다. 그래도 아무런 문제가 없었습니다."라고 대답했을 것이다. 다윗은 그 말을 그대로 받아들였던 것으로 보인다. 그의 사례는 세상의 관습이 아무리 좋게 보여도 그것으로부터 예배에 관한 개념을 이끌어내는 것은 위험천만한 일이라고 경고한다. 다윗도 그런 경우에 해당했던 것이 분명하다. 그는 "아비나답, 당신은 예배를 어떻게 생각하는가?"라고 묻고, 아비나답은 "제 생각은 이러이러합니다. 전에도 그렇게 했더니 효과가 있었습니다."라고 대답했다. 요즘 사람들도 "나는 예배가 이러이러해야 한다고 생각합니다."라는 식으로 말한다.

우리의 본성은 부패했기 때문에 내가 좋게 생각하는 것이 예배에 적합하다고 단정하지 않도록 주의해야 한다. 내가 좋게 생각한다고 해서 그것이 꼭 하나님이 기뻐하시는 방식이라는 보장은 없다. 오늘날 많은 사람이 나름대로 하나님을 예배하려고 노력하고 있다. 그러나 "하나님은 어떤 예배를 원하시는가?"라고 반드시 물어야 한다. 그것이 사무엘하 6장이 가르치는 교훈이다.

블래키는 "모든 시대에 적용되는 위대한 교훈은 하나님의 말씀이 그분을 예

---

7) Calvin, *Sermons on 2 Samuel*, 237-38.

배하는 방법을 분명하게 가르치고 있는데도 우리 멋대로 예배의 방식을 결정하는 잘못을 저지르지 않도록 주의해야 한다는 것이다."라고 설명했다.[8] 나는 우리가 성경의 가르침이 아니라 세상의 방식을 받아들이는 탓에 수많은 그리스도인의 믿음이 갈수록 약해지는 시대에 살고 있다는 말이 조금도 과장이 아니라고 생각한다. 오늘날의 교회는 설교를 길고 지루한 일로 여겨 비디오나 드라마로 설교를 대체한다. 이것은 사람들에게는 좋게 보일지 몰라도 하나님이 정하신 방법은 아니다. 우리는 겉으로 볼 때 효과가 있고 좋게 여겨지는 일을 인위적으로 만들어내고 있다. 성경의 방식이 아닌 다른 방식으로 예배를 드릴 때 하나님의 백성은 무력해질 수밖에 없다.

웃사의 죽음은 결코 사소한 실수가 아니었다

솔직히 말해 웃사의 행위는 지극히 사소해 보인다. 다윗의 좀 더 근본적인 의도, 곧 그가 하나님을 예배하는 일에 지극한 정성을 쏟은 것에 비하면 그런 일쯤은 얼마든지 눈감아 줄 수 있을 듯싶다. 우리가 이 일을 그렇게 큰 일로 생각하지 않는 이유는 하나님이 얼마나 거룩하신 분인지를 망각했기 때문이다. 그러나 하나님은 잊지 않으셨다. 실로 다윗은 치명적인 위험을 자초했는데 기럇여아림에서 예루살렘으로 오는 과정에서 일어난 일을 보면 알 수 있다. 행렬이 진행되는 동안 갑자기 수레가 멈췄고 춤이 중단되었다. 뒤를 돌아보니 언약궤를 운반하던 웃사가 땅에 쓰러져 있었다. 사람들은 그에게로 달려갔다. 그를 살펴보니 이미 숨이 끊어진 상태였다. 성경은 그 일을 이렇게 기록한다.

"그들이 나곤의 타작 마당에 이르러서는 소들이 뛰므로 웃사가 손을 들어 하나님의 궤를 붙들었더니 여호와 하나님이 웃사가 잘못함으로 말미암아 진노하사 그를 그 곳에서 치시니 그가 거기 하나님의 궤 곁에서 죽으니라"(삼하 6:6, 7).

---

8) Blaikie, *Expository Lectures on the Book of Second Samuel*, 88.

이 말씀은 본 사건이 우연히 일어나지 않았음을 분명하게 보여준다. 웃사가 죽은 이유는 거룩한 언약궤를 손으로 만진 죄로 하나님으로부터 형벌을 당했기 때문이다. 이 일은 하나님을 대할 때, 특히 그분을 예배하는 일과 관련해 우리 멋대로 생각해서는 안 된다는 교훈을 일깨워 준다. 하나님은 거룩하시다. 위의 말씀은 하나님이 자신을 예배하는 일에 강렬하고 거룩한 열정을 기울이심을 잘 보여준다. 하나님은 언약궤가 블레셋 족속의 수중에 있을 때 그들에게 이 교훈을 가르치셨다.

그분은 이제 이스라엘 백성에게도 똑같은 교훈을 가르치신다. 7절은 "여호와 하나님이 웃사가 잘못함으로 말미암아 진노하사"라고 말씀한다. 이 말씀은 하나님의 진노가 그를 향해 '격발되었다'라고 번역할 수도 있다. 이 표현은 바로 앞장(삼하 5장)에 기록된 내용을 연상시킨다. 거기에서도 하나님의 권능이 블레셋 족속에게 격발되어 다윗이 그들을 물리쳤다는 사실을 진술하면서 동일한 히브리어 동사를 사용했다. 다윗은 그때 그곳을 '바알브라심'으로 일컬었다. 이 말은 하나님이 바알의 추종자들을 무찌르셨다는 뜻이다(삼하 5:20). 웃사가 죽은 장소는 '베레스웃사'로 일컬어졌다(삼하 6:8). 경건하지 않은 사람들에게 쏟아진 하나님의 진노는 항상 치명적인 결과를 가져왔다.

성경은 웃사의 죽음을 대하는 다윗의 태도를 솔직하게 기록한다. 다윗은 하나님이 웃사를 치신 것을 분하게 여겼다(8절). 물론 하나님이 웃사를 죽이신 것을 보고 놀란 사람은 다윗만이 아니었다. 왜냐하면 다른 사람들이 보기에도 하나님이 그렇게 진노를 터뜨리신 것은 웃사가 행한 일의 중요성에 비춰 볼 때 너무 지나친 처사처럼 보였기 때문이다. 사람들은 '하나님의 거룩한 언약궤가 진창에 빠지는 것을 막기 위해 한 행동이 아니었는가? 그것이 얼마나 심각한 죄이기에 죽음을 당해야 한단 말인가?'라고 생각했을 것이 틀림없다.

데일 랠프 데이비스는 이 사건을 비롯해 이와 비슷한 사건들은 모두 성경의 초자연적인 기원을 드러낸다고 말했다. 인간은 누구도 이런 말씀을 기록할 수 없다. 인간 저자는 어느 누구도 하나님에 관한 그런 사실을 솔직하게 기록할 수 없다. "웃사의 이야기는 인간의 취향과 정면으로 충돌한다. 사람들에게 영향을 미치고 그들의 회심을 유도하려면 하나님을 그런 식으로 나타내서는 곤란하다. 그런 하나님은 사람들에게 호감을 줄 수 없다."⁹⁾ 그러나 하나님은 자신을 그렇게 나타내기를 원하신다. 그분은 거룩하신 하나님이시기 때문에 그분에 대한 가장 사소한 잘못도 죽음의 형벌을 면할 수 없다.

다윗의 분노는 부분적으로 언약궤를 운반하는 행렬이 도중에 중단된 것에 대한 당혹감의 표출이었다. 그는 참으로 큰 노력과 정성을 기울였고, 온 백성의 대표자를 소집했다. 이 중요한 일을 행하는 데 갑자기 하나님께서 걸림돌이 되셨다. 그러나 성경의 관점에서 보면 하나님의 반응은 매우 적절했다. 하나님은 거룩한 언약궤를 손으로 만질 때 당할 형벌을 분명하게 경고하셨다. 민수기 4장에 그 사실이 역력히 드러난다. 하나님이 분노를 터뜨리셨다는 이유로 그분이 화를 잘 내거나 불의한 성품을 지니셨다고 생각해서는 곤란하다.

하나님의 진노는 변덕스런 분노와 거리가 멀다. 하나님은 우리 인간과는 달리 부당하게 분노를 터뜨리시는 법이 없다. 하나님의 분노는 항상 의롭고 적절하다. 그것은 피조물의 죄에 대한 거룩하신 하나님의 마땅한 반응이다. 만일 웃사의 죽음을 못마땅하게 여긴다면 다윗처럼 아직도 하나님의 거룩하심에 관해 배워야 할 것이 많다는 증거다.

물론 웃사는 고의로 하나님을 거역하는 행위를 저지르지 않았다. 더욱이 그는 주어진 상황에서 마땅히 해야 할 일을 한 것처럼 보인다. 그는 하나님의 임재 앞에 있었다. 스프로울은 이렇게 말했다. "우리는 하나님이 하늘에서 '고맙다. 웃사야.'라고 말씀하시는 소리를 웃사가 들었어야 했다고 생각한다. 그러나 하나님은 그렇게 하시기는커녕 그를 죽이셨다. 그분은 즉석에서 그의 목숨을 앗아가셨다."¹⁰⁾ 그렇다면 하나님은 왜 그렇게 반응하셨을까?

그 이유는 웃사가 거룩한 언약궤를 만진 것이 영웅적인 헌신의 행위가 아니라 교만하고 주제넘은 죄에 해당했기 때문이다. 스프로울의 설명을 들어보자. "웃사는 자신의 손이 흙보다 덜 더럽다고 생각했다. 그러나 언약궤를 더럽히는 것은 흙이나 진창이 아니라 인간의 접촉이었다. 땅은 복종하는 피조물

---

9) Dale Ralph Davis, *2 Samuel*, 64.
10) Sproul, *The Holiness of God*, 138-89.

이다. 땅은 하나님이 명령하신 일을 행한다. ……땅은 반란죄를 저지르지 않는다. 땅은 오염된 것이 없다."[11] 그러나 인간의 접촉은 오염되었다. 왜냐하면 하나님의 율법을 거역하고 반란죄를 저질렀기 때문이다.

앞에서 거룩함은 도덕적 순결과 정확하게 일치하지 않는다고 말했다. 거룩함은 초월적인 '타자성'을 의미한다. 그러나 하나님의 도덕적 순결도 당연히 포함된다. 도덕적 순결은 하나님의 거룩하심과 분리될 수 없다. 하나님은 우리가 생각하는 것보다 무한히 더 뛰어난, 도덕적 완전함을 지니고 계신다. 따라서 거룩하신 하나님은 어떤 죄도 용납하실 수 없다. 이것이 웃사의 죽음이 변덕스런 분노나 전횡적인 심판의 결과가 아닌 이유다. 웃사의 죽음이 다윗의 경우처럼 우리를 놀라게 한다면, 그것은 우리가 지은 죄의 현실과 그로 인한 무서운 결과를 아직도 온전히 이해하지 못했다는 증거다.

캔터베리의 안셀무스는 『왜 하나님은 인간이 되었는가?』라는 책에서 질문자인 보소에게 "자네는 아직도 죄의 무게가 얼마나 무거운지를 생각하지 않고 있네."라는 유명한 말을 남겼다.[12] 우리도 그 점을 이해하지 못하기는 마찬가지다. 우리는 부패했고, 하나님은 거룩하시다. 따라서 하나님의 언약궤를 만지는 사람은 죽어야 마땅하다.

언약궤가 예루살렘으로 최초로 옮겨지는 시점이었다. 그것은 시온 산에 안치될 예정이었다. 하나님은 자신의 거룩함을 제대로 이해하기를 원하셨다. 하나님은 보통은 그런 일을 행하지 않으신다.

스프로울은 대학 교수 시절에 있었던 일에서 적절한 사례를 보여준다. 그는 학생들에게 일정한 기간 내에 과제물을 제출하게 했다. 그러나 학생들은 과제물을 제시간에 제출하지 않았다. 그들은 중간 학기라 다른 과제물이 많고, 대학 생활에 적응하기가 어려우며, 가정에 문제가 있다는 등, 다양한 변명을 늘어놓았다. 스프룰은 "좋습니다. 처음이니 이번에는 사정을 봐주지요."라고 말했다.

---

11) Ibid., 141.
12) St. Anselm of Canterbury, *Cur deus homo?*, book 1, chap. 21.

그는 학생들에게 두 번째 과제물을 내주었다. 그런데 정해진 시간이 지났지만 학생들 가운데 절반이 과제물을 제출하지 않았다. 그는 이번이 늦게 제출한 과제물을 받아주는 마지막 기회라고 엄중히 경고했다. 그리고 세 번째에는 경고한 대로 실천했다. 과제물을 제출하지 않은 75퍼센트의 학생들은 F학점을 받고 놀라워해야 했다.

학생들의 반응을 어떻게 생각하는가? 그들은 "부당해요."라고 말했다. 그러나 스프로울의 처사는 공정했다. 만일 그들이 첫 번째 과제물을 늦게 제출했을 때 낙제 처리되었다 해도 결코 부당한 일은 아니었을 것이다. 그는 그들에게 충분히 은혜를 베풀었다. 그러나 학생들은 그의 은혜를 당연시했다.

성경에서도 그와 비슷한 일이 일어났다. 구약성경은 하나님의 오랜 인내와 긍휼을 기록한다. 그분은 부패한 이스라엘 백성에게 거듭 긍휼을 베푸셨다. 그러나 언젠가는 하나님이 죄에 대해 진노하시고 죄인을 벌하실 때가 이를 것이다. 그런 일이 일어나도 하나님은 전혀 불의하지 않으시다. 스프로울은 이렇게 설명했다. "우리가……웃사의 이야기를 읽으면서 놀라는 이유는 정의와 은혜를 혼동하기 때문이다. 하나님의 정의가 이루어지면 우리는 크게 분노한다. 그 이유는 하나님이 우리에게 항상 은혜를 빚지신다고 생각하기 때문이다."[13]

우리는 그런 일이 우리의 삶에서 일어나지 않기를 바란다. 우리는 자신을 사랑하고, 또 놀라운 인생의 계획을 가지고 있다. 우리는 하나님의 충실하심이 우리가 생각하는 충실함과 일치하는 것을 행복이요 형통한 삶이라 일컫는다. 그러나 하나님은 우리보다 우리를 더 많이 사랑하신다. 그분은 우리의 삶을 위한 또 다른 계획을 가지고 계신다. 그것은 곧 우리의 거룩함이다. 하나님은 우리가 믿음 안에서 성장하기를 원하신다. 사실 하나님은 우리가 자신의 영광에 참여하도록 계획하셨다. 그분이 이곳 세상에서 우리를 훈련하시는 이유는 하늘나라에 적합하게 만드시기 위해서다. 하나님이 우리에게 시련을 허락하시고, 우리를 훈육하고 징계하신다고 해서 그분이 우리를 더 이상 긍휼히

---

13) Ibid., 161-67.

여기지 않으신다는 뜻은 결코 아니다. 우리는 하나님의 거룩하심에 관한 교훈을 배울 필요가 있다. 그분의 행사는 거룩하다. 그분은 거룩한 목표를 이루기 위해 일하신다. 따라서 주님을 섬길 때는 노예적인 두려움이 아니라 그분을 거룩하신 분으로 우러르는 경외심이 필요하다.

거룩하신 하나님을 어떻게 대해야 할까

잘못을 저질러놓고 다윗이 분노를 드러낸 것은 잘못이었다. 웃사의 죽음에 대한 그의 두 번째 반응도 잘못이기는 마찬가지였다.

"다윗이 그 날에 여호와를 두려워하여 이르되 여호와의 궤가 어찌 내게로 오리요 하고 다윗이 여호와의 궤를 옮겨 다윗 성 자기에게로 메어 가기를 즐겨하지 아니하고 가드 사람 오벧에돔의 집으로 메어 간지라"(삼하 6:9, 10).

웃사의 죽음을 목격한 다윗은 하나님을 대하는 것이 너무나도 위험한 일이라고 결론지었다. 하나님이 그렇게 거룩하시다면 어느 누가 감히 그분을 대할 수 있단 말인가? 블레셋 족속도 다윗 이전에 "이 거룩하신 하나님을 어떻게 대해야 할까?"라고 말한 적이 있다. 사람들은 하나님을 멀리하고 싶어한다. 다윗은 결과적으로 이렇게 말한 셈이다. "언약궤를 멀리 하자. 죄를 엄히 다스리는 거룩하신 하나님을 가까이하기보다는 그분의 참된 계시를 외면하는 편이 더 낫겠다."

우리도 종종 그렇게 생각하지 않는가? 하나님은 거룩하시다. 그분은 우리가 해주시기 원하는 일을 행하지 않으시며, 우리가 원하는 방식으로 삶을 이끌어 주지 않으신다. 그분의 목적은 우리의 목적과 다르고, 그분의 뜻은 우리의 뜻과 다르다. 그분은 거룩하신 하나님이시다. 하나님은 우리가 참 믿음 갖기를 원하신다. 그분은 우리의 삶 속에 더욱 깊이 들어오기를 원하신다. 그런 상황에서 우리는 "이 하나님을 어떻게 대해야 할까?"라고 말한다.

다윗의 잘못은 무엇인가? 11절은 "여호와의 궤가 가드 사람 오벧에돔의 집에 석 달을 있었는데 여호와께서 오벧에돔과 그의 온 집에 복을 주시니라"고 말씀한다.

이 말씀은 다윗이 웃사를 잃고 언약궤 운반에 실패한 그 사건의 결말을 보여준다. 하나님이 우리 가운데 오시는 이유는 우리의 하나님이 되시기 위해서다. 그분은 자기 백성 안에 좌정하신다. 그분은 거룩하신 하나님이시기 때문에 자신의 뜻과 말씀에 따라 우리 가운데 거하신다. 그분의 목적은 우리가 구하거나 생각하는 것보다 훨씬 더 거룩한 방식으로 우리를 축복하시는 것이다.

죄인들은 거룩한 것을 피하려는 성향을 지닌다. 이것이 설교자들이 세상에서 인기를 누리지 못하고, 교회가 주일에 프로 축구보다 사람들의 관심을 덜 끄는 이유다. 그러나 다윗이 자신이 멀리한 언약궤를 통해 주어지는 하나님의 계시를 깊이 생각했더라면, 그것이 어떤 희생을 치를지라도 얻어야 할 보배로운 축복의 원천임을 깨달았을 것이다.

앞에서 언약궤가 하나님에 관한 신학적 계시를 전달한다고 말한 바 있다. 언약궤가 나타내는 하나님은 통치자요 화해자요 계시자이신 하나님이시다. 지혜로운 독자들은 언약궤의 의미가 모두 하나님의 거룩하신 아들 주 예수 그리스도의 강림을 통해 온전히 이루어졌음을 이해할 것이다.

언약궤에 대한 사람들의 반응은 성경이 가르치는 예수님에 대한 사람들의 반응과 매우 흡사하다. 『웨스트민스터 소요리 문답』은 세 가지 직분의 관점에서 예수님의 구원 사역을 설명한다. 예수님은 선지자요 제사장이요 왕이시다. 이는 언약궤가 상징하는 진리다. 예수님은 왕으로서 믿는 모든 자를 위해 하나님의 의와 평화의 통치가 땅에서 이루어지게 하시고, 제사장으로서 자기 백성을 죄로부터 구원하기 위해 하나님의 진노를 감당하심으로써 그들이 받아 마땅한 죗값을 치르셨으며, 선지자로서 하나님에 관한 참된 계시를 전하셨다. 그분은 "나를 본 자는 아버지를 보았거늘"(요 14:9)이라고 말씀하셨다. 하나님이 어떤 분이냐고 묻는다면 모든 면에서 그리스도와 똑같으신 분이라고 대답할 수 있다. 그리스도는 하나님의 완전한 계시이시다.

우리는 언약궤를 통해 계시된 하나님을 알고, 궁극적으로는 그분의 아들 예수 그리스도를 믿음으로써 가드 사람 오벧에돔의 집에 임한 축복을 통해 예시된 참된 삶의 축복을 누릴 수 있다.

복음, 구원에 관한 거룩한 계시

하나님이 거룩하신 것처럼 예수 그리스도에 관한 복음도 거룩하다. 복음은 구원에 관한 거룩한 계시다. 인류가 결코 상상하지 못한 것이 있다면, 그것은 죄에 대해 진노를 드러내는 거룩하신 하나님이 독생자를 세상에 보내 죄를 대신 짊어지게 하심으로써 사람들을 축복하기로 결정하셨다는 것이다. 여기에서도 언약궤는 구체적인 예를 제공한다. 목회자를 만나 "성경책을 가지고 있나요? 언약궤가 무엇을 의미하는지 설명해 줄 수 있겠습니까?"라고 묻는다면, 그는 하나님과 그분의 백성이 속죄를 통해 화목을 이룬다는 의미라고 설명할 것이다. 또한 "하나님은 모세에게 뭐라고 말씀하셨습니까?"라고 묻는다면 그는 이렇게 대답할 것이다. "하나님은 '내가 속죄소에서 너를 만나겠다. 피가 언약궤에 뿌려져 율법을 어긴 죄를 덮는 그곳에서 내가 너희의 하나님이 되어 너희를 축복하겠다.'라고 말씀하셨습니다."

우리는 예수 그리스도의 십자가와 마주친다. 오늘날 많은 사람이 "십자가는 우리를 불쾌하게 한다."고 말한다. 그러나 그것은 하나님께로부터 비롯한 거룩한 십자가다. 따라서 우리는 십자가를 받아들이고, 우리를 겸손히 낮춰야 한다. 하나님과 만나려면 죄를 고백하고 십자가를 의지해야 한다. 다른 길은 없다. 십자가를 아무렇게나 다뤄서는 곤란하다. 하나님의 독생자의 피로 이룬 속죄를 무시하면 안 된다. 나는 웃사가 비록 하나님의 율법을 어긴 죄로 죽음을 당했지만 그의 영혼은 믿음으로 구원받았다고 생각한다. 그는 일시적인 죽음을 당했을 뿐이다. 그러나 예수 그리스도의 거룩한 복음을 무시하면 영적 죽음을 피할 수 없다. 요한복음 3장 36절은 "아들을 믿는 자에게는 영생이 있고 아들에게 순종하지 아니하는 자는 영생을 보지 못하고 도리어 하나님의 진노가 그 위에 머물러 있느니라"고 말씀한다.

루이스의 고전 『나니아 연대기 : 은의자』를 보면 하나님의 거룩하심에 관한 교훈을 결론짓는 데 적합한 예를 발견할 수 있다. 루이스는 성경의 가르침을 토대로 그리스도의 거룩하신 위엄을 아슬란이라는 위대한 사자로 형상화했다. 『은의자』에서 숲속에서 심한 갈증에 시달리던 질은 무섭고 장엄한 사자와 마주쳤다. 그녀는 시냇물이 흐르는 소리를 듣고 가까이 다가갔지만 시냇물 앞에서 휴식을 취하는 무서운 사자를 보고 겁에 질렸다.

질도 다윗처럼 거룩함에 압도되어 뒷걸음쳐 도망하려고 했지만 놀랍게도 사자는 그녀를 불러 세웠다. 그러고는 "목이 마르면 와서 마셔라."고 말했다. 질은 갈증이 심했지만 사자가 너무 무서웠다. 그녀는 사자의 거룩함을 두려워하며 "도저히 가까이 다가가 물을 마실 수가 없어요."라고 더듬거렸다. 그러자 사자는 "그러면 갈증으로 인해 죽게 될거다."라고 말했다.

질은 "아, 어쩌나!" 하며 한숨을 내쉬고는, "다른 시냇물을 찾아봐야겠어요."라고 말했다. 그러자 사자는 놀랍게도 "다른 시냇물은 없다."라고 말했다.[14]

거룩하신 하나님은 모든 죄에 대해 분노하시며 자신의 방식으로, 곧 자신의 뜻에 일치하는 예배와 구원의 유일한 길을 제시하는 복음을 통해 우리에게 자신을 계시하신다. 그렇다. 그분의 방식은 참으로 두렵다. 하나님께 가까이 다가가려면 죽을 각오를 해야 한다. 그분은 자신의 뜻에 따라 거룩한 방식으로 우리를 대하시며 그 거룩하신 위엄을 드러내신다. 오직 하나님이 정하신 거룩한 방식을 통해서만 그분 앞에 나갈 수 있다.

그러나 하나님 앞에 나가면 구원을 얻을 수 있다. 그 이유는 하나님은 거룩한 은혜의 하나님이시기 때문이다. 그분이 거하시는 사람들은 오벧에돔과 그의 가족처럼 생명과 축복을 얻는다. 예수님은 "진실로 진실로 너희에게 이르노니 (거룩한 복음을 통해) 내 말(거룩한 말씀)을 듣고 또 나 보내신 이(거룩하신 하나님)를 믿는 자는 영생을 얻었고 심판에 이르지 아니하나니 사망에서 생명으로 옮겼느니라"(요 5:24)고 말씀하셨다.

---

14) C. S. Lewis, *The Silver Chair* (New York, Macmillan, 1970), 16-17.

이 같이 내가 여러 나라의 눈에 내 위대함과 내 거룩함을 나타내어
나를 알게 하리니 내가 여호와인 줄을 그들이 알리라 (겔 38:23)

3장

———— THE TRUTH OF GOD

하나님의 진리

: 케빈 드영

 아이들로 붐비는 집에서는 어린이 도서를 많이 읽는다. 개중에는 낯익은 고전이 눈에 띄기도 한다. 우리가 좋아하는 책도 많다. 아내와 나는 때로 어떤 책이 가장 훌륭한지를 놓고 서로 의견이 엇갈린다. 아내는 『잘 자요, 달님』(*Goodnight Moon*)의 열렬한 팬이다.

 또한 아내와 2세 된 딸아이는 『잘 자, 고릴라』(*Goodnight Gorilla*)를 좋아한다. 대화는 많지 않다. 고릴라가 동물원 사육사의 열쇠로 모든 동물을 풀어주고 나서 사육사의 집까지 따라가 침대 위에 올라간다. 페이지마다 달랑 몇 개의 그림만 그려져 있기 때문에 그런 일이 가능할까 하는 의심은 제쳐놓고, 상상의 나래를 펼쳐 이야기를 만들어내야 한다.

 누군가가 내게 준 책 가운데 『하나님의 이름은 무엇인가?』라는 책이 있다.[1] 책 뒤표지 안쪽에는 "개신교, 가톨릭교, 유대교, 불교의 지도자들이 인정하다."라는 글귀가 적혀 있다. 교파와 종파를 초월한 다문화적 성격을 띤 책이

---

1) Sandy Eisenberg Sasso, *What Is God's Name?* (Woodstock, VT: Skylight Paths Publishing, 1999).

다. 그 책에서 하나님이 세상을 창조하신다. 살아 있는 물체가 모두 이름을 갖고 있다. 그러나 하나님의 이름은 아무도 모른다. 따라서 사람들은 제각기 나름대로 하나님의 이름을 만들어낸다. 목자는 하나님을 '목자'로, 간호사는 하나님을 '치유자'로 일컫는다. 그들은 각자 자신이 지은 하나님의 이름이 가장 좋다고 생각한다. 그러던 어느 날 그들은 모두 한 호숫가에 모여 무릎 꿇고 물 위에 비친 자기 자신과 주위 사람들의 얼굴을 보는 순간, 모두들 하나님의 이름을 잘 지었다는 사실을 깨닫고는 그분을 '하나'로 일컫기에 이른다. 하나님은 그것을 보고 기뻐하신다.

나는 그 책을 한 권 더 주문해야 했다. 왜냐하면 내가 받은 책을 내버렸기 때문이다. 나는 책을 주문하고 나서 '이 책을 설교할 때 사용해야지.'라고 생각했다.

아마도 '그런 책이 신학과 무슨 상관이 있을까?'라는 의문이 들지도 모른다. 그러나 좀 더 깊이 생각해 보면 이 작은 아동 도서가 신학과 깊은 관련이 있음을 알게 될 것이다. 이 간단한 이야기 속에 담겨 있는 신학적인 '진리'를 몇 가지 생각해 보면 다음과 같다.

우선 이 책은 종교란 계시가 아닌 발견의 과정임을 암시한다. 각 사람이 하나님을 일컫는 이름을 자기 생각대로 결정한다. 종교는 자신의 발견에 근거한 깨달음의 여정이다. 하나님에 관한 우리의 지식은 자신의 문화와 필요와 인격적 특성에 의해 결정된다. 각 사람이 목자든, 아버지든, 어머니든 제각기 자신의 경험과 필요의 관점에서 하나님을 생각한다.

또한 이 책은 우리가 부르는 것이 곧 하나님이라고 암시한다. 왜냐하면 하나님은 모든 정의(定義)를 초월하기 때문이다. 이 책의 마지막에는 "그들 모두가 하나님을 '하나'로 일컬었다."라고 적혀 있다. 이 말은 하나님은 오직 하나라는 것을 의미할 수 있다. 물론 그것이 이 책의 참된 의도인지는 불분명하다. 어쩌면 하나님은 모든 것이 통합된 존재라는 의미, 곧 만물과 만민이 하나로 결집된 것이 하나님이라는 의미일 수도 있다.

간단히 말해 이 책은 그릇된 관점으로 여러 가지 신학적 문제를 다룬다.

진리는 기독교의 필수불가결한 요소다

진리는 기독교의 필수불가결한 요소다. 바울은 디모데후서 1장에서 진리가 복음에 얼마나 중요한지를 잘 보여주었다. 그는 11절에서 자신을 선포자요 사도요 교사로 일컬었다. 그가 담당한 역할은 설교자에게 감사하며 말씀에 귀를 기울이는 청중이 아닌 진리를 가르치는 역할이었다. 그는 진리를 전하고 가르쳤다. 그는 복음을 위해 기꺼이 고난을 감수했고 부끄러워하지 않았다(12절). 사실 그는 언제 죽을지 모르는 상황이었다. 그는 죽음이 임박했음을 의식했다. 그는 복음의 진리를 전하는 것 때문에 머지않아 죽음을 당해야 할 운명이었다.

13절은 바른 말을 본받아 지켜야 한다고 말씀한다. 14절은 이를 '아름다운 것'으로 일컫는다. 기독교는 근본적으로 보수적이다. 이 말은 보존된 것, 지켜져 내려온 것을 믿는다는 뜻이다. 우리는 세대가 바뀔 때마다 다시 고쳐 생각하고 고안한 것이 아니라 있는 그대로 받아들여야 할 것, 곧 아름다운 진리를 믿는다. 우리가 받아들여 힘써 붙잡아야 할 사도들의 가르침이 있다. 진리와 기독교는 분리시킬 수 없다.

나는 사람들이 여전히 진리를 믿고 있다고 생각한다. "아뇨, 그렇지 않습니다. 사람들은 흔히 '당신은 당신의 진리를 믿고 나는 내 진리를 믿소. 모든 진리는 상대적이오.'라고 말합니다."라고 반박할지도 모르겠다. 그러나 나는 사람들이 실제로 진리를 믿는다고 생각한다. 『하나님의 이름은 무엇인가?』를 다시 생각해 보자. 그 책의 저자는 여러 가지를 사실로 믿는다. 그녀는 하나님이 한 분이고, 세상 사람들이 서로 화합하는 것을 기뻐하시며, 아버지, 어머니, 친구, 목자 등 그들이 원하는 대로 부르는 것을 좋아하신다고 생각한다. 이처럼 저자는 나름의 진리를 믿고 있다.

우리 주변에 있는 사람들은 모두 진리를 믿는다. 그들은 다만 진리를 선택할 뿐이다. 전에 펜실베이니아 주립대학교 미식축구 감독으로 활동한 조 패터노에 관한 사건이 이 사실을 확증한다. 나는 이 자리에서 조 패터노를 어떻게 생각해야 하고, 또 그때 이러저러했어야 했다고 말할 의도가 전혀 없다. 그는 지금도 여전히 많은 점에서 위대한 영웅이자 경이로운 전설이다. 그러나 제리 샌더스키가 연루된 사건에 관한 이야기가 세상에 드러났을 당시의 스포츠 해설을 들어보니 상황을 처리하는 방법을 둘러싸고는 사람마다 이견을 보였다. 사람들의 의견은 서로 크게 엇갈렸지만, 아동 성추행 혐의가 사실로 판명된다면 참으로 야비하고 가증스런 범죄 행위가 될 것이라는 데는 모두 동의했다(제리 샌더스키는 조 패터노 밑에서 수비 담당 코치를 맡아 일하던 사람으로 아동 성추행 추문을 일으켰다 - 역자주). 그 점에 있어서는 아무도 논쟁을 벌이지 않았다.

그렇다면 상대주의를 주장하던 사람들은 모두 어디로 사라진 것일까? "당신의 진리는 당신의 진리일 뿐이다. 당신을 기분 좋게 하는 것이면 무엇이든 당신에게 좋은 것 아닌가?"라고 말하는 사람들은 도대체 어디에 있단 말인가? 사람들은 갑자기 진리를 강하게 내세우며 온 힘을 다해 진리를 주장하기를 원했다. 원칙대로 하는 것만으로는 충분하지 않았다. 모든 사람이 갑작스레 도덕적 책임을 짊어져야 한다고 강조했다.

사람들은 "진리 같은 것은 없어."라거나 "나는 절대 진리를 믿지 않아."라고 말하지만 나는 우리 모두가 진리를 믿고 있다고 생각한다. 이것은 '진리가 존재하느냐 존재하지 않느냐?'와 같은 심오한 철학적 문제와는 아무 상관이 없다. 세상에서 살아가는 보통 사람들에게 이 문제는 단지 인식론(우리가 알고 있는 것을 어떻게 아는가를 탐구하는 학설)의 문제일 뿐이다. 문제는 진리라고 일컬을 수 있는 것이 존재하느냐가 아니다. 철학자들은 이 문제를 깊이 탐구하지만 보통 사람들은 그렇지 않다. 보통 사람들은 옳은 것과 그른 것을 믿으며 살아갈 뿐이다. 돈이나 휴대전화를 도난당한 사람을 생각해 보라. 그는 바로 그 일이 일어나자마자 다른 사람의 물건을 훔치는 일은 잘못된 일이라는 진리를 확고히 믿는 신자가 된다.

따라서 문제는 '진리를 어떻게 아는가?' 하는 것이다. 사람들은 신이 존재한다고 믿는다. 대다수의 미국인은 신이 존재한다고 믿지만 그 존재에 관해 자신 있게 말하지 않는다. 그 신에 관한 진리를 온전히 확신할 수 없기 때문이다. 사람들은 신이 있다고 믿고, 또 우리가 어떤 것을 확신할 수 있다고 생각하면서도 신의 존재를 절대적으로 확신하지 못한다. 그 이유는 신의 존재나 그 본질을 온전히 이해하는 사람이 아무도 없기 때문이다.

나는 이 자리를 빌려 우리가 맞서 싸워야 할 진리에 관한 세 가지 오해와 우리가 반드시 기억해야 할 한 가지 중요한 진리에 관해 말하고 싶다.

오해 1: 진지함이 진리의 척도다

우리는 진지함이 진리의 척도라는 오해와 맞서 싸워야 한다. 나는 우리 교단에 소속된 한 기독교 대학에 다녔다. 그곳에는 복음주의자, 자유주의자, 무신론자 등 모든 부류의 사람들이 섞여 있었다. 당시는 내 믿음이 크게 성장했던 시기였지만, 대학생들이 종종 그렇듯이 '나는 실제로 무엇을 믿는가? 그것이 사실임을 어떻게 아는가?'라는 의구심과 궁금증을 느끼며 진지한 탐구를 시도하는 시기이기도 했다.

스스로 그리스도인이라고 말하는 학급 친구들이 있었지만 그들에게 기독교는 그다지 중요해 보이지 않았다. 나는 나도 모르는 사이에 본능적으로 내가 믿는 것이 진리이고, 또 내가 믿는 것이기 때문에 반드시 진리여야 한다고 생각하기 시작했다. 피상적으로만 믿거나 겉으로만 믿는 척하는 학급 친구들이 많았지만 나는 진리를 알고 있다고 확신했다. 나는 신앙의 진리를 믿었고, 존 칼빈, 데이비드 웰스, 마틴 로이드존스를 비롯해 청교도와 개혁주의 신학자들의 글을 탐독했다. 나는 그것이 진리라고 확신했다.

그러고 나서 가톨릭 신자였던 친구와 대화를 나누기 시작했다. 그런데 그녀도 자신이 믿는 것을 확신했을 뿐 아니라 매우 진지하기까지 했다. 어느 날 그녀는 내게 "케빈, 너는 너무 똑똑해서 언젠가는 가톨릭 신자가 될 거야."라고 말했다(칭찬을 가장한 모욕처럼 들리지 않는가?). 우리는 좋은 대화를 많이 나누곤 했다. 그러나 교황이든 면죄부든 무엇이든 그녀가 주장하는 것은 그렇게 도전적이지는 않았다. "내가 전에 한 번도 들은 적이 없는 주장인데"라고 생각할 만한 것이 하나도 없었다.

나를 조금 당황하게 만든 것은 그녀가 너무나도 진지했다는 사실이다. 그녀의 확신은 매우 강했다. 내 믿음이 내게 중요한 것만큼, 그녀의 믿음도 그녀에게 똑같이 중요했다. 그렇다면 나는 어떻게 해야 했을까? 나는 진지함 자체가 진리의 척도는 아니라는 사실을 깨달아야 했다.

바울이 빌립보서 1장에서 말한 내용은 진리에 관한 요즘 문화의 개념을 거꾸로 뒤집는다.

"어떤 이들은 투기와 분쟁으로, 어떤 이들은 착한 뜻으로 그리스도를 전파하나니 이들은 내가 복음을 변증하기 위하여 세우심을 받은 줄 알고 사랑으로 하나 그들은 나의 매임에 괴로움을 더하게 할 줄로 생각하여 순수하지 못하게 다툼으로 그리스도를 전파하느니라 그러면 무엇이냐 겉치레로 하나 참으로 하나 무슨 방도로 하든지 전파되는 것은 그리스도니 이로써 나는 기뻐하고 또한 기뻐하리라"(빌 1:15-18).

내가 대학교에 다닐 무렵, 기독교를 철저히 반대하는 교수들이 적지 않았다. 사람들은 그들에 대해 종종 "그렇지만 그는 참 좋은 사람이야. 그는 학생들을 자기 집으로 데려가 함께 식사를 해. 그는 친절하고 진지하고 진실한 사람이야."라고 말하곤 했다. 그러나 바울의 태도는 전혀 달랐다. 그는 이렇게 말했다. "나는 감옥에 갇혀 있다. 진지하게 복음을 전하는 사람들도 있지만 나를 곤란에 빠뜨리고, 나와 경쟁하기 위해 복음을 전하는 사람들도 있다. 그들은 감옥에 갇힌 나를 더욱 고통스럽게 만들기 위해 나와 복음에 대한 관심을 더 많이 자극한다. 그러나 어떤 식으로든 복음이 전파되니 나는 기쁘다."

이것이 우리의 목회 사역을 위한 청사진은 아닐지라도 무엇인가 중요한 의미를 전하는 것은 분명하다. 우리 자신과 문화가 중요시하는 것은 '그는 참으로 진지해.'라는 것이다. 그러나 바울은 "더러 진지하지 않은 사람들이 있더라도 진리를 말하고 복음이 전파되니 그것으로 나는 기쁘다."라고 말했다.

이처럼 진지함은 진리의 척도가 될 수 없다. 편리하게도 『하나님의 이름은 무엇인가?』라는 책에서 저자는 싸움에 지친 군인을 등장시켜 하나님을 '평화의 신'으로 일컫게 했다. 만일 그 군인이 지치지 않았다면, 그래서 하나님을

'용사'라고 불렀다면 어떻게 될까? 이것은 사실 성경적인 비유이지만 그 책에는 나타나지 않는다. 또 부자는 '돈'으로, 섹스광은 '창녀'로, 인종차별주의자는 '아리아족'으로, 앙심을 품은 여인은 '보복자'로 각각 하나님을 일컫는다면 어떻게 될까?

하나님은 자기를 어떻게 일컫든 행복해하실까? 아니면 넘지 말아야 할 한계가 있는 것일까? 우리 각자가 하나님을 어떻게 부르든 그분은 만족해하실까? 우리가 원하는 대로 믿고 느끼고 생각할 수 있는 근거는 무엇일까?

"나는 마땅히 그래야 한다고 생각한다."라고 말하는 것만으로는 충분하지 않다. 진리에 대한 진지한 견해 이상의 무엇이 필요하다. 만일 사람들이 잠시라도 조용히 생각하는 시간을 갖는다면, 어떤 신념을 진지하게 주장한다는 이유만으로 그것을 참된 진리로 받아들이는 세상을 원할 사람은 아무도 없을 것이다. 2001년 9월 11일에도 자신의 신을 진지하게 믿고, 그 신념에 따라 행동한 사람들이 많았다. 그러나 그들의 신념은 크게 잘못되었다.

오해 2: 겸손은 확신을 드러내지 않는 것이다

오늘날의 세상에서는 우리가 믿는 것이 실제로 객관적인 진리이며 다른 사람들도 그 점을 인정해야 한다고 주장하지 않는 한, 곧 어떤 것을 진정으로 믿지 않는 한, 무엇이든 마음대로 믿을 수 있다. 오늘날의 종교는 개인화되고, 내면화되고, 실용화되었다. 그 결과 종교는 우리를 행복하게 하고, 기분 좋게 하고, 인생을 잘 헤쳐 나가도록 도와주는 것으로 취급되기에 이르렀다. 종교를 그런 관점에서 생각하는 한, 아무 문제없이 살아갈 수 있다.

사람들은 항상 "당신네 그리스도인들은 왜 내 신앙을 인정하지 않죠? 왜 그렇게 배타적인가요?"라고 묻는다. 사람들은 자신이나 우리가 서로 의식하지 못하는 사이에 우리의 믿음을 버리고 자신들의 세계관을 받아들이라고 요구하는 셈이다. 그들은 하나님은 객관적으로 존재하지 않으며, 단지 삶의 문제를 잘 극복하도록 도와주고 우리를 기분 좋게 만들 뿐이라고 생각한다. 그들은 "당신이 믿는 예수는 왜 그럴 수 없다는 거죠?"라고 묻는다.

그러면 우리는 이렇게 대답해야 한다. "그분은 그러실 수 없습니다. 내가 믿는 예수님은 실제로 사셨고 죽으셨고 다시 부활해 지금도 주님으로 계시기 때문입니다. 그분은 제한된 영역을 다스리는 주님이 아니라 모든 것을 다스리는 주님이십니다. 당신이 그분을 인정하든 말든, 그분은 나의 주님일 뿐 아니라 당신의 주님도 되십니다."

흔히들 겸손은 확실성과 모순된다고 말한다. 아마도 이것이 많은 사람, 특히 젊은 사람들이 자신 있게 말하는 법을 잊어버린 이유 가운데 하나인지도 모른다. 우리가 말을 자신 있게 하지 못하는 이유는 권위자인 것처럼 말하기를 두려워하기 때문이다.

몇 년 전, 아이들을 데리고 '호기심 많은 조지'(Curious George)라는 영화를 보러 간 적이 있었다. 노래가 참 흥미롭다는 생각이 들었는데, 잭 존슨이라는 가수의 작품이었다. 그는 하와이 출신으로 근사하고 세련된 음향 사운드를 즐겨 사용한다. 나는 그의 CD를 몇 개 가지고 있고 그의 노래를 좋아한다. 그의 노래 가운데 '절대 알지 못하지'라는 노래가 있다.[2] 참으로 재미있는 노래다. 가사를 유심히 듣기 전까지는 마치 서핑을 즐기는 듯한 느낌을 준다. 존슨은 한 인터뷰에서 하나님께 이르는 올바른 길이 오직 하나뿐이라는 생각에 맞서 싸우려고 애쓴다고 말했다. 그는 사람들이 똑같은 것을 달리 표현한 것뿐인데도 제각각 하나님을 빗댄 표현을 둘러싸고 서로를 죽이고 있다고 주장했다.

그는 『천의 얼굴을 가진 영웅』이라는 조지프 캠벨의 책을 읽고 큰 영향을 받았다고 말했다.[3] 이 책은 조지 루카스가 '스타워즈'(Star Wars)를 만드는 데도 그에게 많은 영향을 미쳤다. 캠벨의 책은 천의 얼굴을 가진 영웅이 있고, 모든 종교와 문화는 각자 자신의 비유와 언어로 태곳적의 동일한 이야기를 되풀이할 뿐이기 때문에 자신의 이야기가 정확한지 확신할 수 없다고 주장한다. 사

---

2) Jack Johnson, "Never Know," *In Between Dreams*, released March 1, 2005, Brushfire B0004149-02, comapct disc.
3) Joseph Campbell, *The Hero with a Thousand Faces* (Princeton, NJ: Bollingen Foundation, 1949).

신의 이야기가 정확하다고 확신한다면 광신주의와 살인으로 치달을 수밖에 없다. 종교적인 신념에 대한 확신은 오만으로, 자신감은 주제넘은 태도로 간주된다.

체스터턴은 지금으로부터 100년 전에 이렇게 말했다. "오늘날 우리는 그릇된 겸손으로 인해 고통을 당한다. 겸손은 야심과 작별을 고하고, 신념과 손을 맞잡았다. 결코 그래서는 안 되는데 말이다. 인간은 자기 자신에 대해서는 의심하고 진리에 대해서는 의심하지 않아야 했는데 이것이 서로 뒤바뀌었다."[4] 그는 "당신에게 도움이 된다면 5 곱하기 5는 25가 될 수도 있지만, 당신은 다를 수도 있지."라는 말로 우리가 구구단조차 믿지 못하는 소심한 인류를 양산하고 있다고 지적했다.

대학에 다닐 때 철학 강의를 들은 적이 있다. 우리는 연역 논리학을 배우면서 기호들을 다루었다. 그것은 수학과 매우 흡사했다. 우리는 강의시간에 과제물을 검토하곤 했는데 정답도 있고 오답도 있었다. 교수가 "그것은 옳은 답이 아닙니다."라고 말하면 철학 전공자들은 어안이 벙벙한 표정으로 "아니에요. 저는 맞는 답이라고 생각합니다."라고 우겼다. 그러면 교수는 "그렇게 생각하겠지만 그것은 올바른 생각이 아닙니다."라고 다시 말했다. 학생들은 오답이 있을 수 있다는 것을 받아들이기 힘들어했다. 어떤 것을 분명하게 확신하더라도 겸손해야 할 필요가 있다.

세례 요한은 사람들에게 대화를 요청하지 않았다. 그는 그들에게 회개를 요구했다. 사도들은 로마 제국 내를 돌아다니며 함께 진리를 발견해 보자고 말하지 않았다. 그들은 예수님의 신분과 사역과 생애와 속죄의 죽음과 부활을 전했을 뿐이다. 그레샴 메이첸은 복음이란 역사상의 사실에 신학적 해석을 더한 것이라고 말했다. 분명한 사건이 발생했고, 그 사건의 의미는 이렇다. 우리는 이웃과 동료 신자들이 기독교는 역사상의 사실이라는 점을 깨닫도록 도와야 한다. 기독교는 단지 삶의 문제를 다루는 한 가지 방식이 아니다. 우리는 역사 속에서 실제로 일어난 일을 선포한다. 바울은 디모데에게 말씀을 화제로

---

4) G. K. Chesterton, *Orthodoxy* (Garden City, NY: Doubleday, 1957), 31-32.

삼지 말고 선포하라고 당부했다.

목회자라면 누구나 고민이 많은 중학생과 대화를 나눠야 할 때도 있다. 그럴 때에는 훌륭한 설교자의 목소리로 "회개하라!"고 외쳐서는 곤란하다. 그 대신 "그래? 고민을 말해 보거라. 무엇이 힘드니?"라고 말해야 한다. 그리고 이것저것을 많이 물어봐야 한다. 그런 상황은 얼마든지 이해할 수 있다. 그러나 목회 사역을 하다 보면, 대화를 나누거나 함께 진리를 발견하는 여정을 시작하기보다 앞장서서 진리를 외쳐야 할 때가 있다. 이것이 "내가 이 복음을 위하여 선포자와 사도와 교사로 세우심을 입었노라"(딤후 1:11)는 말씀에 담긴 의미다. '교사'를 뜻하는 헬라어는 '디다스칼로스'(Didaskalos)이고, '선포자'를 뜻하는 헬라어는 '케루스'(Kerus)다. 이 말은 강단에 서서 "왕이신 예수님의 말씀을 전하노니 귀를 기울여라."고 외치는 사람을 가리킨다. 주일 오전마다 그런 일이 일어나야 한다.

내가 지금 섬기는 교회에 처음 지원했을 때 문학박사 과정을 밟고 있는 한 사람이 내게 이렇게 물었다. "만일 이 교회의 목사가 된다면 단순하고, 현대적이고, 엄격하고, 편협하고, 구태의연한 의사 전달 방식을 지속할 생각입니까? 아니면 좀 더 대화적이고, 문답식이며, 포스트모던적인 의사소통 방식을 수용할 생각입니까?" 나는 "그 말이 '당신은 45분 동안 서서 말씀을 전하고 우리는 가만히 듣게 하는 방식을 따르겠느냐?'는 뜻이라면 나는 그렇게 할 생각입니다."라고 대답했다. 그는 내 말을 듣고 돌아갔다. 아마도 나와 그 사람 모두에게 유익한 순간이었을 것이다.

사람들에게 진리를 말할 때 모든 것을 다 말할 필요는 없다. 때로는 그렇게 하면 곤란을 자초하기 쉽다. 누군가가 다가와서 "날씨가 참 좋지 않습니까?"라고 할 때 "혹시 아시나요? 하나님이 이날을 창조하셨습니다. 또한 그분은 사람들 가운데 일부는 선택하고, 일부는 유기하십니다."라고 대답한다고 가성해 보자. 그 사람은 놀란 표정으로 "도대체 그런 말이 어디에 나옵니까?"라고 물을 것이다. 그러면 당신은 방금 말한 것은 단지 시작에 불과하다는 듯, "헤르만 바빙크에 대해 들어본 적이 있나요? 내가 말해 줄 테니 들어보세요."라고 말하는 것과 같다.

모든 것을 다 말할 필요는 없다. 필요한 말만 간단히 건네면 된다. 그렉 쿠클은 이를 상대방의 신발 안에 돌멩이를 집어넣는 것으로 묘사했다.[5] 사람들의 신발 안에 돌멩이를 집어넣는다면, 그들은 대화 후에 생각이 바뀌지 않은 채 집으로 돌아가더라도 남은 시간 내내 "신발 안에 무엇인가가 들어 있어."라고 말하게 될 것이다. 그러므로 단지 사람들이 쉽게 떨쳐버릴 수 없는 생각이나 개념을 전하는 것으로 족하다.

진리를 전할 때 오만한 태도를 취할 필요는 전혀 없다. 우리가 의로운 분노가 아닌 깊은 동정심을 드러낸다면 천국, 지옥, 성(性)과 같은 주제에 관해 어려운 말을 전하더라도 기꺼이 귀를 기울일 사람들이 많을 것이다.

바울은 아덴을 방문했을 때 그곳에 온통 우상이 가득한 것을 보고 큰 슬픔에 압도되어 극심한 심적 고통을 느꼈다. 그러나 그는 '알지 못하는 신'의 제단을 발견했을 때 "이봐요. 당신들은 알지 못하는 신을 숭배하고 있군요. 내 말이 어렵지 않을 겁니다. 나도 알지 못하는 신을 섬기고 있거든요. ……나도 내가 섬기는 신이 누군지 몰라요."라는 식으로 말하지 않았다. 그는 "너희가 알지 못하고 위하는 그것을 내가 너희에게 알게 하리라"(행 17:23)고 말했다. 그는 무엇인가를 알고 있었다. 그는 확신에 차 있었다.

이것이 곧 우리가 매력적이고, 공손하고, 지혜롭고, 동정심 많은 태도를 취할 수 없다는 뜻은 결코 아니다. 우리는 그렇게 할 수 있다. 확신이 있으면서도 얼마든지 그런 태도를 유지할 수 있다. 의심과 회의가 느껴지는 때도 있지만 그렇다고 단지 우리가 느끼는 의심과 회의만을 전할 수는 없다. 루터는 에라스무스에게 "성령께서는 회의주의자가 아니시다. 그분이 우리의 마음에 기록한 것은 의심이나 견해가 아닌 확신이다. 이 확신은 감각이나 삶 자체보다 더 확실하고 분명하다."라고 말했다.[6] 겸손은 확신 없는 태도를 수반하지 않는다.

---

5) Greg Koukl, "A Stone in His Shoe," *Stand to Reason*. www.str.org/articles/a-stone-in-his-shoe. (2013년 11월 26일 검색).
6) Martin Luther, *The Bondage of the Will*, trans. J. I. Packer and O. R. Johnston (Westwood, NJ: Fleming H. Revell, 1957), 70.

오해 3: 우리가 가진 것은 해석뿐이다

우리가 가진 것은 해석뿐이라는 개념과 맞서 싸워야 한다. 우리는 다른 그리스도인들이나 기독교를 비방하기 좋아하는 사람들로부터 그런 말을 종종 듣는다. 그들은 성경책은 한 권인데 그리스도인들은 수많은 교파로 분리되어 있고, 어떤 것 하나도 의견의 일치를 이루지 못한다고 주장한다. 그들은 우리가 가진 것은 단지 해석뿐이며 성경은 밀랍으로 만든 코와 같아서 무엇이든 원하는 대로 만들 수 있다고 말한다. 그런데 어떻게 진리가 무엇인지 알 수 있겠는가?

이것은 너무나도 방대한 주제라 다 설명하기는 지면이 턱없이 부족하다. 이 문제는 성경의 명료성과 관계가 있다. '명료성'이란 '뚜렷하고 분명한 성질'을 뜻한다. 이 교리는 오늘날 많은 공격을 받고 있다.

나는 내 블로그에 크리스첸 스미스가 새로 펴낸 책에 대한 서평을 길게 게재했다.[7] 스미스의 사회학적 탐구를 통해 유익을 얻은 사람들이 많다. 미국의 십대 청소년들의 종교 생활을 다룬 그의 책 『자기 탐구』(*Soul Searching*)는 많은 사람에게 큰 도움을 주었다. 그는 그 후로 가톨릭 신자가 되었고, 『불가능해진 성경』이라는 새 책을 펴내 스스로 '성경주의'로 일컬은 것을 다루었다.[8] 그는 그 책에서 그 문제에 학문적 명칭을 달아 '널리 만연된 해석적 다원주의'라고 표기했다. 이 말은 쉽게 말해 서로 다른 해석이 많다는 뜻이다. 성경이 우리가 말하는 진리라면 어떻게 교회 정치제도에 관한 다섯 가지 견해, 세례에 관한 세 가지 견해, 종말에 관한 네 가지 견해를 다룬 책들이 나올 수 있단 말인가? 왜 우리는 성경이 가르치는 것에 동의할 수 없는가? 이것은 굉장히 방대한 문제가 아닐 수 없다.

우리는 해석적 다원주의라는 주제를 다양한 방식으로 다룰 수 있다. 우리는

---

7) Kevin DeYoung, "Christian Smith Makes the Bible Impossible," *DeYoung, Restless, and Reformed* (blog), *The Gospel Coalition*, August 2, 2011, http://thegospelcoalition.org/blogs/kevindeyoung/2011/08/02/christian-smith-makes-the-bible-impossible/.

8) Christian Smith, *The Bible Made Impossible: Why Biblicism Is Not a Truly Evangelical Reading of Scripture* (Ada, MI: Brazos Press, 2012).

그리스도인들 사이의 이견이 겉으로 드러나 보이는 것보다 훨씬 적을 수도 있다는 것(그리스도인들은 중요한 문제에 대해서는 종종 서로 동의한다)을 보여줄 수도 있고, 성경 해석의 원리를 제시할 수도 있으며, 서로의 입장을 전통과 신앙고백에 비춰볼 수도 있고, 성경 본문의 다양한 의미를 밝힐 수도 있다.

예를 들어 수가 성 우물가의 여인에 관한 본문을 다루면서 어떤 사람은 복음전도에 관한 메시지를 전할 수도 있고, 어떤 사람은 예수님이 우리의 마음을 아신다는 메시지를 전할 수도 있다. 그것이 성경 본문에 대한 그들의 의견이 서로 다르다는 것을 의미할까? 그렇지 않다. 그들은 성경 본문을 다른 각도에서 생각했을 뿐이다. 우리는 성경이 말씀하는 것 이상을 말하지 않도록 주의해야 한다. 우리 가운데는 하나님이 말씀하지 않으시는 문제를 다루는 탓에 스스로 곤란을 자초하는 사람들이 더러 있다.

예를 하나 들면 이렇다. "하나님은 우리가 해야 할 식이 요법을 알려주십니다. 그분은 체중을 줄이는 방법을 일러주십니다. 탄수화물을 먹어서는 안 됩니다. 그 땅의 기름진 것을 먹으세요. 하나님은 우리가 '트윙키'(속에 흰 크림이 가득 들어있는 과자 - 역자주)를 먹기를 원하십니다. 그것이 그분이 우리에게 원하시는 것입니다."

해석적 다원주의의 문제는 개신교의 문제가 아니라 인간의 문제다. 가톨릭 도서를 읽어보면 그들도 동일한 문제에 직면해 있음을 알 수 있다. 다만 그들은 성경을 해석하는 방법이 아닌 교황의 칙서나 회칙을 해석하는 방법에 관해 서로의 의견이 엇갈린다는 것만 다를 뿐이다. 문제는 똑같다. 이것은 인간 정신의 오류 가능성에 관한 문제다.

사람들이 성경의 명료성을 논박하기 위해 내세우는 또 하나의 주장은 인간의 언어가 신성한 것을 다루는 도구로 부적합하다는 것이다. 때로 어떤 지성인들은 다음과 같은 말로 우리를 멈춰 서게 한다. "하나님을 좁은 상자 안에 가둘 수 있다고 생각하는가? 그분을 묘사하는 우리의 하잘것없는 말에 하나님이 얽매인다고 생각하는가?" 그렇게 물으면 우리는 "나는 하나님을 상자 안에 가두기를 원하지 않아요."라고 말할 수밖에 없다.

일전에 미시건주립대학교 인류학과 교수를 만난 적이 있다. 그는 복음주의 성경 연구로 박사 학위를 취득한 사람이다. 그는 최근에 '이머징 교회'를 연구하는 중이었다. 그는 내가 그 주제에 관한 책을 썼다는 것을 알고 있었기에 나를 만나고 싶어했다. 우리는 대화를 나누었고, 그는 자신이 맡은 대학교 강좌에 나를 초대했다.

그 광경을 상상해 보라. 미국 10대 명문 공립대학교 가운데 하나인 미시건 주립대학교에서 인류학과 교수가 대학원생들과 교수들과 학과 사람들 등, 약 30명이 점심시간에 모인 자리에서 강의를 했다. 그는 언어에 관한 전통적인 견해와 새롭게 등장한 견해를 비교 설명하면서 존 파이퍼와 존 맥아더의 오디오 자료를 공개했다. 다른 사람을 속으로 몰래 관찰한다는 것이 좀 저어되면서도 흥미로웠다. 존 맥아더나 존 파이퍼가 언어에 대한 그의 견해에 동조하는 것처럼 보일 때마다 청중은 웃기도 하고, 비웃기도 하고, 무관심한 표정을 짓는 등 다양한 반응을 보였다. 내가 아는 한, 그곳에 신자는 아무도 없었다. 그러나 참석자들은 언어가 진리를 전달하는 데 역부족이라는 새로운 견해에 좀 더 마음이 끌리는 듯 보였다.

그 교수는 아무런 결론도 내리지 않았지만 기독교 일각에서 의견의 대립을 일으키는 문제를 다루었다. 인간의 언어란 무엇인가? 존 파이퍼와 존 맥아더는 언어는 하나님의 선물이며, 그분은 그것으로 우리에게 의사를 전달하신다고 말한다. 그와는 달리 어떤 사람들은 "언어는 불완전하고 무기력하기 때문에 하나님에 관한 것을 전달할 수 없다."고 주장한다.

나는 당연히 하나님이 언어를 선물로 주셨다는 전자의 입장을 지지한다. 생각해 보라. 하나님의 말씀이 인간의 말보다 먼저 존재했다. 그분이 "빛이 있으라."고 말씀하시자 빛이 있었다. 그분이 말씀하시자 빛이 생겨났다. 하나님은 자신을 말씀하시는 하나님으로 나타내셨다. 그분은 우리에게 그와 동일한 능력을 부여하셨다. 하나님의 형상으로 창조되었다는 것 안에는 언어를 사용할 줄 아는 능력이 포함된다.

출애굽기 4장에서 모세는 "저는 말을 잘하지 못합니다. 그러니 어찌 백성들에게 나갈 수 있겠습니까?"라고 말했다. 그러자 하나님은 이렇게 말씀하셨다. "내가 네게 할 말을 알려주겠고, 너는 그 말을 아론에게 전하라. 그러면 그가 내 말을 백성에게 전할 것이다." 그러면서 하나님은 "너는 그에게 하나님 같이 되리라"(16절)고 덧붙이셨다. 말의 전달이 이루어졌다. 하나님은 모세에게 말씀하시고, 모세는 그분의 말씀을 아론에게 전했고, 아론은 모세의 말을 백성에게 전했다. 그 말은 하나님에게서 비롯했다. 왜냐하면 하나님이 언어라는 선물을 허락하셨고, 그것을 통해 자신의 진리를 전달하시기 때문이다.

예수님이 성경을 어떻게 사용하셨는지 생각해 보라. 예수님의 성경관을 그대로 받아들이는 것이 안전하다. 그분은 구약성경을 알고 이해할 수 있다고 믿으셨고, 자신이 구약성경의 예언을 성취하셨다고 주장하셨다. 그분은 구약성경을 자신이 가르치는 말씀의 진실성을 입증하는 근거로 사용하셨을 뿐 아니라 구약성경의 가르침을 이해하지 못한다는 이유로 유대의 지도자들을 엄히 책망하셨다. 예수님이 그렇게 하셨던 이유는 성경 본문 안에 이해할 수 있는 의미가 담겨 있다고 전제하셨기 때문이다. 그분은 그 점을 인정하셨다. 우리도 마땅히 그래야 한다. 사도들도 구약성경을 그렇게 생각했다.

몇 년 전에 '이머징 교회'의 문제가 크게 대두되었을 때 패널 토론에 참석한 적이 있다. 토론회가 끝나고 어떤 사람이 내게 다가와서 매우 격앙된 표정으로 "당신은 데카르트의 왕좌에서 예배를 드리는 데카르트주의자요."라고 말했다. 나는 속으로 '대체 지금 누구에 관해 말하는지조차 모르겠군요.'라고 생각했다. 그는 내가 이성만을 강조하는 것처럼 말했기 때문에 좀 더 설명이 필요할 것 같은 생각이 들었다. 나는 성경을 인용하면서 이렇게 말했다. "바울은 두란노 서원과 회당에서 이성적인 논리를 펼쳤습니다. 이성은 나쁜 것이 아닙니다." 그는 내 말을 얼른 가로막더니 "당신은 지금 성경을 비장의 카드로 내밀고 있습니다."라고 말했다. 나는 "그래요, 그것이 성경이 존재하는 이유지요."라고 말했다. 그가 마구 밀어붙이자 나는 차츰 감정이 격앙되며 화가 났다. 내가 성경을 인용할 때마다 그는 이렇게 반박했다. "그것은 성경에 대한 당신의 해석일 뿐입니다. 성경을 그런 식으로 내밀면 안 됩니다." 마침내 나는 "그렇다면 더 이상 의미 있는 대화를 나누기 어려우니 더 이상 주고받을 말이 없군요."라고 말했다.

바울은 구약성경을 늘 인용하면서 그것이 의미를 지닌다고 주장했다. 바꾸어 말해 이는 구약성경이 공유된 가치관과 해석적인 원리에 근거함을 뜻한다. 심지어 성경 원문으로부터 오랜 세월이 지난 지금에도 여전히 의미가 존재한다. 율법책이 요시야 왕 때 다시 발견되었다. 백성들은 율법책을 읽는 순간 그 말씀을 이해했고 어떻게 해야 할지를 알았다. 에스라도 예루살렘으로 귀환한 포로들에게 율법책을 읽어 주었다. 느헤미야서에 보면 제사장들이 백성들이 이해할 수 있도록 성경 본문의 의미를 해석했다는 말씀이 나온다(느 8:8). 성경 본문은 오래 전에 기록된 것이지만 독자들은 그 뜻을 이해했다. 성경은 "그들은 해석했고, 그들이 행한 것은 모두 다 해석이며, 그밖에 다른 해석들도 많다."라는 식으로 말씀하지 않는다. 성경 말씀은 백성들이 반응하며 회개하고 순종해야 할 의미를 전달한다.

　물론 이것은 성경의 모든 부분이 다 똑같이 명료하다는 뜻은 아니다. 성경의 명료성을 다루는 개혁주의 신앙고백 가운데 그렇게 말하는 신앙고백은 어디에도 없다. 이해하기 어려운 내용도 있다. 베드로는 바울이 기록한 내용 가운데 이해하기 어려운 것이 있다고 말했다. "베드로여, 바울의 글 가운데 이해하기 어려운 것이 있다고 말해주어 고맙소이다."라고 말할지도 모르지만 조금 더 읽어 보면 그가 "그 중에 알기 어려운 것이 더러 있으니 무식한 자들과 굳세지 못한 자들이 다른 성경과 같이 그것도 억지로 풀다가 스스로 멸망에 이르느니라"(벧후 3:16)고 말한 것을 알 수 있다. 베드로는 성경을 다 이해할 수 있다고 말하지 않았다. 바울의 글은 이해하기가 어렵다. 그러나 알기 어렵다는 베드로의 말은 무지하고 굳세지 못한 탓에 하나님이 의도하신 의미를 왜곡할 소지가 다분하다는 뜻을 담고 있을 뿐이다. 어려운 성경 본문에도 의미는 여전히 존재한다.

　성경에 기록된 모든 것이 다 똑같이 명료하지는 않지만 중요한 것은 항상 명료하고, 명료한 것은 항상 중요하다. 그리스도와 구원과 십자가 사건과 구원을 받는 방법에 관한 교리는 우리에게 명료하게 주어졌다. 하나님은 성령을 통해 우리의 생각을 조명하시고 성경 말씀을 이해하게 하심으로써 자신이 원하시는 목적을 이루신다.

기억해야 할 한 가지 중요한 진리

　기억해야 할 한 가지 중요한 진리를 설명하는 것으로 모든 논의를 마치고자 한다. 그 진리란 '하나님은 말씀하신다'는 것이다.
　혹시 맹인 여섯 명과 코끼리에 관한 시를 알고 있는지 모르겠다.(존 가드프리 색스가 지은 '맹인들과 코끼리'라는 제목의 시를 가리킨다.-편집자 주) 그 시를 직접 읽어보지 못했더라도 그것을 간접적으로 암시하는 말은 들어보았을 것이다. 맹인 여섯 명이 제각기 코끼리의 다른 부위를 만졌다. 한 사람은 그것이 토르소와 같다고 느끼고 "코끼리가 마치 벽처럼 생겼네."라고 말했다. 또 한 사람은 코끼리의 귀를 잡아당겨 보고나서 "부채처럼 생겼네."라고 말했다. 세 번째 사람은 코를 붙잡아 보고 나서 "로프처럼 생겼네."라고 말했다. 이 간단한 시는 하나님과 종교에 관한 우리의 견해가 그와 같다는 교훈을 전한다. 우리는 실제로 보거나 이해할 수 없는 것을 어렴풋하게 감지한다. 각 사람은 저마다 진리의 작은 부분만을 깨달을 뿐, 진리 자체를 온전히 알 수는 없다. 일반적으로 많은 사람의 생각이 그렇다. 우리는 코끼리를 더듬는 맹인들과 다름없다.
　그러나 코끼리가 말을 한다면, 그래서 "나는 코끼리요."라고 말한다면 이 비유는 무너진다. 만일 맹인들이 "넌 모순이야."라고 주장한다면, 코끼리는 거듭 "나는 코끼리가 분명해요."라고 말할 것이다. 코끼리가 말을 하는데도 그 말을 믿기를 거부한다면 그것이 우리가 겸손하기 때문일까, 아니면 그 말 듣기를 거부하기 때문일까?
　『하나님의 이름은 무엇인가?』라는 책은 계시가 아닌 자기 발견의 종교관을 제시한다. 세상 사람들은 "하나님이 누구냐? 그분의 이름이 무엇이냐?"라고 말한다. 그리고 서로서로 이렇게 대답한다. "나는 잘 몰라요. 당신의 경험은 어떻소? 당신은 어떻게 생각하오?" 사람들은 그분이 무언가를 말씀하신다는 것을 인정하려 들지 않는다.
　이것이 D. A. 카슨이 『하나님을 재갈 물리다』(The Gagging of God)라는 책을 펴낸 이유다. 이것이 오늘날의 세상이 매우 겸손한 척하면서 자행하는 일이다. "나는 단지 인간일 뿐입니다. 인간의 언어는 불완전하고 무기력하기 때문에 하나님에 관한 진리를 알 수 없습니다. 실제로 아는 것은 아무것도 없습니다." 머리가 매우 좋은 사람들은 "원만한 인식론과 해석학적인 겸손이 필요하다." 라는 식으로 표현한다. 그런 말을 들으면 그래야 한다는 확신이 든다. 그러나 이런 말들은 하나님께 재갈을 물린다. 하나님은 말씀하신다. 그분은 자신을 알리기를 원하고, 우리에게 무언가를 말씀하신다.

성경의 명료성은 중요한 교리다. 왜냐하면 단지 성경에 대한 우리의 이해가 걸린 사안이기 때문이 아니라 하나님을 이해하는 문제와 직결되기 때문이다. 성경이나 진리에 관한 교리를 논할 때는 결론을 도출하기 어려울 때가 많다. 우리는 "이것이 하나님과 무슨 관계가 있을까?"라고 말하지 않는다. 교리들은 추상적이고 주변적인 것처럼 보이며 우리는 "나는 성경이 하나님의 영감으로 기록되었다고 생각해."라고 말한다. 맞는 말이다. 그런데 이런 생각은 과연 하나님에 관한 견해와 어떤 관계가 있을까?

한 저자는 이렇게 말했다. "간단히 말해 성경의 명료성을 고백하는 것은 믿음의 한 가지 측면으로서 기꺼이 자신과 자신의 뜻을 알리기를 원하고, 또 그렇게 하실 수 있는 은혜로운 하나님을 고백하는 것이다."라고 말했다.[9] 성경의 교리는 하나님에 관한 교리, 곧 자신을 알리기 원하시고, 우리에게 말씀하시는 하나님이 존재하신다는 사실과 더불어 시작한다. 그분은 역사적 사건들과 선지자들과 영감을 받아 전하는 말과 기록된 성경 말씀을 사용하신다. 그분은 궁극적으로 독생자이신 성자의 인격을 통해 자신을 드러내셨다. 오직 해석만을 생각하기 전에 정확하게 해석하기를 원하시는 하나님이 존재하신다는 사실을 기억해야 할 필요가 있다. '원만한 인식론이 필요하다.'라거나 '나는 프랑스 철학자들의 견해를 따른다.'라고 말하기 전에 예수님과 사도들이 구약 성경을 어떻게 다루었는지 생각해 보라. 하나님이 무엇인가를 말씀하시며, 그분이 말씀에 능하시다는 사실을 잊지 말라.

마르틴 루터는 이렇게 말했다. "한마디로 성경이 불분명하거나 모호하다면

---

9) Mark D. Thompson, *A Clear and Present Word: The Clarity of Scripture* (Downers Grove, IL: InterVarsity Press, 2006), 170.

하나님의 행위를 통해 그것이 우리에게 주어져야 할 이유가 무엇인가? 하늘로부터 주어진 것을 통해 우리의 불분명함과 불확실함과 어둠이 더 가중되지 않더라도, 우리 자신 안에 있는 불분명함과 불확실함만으로 이미 충분하지 않은가!"[10] 하나님의 말씀은 우리의 이해를 초월하지 않는다. 왜냐하면 그분이 자신을 알 수 있도록 우리에게 말씀을 주셨기 때문이다. 하나님은 큰 자나 작은 자나, 유식한 자나 무지한 자나, 교육을 받은 자나 받지 않은 자, 왕이나 군주나 농부나 가릴 것 없이 모두가 자기를 알기 원하신다고 윌리엄 틴데일은 말했다.[11] 하나님은 자신을 알리기를 원하시기 때문에 말씀하신다.

스프로울은 "어떤 하나님이 전문 학자들인 소수의 엘리트만이 이해할 수 있는 심오하고 전문적인 개념으로 사랑과 구원을 계시하겠는가?"라고 말했다.[12] 우리가 궁극적으로 하나님에 관한 진리를 다루고 있음을, 그로써 하나님에 관해 말하고 있음을 잊어서는 안 된다. 하나님은 어떤 분이시겠는가? 자신을 알리실 만큼 지혜로우시고, 자신을 이해할 수 있게 해주실 만큼 선하시며, 우리 가운데 가장 단순한 사람조차도 충분히 이해할 수 있는 방식으로 의사를 전달하실 만큼 은혜로운 분이시겠는가, 아니면 대답만큼이나 많은 의문을 야기하는 자기 계시와 명령을 남발하는 분이시겠는가?

아마도 우리의 문제는 하나님이 말씀하신다는 사실이 아니라 우리가 그 말씀을 기꺼이 듣고자 하는지에 있는 듯하다. 최신 유행의 여러 근사한 밴드들이 출입하는 클럽 여러 개를 소유한 사람을 만난 적이 있다. 나는 그에게 "이 모임은 어떤 모임입니까? 이 모임을 통해 무엇을 배우나요?"라고 물었다. 그는 이렇게 대답했다. "나는 이 모든 사람들, 이 모든 밴드와 음악가들을 지켜보았습니다. ……거의 모든 사람이 진리를 찾고 있었지만, 실제로 그것을 발견하기 원하는 사람은 아무도 없다는 것을 알게 되었습니다." 내가 평생 잊지 못할 말이었다.

---

10) Luther, *The Bondage of the Will*, 128.
11) 윌리엄 틴데일은 이렇게 선언했다. "하나님이 내 목숨을 보전해 주신다면 쟁기질을 하는 농부가 교황보다 성경을 더 많이 알도록 이끌 수 있을 것이다." John Foxe, *Foxe's Book of Martyrs*, ed. William Byron Forbush (Grand Rapids: Zondervan, 1967), 178.
12) R. C. Sproul, *Knowing Scripture* (Downers Grove, IL, InterVarsity Press, 1977), 16.

우리 시대를 잘 묘사한 말이다. 모든 사람이 진리를 찾는다. 문제는 진리를 발견하지 못하는 것이 아니라 발견하기를 원하지 않는다는 데 있다. 하나님은 끊임없이 말씀하시지만 사람들은 그 말씀을 들으려 하지 않는다. 성경은 "오늘 너희가 그의 음성을 듣거든……너희 마음을 완고하게 하지 말라"(히 3:15)고 말씀한다. 아울러 씨 뿌리는 자의 비유는 하나님의 말씀을 들으려면 어떤 귀를 가져야 하느냐고 묻는다. 예수님은 "내 양은 내 음성을 들으며"(요 10:27)라고 말씀하셨다. 하나님은 말씀하시며, 개중에는 듣는 사람들도 있다.

나는 어린아이를 위한 책으로 서두를 열었다. 이제 다시 어린아이를 위한 책으로 모든 논의를 끝맺고 싶다. 『호튼』이라는 책이나 영화를 본 적이 있는가?[13] 호튼이라는 이름의 코끼리가 소리를 듣는다는 이야기를 담은 책이다. 그 소리는 '후빌 시장'의 음성이었다. '후빌'은 작은 티끌 속에 있는 보이지 않는 초소형 세상이다. 짓궂은 캥거루가 클로버 잎사귀 위에 놓여 있는 그 작은 티끌을 발견한다. 캥거루는 호튼을 조롱하며 그 티끌을 없애려고 한다. 호튼은 새에게 쫓기면서 '후빌'이 있는 클로버를 클로버 풀밭에 떨어뜨린다. 못된 원숭이들이 호튼을 우리에 가둬놓고, 그 작은 티끌을 끓는 기름 속에 던져 넣으려고 한다. 호튼이 보이지 않는 존재의 음성을 들었다는 이유로 모두가 그를 조롱하고 비웃는다. 그런데 마침내 '후빌' 사람들이 소리를 외치자 모두가 그 소리를 듣게 된다.

큰 차이가 있다면 우리가 그분의 음성을 들을 수 없는 것은 하나님이 현미경으로나 볼 수 있을 만큼 작으신 탓이 아니라 우리가 그분의 음성 듣기를 거부하는 부패하고 반항적인 본성을 지녔기 때문이다. 위의 이야기는 우리에게 시사하는 바가 크다. 『호튼』은 우리가 볼 수 없는 누군가가 지극히 작은 음성으로 우리가 보지 못하는 세상(우리에게 보이지는 않지만 우리 눈앞에 있는 모든 것만큼이나 실제적인 현실)에 관해 말하고 있음을 보여준다. 그 음성에 귀를 기울일 생각은 없는가?

하나님은 말씀하신다. 보이지는 않지만 우리의 세상만큼이나 현실적이고

---

13) Dr. Seuss (Theodor Seuss Geisel), *Horton Hears a Who!* (New York: Random House, 1954).

실질적인 세상이 있다. 그 세상에서 들리는 음성이 우리에게 말한다. 하나님에 관해 말하고, 구원받는 방법을 알려 주고, 어떻게 살아야 하는지 깨우쳐 주고, 진리를 가르친다. 문제는 그 음성이나 그 메시지의 현실이나 명료성이 아니다. 문제는 우리가 들으려고 하지 않는다는 것이다. 예수님은 "귀 있는 자는 들을지어다"(마 11:15)라고 말씀하신다.

주의 진리로 나를 지도하시고 교훈하소서
주는 내 구원의 하나님이시니 내가 종일 주를 기다리나이다 (시 25:5)

4장

―― THE WRATH OF GOD

하나님의 진노

: 리처드 필립스

히브리서 10장에는 히브리서에 나오는 중요한 네 번째 경고가 기록되어 있다. 2장에 기록된 첫 번째 경고에서는 그리스도에게서 멀어지지 말고 복음을 굳게 붙잡으라 했고, 3장에 기록된 두 번째 경고에서는 "형제들아 너희는 삼가 혹 너희 중에 누가 믿지 아니하는 악한 마음을 품고 살아 계신 하나님에게서 떨어질까 조심할 것이요"(12절)라고 당부한다. 아울러 6장은 배교의 참혹한 결과를 다룬다. 10장에서도 그와 비슷한 경고의 말씀이 발견된다. 사실 이 모든 경고는 동일한 문제를 다룬다. 히브리서 저자의 관심은 그리스도를 믿는 믿음 때문에 박해를 당했던 시기에 그리스도인으로 살았던 유대인들이 불신앙으로 돌아서지 않게 하는 것이었다.

그는 고의로 그리스도를 거부하는 자들에게는 "무서운 마음으로 심판을 기다리는 것과 대적하는 자를 태울 맹렬한 불만 있으리라"(27절)고 경고했다. 이 말씀은 오늘날 많은 사람들, 심지어는 복음주의를 표방하는 사람들조차 부인하고 싶어하는 가르침을 전하고 있다. 이 가르침은 지옥의 실재 및 그 본질과 밀접한 관련이 있다.

지옥의 실재

우리 세대는 지옥이란 개념을 싫어한다. 사실 요즘 사람들은 대부분 지옥의 실재를 인정하지 않는다. 나는 사람들이 하나님의 진노와 지옥을 염두에 두며 "나는 그런 하나님은 믿고 싶지 않습니다."라고 말하는 소리를 수없이 들어왔다. 우리는 인본주의 시대에 살고 있다. 우리는 대개 선을 인본주의적 관점에서 생각한다. 가장 많은 사람에게 가장 큰 유익을 안겨주는 것은 무엇이든 가장 큰 선으로 간주된다. 그러나 조나단 에드워즈와 같은 사람은 이렇게 말했다. "창조의 목적은 하나님이 영광을 받으시는 것이다. 그것이 가장 큰 선이다. 지옥의 형벌을 가하시는 그분의 진노하심을 비롯해 그분의 완전한 속성이 영광스럽게 드러나는 것이야말로 가장 큰 선이다."[1] 인본주의자들인 우리는 지금까지 인본주의자처럼 생각해 왔고, 지금도 성경이 분명하게 증언하고 있는 불못을 부인하려고 애쓴다.

최근에 출간된 책 중 지옥이라는 주제와 그에 대한 반응을 가장 잘 논의한 책이 있는데, 바로 카슨의 『하나님을 재갈 물리다』이다. 두꺼운 책이지만 매우 훌륭한 책이 아닐 수 없다. 이 책은 지옥과 영혼멸절설을 비롯해 지옥의 실재를 아예 부정하거나 영원한 형벌의 강도를 약화시키려는 다양한 시도를 다루는 부록을 싣고 있다. 카슨은 "그런 개념은 사랑의 하나님에게 적합하지 않다."고 주장하며 심판과 지옥의 형벌을 부인하는 사람들에 관해 말한다. 그중에서도 클락 핀녹은 그런 주장을 매우 강도 높게 펼쳤다.

나는 육체와 정신이 끝없이 고통당한다는 지옥 개념을 터무니없는 교리라고 생각한다. 그것은 반드시 바꿔야 할 전통에서 비롯한 그릇된 교리로서 신학적으로나 도덕적으로 중대한 범죄에 해당한다. ······도덕적인 관점에서 볼 때 영원한 형벌은 도무지 용납할 수 없는 개념이다. 왜냐하면 하나님을 심지어 죽음조차

---

1) 다음 책에서 인용한 내용을 적절히 고쳐 표현했다. Jonathan Edwards, *A Dissertation Concerning the End for Which God Created the World*.

허락하지 않고 영원한 아우슈비츠를 운영하는 피에 굶주린 괴물로 전락시키기 때문이다.[2]

핀녹처럼 성경의 확실한 가르침을 노골적으로 부인하기를 꺼리는 사람들은 완전한 멸절이라는 개념을 도입해 영원한 형벌을 반대한다. '영혼멸절론자'로 불리는 이들은 하나님이 악인을 징벌하되 영원한 형벌이 아니라 그 존재를 완전히 없애는 방식으로 징벌을 가한다고 주장한다. 하나님의 심판을 당하는 사람은 지옥에서 영원히 고통을 당하지 않고 완전히 사라진다는 것이다. 영혼멸절론자들은 대개 지옥과 연관된 불이 고통을 가할 뿐 아니라 대상을 소멸시켜 완전히 태워 없앤다고 말한다. 이들은 빌립보서 3장 19절이나 데살로니가전서 5장 3절 등, 멸망의 주제를 다루는 성경 구절을 그 증거로 내세운다.

아마도 존 스토트는 영혼멸절론자 가운데 가장 유명한 인물일 것이다. 그는 이렇게 말했다. "죽이는 것이 육체의 생명을 빼앗는 것이라면 지옥은 영적 생명과 물리적 생명 모두를 빼앗는 것, 곧 존재의 사멸을 의미하는 듯하다. …… 멸망의 고통을 당하게 될 것이라고 말하는 사람들이 실제로 멸망하지 않는다면……이상할 것이다."[3] 이들은 지옥을 진노하신 하나님이 끝없는 고통을 가하시는 장소가 아니라 멸절의 개념으로 이해한다. 그러나 나는 스토트가 그런 견해를 피력하고 나서 생각을 바꾸었다는 말을 들은 바 있다. 바람직한 일이다. 그가 영혼멸절설을 포기한 이유는 무엇일까? 그 이유는 그가 성경의 진리에 충실했기 때문이다. 그는 심지어 그런 견해를 주장할 당시에도 "헌신적인 복음주의자로서 내가 제기해야 할 질문은 내 마음이 내게 무엇을 말하느냐가 아니라 하나님의 말씀이 무엇을 말하느냐 하는 것이다."라고 말하며 조심스런 태도를 취했다.[4] 이는 우리가 항상 명심해야 할 원칙이 아닐 수 없다.

---

2) Clark H. Pinnock, "The Conditional View," *Four Views on Hell*, ed. William Crockett (Grand Rapids: Zondervan, 1992), 149. 다음 책에 인용한 내용을 재인용했다. D. A. Carson, *The Gagging of God* (Grand Rapids, MI: Zondervan, 1996), 519.
3) John Stott and David L. Edwards, *Evangelical Essentials: A Liberal-Evangelical Dialogue* (Downers Grove, IL: InterVarsity Press, 1989). 다음 책에서 재인용했다. Carson, *The Gagging of God*, 522.
4) Ibid., 520.

성경이 말하는 지옥

성경은 지옥에 관해 어떻게 가르치는가? 여기에서 성경 전체의 증언을 길게 검토할 생각은 없다. 하나님의 영원한 심판이라는 주제를 다루는 데는 히브리서 10장만으로도 충분하다.

히브리서 10장은 하나님의 심판을 확실하게 증언한다. 우리는 심판하시는 하나님을 좋아하지 않는다. 우리는 우리가 정의하는 사랑의 개념에 따라 오로지 사랑만을 베푸시는 하나님을 좋아한다. 부모가 되고 나이가 들면서 삶의 경험이 쌓이면 사랑에 관한 견해도 성숙해지기 마련이다. 그런데 사랑은 심판을 배제한다고 생각하는 사람들이 많다. 그러나 성경은 "원수 갚는 것이 내게 있으니 내가 갚으리라 하시고 또 다시 주께서 그의 백성을 심판하리라 말씀하신 것을 우리가 아노니"(히 10:30)라고 말씀한다. 27절은 하나님을 고의로 거부하는 사람들은 무서운 불의 심판을 기대해야 한다고 경고한다.

하나님의 진노와 심판을 사랑의 하나님과 어떻게 조화시킬 수 있을까? 그 대답은 하나님의 선하심이 그분의 의로움을 요구한다는 사실에 있다. 하나님의 거룩하심은 모든 악에 대한 불타는 증오심을 내포한다. 하나님의 사랑을 접해 보면, 그 사랑이 악하고 파괴적이고 더러운 것들을 단호히 거부함을 요구한다는 것을 알게 된다. 하나님의 진노는 하나님의 사랑과 상충하지 않는다. 오히려 이 둘은 서로 떼려야 뗄 수 없는 관계이다. 죄와 악에 대한 하나님의 태도는 가정주부가 가족들을 위협하는 치명적인 질병을 대하는 태도와 똑같다. 제임스 패커는 이에 대해 매우 유익한 설명을 제시했다.

> 인간의 분노는 변덕스럽고, 격렬하며, 자기 만족적이고, 도덕적으로 저속할 때가 많지만 성경이 가르치는 하나님의 진노는 결코 그렇지 않다. 오히려 하나님의 진노는 객관적이고 도덕적인 악에 대한 필요하고도 정의로운 반응에 해당한다. 하나님은 분노를 드러낼 수밖에 없는 경우에만 분노하신다. ……자신이 만드신 세상에 존재하는 악을 징치하지 않으시는 하나님이 과연 도덕적으로 완전하실 수 있을까? 결코 그럴 수 없을 것이다. 악을 징치하는 것은 도덕적인 완전

함의 필수 요소로서 성경은 그 점을 염두에 두고 하나님의 진노에 관해 가르친다. ……하나님의 분노는 의로운 분노다. 도덕적으로 완전하신 창조주께서 도덕적으로 부패한 피조물을 대할 때는 그렇게 반응하시는 것이 지극히 온당하다. 하나님이 죄를 징벌하심으로써 분노를 드러내시는 것은 도덕적으로 전혀 의심스러운 일이 아니다. 오히려 그런 식으로 분노를 드러내지 않으신다면 그것이 곧 도덕적으로 의심스러운 일이 될 것이다.[5]

심판과 진노를 부인하는 것은 곧 하나님이 죄를 징벌하신다는 개념을 반대하는 것과 같다. 인본주의에 물든 인류는 하나님이 주권을 행사하시는 방법이 아니라 그분이 온 세상을 다스리시는 통치자요 주권자라는 사실 자체를 싫어한다. 하나님이 주권자라면 만물을 처리하는 궁극적인 책임은 그분께 있다. 따라서 그분이 진노의 하나님이 아니라면 사랑의 하나님도 되실 수 없다. 그분이 선하시다면 반드시 죄를 징벌해 의로움을 드러내셔야 한다.

많은 복음주의자들이 영혼멸절론에 매력을 느끼는 이유를 다시 살펴보면 다음과 같다. 하나님의 진노를 인정하지 않고서는 그분에 대한 성경적인 견해를 온전히 수용하기 어려운데도 그들은 영원한 형벌에 관한 가르침을 마뜩 잖게 여긴다. 그들은 영원한 형벌을 가르치는 많은 성경 구절을 고려하지 않는다. 예를 들어 예수님은 "영원한 불"(마 18:8)에 내던져질 위험을 경고하셨다. 지옥의 불길은 한동안 타다가 꺼지지 않고 '영원히' 타오른다. 예수님은 마가복음 9장 48절에서도 "거기(지옥)에서는 구더기도 죽지 않고 불도 꺼지지 아니하느니라"고 말씀하셨다.

요한계시록 20장은 큰 심판의 날을 묘사하며 마지막 심판이 어떠할지를 분명하게 보여준다. 곧 하늘에서 불이 내려와 하나님의 백성을 대적하는 원수들을 태워버릴 것이다(9절). 언뜻 보면 영혼멸절설을 지지하는 말씀처럼 들리지만, 10절은 그 불길이 무엇을 태울 것인지 명확하게 드러낸다. "또 그들을 미혹하는 마귀가 불과 유황 못에 던져지니 거기는 그 짐승과 거짓 선지자도 있

---

5) J. I. Packer, *Knowing God* (Downers Grove, IL: InterVarsity Press, 1973), 136, 166.

어 세세토록 밤낮 괴로움을 받으리라." 어쩌면 그들은 "인간이 아닌 마귀에 관한 말씀이 아니요?"라고 말할지 모르지만 마귀도 하나님이 만드신 피조물 가운데 하나다. 하나님이 마귀를 영원히 고통스럽게 하신다면 악하고 반항적인 인간들도 그렇게 다루실 것이 분명하다.

심판은 마귀에게만 국한되지 않는다. 11-15절은 온 인류를 포함시킨다.

"또 내가 크고 흰 보좌와 그 위에 앉으신 이를 보니 땅과 하늘이 그 앞에서 피하여 간 데 없더라 또 내가 보니 죽은 자들이 큰 자나 작은 자나 그 보좌 앞에 서 있는데 책들이 펴 있고 또 다른 책이 펴졌으니 곧 생명책이라 죽은 자들이 자기 행위를 따라 책들에 기록된 대로 심판을 받으니 바다가 그 가운데에서 죽은 자들을 내주고 또 사망과 음부도 그 가운데에서 죽은 자들을 내주매 각 사람이 자기의 행위대로 심판을 받고 사망과 음부도 불못에 던져지니 이것은 둘째 사망 곧 불못이라 누구든지 생명책에 기록되지 못한 자는 불못에 던져지더라."

사람들도 마귀가 '세세토록 밤낮으로 괴로움을 받게 될' 유황 불못에 똑같이 던져진다. 성경은 지옥이 거룩하신 하나님께서 큰 분노를 드러내시며 죄를 심판하시는 장소임을 분명하게 가르친다.

"이런 것을 왜 논의해야 하느냐?"고 묻는다면 히브리서 10장이 그렇게 가르치기 때문이라고 답할 수 있다. 그러나 하나님의 진노를 이론적으로 논의하는 것과, 우리가 마땅히 두려워해야 할 진노가 어떤 방식으로 나타나는지 성경의 가르침을 구체적으로 살펴보는 것은 별개이다. 성경은 하나님의 원수들이 영원한 형벌을 통해 고통받게 되리라고 가르친다. 나도 이 가르침이 좋지는 않다. 솔직히 말하면 나도 이 가르침을 싫어한다. 참으로 수용하기 어려운 가르침이지만 이 가르침을 염두에 두어야만 히브리서 저자가 얼마나 절박한 심정으로 기독교 공동체를 향해 경고하는지를 이해할 수 있다. 그는 하나님의 진노의 실재에 관해 말하며, 그것을 의식해야 한다고 강조했다. 우리는 지옥에 관해 알아야 하고, 하나님의 진노를 의식해야 한다. 이것이 그가 "살아 계신 하나님의 손에 빠져 들어가는 것이 무서울진저"(31절)라고 말한 이유다.

4장 하나님의 진노 81

신자들을 향한 특정한 경고

히브리서 본문은 죄와 심판에 관한 일반적인 진술이 아니라 예수 그리스도를 믿는 유대인 공동체를 향한 특정한 경고에 해당한다. 히브리서 저자는 이와 같은 우려를 표명하며 복음을 거부하고 하나님께 등을 돌려서는 안 된다고 권고한다. 당시 그들은 그렇게 하도록 부추기는 압박에 시달렸다. 우리가 육신과 세상과 마귀의 영향으로 그리스도를 거부하고픈 유혹에 직면하듯, 그들 또한 박해와 유혹에 직면했다. 히브리서 저자는 "우리가 진리를 아는 지식을 받은 후 짐짓 죄를 범한즉 다시 속죄하는 제사가 없고"(10:26)라고 경고했다.

이 구절은 주의 깊게 해석해야 한다. 고의로 죄를 범한다는 말씀은 고의로 짓는 죄와 부지중에 짓는 죄를 구별한 구약성경의 가르침을 연상시킨다. 모세는 "본토인이든지 타국인이든지 고의로 무엇을 범하면 누구나 여호와를 비방하는 자니 그의 백성 중에서 끊어질 것이라"(민 15:30)고 자주 가르쳤다.

히브리서 10장 26절에서 "짐짓"(고의로)으로 번역된 헬라어는 '헤코우시오스'(Hekousios)다. 이 용어는 베드로전서 5장 2절에서 '억지로 하지 말고'라는 뜻으로 사용되었다. 다른 헬라어 문서에 나타나는 '헤코우시오스'는 자원해서 섬기는 자들, 곧 자신의 의지로 어떤 일에 의도적으로 가담하는 자들을 가리킨다. 이 구절은 죄로 인해 고민하거나 영적인 삶을 방해하는 끈질긴 죄에 시달리며 하나님을 기쁘시게 하지 못하는 신자들을 묘사하지 않는다. 오히려 이 구절은 마땅히 해야 할 것을 명령하는 하나님의 권위를 거부하고 악한 마음으로 의도적으로 죄를 짓는 사람들을 가리킨다.

솔로몬은 잠언 2장 13-15절에서 그런 죄인을 이렇게 묘사했다.

"이 무리는 정직한 길을 떠나 어두운 길로 행하며 행악하기를 기뻐하며 악인의 패역을 즐거워하나니 그 길은 구부러지고 그 행위는 패역하니라."

레온 모리스는 이 말씀을 아래와 같이 주석했다.

히브리서 저자가 배교를 염두에 두고 말한 것은 분명하다. 그는 '진리를 아는 지식을 받은' 자들에 관해 말했다. ……여기에 언급된 사람들은 하나님이 그리스도 안에서 행하신 일을 알고 있었다. 기독교의 가르침에 관한 그들의 지식은 단지 피상적인 수준에 머물지 않았다. 그런 지식을 알고서도 진리를 거부하며 죄를 고집하는 상태로 되돌아간다면 그들의 죄를 속죄할 수 있는 희생은 더 이상 존재하지 않는다. 그들은 그리스도의 희생을 거부했다. 앞에서 진술된 내용은 그 외에는 다른 길이 없다는 것을 분명하게 보여준다.[6]

히브리서 저자가 하나님의 진노와 지옥의 형벌을 거론한 이유는 자신의 청중을 깨우치기 위함임을 기억해야 한다. 그것은 일대일의 권면이 아니었다. 그의 청중은 여러 부류의 사람들로 구성되었다. 그들은 그리스도를 고백했을 뿐 아니라 사회적, 문화적, 신앙적 차원에서 교회와 관계를 맺었지만, 심각한 문제를 안고 있었다. 세례를 받았다가 다시 타락한 사람들도 있었을 것이다. 히브리서 저자는 그런 식으로 여러 부류의 사람들이 한데 섞여 있는 청중을 향해 말씀을 전했다. 따라서 그는 겉으로 믿음을 고백하는 사람들을 깨우치려면 하나님의 진노와 지옥의 교리를 적용해도 무방하다고 생각했던 것이다.

거룩을 독려하는 하나님의 진노

오늘날 우리는 칭의를 통해 나타난 하나님의 놀라운 은혜에 감사하는 것만이 경건함을 독려하는, 가장 합법적이고 성경적인 동기에 해당한다는 말을 종종 듣는다. 사람들은 자주 이렇게 말한다. "명령하지 말라. 그것은 율법주의를 부추긴다. 사람들에게 하나님의 명령을 제시하지 말라. 그것은 우리가 해야 할 일이 아니다." 복음을 기쁨으로 받아들이는 것 외에는 그리스도를 섬기는

---

6) Leon Morris, "Hebrews," *The Expositor's Bible Commentary*, ed. Frank E. Gaebelein (Grand Rapids: Zondervan, 1981), 12:106.

데 필요한 다른 합법적인 동기는 존재하지 않는다는 주장이 교회 내에서 공공 연히 떠돌고 있다. 물론 가장 핵심적인 동기는 그리스도의 복음을 묵상하는 것이다. 사실 히브리서 저자는 이 구절 바로 앞에서 그리스도께서 우리를 위해 죽으셨으니 그분을 위해 살아야 한다고 말했다. 이것이 가장 중요한 동기이다.

나는 지난주에 십대 청소년들과 질의응답 시간을 가졌다. 우리는 피자를 함께 먹으면서 대화를 나누었다. 나는 질문을 받았다. 한 청소년은 "성경에 복종해야 한다는 말을 듣는 것은 율법주의처럼 들려요."라고 말했다.

나를 율법주의자로 간주하는 말에 마음이 좀 상했다. 나는 오직 그리스도를 믿는 믿음을 통해 은혜로 의롭다 하심을 받는다고 설교했다. 행위로 의롭다 하심을 받는다고 말한 적은 단 한 번도 없었다. 만일 내가 그리스도를 믿는 믿음을 통해 은혜로만 의롭다 하심을 받는다는 진리를 부인한다면 하나님이 내가 그렇게 하기 전에 불로 나를 태워 없애시는 은혜를 베푸시기를 바란다. 성경에 복종해야 한다는 말은 율법주의와는 아무 상관이 없다. 그러나 그 청소년은 이렇게 말했다. "성경에 복종해야 할 필요는 없어요. 내게 하나님의 명령을 요구하는 것은 율법주의입니다."

나는 "'살인하지 말라.'는 명령은 어떻게 생각합니까?"라고 물었다.

"그것은 국가의 법률입니다. 국가의 법률에는 복종해야지요." 그 청소년의 대답이었다.

우리는 근본주의에 대해 지나치게 과민하게 반응하는 경향이 있다. 우리는 그것을 율법주의로 간주해 과민하게 반응한다. 사람들은 "그리스도인에게 지옥과 하나님의 진노에 관해 말해서는 안 된다."고 주장한다. 그러나 히브리서 저자는 그런 생각에 매이지 않았다. 그의 말은 오늘날의 얄팍한 관점을 논박한다. 그는 히브리서 10장 26절에서 그리스도를 믿는 믿음을 고백하고, 세례를 받고, 그리스도인이 되고, 강단의 부름에 응해 기도를 드리고 난 후 자신의 삶을 다스리는 하나님의 권위를 조롱하고 고의로 죄를 짓는다면 일시적인 징계를 받는 것은 물론이고 죄에 대한 하나님의 영원한 진노를 감당해야 할 것이라고 말했다.

그렇게 말할 수 있는 신학적인 이유는 무엇일까? 그 이유는 구원받은 사람 가운데 실제로 그렇게 행동할 사람은 아무도 없기 때문이다. 구원의 경험에는 점진적인 삶의 변화가 포함된다. 바울은 로마서 6장에서 어떻게 말했는가? 그는 "은혜를 더하게 하려고 죄에 거하겠느냐"(1절)라고 묻고 "그럴 수 없느니라 (메 게노이토, Me genoito)"(2절)고 대답했다. 그렇게 단정할 수 있는 이유는 무엇일까? 그 이유는 실제로 거듭난 사람 가운데 그렇게 생각할 사람이 아무도 없기 때문이다.

일전에 어떤 사람이 내게 찾아와 "목사님, 내 신학은 완벽합니다."라고 말했다. 그의 말은 나를 걱정스럽게 만들었다. "나는 모든 것을 믿고 아무것도 느끼지 않습니다. 그래도 괜찮죠?" 아니, 그렇지 않다. 그는 계속해서 "나는 지금까지 정결한 삶을 살아오지 못했습니다."라고 덧붙였다. 나는 그에게 이렇게 말했다. "삶이 변화되지 않았고, 또 변화되기를 바라는 마음도 없다면 스스로 그리스도인이 아니라고 부인한 것이나 다름없습니다. 신학적인 진리에 정통하다고 말할 수 있겠지만 마귀도 교리를 잘 알고 있지요."

목회자인 내게 찾아와서 "죄를 지으며 올바로 살지 못하는 탓에 지옥에 갈까봐 두렵습니다."라고 말하는 사람들이 많다. 하나님의 진노에 관한 설교를 전하고 난 뒤에는 특히 더 그렇다. 그런 사람들은 그리스도인이 틀림없다. 불신자는 목회자에게 찾아와 "목사님, 잘못된 행실을 일삼고 있으니 지옥에 가고 말 것입니다."라고 말하지 않는다. 거듭난 그리스도인이 아닌 사람과는 그런 식의 대화를 주고받을 수 없다.

우리는 거룩함과 실천이 크게 부족한 복음주의 문화 속에 살고 있다. 우리가 미국에서 더 큰 영향력을 발휘하지 못하는 이유는 무엇일까? 몇 년 전에 남침례교에서 복음주의에 대한 연구 조사를 실시한 적이 있었다. 그 결과 복음주의 신앙을 지닌 젊은이들 가운데 88퍼센트가 대학에 다니는 도중에 믿음을 저버리는 것으로 드러났다.[7] 나는 그 조사 결과가 잘못되었다고 생각한다. 그

---

7) John Walker, "Family Life Council says it's time to bring family back to life," *Southern Baptist Convention*, June 12, 2002, http://www.sbcannualmeeting.net/sbc02/newsroom/newspage.asp?ID=261.

들은 믿음을 저버리지 않았다. 사실 그들은 믿음을 들은 적도 없고 본 적도 없다. 그러나 우리가 우리 자녀 중에서 나머지 12퍼센트에 해당하는 이들에게 그리스도의 합법성과 진정성을 납득시키지 못한다면, 그들 역시 진정한 기독교를 경험할 수 없기는 마찬가지일 것이다.

구원이 행위에 근거하는 것은 결코 아니다. 그러나 행위와 변화는 조건이 아닌 결과로서 구원에 반드시 필요하다. 우리 자신의 행위로는 절대로 의롭다 하심을 받을 수 없다. 우리가 의롭다 하심을 받는 것은 예수님의 행위를 통해서다. 감사하게도 하나님은 그분의 행위를 믿음으로써 의롭다 하심을 받을 수 있게 하셨다. 내가 행한 것은 그 무엇도 하나님 앞에 내세울 수 없다. 나는 예수님이 나를 위해 행하신 것을 의지할 뿐이다. 그러나 구원은 필연적으로 삶의 거룩한 변화를 수반한다. 나는 값 주고 사신 바 되었다. 나는 더 이상 나의 것이 아니다. 나는 그리스도인이다. 나는 하나님의 주권에 순종해야 한다. 만일 이를 거부한다면 히브리서 10장의 말씀대로 구원받지 못한 상태일 수도 있으니 두려워해야 마땅하다.

히브리서 저자는 예수 그리스도의 보혈을 기억하고 건설적인 삶의 태도를 추구해 나가야 한다고 촉구한다.

"우리가 마음에 뿌림을 받아 악한 양심으로부터 벗어나고 몸은 맑은 물로 씻음을 받았으니 참 마음과 온전한 믿음으로 하나님께 나아가자 또 약속하신 이는 미쁘시니 우리가 믿는 도리의 소망을 움직이지 말며 굳게 잡고 서로 돌아보아 사랑과 선행을 격려하며"(22-24절).

그는 이렇게 말했기 때문에 26절에서 조금도 망설이지 않고 "우리가 진리를 아는 지식을 받은 후 짐짓 죄를 범한즉 다시 속죄하는 제사가 없고"라고 단호히 말할 수 있었다.

오래 전 내게 많은 깨달음을 준 목회적 상황에 부딪친 적이 있는데, 나는 당사자로부터 그 이야기를 밝혀도 좋다는 허락을 받았다. 30세에 믿음을 얻은 나는 목회자로 부르심을 받기 전에 몇 년 동안 대학 교수로 일했다. 그 대학에 나와 아내와 매우 가깝게 지냈던 학생이 있었는데 그녀는 열정적인 그리스도인이었고, 개혁주의 신앙을 통해 강력한 회심을 경험했다. 그런데 그녀의 삶이 온통 흔들리기 시작했다. 대학을 졸업한 후 그녀는 완전히 곁길로 치우쳤고, 상황도 몹시 좋지 않았다.

우리는 그녀에게 우리가 해줄 수 있는 조언은 모두 해주었다. "새 직장에서 자신이 그리스도인임을 분명하게 보여주어야 해요. 그리스도인 친구들을 찾아봐요." 그러나 그녀는 그렇게 하지 않았다. 그런 식으로 약 1년이 지나자 우리는 몹시 걱정스러웠다. 어느 날 그녀는 우리에게 찾아와 죄를 짓고 살고 있다고 고백했다. 그녀는 직장에서 자기보다 훨씬 나이가 많은 유부남과 불륜 관계를 맺고 있었다. 그녀는 그 관계를 포기하려 하지 않았다. 그녀는 그 모든 것을 한탄하며 "나는 이제 구원받지 못할 거예요."라고 말했다.

당시 흥미로웠던 것은 나의 목회 전략이었다.

나는 그녀가 처음 방문했을 때 이렇게 말했다. "자매는 그리스도인입니다. 자매가 교회에 나가지 않는 것도 사실이고, 공공연히 불륜을 저지르는 것도 사실이고, 그런 삶을 중단하기를 원하지 않는 것도 사실입니다. 그러나 우리가 '목마른 사슴'을 부르면서 함께 울었던 밤을 기억하나요? 하나님의 은혜에 관한 설교를 듣고 나서 자매가 눈물을 흘렸던 때를 기억하나요? 자매가 우리의 교리를 비판하는 사람들에게 맞서 칼빈주의를 옹호했던 일을 기억하나요?" 나는 그런 식으로 그녀의 지난 과거의 경험들을 되살리면서 그녀가 포기하지 않는 악한 죄의 현실에 맞서게 했다.

그런 만남이 있은 후 그녀는 교회에 다시 나가 좀 더 잘 해보겠다고 약속했다. 그러나 그녀는 곧 믿지 않는 사람들과 어울렸다. 그녀는 그 다음에 다시 나를 만난 자리에서 기독교의 허구를 깨달았다고 말했다. 그녀는 무신론자인 친구들의 질문에 아무런 대답도 할 수 없었고, 니체를 비롯해 다른 무신론 철학자들의 책을 읽기 시작했다고 말했다. 또한 그녀는 신앙을 버렸다고 말했다. 나는 그녀에게 이렇게 말했다. "자존심을 좀 가져 봐요. 아인 랜드는 아닙니다. 니체는 꽤 훌륭한 무신론자이지만 아인 랜드는 아니에요." 그녀는 여전히 불륜 관계를 맺고 있었고, 모든 것이 전과 마찬가지로 하나도 변한 것이 없었다.

그러는 사이 나는 조나단 에드워즈의 『신앙 감정론』(The Religious Affections)을 읽어보라는 권고를 받았다. 그 책은 지난날의 뜨거웠던 감정이 구원의 증거가 되지 못한다고 지적했다. 오직 실천하는 믿음과 성경적인 열매만이 구원의 증거가 될 수 있다. 히브리서 저자도 바로 그 점을 말하고 있다. 우리 안에 그리스도께서 살아 계신다는 것을 보여주는 열매가 없으면 스스로가 그리스도인이라고 믿을 수 있는 근거는 없다.

"나는 그리스도인이 아니에요. 여기 니체의 대답이 있어요. 나는 여전히 똑같은 관계를 맺고 있고, 그것이 좋아요." 우리의 친구는 그렇게 말하고 다시 우리를 떠났다. 나는 눈물을 흘리면서 이렇게 말했다. "자매가 자신에 대해 말한 것을 보면 구원받지 못한 것이 분명한 것 같습니다. 마지막으로 당부하고 싶은 말이 있습니다. 회개하지 않으면 자매가 비웃은 하나님의 진노 아래에서 영원히 멸망하고 말 것입니다." 그것이 나와 아내가 수년 동안 그토록 사랑했던 그녀에게 들려준 마지막 말이었다.

이것은 매우 중요하다. 성경적인 확신의 근거(변화된 삶의 열매)는 무시하면서 구원의 확신을 열망하는 그리스도인들이 적지 않다. 젊은 그리스도인들의 경우는 특히 더 그렇다. 칭의는 선행이나 경건한 행위를 통해 이루어지지 않지만 구원의 확신은 그런 행위를 필요로 한다. 예를 들어 베드로는 "믿음에 덕을, 덕에 지식을, 지식에 절제를, 절제에 인내를, 인내에 경건을, 경건에 형제 우애를, 형제 우애에 사랑을" 더함으로써 우리가 선택받았다는 확신을 가질 수 있다고 말했다(벧후 1:5-7). 요한일서도 참된 믿음의 고백, 도덕적으로 변화된 삶, 동료 신자들에 대한 사랑을 구원 확신의 근거로 삼는다(요일 2:4, 9-11, 22, 3:4-6). 나는 성경적인 확신의 근거를 알고 있었고, 내가 아꼈던 자매에게서 그것을 발견할 수 없었기에 방탕한 삶을 일삼는 그녀에게 히브리서 저자처럼 하나님의 진노를 경고하는 것이 나의 목회적인 의무라고 생각했다.

그로부터 몇 년이 흘렀고, 우리는 줄곧 그녀를 위해 기도했다. 그러던 차에 나는 그녀의 고향인 멤피스에서 결혼식을 주관해 달라는 부탁을 받았다. 신랑이 전에 내가 가르치던 학생이었다. 나는 그녀가 결혼식을 축하하러 오게 해

달라고 기도했다. 결혼식이 끝나고 사람들과 인사를 나누는 자리에서 나는 그녀가 와 있는 것을 발견했다. 그녀의 옷차림새와 태도는 그리스도인들만 모인 자리에서 어색하게 두드러졌다. 그녀는 마지못한 태도로 내게 다가왔다. 우리는 잠시 대화를 나누었고, 그녀는 그날 저녁에 나를 공항에 데려다 주기로 했다.

공항으로 가는 길에 그녀는 그리스도를 버리게 만들었던 다양한 철학 사상을 내게 말해 주었다. 히브리서 저자가 자신의 청중에게 피하라고 권고한 사상과 흡사한 것이 대부분을 차지했다. 나는 결혼식을 주관하고 사람들을 맞이하느라 심신이 지친 상태였기 때문에 그런 철학 사상에 기독교의 가르침으로 일일이 대답하기가 어려웠다. 따라서 나는 그녀에게 간단하게 이렇게 말했다. "요점만 간단히 말하죠. 철학이 기독교가 잘못되었다는 것을 입증했기 때문에 도덕적으로 그릇된 방탕한 삶을 받아들였단 말인가요? 아니면 신중하게 살지 못하고 성적 유혹에 넘어가 나중에 그것을 정당화하기 위해 니체의 사상을 받아들인 것인가요?"

우리는 거의 자동차 사고를 당할 뻔했다. 그녀가 울기 시작했기 때문이다. 마침내 그녀는 "맞아요, 그 말이 사실이에요."라고 말했다. 그녀는 자신이 더 이상 그리스도인이 아니라 배교자라고 말했다. 그녀는 주님을 배신했다. 그녀는 히브리서에 기록된 구절과 같은 말씀을 인용하면서 다시 돌아오고 싶어도 자신의 죄 때문에 영원히 단죄를 받을 수밖에 없노라고 말했다.

우리의 대화는 자동차 안만이 아니라 공항까지 계속되었다. 나는 그녀에게 히브리서 본문의 핵심에 해당하는 질문을 하나 던졌다. "그리스도를 진정으로 포기했나요? 그분이 하나님의 아들이 아니며 죄인들을 위해 십자가에서 죽지 않으셨다고 말할 수 있나요? 지금 예수 그리스도를 부인하는 것입니까? 만일 그렇다면 자매가 영원히 단죄되었다고 말할 수밖에 없습니다."

그녀와 나 둘 중에 누가 더 마음이 초조했는지 잘 모르겠다. 그러나 그녀는 그리스도를 부인할 수 없었다. 그녀는 그렇게 하지 못했다. 그날 저녁 나는 그녀에게 다시 복음을 전할 기회를 가졌다. 나는 그리스도께서 그녀를 대신해 하나님의 진노를 당하신 십자가에서부터 시작했다. 그녀는 심각하게 타락한

4장 하나님의 진노 89

상태였지만 배교자는 아니었다. 그녀는 그 후로 죄의 삶을 청산하고 성경을 믿는 교회의 적극적인 신자가 되어 주님 안에서 꾸준히 성장하고 있다.

그녀는 나중에 다시 대화를 나누는 자리에서 자신이 반항적인 삶을 살아갈 때 내가 해준 말 가운데서 그리스도를 향한 과거의 열정에 근거해 그릇된 확신을 부추기지 않고 지옥의 두려운 형벌을 상기시켜준 것이 가장 강력하고 유익했다고 말했다. 당시에는 화가 나서 나를 공격했지만, 회개하지 않으면 하나님의 진노를 감당할 수밖에 없다는 진리를 외면할 수가 없었던 것이다. 그것이 그녀가 반항을 일삼던 시절에 그녀의 마음을 사로잡았던 교리였다.

배교의 두려움

안타까운 일이지만 모든 사람이 회개하는 것은 아니다. 그것이 타락자와 배교자의 차이다. 타락자는 회개한다. 그러나 진정으로 믿음을 저버린 배교자들이 있다. 그들은, 실제로는 구원받았지만 한동안 죄를 지으며 살아가는 그리스도인들과는 전혀 다르다. 배교자는 겉으로는 믿음을 고백하며 그리스도인의 외양을 모두 갖추었지만 실제로는 구원받지 못한 사람들을 가리킨다. 그들은 나중에 그리스도를 부인함으로써 자신의 실체를 드러낸다.

요한은 그들을 가리켜 "그들이 우리에게서 나갔으나 우리에게 속하지 아니하였나니 만일 우리에게 속하였더라면 우리와 함께 거하였으려니와"(요일 2:19)라고 말했다. 그들은 구원받지 못했다. 히브리서 10장 29절은 그런 배교자들이 존재함을 분명하게 보여준다. 그들은 머리로는 복음의 가르침을 이해하고 예수님에 대해 알지만, 하나님의 아들인 그분을 짓밟고, 자신을 거룩하게 한 언약의 피를 부정한 것으로 여기며 은혜의 성령을 욕되게 한다. 히브리서 저자의 말대로 그런 배교자는 지옥의 영원한 형벌을 받아야 마땅하다. 그럴 수밖에 없는 이유는 죄를 속하는 유일한 희생을 거부했기 때문이다.

히브리서 저자가 28절에서 말한 대로 모세의 율법을 거역한 사람들은 불쌍히 여김을 받지 못하고 죽었다. 그렇다면 예수 그리스도 안에 나타난 하나님의 은혜를 거부한 사람들은 과연 어떻게 될까? 그리스도의 보혈 외에 죄를 속량하는 다른 희생은 없다. 그들은 그 희생을 비웃었다. 따라서 하나님의 진노의 심판을 통해 주어지는 맹렬한 불의 형벌을 당하는 길밖에는 없다.

그런 과정과 결과로 미루어 볼 때 이것은 죄로 인해 고민하는 그리스도인들과는 아무 상관이 없다. 히브리서 10장에 따르면 배교자들은 악하게도 세 가지를 거부한다(29절). 첫째는 그리스도께서 하나님의 아들이심을 거부하고("하나님의 아들을 짓밟고"), 둘째는 그리스도께서 십자가에서 흘리신 속죄의 피를 거부하고("자기를 거룩하게 한 언약의 피를 부정한 것으로 여기고"), 셋째는 복음을 허락하신 성령을 거부한다("은혜의 성령을 욕되게 하는").

이 가운데 세 번째는 마태복음 12장 32절에 언급된 용서받을 수 없는 죄에 대한 가르침을 이해하는 데 도움을 준다. 다음과 같이 말하는 사람들이 얼마나 많은지 모른다. "나는 용서받을 수 없는 죄를 지었는지도 몰라. 그것이 무슨 죄인지는 알 수 없어. 만일 개를 발로 찬 것이 그 죄라면 나는 개를 발로 찬 적이 있어. 용서받을 수 없는 죄가 대체 무엇인지 알 수가 없어." 목회자라면 누구나 이런 식의 말을 들어본 적이 있을 것이다. 그러나 마태복음 12장과 히브리서 10장 29절은 성령께서 예수님의 신분과 행위를 분명하게 알려주셨는데도 불구하고 바리새인들처럼 하나님을 거역하는 마음으로 그분을 거부하고, 세상을 사랑하며, 마음을 강퍅하게 하는 것은 용서받을 수 없는 죄임을 분명하게 보여준다.

클락 핀녹은 영원한 심판이라는 개념을 도덕성에 대한 모욕으로 간주한다. 그러나 그런 생각은 저주받을 배교자들이 아니라 귀하신 아들을 세상에 보내신 하나님을 욕되게 한다. 그리스도께서 말씀하신 대로 그분은 세상을 심판하기 위해 오지 않으셨다. 그분은 심판을 위해 세상에 올 필요가 없으셨다. 우리는 이미 정죄당한 죄인이다. 그분은 그런 우리를 구원하기 위해 오셨다. 우리가 하나님의 진노에 관해 말할 때 우리가 말하는 하나님은 바로 그런 하나님이시다. "하나님이 세상을 이처럼 사랑하사 독생자를 주셨으니 이는 그를 믿는 자마다 멸망하지 않고 영생을 얻게 하려 하심이라"(요 3:16)는 말씀대로, 그분은 넘치는 사랑과 놀라운 은혜를 베푸시는 하나님이시다. 그런 하나님이 죄인들을 심판하시는 것은 결코 터무니없는 일이 아니다. 오히려 인간이 하나님으로부터 그런 선물을 받고, 복음을 전해 듣고, 말씀을 이해하고서도 그것을 무시하는 것이 터무니없다. 하나님의 아들이신 예수님의 이름을 짓밟고, 갈보리의 귀한 보혈을 거룩하지 못한 것처럼 취급하고, 세상에서 복음을 증언하시는 하나님의 성령을 모욕하는 것이 터무니없다.

진정으로 터무니없는 것은 요한복음 3장 16절을 요한복음 3장 18절로 바꾸는 인간의 태도다. 요한복음 3장 18절은 "믿지 아니하는 자는……벌써 심판을 받은 것이니라"고 말씀한다. 그 이유는 무엇일까? 그 이유는 그가 '하나님의 독생자의 이름을 믿지 않았기' 때문이다. 토저는 다음과 같이 옳게 말했다. "지옥에는 단 한 구절의 말씀이 적혀 있을 것이다. 그 두려운 장소의 큰 벽에는 '주 하나님, 심판하시는 것이 참되시고 의로우시도다.'라는 말씀이 새겨져 있을 것이다."[8]

하나님의 사랑의 선물

히브리서 10장이 강조하는 것은 다음과 같다.

"원수 갚는 것이 내게 있으니 내가 갚으리라 하시고 또 다시 주께서 그의 백성을 심판하리라 말씀하신 것을 우리가 아노니 살아 계신 하나님의 손에 빠져 들어가는 것이 무서울진저"(30, 31절).

31절이 사실임을 입증하는 증거를 한 가지 제시한다면 예수 그리스도의 경험을 들 수 있다. 그분은 잡히시던 날 밤에 이 진리를 생각하시며 겟세마네 동산으로 향하셨다. 그분은 바야흐로 하나님의 진노를 당하셔야 했다. 하나님

---

8) A. W. Tozer, *The Tozer Pulpit: Selections from His Pulpit Ministry* (Camp Hill, PA: Christian Publications, 1994), 1:89.

의 진노가 그분의 생각과 영혼을 온통 사로잡았다. 그리스도께서는 "아버지여 만일 아버지의 뜻이거든 이 잔을 내게서 옮기시옵소서"(눅 22:42)라고 기도하셨다. 하나님의 아들이 그런 기도를 드리셨다는 것은 참으로 놀랍지 않은가. 그분은 영원 전에 구속 언약을 맺으셨다. 그분은 이 일을 행하기 위해 세상에 왔다고 밝히셨다. 예수님은 느닷없이 하나님의 진노를 의식하고 놀라지 않으셨다. 그러나 그것이 이제 실제로 눈앞에 다가왔다. 그 두려움은 너무나도 컸기에 그분은 "이 진노를 감당할 필요가 없다면 피하게 해주소서. 그러나 아버지의 뜻이 이루어지기를 원합니다."라고 기도하지 않으실 수 없었던 것이다. 이것이 그분이 "내 원대로 마시옵고 아버지의 원대로 되기를 원하나이다"(눅 22:42)라고 기도하셨던 이유다. 제임스 몽고메리 보이스는 이렇게 주석했다.

> 이것은 단지 육체적인 죽음을 겁내는 사람의 두려움이 아니었다. 이것은 영원하고 거룩하신 하나님의 아들이 느끼셨던 두려움이다. 그분은 우리를 위해 죄인이 되셨고, 우리를 대신해 하나님의 사랑으로부터 단절되는 진노의 고통을 감당하셨다. 그분이 희생하신 덕분에 우리가 보존되었고, 그분이 하나님의 진노를 감당하신 덕분에 하나님의 백성인 우리가 그 진노를 감당할 필요가 없게 되었다.[9]

하나님은 죄를 징벌하고 죄인들을 심판하실 것이라고 말씀하셨다. 히브리서 10장 30절은 죄에 대한 하나님의 심판을 언급하는 신명기 32장의 두 구절을 옮긴 것이다. 하나님이 보응하신다는 선언, 그분의 심판이 주어질 것이라는 사실은 다른 무엇보다도 하나님의 아들이신 예수님이 우리가 당해야 할 진노를 십자가에서 대신 감당하고 죽으신 사건을 통해 분명하게 입증되었다. 예수님의 경험은 더할 나위 없이 두려운 것이었다. 제임스 패커는 이를 다음과 같이 묘사했다.

---

9) James Montgomery Boice, *Romans: The Reign of Grace (Romans 5:1-5:39)* (Grand Rapids: Baker, 1992), 2:964.

육체적인 고통도 지극히 컸지만(십자가형은 지구상에서 가장 잔인한 사형제도에 해당한다), 그것은 이 이야기의 작은 부분에 지나지 않는다. 예수님이 가장 크게 느끼신 고통은 정신적이고 영적인 것이었다. 약 일곱 시간에 걸친 경험이었지만 그 고통은 영원한 고통, 곧 매 순간이 영원 그 자체일 정도로 큰 고통이었다.[10]

그 경험은 끔찍한 공포였을까? 물론이다. 그러나 이는 하나님이 잔인하심을 뜻하지 않는다. 왜냐하면 진노를 감당하신 분은 성삼위 하나님 가운데 두 번째 위격이신 성자 하나님 자신이셨기 때문이다. 이는 하나님이 무서운 것이 아니라 죄가 그만큼 무섭다는 뜻이다. 우리로서는 이해하기 힘든 사실이 아닐 수 없다. 사람들이 하나님의 진노를 못마땅하게 여기는 이유는 이 점을 이해하지 못하기 때문이다. 우리는 우리가 지은 죄가 얼마나 무서운 것인지 잘 모른다. 우리는 죄를 짓는 것이 거룩하신 하나님 앞에서 얼마나 두려운 것인지 이해하지 못한다. 그러나 그리스도의 십자가는 그 무서움을 분명하게 드러낸다. 십자가는 피의 증서로 하나님의 거룩하심을 여실히 증언한다. 십자가에서 우리의 죄를 대신 짊어지신 분이 곧 하나님께서 사랑하시는 아들, 예수님이셨는데도 그분은 자신의 진노를 남김없이 쏟아부으셨다. 라일은 이렇게 말했다. "그 죄책은 오직 하나님의 아들의 피 외에는 그 무엇으로도 속죄할 수 없을 만큼 무거웠다. 예수님은 인간의 죄에 짓눌려 겟세마네에서 핏방울과 같은 땀을 흘리면서 신음하셨고, 골고다에서는 '나의 하나님, 나의 하나님, 어찌하여 나를 버리셨나이까'(마 27:46)라고 부르짖으셨다."[11]

십자가는 죄의 현실은 물론 죄에 대한 하나님의 거룩하신 분노를 분명하게 보여준다. 그 밖에도 십자가는 "어떻게 진노의 하나님이 사랑의 하나님이 되실 수 있는가?"라는 질문에 대답한다. 성경에 따르면 십자가는 하나님의 사랑이 얼마나 높고, 깊고, 넓고, 큰가를 잘 보여준다. 하나님은 십자가를 통해 자신의 거룩한 정의를 만족시키고, 우리의 죗값을 온전히 치르셨다. 하나님이

---

10) J. I. Packer, *Knowing God* (Downers Grove, IL: InterVarsity, 1979), 176.
11) J. C. Ryle, *Holiness* (Darlington, UK: Evangelical Press, 1979), 6.

세상을 사랑하시어 복음을 합법적으로 제공하기 위해, 곧 자신의 백성과 사랑으로 화목하기 위해 그런 일(그분의 아들이 하늘을 떠나 세상에 와서 십자가에서 그 진노를 감당하시는 것)이 필요했다면, 우리를 향한 그분의 사랑은 너무나도 크고 위대하기 그지없다. 십자가를 통해 나타난 하나님의 진노는 하나님이 자기 백성을 얼마나 사랑하시는지를 잘 보여준다. 하나님은 세상을 그처럼 사랑하셨다. 예수님이 죽으신 이유는 하나님이 우리를 그만큼 사랑하셨기 때문이다.

따라서 불신앙과 고의로 율법을 거역함으로써 하나님의 아들 예수 그리스도를 짓밟아서는 안 된다. 그토록 큰 가치와 구원의 효력을 지닌 피, 곧 우리를 위해 흘린 그 보혈을 부정한 것으로 여겨서는 안 된다. 또한 우리의 마음속에서 하나님의 사랑을 증언하는 은혜의 성령을 욕되게 해서도 안 된다.

우리가 죄를 지으면(우리는 종종 죄를 짓는다) 성령께서 우리의 영혼에 예수님의 보혈을 적용해 죄를 씻어주신다. 누군가가 죄를 범한다면 의로우신 예수 그리스도께서 하나님 앞에서 우리의 대언자가 되어 주신다. 그분은 우리의 죄를 위한 화목제물이시다. 이런 은혜를 베푸신 하나님께 감사하자.

예수님이 주님이심을 부인하고, 세상을 사랑하고, 은혜의 복음을 외면한다면 하나님이 보복하시고 복수하실 것이다. 그분이 그렇게 하시는 것은 지극히 당연하다. 오직 믿음으로만 받을 수 있는 그리스도의 속죄의 피를 의지하지 않은 채 하나님의 거룩하신 손에 빠져들어 정의의 심판을 당하는 것은 생각만 해도 두렵기 짝이 없다. 지금 그리스도를 거부하다 그날에 하나님에 의해 정죄의 심판을 받는 사람들은 참으로 끔찍한 운명에 처하게 될 것이다.

5장

—— THE LOVE OF GOD

하나님의 사랑

: 브라이언 채플

바울 사도가 기록한 로마서 5장 20절의 놀라운 말씀은 하나님의 사랑을 잘 표현한다. 그는 그곳에서 "죄가 더한 곳에 은혜가 더욱 넘쳤나니"라고 말했다. 이것은 진정 놀라운 사랑이자 큰 딜레마가 아닐 수 없다. 오든은 이 딜레마를 이렇게 묘사했다. "나는 죄 짓기를 좋아하고 하나님은 죄 용서하기를 좋아하신다. 진실로 세상은 참으로 훌륭하게 짜 맞추어져 있다."[1] 바울은 그런 생각에 맞서 "그런즉 우리가 무슨 말을 하리요 은혜를 더하게 하려고 죄에 거하겠느냐"(롬 6:1)고 물었다.

언뜻 신학적인 물음처럼 들리지만, 은혜의 복음을 이해하는 사람이라면 누구나 우리의 삶 속에서 큰 문제를 일으킬 소지가 있는 물음임을 알 수 있다. "하나님이 나중에 나를 용서하실 거야."라는 말을 들어본 적이 있는가? 목회자인 나는 그런 말을 들은 적이 있다. 우리 교회에 다니던 한 젊은 부부가 있는데 그들의 삶에서는 은혜의 열매가 나타나는 것이 눈에 보였다. 비록 그들

---

1) W. H. Auden, *For the Time Being: A Christmas Oratorio* (Princeton, NJ: Princeton University Press, 2013).

의 결혼생활은 그렇게 순탄하지만은 않았지만 그들은 상담을 통해 서로 화해하고 믿음 안에서 충실하게 성장하기 시작했다. 아내는 겨우 신자의 명색만을 유지하는 가정에서 자랐고, 남편은 아예 교회와는 무관한 가정에서 자랐다. 그런 그들이 성장하는 모습을 지켜보는 일은 참으로 흐뭇하기만 했다. 그러던 중 아내가 병에 걸려 입원하게 되었는데 남편이 방문을 거부하는 한 남자가 계속 그녀를 방문했다. 그러나 아내는 그 남자의 방문을 막지 않았고 결국 남편이 그녀를 떠났다. 더 나아가 남편은 복수심에서 트레일러로 거처를 옮겨 옛 여자 친구와 동거에 들어갔다.

목회자인 나는 트레일러를 방문해 문을 두드리며 "여기에서 나와 가정으로 돌아가세요."라고 권고했다. 그러자 그는 "하나님이 나중에 나를 용서하실 것입니다. 지금은 여기에 머물겠습니다."라고 말했다.

그런 상황에서 어떻게 대응하겠는가? 그의 말은 일리가 있었다. 하나님은 모든 죄, 곧 가장 극악한 죄라도 기꺼이 용서하신다. 이런 신학적 진리나 논리를 부인할 수는 없다. 그러나 하나님이 나중에 죄를 용서하실 것이기 때문에 지금은 죄를 마음껏 지어도 된다는 것이 과연 복음의 취지일까? 그것은 복음의 취지와는 거리가 멀다. 바울은 그런 식의 생각을 올바로 잡아주어야 했다. 하나님의 사랑은 우리에게 무엇을 요구하고, 또 어떤 동기를 부여하는가? 바울은 그런 어려운 물음을 제기하고 나서 곧바로 간단하게 대답했다. 그는 우리가 그리스도와 연합했기 때문에 죄로부터 자유로울 뿐 아니라 죄를 지어서는 안 된다고 말했다.

그리스도와의 연합

그리스도와 연합한다는 것은 무슨 의미일까? 로마서 5장 20절은 이 중요한 핵심 교리를 설명하는 가장 전형적인 성경 본문이다. 하나님의 은혜를 통해 성자와 연합하고, 또 그분과 일체가 됨으로써 기독교적인 삶을 살아갈 수 있는 능력을 얻는다는 것이 무슨 의미인지를 분명하게 밝힌다. 이 구절은 우리가 새로운 정체성을 획득했고, 새로운 정체성을 획득한 이상 더는 죄를 지어서는 안 된다는 의미를 담고 있다. 죄가 더한 곳에 은혜가 더욱 넘쳤다는 것은 마음껏 죄를 짓고 살아도 된다는 의미와는 거리가 멀다.

바울이 전하고자 하는 의미는 분명하다. 그는 "그런즉 우리가 무슨 말을 하리요 은혜를 더하게 하려고 죄에 거하겠느냐 그럴 수 없느니라 죄에 대하여 죽은 우리가 어찌 그 가운데 더 살리요"(롬 6:1, 2)라고 선언했다. 바울이 여기에서 사용한 헬라어 문장보다 더욱 강력한 선언적 의미가 담긴 문장을 찾아보기는 매우 어렵다. 그는 15절에서도 "그런즉 어찌하리요 우리가 법 아래에 있지 아니하고 은혜 아래에 있으니 죄를 지으리요 그럴 수 없느니라"고 거듭 강조했다.

기독교인이 되었다는 사실이 마음대로 죄를 지어도 좋다는 의미는 결코 아니다. 바울은 그리스도께서 우리를 대신해 이루신 사역을 통해 그와는 전혀 다른 결과가 나타났다고 가르친다.

솔직하게 생각해 보자. 은혜가 무엇인지 알면 하나님이 우리의 행위 때문에 우리를 사랑하거나 미워하지 않으신다는 것을 비로소 이해할 수 있다. 하나님이 우리를 사랑하시는 이유는 우리의 행위 때문이 아니다. 그분이 우리를 사랑하시는 이유는 그리스도께서 하신 일 때문이다. 하나님은 우리가 하는 일이 아니라 그리스도께서 하신 일 때문에 우리를 사랑하신다. 여기에서 우리의 생각은 마치 시계추처럼 오가기를 반복하기 시작한다. 구체적으로 말해 사람들은 "우리가 충분히 잘했기 때문에 사랑을 받는다."고 말하기도 하고, 또 "하나님이 우리에게 은혜를 베푸시는 이유는 우리가 잘해서가 아니라 예수 그리스도께서 우리를 대신해 이루신 온전한 행위를 믿는 믿음 때문에 우리가 잘못할 때조차도 기꺼이 우리를 사랑하신다."라고 말하기도 한다.

그리스도께서는 우리가 과거에 지은 죄를 얼마만큼 짊어지셨을까? 모든 죄를 다 짊어지셨다. 그리스도께서는 우리의 죄책을 얼마만큼 감당하셨을까? 모두 다 감당하셨다. 우리는 우리의 행위가 아니라 그리스도께서 이루신 일 때문에 하나님 앞에서 의롭다 하심을 받는다. 많은 사람이 "듣기에 참 좋은 말이군요. 천국행 티켓을 받았으니 이곳 죄악의 도시에서 마음껏 즐겨야겠습니다. 재미있을 것 같네요."라는 식으로 생각한다.

그러나 바울은 그리스도와 연합했고, 그분과 일체가 되었으니 이제는 한 가지 목적을 위해 살아야 한다고 선언한다. 그 목적은 삶과 행위와 몸으로 하나님을 영화롭게 함으로써 세상 앞에서 그리스도를 증언하는 것이라고 말한다. 우리는 마음대로 죄를 지을 권한을 부여받은 것이 결코 아니다. 오히려 우리에게는 그리스도와 연합한 까닭에 사망 진단서가 주어졌다.

그리스도 안에서 주어진 사망 진단서

"죄에 대하여 죽은 우리가 어찌 그 가운데 더 살리요"(롬 6:2). 바울은 그리스도와의 연합으로 우리의 삶 속에서 은혜가 역사하는 까닭에 우리가 죄에 대해 죽었다고 선언했다. 그렇다면 사망 진단서는 무엇일까? 바로 세례다. 세례는 검시관의 사망 진단서와 같다. 세례는 "이것은 하나님의 말씀이요. 당신은 죽었소."라는 공중인의 문서나 다름없다. 3절은 "무릇 그리스도 예수와 합하여 세례를 받은 우리는 그의 죽으심과 합하여 세례를 받은 줄을 알지 못하느냐"라고 말씀한다. 예수님은 죽으셨다. 그분은 십자가에 못 박히셨다. 우리가 그리스도와 함께 세례를 받아 하나로 연합했다면 우리도 이미 그분과 함께 죽은 것이다.

세례가 평범하고 일상적인 행사로 간주되는 기독교 문화 속에 사는 우리로서는 이런 생각을 하기가 어렵다. 우리는 세례가 사도 바울의 시대에 어떤 의미를 지녔는지 잘 알지 못한다. 그리고 세례가 아직 이 세상의 많은 나라에서 누구의 편에 서는 것인지를 분명하게 드러내는 의식으로 간주된다는 것도 알지 못한다. 만일 우리가 이방인과 유대인이 함께 예배를 드렸던 로마의 교회에 다니면서 과거에 알고 지내던 모든 사람들에게 "나는 이제 세례를 통해 그리스도의 몸과 한 몸이 되었습니다."라고 선언한다면, 그들은 그 말이 "과거의 나는 죽었다. 나는 이제 새로워졌다. 나의 삶도, 나의 정체성도, 나의 삶의 방식도 모두 새로워졌다."라는 의미임을 우리 자신만큼이나 분명하게 이해했을 것이 틀림없다.

오늘날에도 힌두교나 이슬람교를 믿는 나라에 사는 사람들 가운데 그리스도를 믿게 된 사람들은 그런 식으로 스스로가 그리스도인임을 선언한다. 이슬람교나 힌두교를 믿는 가정의 아들이나 딸이 다른 가족들에게 "나는 그리스도인입니다."라고 말하면 어떤 일이 일어날까? 그런 경우 다른 가족들은 "너는 이제 우리에게 죽은 자와 같다."라고 말한다.

2011년 10월에 모로코에 사는 한 젊은이가 가족들 앞에서 자신이 그리스도인이라고 밝혔다. 그는 교회에 갔다가 오는 길에 폭도의 습격을 받고 수차례나 칼에 찔려 거의 죽음 직전에 이르렀다. 나중에 알고 보니 그의 가족들이 그를 칼로 찔러 죽이라고 시킨 것으로 밝혀졌다. 그는 미국에 망명을 신청했고, 미국 정부는 이민을 허락했다. 그의 가족들은 이렇게 말했다. "너는 이제 우리에게 죽은 자와 같다. 우리는 네가 우리에게 죽은 자가 되도록 조처를 취할 것이다. 왜냐하면 네가 표방한 모든 것은 과거의 네가 죽었다는 것을 뜻하기 때문이다."

우리는 세례를 받은 자로서 사망 진단서를 받았다. 우리는 그리스도와 연합한 까닭에 죽은 자가 되었다. 이 말은 듣기에는 끔찍할지 몰라도 사실은 좋은 것이다. 죽는다는 것은 무슨 의미일까? 우리는 단지 우리의 과거에 대해 죽었을 뿐 아니라 그리스도와 함께 죽었다.

바울의 용어 선택이 얼마나 구체적인지에 주목하라. "그러므로 우리가 그의 죽으심과 합하여 세례를 받음으로 그와 함께 장사되었나니"(롬 6:4). "만일 우리가 그의 죽으심과 같은 모양으로 연합한 자가 되었으면"(롬 6:5). "우리가 알거니와 우리의 옛 사람이 예수와 함께 십자가에 못 박힌 것은"(롬 6:6). 죽은 옛 사람이 누구를 가리키는지를 이해하는 것은 매우 중요하다. '사람'을 뜻하는 헬라어는 '안드로포스'(*anthropos*)다. '옛 사람'은 누구일까? 앞 장으로 되돌아가면 아담과 우리가 그와 연합했다는 내용이 발견된다. "한 사람으로 말미암아 죄가 세상에 들어오고 죄로 말미암아 사망이 들어왔나니……사망이 모든 사람에게 이르렀느니라"(롬 5:12).

'옛 사람'은 아담과의 연합으로 인해 죽은 사람을 가리킨다. "한 사람의 범죄를 인하여 많은 사람이 죽었은즉"(롬 5:15)이라는 말씀에서 이 점을 확인할 수 있다. 아담은 우리 모두에게 영향을 미친 행위를 저질렀다. 그의 죄가 우리의 죄가 되었다. 바울이 로마서 5장 17절 "한 사람의 범죄로 말미암아 사망이 그 한 사람을 통하여 왕 노릇하였은즉"에서 언급한 대로 우리는 그런 식으로 아담과 하나로 연합했다. 단지 아담의 죄와 연합한 것에 그치지 않고, 사망이 모두를 지배하기에 이르렀다. 죄가 인간을 오염시키는 수준을 뛰어넘어 아담 안에 있는 모든 자에게서 발견되는 아담의 본성이 주도권을 장악하기에 이르렀다. "그런즉 한 범죄로 많은 사람이 정죄에 이른 것 같이 한 의로운 행위로 말미암아 많은 사람이 의롭다 하심을 받아 생명에 이르렀느니라"(18절).

그 옛 사람은 이제 죽었다. 이것이 복음의 기적이다. 우리가 우리 자신에 관해 사실이라 알고 있는 모든 것, 곧 우리의 죄와 수치와 우리의 삶을 왜곡시킨 것들과 죄의 노예가 된 것과 죄를 짓지 않을 수 없는 성향이 모두 죽었다. 물론 때로는 기독교 내에서도 예수 그리스도 안에서 우리가 새로운 피조물이 되었다는 것이 무슨 의미인지 혼동이 야기된다. 그리스도와 세례를 받은 덕분에 하나님의 정죄 아래 놓여 있고 죄의 지배를 받는 옛 본성이 죽게 되었다는 말의 의미가 항상 잘 이해되는 것은 아니다. 세례는 세상 앞에서 우리가 그리스도와 연합했다는 사실과 그분과의 연합을 통해 과거의 우리가 모두 죽었다고 선언하는 의미를 지닌다.

이것이 중요한 이유는 무엇인가? 우리가 죄책에서 자유롭게 된 이유는 그리스도와 함께 죽었기 때문이다. 죄를 지은 옛 사람, 곧 잘못을 저지른 옛 자아가 죽었다. 이것은 중요한 개념이다. 바울은 그 이유를 로마서 7장 1절에서 "형제들아 내가 법 아는 자들에게 말하노니 너희는 그 법이 사람이 살 동안만 그를 주관하는 줄 알지 못하느냐"라고 설명했다. 지당한 말이다. 법은 우리가 살아 있는 동안에만 구속력을 지닌다.

로마서 5장 13절로 되돌아가면 이것이 그토록 중요한 이유를 알 수 있다. "죄가 율법 있기 전에도 세상에 있었으나 율법이 없었을 때에는 죄를 죄로 여기지 아니하였느니라." 이 두 가지 말씀을 하나로 결합해서 생각해 보자. 만일 내가 죽었다면 율법이 내게 적용될 수 있을까? 적용될 수 없다. 또한 율법이 내게 적용되지 않는다면 율법을 어긴 죄책을 감당할 필요가 있을까? 감당할 필요가 없다. 율법이 없는 곳에서는 죄를 죄로 생각할 수 없고, 사람이 죽었다면 그에게 율법을 적용할 수 없다.

우리 집 앞에는 고속도로가 있다. 2년 전에 한 트럭 운전자가 휴대전화에 한눈을 팔다가 오르막길 꼭대기에서부터 내리달아 자기 앞에 있는 자동차들을 들이받는 바람에 네 명이 목숨을 잃는 불행한 사고가 발생했다. 그러나 트럭 운전자에게는 교통법규 위반 딱지조차도 발급되지 않았다. 왜 그랬을까? 그 이유는 그가 그 사고로 목숨을 잃었기 때문이다. 죽은 사람에게는 교통법규 위반 딱지를 발급할 수 없다. 죽은 사람은 처벌할 수도 없다. 이것이 사도 바울이 여기에서 말하려는 요점이다. 내가 죽은 자와 연합했으면 나도 역시 죽은 자이기 때문에 죄책을 물어 형벌을 가하는 율법이 내게 적용될 수 없다. 우리가 과거의 죄책으로부터 자유로울 수 있는 이유는 그리스도의 죽으심과 연합했기 때문이다.

이제는 죄의 노예가 아니다

우리는 단지 죄책과 정죄로부터 자유로워진 것에 그치지 않는다. 바울은 로마서 6장 6절에서 보다 좋은 소식을 선포한다. 그는 그곳에서 "우리가 알거니와 우리의 옛 사람이 예수와 함께 십자가에 못 박힌 것은 죄의 몸이 죽어 다시는 우리가 죄에게 종 노릇 하지 아니하려 함이니"라고 말했다. 우리의 옛 본성은 곧 아담의 본성을 가리킨다. 우리가 죄를 짓는 것은 아담의 본성 때문이다. 우리는 죄를 짓지 않을 능력이 없다. 우리는 옛 본성 안에서 부패한 피조물로서 정욕에 사로잡혀 살았다. 그러나 이제 우리는 근본적으로 달라졌다. 그 이유는 우리가 죽었기 때문이다. 죽은 사람은 유혹과 죄의 영향을 받지 않는다. 사도 바울은 희망을 전하는 논증을 펼치고 있다. 우리는 과거의 죄로 인해 정죄당하지 않을 뿐 아니라 옛 본성에 의해 지배당하지 않는다.

내가 처음 사역했던 두 교회는 모두 농촌 지역에 있었다. 한 아버지가 어린

딸을 트랙터의 바퀴 덮개 위에 태우고 가던 모습이 기억난다. 흔히 볼 수 있는 광경이었다. 그런데 트랙터가 도랑에 부딪치면서 그 딸이 떨어져 죽고 말았다. 장례식을 치르고 나서 그 집을 방문해 잠시 위로와 교제를 나눴다. 방 한쪽에는 텔레비전이 켜져 있었다. 한 젊은 여성이 길거리를 지나가다가 마약 문화에 유혹을 받는 광경을 보여주는 마약 사용 금지 광고가 방영되는 중이었다. 그런데 묘하게도 광고에 등장한 여성이 장례식을 치른 그 딸의 생김새와 너무나도 흡사했다.

나는 그 집 가족들이 충격을 받고 크게 슬퍼할 것으로 생각했다. 그러나 자기 딸을 방금 무덤에 묻고 온 그 집 어머니는 텔레비전 화면을 향해 손가락질을 하면서 자신의 딸과는 아무 관계가 없는 마약 문화를 거론하면서 이렇게 말했다. "너(마약)는 내 아이에게 아무런 영향도 미칠 수 없어. 너는 내 아이를 지배할 수 없어. 내 아이는 지금 예수님과 함께 있으니까."

너무나도 암울한 상황이었지만 그와 동시에 큰 희망이 느껴지는 순간이었다. 그 어머니의 딸은 죄의 지배를 받지 않는다. 죄는 그녀에게 아무런 영향을 미칠 수 없다. 왜 그럴까? 그 이유는 그녀가 죽었기 때문이다. 그녀는 지금 단지 죽음만이 아닌 그 이상의 것을 통해 그분과 연합한 상태다. 바울이 선언한 것이 바로 이것이다. 그는 우리가 그리스도의 죽으심으로 그분과 연합했고, 그 결과 죄의 지배와 정죄로부터 자유로워졌을 뿐 아니라 그분의 부활과 살아 계심으로 그분과 하나가 되었다고 선언했다.

이것이 바울이 거듭 강조한 메시지다. 우리는 세례를 받음으로 그리스도와 함께 장사되었다. 그 목적은 "아버지의 영광으로 말미암아 그리스도를 죽은 자 가운데서 살리심과 같이 우리로 또한 새 생명 가운데서 행하게" 하기 위해서다(롬 6:4). "또한 그의 부활과 같은 모양으로 연합한 자도 되리라"(롬 6:5). 이 덕분에 "다시는 우리가 죄에게 종 노릇 하지"(롬 6:6) 않는다. 우리 안에 새 생명이 존재한다. 그런 일을 가능하게 만드는 새로운 생명이 우리 안에 있다. 그리스도와 연합한 옛 사람은 죽었지만 그리스도께서는 살아 계신다. 우리는 그분의 살아 계심을 통해서도 그분과 하나로 연합한다.

십자가에 못 박혀 죽어 장사되다

하나님의 사랑이 얼마나 위대한지를 이해하려면 바울이 말한 것을 제쳐놓고, 먼저 그리스도의 본성에 관해 온전히 이해하고 나면 바울이 그것을 우리에게 직접 적용함을 알게 된다. 바울은 우리의 옛 사람이 그리스도와 함께 십자가에 못 박혔다고 말했다. 우리는 그리스도의 죽으심에 연합한 자가 되었으며, 또한 그의 부활에 연합한 자가 되었다고 말했다. 우리는 세례로 그와 함께 장사되었다. 바울이 말한 것, 곧 십자가에 못 박혀 죽어 장사되었다는 말을 잠시 생각해 보자. 이 세 단계의 과정이 한꺼번에 언급되는 것을 어디에서 주로 듣게 되는가? 바로 사도신경이다. 놀랍게도 로마서 6장은 이것을 그리스도가 아닌 신자들에게 적용하고 있다. 우리는 그리스도와 함께 십자가에 못 박혀 죽어 장사되었다.

우리는 십자가에 못 박혔다. 그리스도를 믿기 전에 그분 없이 살아갈 때의 고통과 수치와 고난이 모두 죽었고, 사람들의 인정과 사랑을 받고 영향력을 지닌 사람이 되려고 애쓰던 삶이 심장과 호흡이 멈추듯 정지되어 그분과 함께 장사되었다. 나의 발과 그분의 발과 나의 차가운 손과 그분의 차가운 손이 무덤 속에서 서로 마주하고 놓여 있다. 주위는 온통 어둠뿐이다. 나의 모든 것이 무덤 속에 봉인되었다. 나는 죽었다. 그러나 그것이 이야기의 종말은 아니다. 십자가에 못 박혀 죽어 장사되었지만 그리스도께서는 사흘 만에 죽은 자들 가운데서 다시 살아나셨다. 우리는 그분의 부활을 통해서도 그분과 하나로 연합되었다.

사도 바울의 말에 담겨 있는 의미를 곰곰이 생각해 보라. 아이오와 주에 사는 예거(고든과 노머) 부부는 결혼한 지 72년이 되는 2011년에 자동차 사고를 당했다. 당시 고든은 94세, 노머는 90세였다. 그들은 오랜 세월을 함께해온 부부였기 때문에 병원으로 실려 갈 때도 이동 침대에 함께 누웠다. 그 과정에서 고든이 사망했다. 그의 호흡이 멈추었고 온몸의 핏기가 사라졌다. 그의 몸은 생명을 잃고 차갑게 식었다. 그럼에도 불구하고 심장감시장치에는 여전히 심장박동이 뛰는 표시가 나타났다. 그 이유는 그가 아내의 손을 붙잡고 있었기 때문이다. 심장감시장치는 그를 통해 아내가 살아 있다는 징후를 나타내고 있었다. 그와 마찬가지로 우리도 죽었다. 우리를 부끄럽게 만드는 것과 우리가 통제하지 못하는 것과 오직 하나님만 아시고 다른 사람들은 알지 못하기를 바라는 것들이 모두 죽었다. 그 자리에 우리를 통해 예수 그리스도의 생명이 나타났다.

우리가 죽고 우리 안에 예수님이 살아 계신다면 우리는 누구의 정체성을 소유하는가? 우리는 예수 그리스도의 정체성을 소유한다. 이는 하나님이 예수님을 사랑하는 것만큼 우리를 사랑하심을 의미한다. 우리는 그리스도 안에서 새로운 피조물이 된 덕분에 옛 사람, 곧 죄로 인해 정죄와 지배와 부패함에 얽매여 있던 아담의 본성에서 벗어나 그리스도와 연합한 본성을 지니게 되었다. 우리는 그리스도와 연합한 결과로 하나님의 자녀라는 신분을 획득했고, 하나님께 예수님만큼 보배로운 존재가 되었다.

우리는 존 번연의 『천로역정』에 등장하는 거울을 통해 하나님이 우리를 어떻게 바라보시는지 알 수 있다. 거울의 한쪽 면은 우리의 주름살과 흠과 점 등, 우리의 모습을 있는 그대로 보여주는 보통 거울이다. 그러나 그 거울의 다른 쪽 면에는 예수 그리스도의 형상이 나타나 있다. 하나님은 그쪽 면, 곧 그리스도의 형상이 있는 면에서 우리를 바라보신다. 왜냐하면 우리는 죽었고 예수님이 우리 안에 살아 계시기 때문이다. 이제는 우리 안에서 그분의 생명이 약동한다. 하나님은 우리의 행위가 아니라 우리를 대신해 죽으신 그리스도 안에 나타난 긍휼에 근거해 우리를 사랑으로 받아주신다. 우리는 그리스도와 연합했다. 우리는 죽었지만 항상 살아 계시는 그리스도와 연합한 덕분에 그분의 생명과 정체성과 공로와 의로움이 모두 우리의 것이 되었다.

새로운 소명

하늘의 왕이신 하나님의 아들과 연합함으로써 죄책으로부터 자유롭게 되었다는 것이 무슨 의미인지를 옳게 이해했다면, 새로 획득한 정체성을 통해 하나의 절대적이고 근본적인 삶의 소명이 주어졌음을 인식해야 한다. 바울은 로마서 6장의 처음 열 구절을 통해 그리스도와의 연합에 관해 말했고, 그리스도 덕분에 우리의 안전이 보장되었다고 강조했다. 그는 그리스도와의 연합이 무슨 의미인지를 서술적으로 밝히고 나서 명령법으로 전환해 우리의 새로운 소명을 일깨운다.

"그러므로 너희는 죄가 너희 죽을 몸을 지배하지 못하게 하여 몸의 사욕에 순종하지 말고 또한 너희 지체를 불의의 무기로 죄에게 내주지 말고 오직 너희 자신을 죽은 자 가운데서 다시 살아난 자 같이 하나님께 드리며 너희 지체를 의의 무기로 하나님께 드리라"(롬 6:12, 13).

의를 위한 도구가 되는 것이 우리의 소명이다. 이제는 우리가 죄를 지어서는 안 된다. 그리스도 안에서 새로운 피조물로 살아감으로써 하나님의 의를 위한 도구로 사용될 수 있는 새로운 삶이 시작되었다. 우리에게 주어진 새로운 소명의 중요성을 이해해야 한다. "그러므로 너희는 죄가 너희 죽을 몸을 지배하지 못하게 하여"라는 바울의 말은 앞 장에서 죄가 아담을 통해 왕 노릇 했다고 말한 것을 상기시킨다. 죄는 세상에 들어왔고, 죽음이 우리의 삶을 지배했다. 아담의 본성이 우리에게 영향력을 행사하고 세상을 지배했다. 그러나 사도 바울은 "옛 본성과 그 영향력이 너희 죽을 몸을 지배하지 못하게 하고, 너희를 의의 무기로 하나님께 드리라."고 말한다.

우리는 왕국의 전쟁에 가담한 상태다. 우리는 때로 가장 큰 싸움이 우리 뒤에 남아 있다고 생각하지만, 바울은 그리스도와 연합한 사람은 누구나 그분의 사명을 추구해야 한다고 강조한다. 바울의 말은 다음과 같은 의미를 담고 있다. "너희는 그리스도 예수 안에서 어둠을 물리치는 하나님의 싸움에 가담한 상태다. 너희 홀로 그 싸움을 싸울 수 없다. 그러나 너희 안에 그리스도께서 계신다. 너희에게는 그리스도 안에서 죄에 굴복하지 않아야 할 새롭고 위대한 소명이 주어졌다." 우리의 지체를 불의의 무기로 내주어서는 안 된다. 바울은 하나님을 위해 살라는 긍정적인 명령을 덧붙였다. 우리는 죽음에서 생명으로 옮겨진 사람으로서 우리 자신을 하나님께 드리고, 우리의 도구와 무기를 하나님의 나라를 위해 사용해야 한다.

사도 바울은 "은혜를 받았으니 죄를 마음껏 지어도 좋다."고 말하지 않았다. 그는 정확히 그와 반대되는 말을 했다. 은혜를 올바로 이해한다면 하나님의 영광을 위한 싸움에 뛰어들 것이다. 이것이 우리의 영광스러운 소명이다.

이것이 우리의 소명이라면 우리는 어떤 능력으로 이 소명을 이루어야 할까? 우리는 한갓 유한한 인간에 불과하다. 그런 우리가 어떻게 어둠을 물리치고 온 세상에 하나님의 통치가 이루어지게 할 수 있단 말인가? 이것이 가능한 이유는 우리 안에 그리스도의 생명이 있기 때문이다. 우리는 사망에서 생명으로 옮겨졌다. 바울은 이 진리를 염두에 두고 "죄가 너희를 주장하지 못하리니"(14절)라고 말했다.

우리는 성경이 말씀하는 것을 믿어야 한다. 청교도들은 하나님의 사람은 믿음의 길을 걸어가야만 승리자가 될 수 있다고 말했다. 그 말은 우리의 힘으로 곧고 좁은 길을 계속 걸어가야 하며, 곧 성경을 많이 읽고 믿음의 길을 걸어가야 한다는 것을 의미할까? 사실 청교도들의 생각은 그와 정반대였다. 이 말의 의미는 공덕을 쌓거나 영웅주의를 부추기는 것과는 거리가 멀다. 청교도들이 말한 믿음의 길이란 성경을 어린아이처럼 대하고, 그 말씀을 곧이곧대로 믿는 것을 의미한다. 우리 안에 그리스도께서 계신다. 죄를 거부할 수 없었던 옛 사람은 이제 죽었다. 우리는 그리스도 예수 안에서 살아간다. 우리에게는, 하나님의 아들을 믿지 않는 사람은 소유할 꿈조차 꾸지 못할 능력이 부여되었다. 우리는 그리스도 예수 안에서 새로운 피조물이 되었기 때문에 죄를 능히 거부할 수 있다.

내 아내는 성품이 매우 온유하다. 그러나 이따금 강직한 목소리를 낼 때가 있다. 대개는 딸아이가 스스로의 능력을 믿지 못하고 절망감을 토로할 때 그렇다. "나는 할 수 없어. 나는 멍청해. 나는 너무 오랫동안 기다리기만 했어. 나는 할 수 없어." 십대인 딸아이가 그렇게 말하면 아내는 이렇게 힘주어 말한다. "내 말을 잘 들어. 너는 이 일을 할 수 있어. 너는 똑똑해. 너는 내 딸이야. 우리는 이 일을 해낼 수 있어."

사탄을 물리칠 수 있다는 것을 믿지 않고, 죄를 이길 수 있다는 것을 믿지 않으면 이미 패배한 것이나 다름없다. 따라서 사도 바울은 "성경을 믿어라. 너희는 그리스도와 연합했다."라고 말한다. 우리는 "나는 이 일을 피할 수 없어. 나는 이 일을 중단할 수 없어. 이 일은 내 삶에서 너무 큰 비중을 차지하고 있어."라고 말하지만 사도 바울은 "너희 안에는 예수 그리스도의 부활의 능력이 존재한다. 너희는 그리스도와 연합했다. 너희는 그리스도 안에서 모든 일을 할 수 있다."라고 말한다. 그는 우리가 그리스도와 연합했기 때문에 초자연적인 능력을 소유하고 있다고 말한다.

그리스도의 구원을 의지해서 살아가기

우리에게는 소명도 있고, 능력도 있다. 그렇다면 무엇을 동기로 삼아 우리에게 주어진 능력으로 소명을 이룰 수 있을까? 우리는 하나님 앞에서 살아간다는 것을 의식해야 한다.

로마서 6장 13절에서 바울이 사용한 용어들을 깊이 생각해 보았는가? 그는 "너희 지체를 불의의 무기로 죄에게 내주지 말고 오직 너희 자신을 죽은 자 가운데서 다시 살아난 자 같이 하나님께 드리며 너희 지체를 의의 무기로 하나님께 드리라"고 말했다. 하나님 앞에서 산다는 것이 무슨 의미인지를 분명하게 이해해야 한다. 하나님은 팔짱을 끼고 얼굴을 찌푸린 채 우리가 언제 금선을 넘어서는지 내려다보고 계실까? 만일 그렇다면 그것은 분명 그리 강력한 동기가 되지 못할 것이다. 오히려 하나님은 자신의 영광을 위해 살라고 우리를 부르시고, 우리가 이미 사망에서 생명으로 옮겨졌음을 일깨워 주신다. 따라서 우리는 아담 안에서 죽고 그리스도 안에서 산 자로서 우리 자신을 하나님께 드려야 한다.

바울은 하나님이 얼굴을 찌푸리고 계신다고 말하지 않고, 자녀를 자랑스럽게 바라보는 아버지처럼 우리를 지켜보신다고 말한다. 그분의 얼굴에는 인정과 사랑과 애정의 표시가 역력히 드러나 있다. 우리는 그에 대한 보답으로 사망에서 생명으로 옮겨진 자로서 우리 자신을 하나님께 드려야 한다. 만일 그리스도께서 우리 안에 계신다면 그분을 모시고 가는 것이 온당하지 않은 장소도 있을 것이다. 군인은 특히 제복을 입고 있는 동안에는 군인의 자부심에 걸맞은 태도를 취하기 마련이다.

성화를 논한 위대한 청교도 존 오웬은 죄 죽임에 관해 말하면서 우리의 삶에서 그리스도인에게 어울리지 않은 것이 있는지 살펴봐야 한다고 강조했다. 그리스도께서 우리 안에 계신다면 우리의 입이나 생각이나 눈에 어울리지 않는 것들이 있기 마련이다. 우리는 하나님의 자녀답게 살아가야 한다. 하나님은 우리 안에 있는 예수 그리스도의 은혜를 통해 우리를 자녀로 삼으셨다. 그리스도와 연합해 하나님 앞에서 살아간다면 틀림없이 그 실재의 영광을 누리며 살기 원할 것이다. 하나님은 얼굴을 찌푸리지 않으신다. 왜냐하면 예수 그리스도 안에 있는 자들에게는 정죄함이 없기 때문이다. 그것은 죽었다. 우리는 예수 그리스도의 사역을 통해 다시 살아나 하나님의 자녀라는 새로운 정체성을 지니고 하나님 앞에서 살아간다.

아울러 우리는 하나님 앞에서 살아간다는 것을 아는 동기뿐 아니라 그리스도의 구원을 온전히 이해하려는 동기도 가지고 있다. 우리는 사망에서 생명으로 옮겨졌다. 우리는 본래 지옥을 향해 가고 있었다. 하나님의 진노가 우리에게 임하는 것은 지극히 온당한 일이었다. 그러나 우리는 사망에서 벗어나 생명을 얻었다. 큰 구원이 이루어졌다. 이 구원을 생각하고 그리스도의 고난(그분이 우리를 대신해 십자가에 못 박혀 죽으시고 무덤에 묻히신 일)을 묵상하면 우리 안에 그분을 향한 사랑이 생겨난다.

존 오웬은 죄의 본질은 사랑의 결핍이라고 말했다. 뜻깊은 말이 아닐 수 없다. 죄가 우리의 삶을 지배하는 이유는 무엇인가? 그 이유는 우리가 죄를 사랑하기 때문이다. 죄에 매력을 느끼지 못하면 죄는 우리에게 아무런 영향도 미칠 수 없다. 우리가 죄를 짓는 이유는 그 순간에 죄를 사랑하기 때문이다. 이처럼 죄의 권능이 죄를 사랑하는 마음에서 비롯된다면, 그 마음은 어떻게 극복할 수 있을까? 그보다 더 큰 사랑으로 극복할 수 있다. 토머스 차머스의 『새로운 사랑의 퇴치력』(Expulsive Power of a New affection?)이라는 책을 기억하는가?

사도 바울이 그리스도께서 우리를 대신해 십자가에 못 박혀 죽으시고 무덤에 장사되셨다는 것을 상기시키는 이유는 무엇일까? 그 이유는 그리스도의 고난을 생각하면 그분에 대한 사랑이 물밀듯 일어나기 때문이다. 예수님은 "너희가 나를 사랑하면 나의 계명을 지키리라"(요 14:15)고 말씀하셨다. 그리스도를 사랑하는 마음이 충만하면 그분의 계명을 지킬 수밖에 없다. 왜냐하면 그것이 우리의 가장 큰 사랑이자 가장 큰 바람이기 때문이다.

이제는 노예가 되지 말라

사도 바울은 지금까지 이렇게 말했다. "너희에게 새로운 소명이 주어졌다. 그 소명 안에서 하나님이 부르신 일을 행할 수 있는 능력을 부여받았고, 하나님 앞에서 살며 그분 앞에서 명예롭게 살기 원하는 동기가 주어졌다. 또한 우리를 대신해 그리스도께서 고난당하신 것을 생각하면 그분을 사랑할 수 있다." 여기에 하나님 앞에서 살아가야 할 동기를 한 가지 더 찾는다면 우리가 더 이상 죄의 노예가 아니라는 것이다. 죄는 우리를 어떻게 하는가? 죄는 우리를 속박한다. "죄가 너희를 주장하지 못하리니 이는 너희가 법 아래에 있지 아니하고 은혜 아래에 있음이라"(롬 6:14). 바울은 이 사실을 16절에서 다시 강조했다. "너희 자신을 종으로 내주어 누구에게 순종하든지 그 순종함을 받는 자의 종이 되는 줄을 너희가 알지 못하느냐."

오늘날의 문화에서는 "죄를 짓는 것은 옳지 않습니다. 당신에게 그리스도가 필요한 이유는 당신이 도덕적으로 그릇된 일을 행하고 있기 때문입니다."라고 말하면 사람들은 귀담아 듣지 않는다. 그런 말이 사람들의 관심을 끌지 못하는 이유는 오늘날의 문화가 율법을 인정하지 않기 때문이다. 요즘 사람들은 도덕적인 원칙을 인정하지 않는다.

그렇다면 요즘의 문화는 무엇을 인정할까? 요즘의 문화는 속박당하는 것을 끔찍하게 여긴다. 자유가 도덕보다 더 중요하다. 그런 태도가 옳다거나 요즘의 문화가 올바르다는 말은 결코 아니다. 2011년에 사망한 영국 가수 에이미

와인하우스와 같은 사람을 생각해 보라. 그녀는 대중가요계에서 큰 인기를 누렸고, 심지어는 전통문화를 비웃으며 제멋대로 살았기 때문에 많은 존경을 받기까지 했다. 그러나 그녀의 팬들이 언제부터 그녀에게 등을 돌리기 시작했는지 아는가? 그녀가 마약과 술에 중독되어 콘서트를 갑자기 중단하거나 콘서트에 아예 모습을 드러내지 않았을 때부터였다.

결국 그녀의 삶은 비극적으로 끝났다. 그녀는 알코올 중독 치료를 받았지만 그 과정을 이겨내지 못했다. 그녀는 중독에서 벗어나려고 했지만 다시 술의 노예가 되어 결국 스스로를 죽음으로 몰아넣고 말았다. 바울의 말에는 다음과 같은 의미가 담겨 있다. "이제 너희는 하나님의 은혜를 깨달았고, 너희 안에는 그리스도의 생명이 있다. 너희는 너희의 소명이 무엇인지 잘 안다. 너희는 어둠을 물리치기 위해 부르심을 받았다. 하나님은 너희에게 그 일을 할 수 있는 능력을 주신다. 너희는 그리스도의 능력을 도구 삼아 너희 자신의 삶과 주위 사람들의 삶 속에서 그분의 통치가 이루어지게 해야 한다. 너희가 그렇게 해야 하는 이유는 그것이 하나님의 자녀 된 너희, 곧 하늘의 왕이신 주님의 정체성을 소유한 너희에게 합당하기 때문이고, 또한 너희가 그분 외에 다른 것의 노예가 되는 것을 원하지 않기 때문이다."

바울은 그렇게 말하고 나서 "너희를 향한 하나님의 사랑이 얼마나 위대한지 알았으니 이제는 그분을 위해 살라. 그것이 그리스도 예수 안에서 너희에게 주어진 소명이자 정체성이다."라고 선언했다. 우리는 그리스도와 연합했기 때문에 옛 사람과 관련된 것은 모두 죽었다. 이제는 하나님의 사랑받는 자녀라는 것이 우주의 왕이신 그분 앞에서 우리가 지닌 참된 정체성이다. 하나님의 자녀인 우리에게는 하나님의 뜻을 행하고, 우리를 해치려는 원수에게 속박되지 않도록 우리를 보호해 줄 수 있는 무기가 주어졌다. 그것을 어떻게 사용할 셈인가?

옛날에 어떤 젊은 수도사가 한 성인에게 "그리스도인으로서 어떻게 살아야 합니까?"라고 물었다. 그러자 성인은 "형제의 소명이 무엇이라고 생각하오?"라고 되물었다. 젊은 수도사는 "매일 행정 업무를 처리하고, 책을 옮겨 쓰고, 음식을 준비하고, 설거지를 하는 것이지요."라고 말했다.

그러자 성인은 "형제의 진정한 소명이 무엇이라고 생각하오?"라고 다시 물었다.

수도사는 "가난한 자를 돌보는 것이라고 생각합니다."라고 대답했다.

성인은 "아니오. 형제의 소명은 형제가 얼마나 많은 사랑을 받고 있는지를 아는 것이오. 스스로가 얼마나 많은 사랑을 받고 있는지를 기억하면 그런 일을 할 수 있는 힘을 허락하시는 분을 위해 살아갈 수 있다오."라고 말했다.

우리는 그리스도와 연합했다. 과거는 죽었다. 그리스도의 신분이 곧 우리의 신분이다. 그분을 위해 살아가라.

우리가 아직 죄인 되었을 때에 그리스도께서 우리를 위하여 죽으심으로
하나님께서 우리에 대한 자기의 사랑을 확증하셨느니라 (롬 5:8)

2부

성자 하나님

GOD THE SON

성자의 영광
성육하신 말씀
예수님의 생애와 사역
그리스도의 십자가
부활하신 구세주

6장

THE GLORY OF THE SON

성자의 영광

: D. A. 카슨

하나님에게 아들이 있는가? 우리는 그리스도인이기 때문에 그렇다고 대답할 것이다. 그러나 그 의미는 무엇일까? 하나님께 아들이 있다는 개념은 종교마다 큰 차이가 있다. 예를 들어 무슬림은 그런 개념을 이상하게 생각한다. 일반적으로 많은 무슬림들은 하나님이 마리아와 관계를 맺어 예수님을 낳았고, 삼위일체는 하나님과 마리아와 예수님으로 구성된다고 보는 것이 기독교의 주장이라고 생각한다. 그들은 그런 개념을 이상하게 생각한다. 나도 그들의 생각에 동의한다. 물론 교양 있는 무슬림들은 그것이 우리가 이해하는 삼위일체가 아님을 잘 안다. 그러나 그들도 우리가 이해하는 삼위일체의 개념을 이상하게 여기기는 마찬가지다. 이 경우에 나는 그들의 생각에 동의하지 않는다. 힌두교 신자들은 예수님이 하나님의 아들이라고 고백하는 것을 그다지 어렵게 생각하지 않는다. 그러나 과연 우리 모두가 그럴까?

조금만 자세히 살펴보면 심지어 성경에서도 '아들'이나 '하나님의 아들'이라는 개념의 의미가 그렇게 명료하지 않음을 알 수 있다. 그 개념의 의미가 모든 곳에서 항상 동일한 것은 아니다. '아들'이라는 비유적인 표현이 처음으로 분명하게 사용된 곳은 출애굽기 4장 22, 23절이다. "이스라엘은 내 아들 내 장자라 내가 네게 이르기를 내 아들을 보내 주어 나를 섬기게 하라." 이스라엘은 집단적인 차원에서 하나님의 아들이었다. 이 개념이 결국에는 호세아 선지자를 통해 예수님과 결부되었다. BC 8세기경에 활동했던 호세아는 출애굽을 염두에 두고 이스라엘을 하나님의 아들로 묘사했다. 하나님은 "내가 사랑하여 내 아들을 애굽에서 불러냈거늘"(호 11:1)이라고 말씀하셨다. 이 말씀이 마태복음 2장에서 예수님께 적용되었다. 예수님은 하나님의 아들인 이스라엘의 출애굽 과정을 성취하신 분으로 묘사되었다.

이스라엘만 아들로 불린 것은 아니었다. 다윗왕도 때로 하나님의 아들로 불렸다. 시편 2편과 같은 유명한 시편에서만이 아니라 하나님이 다윗 왕조를 세우신 것을 묘사하는 사무엘하 7장 14절에서도 아들이라는 용어가 사용되었다. 하나님은 "나는 그에게 아버지가 되고 그는 내게 아들이 되리니"라고 말씀하셨다.

이 밖에도 선한 천사나 악한 천사에게 '하나님의 아들'이라는 용어가 적용되었다. 욥기에 보면 하나님의 아들들이 그분 앞에 나왔고, 사탄도 그 가운데 속해 있었음을 알 수 있다.

신약성경에 와서는 그리스도인들이 하나님의 아들로 불렸다. 물론 이 주제를 다룬 신약성경의 저자들은 예수님의 아들 되심과 우리의 아들 됨을 구별하지만 어쨌든 신자에게 그 용어가 적용된 것은 사실이다. 요한복음은 예수님을 하나님의 아들로, 우리를 그분의 자녀로 묘사한다. 바울 서신은 예수님을 아들로, 우리를 입양된 아들로 묘사한다. 그러나 아들 됨과 하나님의 자녀라는 말은 서로 공통점을 지닌다. 그렇다면 우리가 예수님을 하나님의 아들로 고백할 때 그것은 과연 무엇을 의미할까?

이 문제와 관련된 성경 본문 가운데 가장 상세한 설명을 제시하는 곳은 요한복음 5장이다. 그곳의 많은 구절이 예수님의 아들 되심에 관해 설명한다. 그 가운데 몇 구절만 살펴볼 생각이지만, 그 몇 구절 안에 참으로 놀라운 진리가 담겨 있다.

그 바로 앞의 내용은 베데스다 연못에서 사지마비 환자가 치유된 사건을 기록하고 있다. 예수님은 그를 고쳐주고 나서 자리를 들고 집으로 돌아가라고 말씀하셨다. 그 기적은 안식일에 일어났다. 유대인들이 분노한 이유가 그 기적 때문인지 아니면 안식일에 해서는 안 될 일을 시킨 것 때문인지는 분명하지 않다. 16절은 "그러므로 안식일에 이러한 일을 행하신다 하여 유대인들이 예수를 박해하게 된지라"고 증언할 뿐이다. 그것이 계기가 되어 이루어진 대화 가운데 예수님을 하나님의 아들로 고백하는 것이 무엇을 의미하는지 보여 주는 네 가지 사실이 발견된다.

이 대목은 매우 촘촘하게 구성되어 있다. 평이하게 진술되어 의미를 추적하기가 쉬운 부분도 더러 있지만 어떤 부분은 그 구성이 매우 긴밀하기 때문에 문장을 하나씩 따로 떼어 의미를 되새기고, 그 다음에 전체를 종합하는 과정이 필요하다.

첫째, 성자께서는 하나님이 하시는 것은 무엇이든 하실 수 있는 권한이 있다고 주장하셨다. 특히 성부께서 안식일에 일하시니 성자께서도 안식일에 일하신다. 5장 16-18절에서 이 사실을 확인할 수 있다. 유대 당국자들이 예수님을 박해하기 시작하자 그분은 "내 아버지께서 이제까지 일하시니 나도 일한다"(17절)고 말씀하셨다.

참으로 놀라운 말씀이다. 예수님은 안식일에 관한 법을 어떻게 이해해야 하는지를 간단하게 논의할 수도 있으셨다. 예를 들어 그분은 이렇게 대답할 수도 있으셨다. "안식일의 법은 기적적인 치유를 금지하지 않는다. 그 가난한 사람에게 내일 다시 오라고 말할 수도 있다. 나를 돈을 조금 더 벌기 위해 안식일에 일하는 시간을 좀 더 연장하는 의원처럼 취급해서는 곤란하다. 또 내가 병을 고쳐준 사람은 자리를 짊어지고 다니는 일로 생계를 유지하지 않는다. 그는 자리를 들고 다니는 전문적인 일꾼이 아니다. 그가 안식일에 자리를 들고 가는 것은 은밀히 약간의 수입을 올리기 위해서가 아니다. 그것은 기적이었다. 너희는 법을 너무나도 편협하게 해석하고 있다."

예수님이 그런 식으로 대응하셨다면 좋은 신학적 논의가 이루어졌을 테고, 아무도 불쾌하게 여기지 않았을 것이다. 물론 그들은 예수님의 말씀에 동의하지는 않았겠지만 본문에 나타나는 정도의 분노는 품지 않았을 것이다. 예수님은 어떤 문제가 제기될 때마다 사람들의 관심을 자기에게로 집중시키는 방식으로 대응하셨다. 그분은 모든 문제를 근본적으로 기독론적인 물음으로 만드셨다. 곧 '누가 그리스도인가? 그분은 누구인가?'를 생각하게 하셨다. 예수님은 모든 것을 자신에 관한 문제로 만드셨다. 여기에서도 그분은 "내 아버지께서 이제까지 일하시니 나도 일한다"(17절)고 대답하셨다.

문제의 핵심을 파고들다

이것이 얼마나 예민한 문제인지를 이해하려면 약간의 배경지식이 필요하다. 1, 2세기경 유대인들 사이에 하나님이 율법을 지키시는지 여부를 둘러싸고 오랫동안 많은 논쟁이 있었다는 증거가 있다. 이 점과 관련해 그들이 가장 큰 어려움을 느꼈던 율법은 안식일 법이었다. 어떤 사람들은 하나님이 안식일에 일을 멈추신다면 안식일마다 우주가 산산이 해체될 것이라고 주장했다. 왜냐하면 만물을 지탱하는 하나님의 섭리가 중단될 것이기 때문이다. 그들은 "하나님이 그 일을 멈추신다면 우주의 질서가 어떻게 되겠느냐?"고 물었다. 그와는 달리 다른 쪽에서는 "그렇지 않다. 하나님도 율법을 지키셔야 한다. 물론 여기에는 약간의 설명이 필요하다."라고 주장했다.

1세기에는 그런 논쟁이 흔했고, 2세기에는 금지된 일을 39개 범주로 나눠 법률화했다. 안식일에 금지된 일은 특별히 두 가지였다. 하나는 어깨에 짐을 지고 날라서는 안 된다는 것이었다. 어떤 물건을 간단히 들고 다닐 수는 있지만 어깨에 멜 정도로 무거운 물건을 날라서는 안 되었다. 왜냐하면 무거운 짐을 나를 때는 많은 힘과 노력이 필요하기 때문이다. 또 하나는 집 안에서는 물건을 날라도 괜찮지만 한 집에서 다른 집으로 물건을 날라서는 안 되었다. 그것은 금지된 일에 해당했다.

하나님이 안식일에 일을 하시는지에 관한 논쟁에 대해 어떤 사람들은 이렇게 주장했다. "하나님은 너무나도 거대하시기 때문에 우주를 들어 움직이신다 해도 그분보다 더 거대한 것은 없다. 따라서 그분은 그 무엇도 어깨에 짊어지고 나르실 필요가 없다. 또한 온 우주가 그분의 것이기 때문에 그분은 한 거주지에서 다른 거주지로 무엇을 운반하지 않으신다. 따라서 하나님이 일을 하신다고 해도 그분은 금지된 범주에 속하는 일을 하지 않으신다. 결론적으로 하나님은 안식일에 일을 하지 않으신다." 그와는 달리 어떤 사람들은 "그런 논리는 옳지 않다. 하나님의 섭리가 모든 것을 지탱해 주어야 한다."고 주장했다. 1세기의 랍비들은 이런 식의 논쟁을 주고받았다.

예수님은 그런 식의 논쟁을 벌이지 않으셨다. 그분은 일한다는 것이 무슨 의미인지 논의하지 않고, 곧바로 "하나님이 하시는 일은 무엇이든 나도 할 수 있다. 하늘에 계신 성부께서는 오늘까지 계속 일을 해오셨다. 그분이 그렇게 하셨다면 나도 그렇게 할 권한이 있다."고 말씀하셨다.

당시 많은 유대인이 하나님을 아버지로 일컬었다. 기독교가 처음으로 하나님을 그렇게 부른 것은 아니다. 그러나 유대인은 하나님을 아버지로 일컬을 때 항상 '우리의 아버지'나 '하늘 아버지'로 일컬었다. 그들은 그분을 결코 '내 아버지'라고 부르지 않았다. 그러나 예수님은 "내 아버지께서 이제까지 일하시니 나도 일한다"(17절)고 말씀하셨다.

예수님은 오늘날의 그리스도인들이 이해하는 대로 우리가 하나님을 닮아야 할 영역이 있음을 아셨다. 하나님은 "내가 거룩하니 너희도 거룩할지어다"(벧전 1:16)라고 말씀하셨다. 성경은 서로 사랑하라고 명령한다. 왜냐하면 하나님이 사랑이시기 때문이다. 그러나 하나님이 "나는 전능하니 너희도 전능하라."거나 "나는 전지하니 너희도 전지하라."고 말씀하신 대목은 성경 어디에도 발견되지 않는다.

기독교 신학자들은 지금까지 하나님의 공유적 속성과 비공유적 속성을 구별해 왔다. 하나님의 공유적 속성이란 우리가 공유할 수 있는 속성을 가리킨다. 이 속성은 그분의 형상대로 창조된 인간이 공유할 수 있다. 우리도 하나님만큼은 아니더라도 어느 정도는 거룩해질 수 있고, 어느 정도는 서로를 사랑할 수 있다. 그런 속성은 우리도 공유할 수 있다. 따라서 성경은 우리에게 그렇게 하라고 명령한다.

그와는 달리 오직 하나님께만 속한 비공유적 속성이 있다. 성경은 그런 속성을 본받으라고 명령하지 않는다. 그렇게 하려고 애써 노력해봤자 아무 소용이 없다. 그런 속성을 공유할 수 있다고 생각하는 것은 교만이요 죄에 해당한다. 그렇다면 안식일에 일하시는 하나님은 어떻게 이해해야 할까?

유대인들은 예수님께서 보통 사람이 할 수 있는 주장을 펼치고 계신다고 생각하지 않았다. 그들은 예수님이 오직 하나님께만 속한 특권을 주장한다고 이해했다. "하나님이 안식일에 일하시느냐?"라는 질문에 어떻게 대답하든지, 즉 그것이 짐을 어깨 높이만큼 짊어지는 것과 관련된 대답이든, 아니면 온 우주가 하나님의 거처라는 대답이든 아무리 진지하거나 어리석거나 훌륭하거나 상관없이 오직 하나님께만 속한다. 우리와 같은 개인은 그런 주장을 펼칠 수 없다.

그러나 예수님은 "내 아버지께서 이제까지 일하시니 나도 일한다"고 말씀하셨다. 예수님의 말에는 "이 문제와 관련해 하나님이 어떤 권한을 지니시든 나도 그와 똑같은 권한을 지니고 있다."라는 의미가 담겨 있다. 간단히 말해 성자께서는 성부께서 하시는 일을 행하실 권리를 가지셨다고 주장하셨다. 특히 성부처럼 성자께서도 안식일에 일을 하신다고 말이다.

유대인들이 "자기를 하나님과 동등으로 삼으심이러라"(요 5:18)는 말로 예수님을 비난한 것과 예수님이 의도하신 의미가 전혀 다름을 이해하는 것은 매우 중요하다. 18절은 "유대인들이 이로 말미암아 더욱 예수를 죽이고자 하니"라고 말씀한다. 예수님은 안식일을 어겼을 뿐 아니라(그것만으로도 중한 죄에 해당한다) 심지어는 하나님을 자신의 아버지로 부르기까지 하셨다. 그들은 그리스도께서 자신들의 방식이 아닌 스스로에게 하나님의 권한을 부여하고, 자기를 그분과 동등한 위치에 올려놓는 방식으로 그분을 일컬었다고 생각했다.

그러나 "하나님과 동등으로 삼으심이러라"(18절)에서 유대인들의 말이 의미하는 것과 그리스도께서 의도하신 의미는 서로 크게 달랐다. 그들은 하나님은 한 분이신데 예수님이 자신을 그분과 동등한 존재로 내세웠다고 생각했다. 그들의 생각에 따르면 예수님은 하나님이 둘이라고 주장함으로써 소위 '이신론'(二神論, *Ditheism*)을 주장하신 셈이다. 그들은 예수님이 신성을 모독하며 스스로를 신으로 내세워 하나님을 둘로 만들었다고 이해했다. 그러나 예수님은 그런 의도가 전혀 없으셨다. 그분은 이신론을 전혀 염두에 두지 않으셨다.

우리는 다음 구절에서 예수님은 하나님의 권한과 특권을 지닌 그분의 아들이시라는 말의 의미를 확인할 수 있다. 그 말씀은 한 분 하나님을 믿는 '일신론'(Monotheism)에 관한 기독교의 이해를 옹호하는 내용을 담고 있다.

이것이 바로 이른바 삼위일체라고 불리는 교리의 시작이다.

동등함과 순종의 관계

성자께서는 성부께 순종하신다고 말씀하셨다. 그 순종의 의미를 정의하는 독특한 내용이 요한복음 5장 19-23절에 기록되어 있다. "내가 진실로 진실로 너희에게 이르노니 아들이 아버지께서 하시는 일을 보지 않고는 아무 것도 스스로 할 수 없나니 아버지께서 행하시는 그것을 아들도 그와 같이 행하느니라"(19절). 예수님은 하나님이 둘이라고 주장하기는커녕 비록 하나님의 아들로서 그분과 모든 면에서 동등하시지만, 성부께서 행하시는 것을 보고 그분이 하시는 것만을 하실 수 있다고 말씀하셨다.

이렇게 말하면 약간 못마땅해 하며 "그러면 이런 문맥에서는 그리스도의 신성을 어떻게 옹호해야 합니까?"라고 물을 사람이 있을지도 모른다. 그러나 그런 물음을 제기하기 전에 요한복음이 그리스도의 신성과 성부에 대한 성자의 순종 모두를 강력하게 증언한다는 사실을 기억해야 한다. 우리는 요한복음의 첫 장, 첫 구절에서 "태초에 말씀이 계시니라 이 말씀이 하나님과 함께 계셨으니 이 말씀은 곧 하나님이시니라"(말씀이 하나님의 동료이자 하나님 자신이라는 의미)는 말씀을 발견한다. 또한 예수님은 요한복음 8장 58절에서 "아브라함이 나기 전부터 내가 있느니라(I am)"고 말씀하셨다. 예수님은 "내가 있었느니라."고 말함으로써 자신의 선존재(先存在)만을 언급하지 않고, '내가 있느니라.'는 하나님의 이름을 스스로에게 적용하셨다. 그분은 다락방의 고별 강연에서도 "빌립아 내가 이렇게 오래 너희와 함께 있으되 네가 나를 알지 못하느냐 나를 본 자는 아버지를 보았거늘 어찌하여 아버지를 보이라 하느냐"(요 14:9)고 말씀하셨다. 그리스도의 부활을 의심했던 도마도 결국에는 "나의 주요 나의 하나님이십니다."라고 고백했다. 이렇듯 예수님의 신성을 확증하는 말씀이 요한복음 곳곳에서 발견된다.

물론 성자께서 기능적인 측면에서 성부께 순종하신다는 개념도 요한복음에 드물지 않게 나타난다. 이미 언급한 19절 외에 요한복음 5장 30절도 "내가 아무 것도 스스로 할 수 없노라 듣는 대로 심판하노니 나는 나의 뜻대로 하려 하지 않고 나를 보내신 이의 뜻대로 하려 하므로 내 심판은 의로우니라"고 말씀하고, 요한복음 8장 29절에서도 "나를 보내신 이가 나와 함께 하시도다 나는 항상 그가 기뻐하시는 일을 행하므로 나를 혼자 두지 아니하셨느니라"는 내용이 발견된다. 성부께서 성자에게 "나도 항상 네가 기뻐하는 일을 행한다."라며 상호적으로 말씀하신 내용은 어디에서도 찾아 볼 수 없다. 이런 기능적인 진술은 오직 한쪽 방향으로만 적용되었다.

예수님은 요한복음 14장 31절에서 "오직 내가 아버지를 사랑하는 것과 아버지께서 명하신 대로 행하는 것을 세상이 알게 하려 함이로라"고 말씀하셨다. 이런 말씀이 성부로부터 성자에게 주어진 적은 없다. 하나님은 상호적으로 "나도 성자가 내게 명령하는 일을 행한다."라고 말씀하지 않으신다. 이처럼 요한복음은 그리스도의 신성을 확증할 때와 똑같이 성부와 성자의 기능적인 순종 관계를 일관되게 진술한다. 이런 진술은 예수님이 두 번째 하나님이라거나 두 분 하나님 가운데 한 분이라는 개념을 용납하지 않는다.

요한복음 5장 19-23절은 이유를 밝히는 네 개의 문장을 사용해 이런 논증의 강도를 차츰 강화시켜 나간다. 그 가운데 첫 번째 문장인 19절은 "내가 진실로 진실로 너희에게 이르노니 아들이 아버지께서 하시는 일을 보지 않고는 아무 것도 스스로 할 수 없나니 아버지께서 행하시는 그것을 아들도 그와 같이 행하느니라"고 말씀한다. 참으로 놀라운 말씀이 아닐 수 없다. 예수님은 자신의 활동을 하나님의 활동과 하나로 일치시키셨다. 하나님이 우주를 창조하셨는가? 성자도 우주를 창조하셨다. 요한복음은 서두에서 이렇게 증언한다.

"태초에 말씀이 계시니라 이 말씀이 하나님과 함께 계셨으니 이 말씀은 곧 하나님이시니라 그가 태초에 하나님과 함께 계셨고 만물이 그로 말미암아 지은 바

되었으니 지은 것이 하나도 그가 없이는 된 것이 없느니라"(요 1:1-3).

신약성경 다른 곳에서도 그리스도의 신성을 확증하는 말씀이 발견된다. 바울은 골로새 교회의 신자들에게 "그는 보이지 아니하는 하나님의 형상이시요 모든 피조물보다 먼저 나신 이시니"(골 1:15)라고 말했다. 나는 하나님의 아들이 아니다. 나는 우주를 창조하지 않았다. 이 책을 읽는 사람 가운데도 우주를 창조한 사람은 아무도 없다. 그런 점에서 예수님의 아들 되심은 유일하다.

이제는 아들 되심의 근본적인 개념에 조금 더 가까이 다가섰다. 오늘날 서구 사회에서 아들 됨은 무엇을 의미하는가? 'CSI 과학수사대'라는 텔레비전 드라마를 보면 아들 됨이 유전자(DNA)에 의존함을 알 수 있다. 조금 빤해 보이는 줄거리로 구성된 그 드라마는 누가 친부인가를 주제로 다룰 때가 많은데 유전자 감식에 의한 친자 확인 검사가 이루어진다. 그러나 고대 세계의 아들 됨의 개념은 그렇지 않았다. 그들은 유전자에 관심을 기울이지 않았다.

아버지처럼, 아들도

이 문제를 조금 다른 관점에서 생각해 보자. 요즘 서구 사회에서 아버지가 하는 일을 그대로 잇는 아들들이나 어머니가 하는 일을 그대로 잇는 딸들이 얼마나 될까? 나는 많지 않을 것이라고 생각한다. 그러나 고대 사회의 경우는 달랐다.

고대 사회에서는 아버지가 목수면 아들도 목수가 되었고, 아버지가 빵 굽는 사람이면 아들도 빵 굽는 사람이 되었다. 또 아버지가 가구를 만드는 장인이면 아들도 가구를 만드는 장인이 되었다. 아버지의 이름이 스트라디바리우스(Stradivarius)면 아들도 바이올린을 만드는 장인이 되었다. 고대 사회는 그런 식으로 돌아갔다. 산업혁명이 일어나기 전 농경사회에서 아들의 정체성은 가업과 밀접한 관련이 있었다. 예수님이 목수의 아들로 불리셨던 이유도 이때문이었다.

마가복음에 따르면 예수님 그분도 '목수'로 불리셨다(막 6:3). 이로 미루어 볼 때 요셉이 죽은 후 공생애를 시작하시기 전까지는 가업에 계속 종사하신 것이 분명하다. 예수님의 직업이 그분의 신분을 결정했다.

이런 사실에서 여러 가지 유추가 가능하다. 1세기의 유대인 소년들은 회당에 가서 기본적인 쓰기와 읽기를 배웠지만 지역의 대학이나 기술학교에서 직업 교육을 받지는 않았다. 당시에는 대학이나 기술학교가 없었다. 소년들의 경우에는 대개 아버지에게 직업 교육을 받았다. 아버지가 농부인 경우에는 파종 시기와 울타리 제작과 용수로 작업 방법 등, 농사와 관련된 것을 모두 아버지에게서 배웠다. 직업 교육은 주로 가정에서 이루어졌다. 가업이 그들의 신분을 결정한 이유가 이것이었다.

이런 기본적인 이해를 바탕으로 다양한 성경의 비유를 이해할 수 있다. 예를 들면 벨리알의 아들들이라는 표현이다. '벨리알'은 '무가치함'이라는 뜻이다. 따라서 이 말은 '무가치함의 아들들'이라는 의미를 지닌다. 이는 아버지가 무가치하다는 뜻이 아니라 그 말이 적용된 대상이 혐오스러울 정도로 무가치하다는 뜻이다. 즉 그는 무가치한 가정에서 태어나 자랐다는 의미를 내포한다. 물론 긍정적인 비유도 있을 수 있다. 예수님은 팔복을 말씀하시며 "화평하게 하는 자는 복이 있나니 그들이 하나님의 아들이라 일컬음을 받을 것임이요"(마 5:9)라고 하셨다. 예수님은 그리스도인이 되는 방법을 가르치신 것이 아니다. 그분은 단지 하나님이 평화를 만드는 가장 탁월하신 분이라는 뜻으로 그렇게 말씀하셨을 뿐이다. 따라서 우리가 평화를 이룬다면 하나님처럼 행동하는 것이 된다. 하나님이 평화를 만드는 가장 탁월한 분이시기에 그런 행동은 하나님의 가족의 일원이라는 증거가 된다.

구약 시대에는 이스라엘 민족이 '하나님의 아들'로 불렸다. 이 말은 이스라엘 민족이 하나님의 성품과 행위를 반영함으로써 그분을 나타내야 할 의무를 지닌다는 뜻이다. 그들은 인간으로서 할 수 있는 한도까지 자신들이 하나님의 가족임을 보여주어야 했다.

요한복음 8장에 등장하는 흥미로운 표현도 이런 배경을 토대로 한다. 유대인들은 "우리는 아브라함의 자손이다."라고 말했다. 그러나 예수님은 "아니다. 그렇지 않다. 아브라함은 나의 때 볼 것을 즐거워하다가 보고 기뻐하였다. 그런데 너희는 심지어 나를 알아보지도 못한다. 너희는 아브라함을 너희의 조상으로 내세울 수 없다."고 말씀하셨다. 예수님이 혈통상의 관계를 부인하신 것은 아니다. 그들은 유대인이었다. 예수님의 요점은 그들이 아브라함처럼 행동하지 않기 때문에 그의 후손이 아니라는 것이었다. 그들은 좀 더 강도를 높여 "우리는 하나님의 자손이다."라고 주장했다. 그러나 예수님은 "아니다. 나는 하나님께로부터 왔다. 나는 하나님을 알고, 그분은 나를 아신다. 나는 그분의 아들이고, 그분은 나의 아버지이시다. 그런데도 너희는 나를 알아보지 못한다. 너희가 하나님의 자손일 리 없다. 나는 너희 아버지가 누구인지 알고 있다. 너희의 아버지는 마귀다. 너희는 너희 아버지의 정욕을 좇는다. 그는 처음부터 살인한 자다. 너희도 나를 죽이려고 애쓴다. 그는 처음부터 거짓말쟁이다. 너희도 나에 관한 진실을 말하지 않는다."라고 말씀하셨다. 이런 말씀은 마귀가 그들의 어머니를 통해 그들을 낳았다는 이상한 논리와는 아무 상관이 없다. 이 말씀은 기능적인 의미를 담고 있다. 즉 이 말씀은 그들이 마귀처럼 행동함으로써 자신들이 마귀의 자녀임을 나타낸다는 뜻이다.

바울도 동일한 논증을 펼쳤다. 누가 아브라함의 참된 자손인가? 아브라함의 믿음을 지닌 자들이다. 혈통이 아닌 행동이 중요하다. 성경에는 이런 식의 논증이 흔히 나타난다. 우리가 어디에 속해 있는지를 보여주는 아들 됨의 개념이 기능적인 관점에서 설명된다. 그것은 우리가 행동하는 방식에 근거한다. "아들이 아버지께서 하시는 일을 보지 않고는 아무 것도 스스로 할 수 없나니 아버지께서 행하시는 그것을 아들도 그와 같이 행하느니라"(요 5:19)는 예수님의 말씀은 참으로 놀랍다. 예수님은 하나님의 행위와 자신의 행위가 서로 일치한다고 주장하시면서 기능적인 순종의 관계를 명시하셨다. 그분의 아들 되심이 유일한 이유가 이것이다.

성부께서 무엇을 하시든 성자도 그대로 하신다. 이것이 그분의 아들 되심을 절대적으로 독특하게 만든다. 드러내 놓고 그렇게 말할 수 있는 사람은 예수님 외에 아무도 없다.

두 번째 문장인 20절은 "아버지께서 아들을 사랑하사 자기가 행하시는 것을 다 아들에게 보이시고"라고 말씀한다. 이 말씀도 농경 사회를 배경으로 이해할 수 있다. "아들에게 식물 심는 법과 쟁기질과 추수하는 법을 가르쳐 주겠다. 그러나 비료를 주는 방법은 가르쳐 주지 않겠다."라고 말하는 아버지는 없다. 아버지는 자신이 알고 있는 지식을 온전히 다음 세대에 물려주기를 원한다. 이것은 가족 간의 유대 관계는 물론, 아들에 대한 아버지의 사랑을 나타낸다. 성부와 성자의 거룩한 관계도 그처럼 친밀하기 때문에 성부께서 하시는 일 가운데 성자가 하지 않으시는 일은 하나도 없다. 성부께서는 성자를 지극히 사랑하시기 때문에 그분이 하나님으로서 하시는 일은 무엇이든 성자께서도 하나님으로서 똑같이 하신다. 여기에서 논증의 방향이 새롭게 발전하는데 성자께서는 사랑으로 성부께 순종하신다. 이 또한 참으로 놀라운 사실이 아닐 수 없다.

몇몇 성경 구절이 이 논증을 입증한다. 그 가운데 하나는 요한복음 3장 35절("아버지께서 아들을 사랑하사")이다. 그 앞 구절인 34절은 "하나님이 성령을 한량 없이 주심이니라"고 말씀한다. 하나님은 우리에게는 성령을 제한적으로 허락하시지만 성자께는 아무런 제한 없이 성령을 부어주신다. 또한 요한복음 5장은 성부께서 성자를 사랑하사 자신이 하시는 일을 모두 보여주신다고 말씀한다. 이것이 성자의 행위가 성부의 행위와 일치하는 이유다.

성자께서는 성부를 사랑하사 항상 그분께 순종한다. 이는 요한복음 14장 31절에도 분명하게 나타나 있다. "오직 내가 아버지를 사랑하는 것과 아버지께서 명하신 대로 행하는 것을 세상이 알게 하려 함이로라." 예수님은 겟세마네 동산에서 크게 고민하시면서 어떻게 기도하셨는가? "하늘에 계신 아버지여, 이 일은 너무나도 어렵지만 저 무지몽매한 죄인들을 진정으로 사랑합니다. 구하오니 이 일을 감당할 수 있는 힘을 주소서."라고 기도하셨는가? 이런 표현은 진실이 그러하듯이 우리를 향한 예수님의 사랑을 잘 드러내지만 그분은 그렇게 기도하지 않으셨다. 예수님은 "내 원대로 마시옵고 아버지의 원대로 되기를 원하나이다."라고 기도하셨다.

이런 사실로부터 특별히 중요한 두 가지 결론을 도출할 수 있다. 첫째, 성자께서는 순종을 통해 성부를 항상 나타내는 방식으로 행동하신다. 성부께서 명령하고 행하시는 일을 성자께서 순종하심으로 그대로 행하신다. 성자께서 하시는 일이 곧 성부께서 하시는 일이다. 성자께서 하시는 말씀은 무엇이든지 성부께서 주신 말씀이다. 성자께서는 그 모든 일을 성부께 대한 순종과 사랑으로 행하신다. 그렇다면 성자께서 성부를 온전히 사랑하시고 그분이 허락하신 일은 무엇이든 다 하신다는 사실에서 도출할 수 있는 결론은 무엇일까? 성부께서 성자를 온전히 사랑하시고 자신이 행하시는 일을 모두 성자께서 행하도록 배려하신 사실은 어떤 결론을 가능하게 할까? 이는 성자가 하신 말씀과 행위가 모두 하나님의 계시라는 결론에 도달하게 만든다.

여기에 함축된 두 번째 의미는 약간 과장해서 설명할 필요가 있다. 물론 그런 과장된 설명을 길게 끌 생각은 조금도 없다. 나는 모든 사람이 이것을 이해해야 한다고 생각한다. 성자를 통해 나타난 성부의 자기 계시는 우리를 향한 하나님의 사랑보다는 성자를 향한 성부의 사랑에 먼저 초점을 맞춘다. 세상은 성부께서 성자를 사랑하신다는 사실을 알아야 한다. 요한복음 5장 23절은 모든 사람이 성부를 공경하는 것처럼 성자를 공경하는 것이 하나님의 뜻이라고 말씀한다. 그것이 하나님의 계획이다.

하나님이 우리를 사랑하신다는 사실을 부인할 생각은 조금도 없다. 그러나 심지어 세상을 향한 하나님의 사랑을 증언한 가장 유명한 성경 구절, 곧 "하나님이 세상을 이처럼 사랑하사"(요 3:16)라는 구절조차도 성자를 향한 성부의 사랑을 전제로 한다. 요한복음, 특히 '대제사장적 기도'로 알려진 요한복음 17장을 근거로 성도의 하나 됨을 주장하려면 삼위일체 하나님의 사랑의 관계에서 그 근거를 찾을 수 있다. 성부께서는 성자를 사랑하시고 그분께 모든 것을 보여주셨고, 성자께서는 성부를 사랑하시고 그분께 온전히 순종하신다는 사실은 그리스도인들이 하나 되어 서로 사랑한다는 의미의 본질을 밝혀줄 뿐 아니라 그 본보기와 기준을 제시한다.

우리는 지금 지극히 거룩한 곳에 접근하고 있다. 우리는 하나님의 신성을 언급하는 중이다. 기능적인 의미를 살펴보는 중이지만 그 기능의 배후에 있는 현실을 보지 않을 수 없다. 철학자들은 이를 기능성의 이면에 있는 '존재론'이라고 일컫는다.

이것은 사랑의 기능적 측면을 나타내지만 하나님의 본질을 전제로 한다. 우리는 존재의 관점에서 성부와 성자께서 하나임을 이해해야 한다. 우리는 전적으로 우리에게만 관련된 구원만을 너무 성급하게 생각하는 경향이 있다. 내 말을 오해하지 말기 바란다. 물론 구원은 우리와 관계가 있다. 우리는 우리를 향한 하나님의 사랑 안에서 기뻐해야 한다. 이것은 모두 사실이다. 그러나 우리에게만 관련된 구원만을 생각하면 이 성경 구절의 의미를 온전히 이해하기 어렵다. 그런 경우에는 신성에 관한 요한복음의 증언 가운데 많은 것을 놓치기 쉽다.

예수님은 "아버지께서 내게 주시는 자는 다 내게로 올 것이요"(요 6:37)라고 말씀하셨다. 이는 삼위일체 하나님 사이에서 작정된 일이다. 예수님은 39절에서 "나를 보내신 이의 뜻은 내게 주신 자 중에 내가 하나도 잃어버리지 아니하고 마지막 날에 다시 살리는 이것이니라"고 말씀하셨다. 잃어버린 자가 하나도 없는 이유는 단지 성자께서 우리를 사랑하시기 때문이 아니라 그분이 성부의 뜻을 온전히 행하기로 결심하셨기 때문이다. 이해하겠는가? 기능적 차원에 속한 일이 신성의 본질로부터 비롯한다. 요한복음 5장 20, 21절을 보면 이 점을 좀 더 분명하게 알 수 있다. "또 그보다 더 큰 일을 보이사 너희로 놀랍게 여기게 하시리라 아버지께서 죽은 자들을 일으켜 살리심 같이 아들도 자기가 원하는 자들을 살리느니라." 이는 성자께서 성부께서 하시는 일을 어떻게 하시는지 보여주는 한 가지 사례이다. 하나님은 우주를 창조하셨다. 앞서 살펴본 대로 요한복음은 그 서두에서 성자께서 성부의 대리자로서 우주를 창조하는 일에 동참하셨다고 증언한다. 궁극적으로 생명을 주시는 분은 누구일까? 그것은 하나님의 특권이다. 이는 구약성경의 큰 주제 가운데 하나다.

내가 처음으로 기억하는 어린 시절의 일은 아버지가 욕조에서 나를 씻겨주었던 일이다. 어머니가 나를 씻겨줄 때는 신속하고 효율적이었다. 그런데 아버지가 나를 씻겨줄 때는 성경 이야기를 들려주었다. 아버지는 항상 지난번에 했던 이야기를 간단하게 요약하고 나서 새로운 이야기를 들려주곤 했다. 나는 목욕을 하는 동안 신구약 성경에 나오는 이야기를 차례로 들었다. 개중에는 목욕을 하면서 듣기에 매우 적합한 이야기도 있었다. 그 가운데 하나는 요단강에 몸을 일곱 번 담갔던 나아만에 관한 이야기였다. 목욕하면서 듣기에는 매우 효과적인 이야기가 아닐 수 없었다.

나아만이 문둥병을 치유받기 원하는 과정에서 그와 이스라엘 왕 사이에 큰 오해가 있었다. 이스라엘 왕은 나아만을 고치기 위해 기적의 능력을 지닌 엘리사 선지자를 내놓으라는 말을 전해 듣고, 자기 옷을 찢으며 "나아만이 나와 전쟁을 벌일 빌미를 찾고 있구나. 이것이 그의 본심이다. 내가 누구냐? 내가 죽이기도 하고 살리기도 하는 하나님이냐?"라고 말했다. 그의 말에는 오직 하나님께만 사람을 살리는 권위가 있다는 의미가 담겨 있다.

이 구약 시대의 선지자는 수넴 여인의 아들과 같은 어린아이를 다시 살렸을 때 자신이 아닌 하나님이 그 일을 행하셨다고 주장했다. 그들은 하나님의 대리자, 하나님이 기적을 베풀기 위해 세우신 사자에 지나지 않았다. 기적을 행한 장본인은 바로 하나님이셨다.

그러나 예수님은 이렇게 말씀하셨다. "아버지께서 죽은 자들을 일으켜 살리심 같이 아들도 자기가 원하는 자들을 살리느니라." 이 말씀은 예수님과 엘리사를 확연하게 구별한다. 예수님은 하나님의 특권을 지니신다. 이것은 하나님께서 작정하신 뜻이다. 하나님께서 성자에게 그런 일을 허락하셨고, 성자께서는 그 일을 행하신다. 그분은 창조 사역은 물론, 생명을 주고 심지어는 죽은 자를 다시 살리는 사역에서도 하나님의 모든 권위를 행사하신다. 성부의 것이 모두 그분의 것이다. 성부께서 무슨 일을 하시든 성자께서도 똑같이 그 일을 하신다.

성자에게 일임된 심판의 권한

예수님의 설명은 계속된다. '더욱이'(moreover) 등의 연결어를 사용한 영어 번역 성경이 많은데 아래의 구절은 또 다른 연결어(for)도 사용한다.

"(왜냐하면) 아버지께서 아무도 심판하지 아니하시고 심판을 다 아들에게 맡기셨으니 이는 모든 사람으로 아버지를 공경하는 것 같이 아들을 공경하게 하려 하심이라 아들을 공경하지 아니하는 자는 그를 보내신 아버지도 공경하지 아니하느니라"(요 5:22, 23).

"아버지께서 아무도 심판하지 아니하시고"라는 말은 하나님이 심판할 권한이 없으시다거나 심판의 직무를 수행하지 않으신다는 뜻이 아니다. 예수님은 본문 마지막에서 "내가 아무 것도 스스로 할 수 없노라 듣는 대로 심판하노니 나는 나의 뜻대로 하려 하지 않고 나를 보내신 이의 뜻대로 하려 하므로 내 심판은 의로우니라"(30절)는 말씀으로 하나님이 재판관이심을 인정하셨다. 예수님은 하나님의 심판에 따라 심판하실 뿐이다.

아버지께서 아무도 심판하지 않으신다는 말 또한 농경 시대의 수공 작업에 빗대어 이해할 수 있다. 아버지 스트라디바리우스가 새로운 바이올린을 만드는 중이다. 그는 가장 좋은 나무를 골라 모든 비율을 정확하게 측량하고 나무를 적절하게 말린 다음, 각각의 부분에 들어맞도록 나무의 길이와 굵기를 잘 다듬고 구부려 형태를 적절하게 유지한다. 수 세기 동안 바이올린을 제작해 오면서 누적된 지식이 아들 스트라디바리우스에게 고스란히 전수된다. 아버지 스트라디바리우스는 마침내 아들 스트라디바리우스에게 "지금부터는 내가 칠을 하지 않겠다. 앞으로는 네가 맡아 해라."고 말한다.

그런 경우에 우리는 아버지 스트라디바리우스가 칠을 하지 않는다고 말할 수 있다. 그것은 아들 스트라디바리우스의 몫이다. 책임이 위임되었을 뿐, 아버지 스트라디바리우스가 칠을 할 권한이나 능력이 없다는 뜻과는 거리가 멀다. 그것은 스트라디바리우스 가문 내에서 책임이 위임되었음을 의미한다.

성삼위 하나님의 경우도 그와 비슷하다. 하나님은 최고의 재판관이시다. 그분은 만물의 창조주요 만민의 궁극적인 재판관이시다. 이 점을 언급한 성경 구절이 많다. 그러나 하나님은 심판의 권한을 특별히 성자에게 일임하셨다. 성자께서는 성부께서 하시는 일은 무엇이든 하실 수 있다. 그분은 성부께서 하시는 모든 일을 하신다. 그 가운데 심판의 권한이 특별히 성자에게 일임되었다. 예수님은 다른 곳에서도 이 사실을 분명하게 언급하셨다. 예수님이 산

상설교의 마지막 부분에서 하신 말씀을 기억하는가?

"그 날에 많은 사람이 나더러 이르되 주여 주여 우리가 주의 이름으로 선지자 노릇 하며 주의 이름으로 귀신을 쫓아 내며 주의 이름으로 많은 권능을 행하지 아니하였나이까 하리니 그 때에 내가 그들에게 밝히 말하되 내가 너희를 도무지 알지 못하니 불법을 행하는 자들아 내게서 떠나가라 하리라"(마 7:22, 23).

예수님은 마지막 날에 궁극적인 재판관으로서 권한을 행사하신다. 예수님은 그것이 자신의 역할 가운데 하나인 것과 그 권한이 오직 하나님께 속한 것임을 잘 알고 계셨다.

이 모든 사실은 한 가지 요점을 밝힌다. 그것은 성자께서 성부께 기능적으로 순종하신다는 것이다. 그러나 우리는 그 순종의 의미를 주의 깊게 정의해야 한다. 왜냐하면 성자의 행동은 성부의 행동과 정확하게 일치하기 때문이다. 예수님은 "아버지는 나보다 크심이라"(요 14:28)고 말씀하셨다. 만일 이 문제를 여호와의 증인과 논의한다면 그는 곧 이 구절을 인용하면서 "예수님이 '아버지는 나보다 크심이라.'고 말씀하심으로써 자신이 하나님보다 열등한 존재임을 인정하지 않았느냐?"라고 말할 것이 틀림없다.

물론 버락 오바마는 나보다 크다(위대하다). 나는 그 점을 기꺼이 인정한다. 그는 정치적인 식견, 군사적인 잠재력, 대중매체의 각광과 같은 측면에서 나보다 더 위대하다. 그러나 그는 인간적 측면에서는 나보다 더 위대하지 않다. 버락 오바마는 대통령이기 때문에 그에 걸맞은 예우를 받아야 할 자격이 있다. 그는 그런 측면에서는 나보다 위대하지만 존재론적인 측면에서는 본질적으로 나보다 단계가 더 높은 존재라고 주장할 수 없다. 왕의 신성한 권위를 인정하는 시대는 이미 오래 전에 끝났다.

따라서 예수님이 어떤 의미로 "아버지는 나보다 크심이라."고 말씀하셨는지를 깊이 생각해 보아야 한다. 그분의 말씀은 "아버지가 나보다 더 위대한 신이다."라는 뜻이었을까? 그런 의미를 뒷받침하는 말씀은 성경 어디에도 없다. 성경은 그런 암시조차 풍기지 않는다. 오히려 "나의 주님이요 나의 하나님이

십니다."라거나 "아브라함이 태어나기 전에"와 같은 말씀이 있을 뿐이다. 이는 단지 성삼위 하나님 사이에서 기능적인 순종의 관계가 유지되고 있음을 의미할 따름이다.

이번에는 이유를 밝히는 세 번째 문장의 의미를 생각해 보자. 성자께서는 자기 안에도 성부처럼 생명이 있다고 주장하셨다. 그분은 "내가 진실로 진실로 너희에게 이르노니 내 말을 듣고 또 나 보내신 이를 믿는 자는 영생을 얻었고"(요 5:24)라고 말씀하셨다. 이 말씀은 성부와 성자의 관계만을 염두에 두고 생각해도 매우 흥미롭기 그지없다. 예수님은 "누구든지 내 말을 듣고 믿는 자는"이라고 말씀하지 않으셨다. 그분은 "누구든지 내 말을 듣고 또 나 보내신 이를 믿는 자는"이라고 말씀하셨다. 그 이유는 예수님이 하신 말씀이 모두 그분을 보내신 하나님의 말씀이기 때문이다.

예수님의 말씀을 듣고 믿는 것은 곧 하나님의 말씀을 듣고 믿는 것과 같다. 왜냐하면 이 둘은 서로 떼려야 뗄 수 없는 관계이기 때문이다. 하나님을 믿지 않고 예수님만 믿는 것은 불가능하다. 또한 진정으로 하나님을 믿는다면 예수님에 대한 하나님의 증언도 믿지 않을 수 없다.

구원의 중심점

"내가 진실로 진실로 너희에게 이르노니 내 말을 듣고 또 나 보내신 이를 믿는 자는 영생을 얻었고 심판에 이르지 아니하나니 사망에서 생명으로 옮겼느니라"(요 5:24). 예수님은 구원받는 자와 구원받지 않는 자를 가르는 구원의 중심점이시다. 예수님과 그분의 말씀, 예수님과 그분의 진리, 예수님과 그분의 가르침을 믿는 것은 곧 하나님을 믿는 것이다.

25절을 주목하라. "진실로 진실로 너희에게 이르노니 죽은 자들이 하나님의 아들의 음성을 들을 때가 오나니 곧 이 때라." '아들'이라는 용어가 다시 등장했다. 이 말씀이 종말과 마지막 부활을 언급하는지, 혹은 지금 영생을 얻음을 의미하는지는 확실히 알기 어렵다. 내 생각에는 후자의 의미인 듯하다. 그러나 요한복음 5장 본문의 마지막 부분은 죽은 자의 일반적인 부활을 언급한다. 우리는 지금도 하나님의 아들의 음성을 듣고, 마지막 때에도 최종적으로 하나님의 아들의 음성을 듣는다. 그때가 되면 죽은 자들이 살아날 것이다. 왜냐하면 "아버지께서 자기 속에 생명이 있음 같이 아들에게도 생명을 주어 그 속에 있게 하셨"기 때문이다(26절). 이 말씀은 요한복음에서 가장 난해한 구절 가운데 하나다.

이 말씀이 난해한 이유는 하나님이 자기 속에 생명을 지니신다는 말은 곧 그분의 생명에는 원인이 없다는 것을 의미하기 때문이다. 우리는 종종 하나님이 자존하신다고 말한다. 나의 존재는 다른 사람들, 곧 나의 부모에게 의존한다. 이 관계는 궁극적으로 하나님에게까지 거슬러 올라간다. 스티븐 호킹이 아무리 다르게 설명하려고 애써도 우주도 자존하지 않기는 마찬가지다. 우주는 창조된 질서에 속한다. 그 안에 생명이 없다. 오직 하나님만이 자기 안에 생명을 지니신다. 이것이 곧 하나님의 자존성이다.

만일 본문이 "아버지께서 자기 속에 생명이 있음 같이 아들도 자기 속에 생명이 있다."라고 말했다면, 논리적인 난점은 존재하지 않지만 하나님이 둘이라는 개념을 피하기는 매우 어렵다. 그런 경우라면 성부(제1호 하나님)는 자기 안에 생명을 지니시고, 성자(제2호 하나님)도 자기 안에 생명을 지니신다는 결론이 도출된다. 그러나 본문은 그렇게 말하지 않는다.

본문은 "아버지께서 자기 속에 생명이 있음 같이 아들에게도 생명을 주어 그 속에 있게 하셨고"라고 말한다. 우리는 여기에서 '주어'라는 말의 의미를 잘 이해해야 한다. 성부만이 자존하시고, 성자는 그분께 생명을 받았다면 성자께서는 다른 피조물과 마찬가지로 열등한 존재임을 의미한다. 여호와의 증인은 우리가 그런 식으로 생각하기를 바란다. 그들은 "성자께서는 자기 속에 생명을 지니고 계시지 않다. 그것은 오직 하나님께만 속한다. 하나님이 성자에게 생명을 주셨다."고 주장한다.

그러나 예수님의 말씀은 그런 주장을 용납하지 않는다. 그분은 "아버지께서 자기 속에 생명이 있음 같이 아들에게도 생명을 주어 그 속에 있게 하셨고"라고 말씀하셨다. 그렇다면 '그 속에 생명이 있는데' 어떻게 '주었다'고 말할 수 있을까? 또 생명을 '주었다'면 어떻게 '그 속에 있게 하셨다'(이 말은 다른 존재에게 의존하지 않는 자존성을 전제로 한다)고 말할 수 있을까? 무슨 말인지 알겠는가? 이것이 그리스도인들이 지금까지 오랫동안 이 구절을 이해하기 어려운 구절로 간주해 온 이유다.

이를 해결해 줄 가장 좋은 설명이 4세기경에 신중하게 제시되었다. 그러나 우리는 이 설명을 간과할 때가 적지 않다. 그리스도인들은 이를 '영원한 부여'로 간주했다. 물론 이것은 영원 전의 어느 때에 일어난 일이 아니다. 즉 그 행위가 일어나지 않았던 때가 한동안 지속되다가 영원 전의 어느 순간에 갑자기 일어나 그 후부터 그런 상태로 지속되어 온 일로 생각해서는 안 된다. '영원한 부여'는 시간을 초월한다. 그 행위가 일어나지 않았던 때는 없었다. 그것은 본질적이고 근본적인 속성을 띤다. 이것이 성부와 성자의 관계다.

4세기경에 아타나시우스는 '성자의 영원한 발생'이라는 표현을 즐겨 사용했다. 이 표현은 본문과 밀접하게 관련된다. 누군가 나에게 '영원한 부여'가 무슨 뜻이냐고 묻는다면 "나도 잘 모르겠습니다."라고 짧게 대답할 수밖에 없지만, 나는 명색이 교수이기 때문에 그보다는 좀 더 길게 대답해야 할 의무가 있다. 내가 그 대답을 알지 못하는 이유는 시간이 무엇인지 알지 못하기 때문이다. 물론 나는 과학 학사 학위를 취득했기 때문에 그런 문제에 대해 생각해볼 기회가 좀 더 많았지만 그래도 여전히 시간이 무엇인지 알지 못한다. 그러니 영원이 무엇인지는 아예 생각조차 하기 어렵다. 시간이 양방향으로 무한히 연장되는 것이 영원일까? 시간의 개념을 천체의 움직임과 결부시켜 생각하면 도무지 대답을 찾을 길이 없다. 영원은 또 다른 차원에 속한 것일까? 나로서는 알 수가 없다.

성부께서 자기 속에 생명이 있음 같이 삼위일체 하나님의 관계 속에서 성자에게도 그 속에 생명이 있도록 허락되었다. 이것은 영원한 부여, 곧 성삼위 하나님의 영원한 합의를 통해 이루어진 것이다. 제2호 하나님이나 열등한 하나님은 존재하지 않는다. 성부께서 성자에게 모든 것을 보이시고, 성자께서 성부가 명령하신 일을 모두 완전하게 행하시는 이유는 성부와 성자께서 사랑의 관계를 맺고 있으시기 때문이다. 그것이 예수님의 아들 되심의 본질이다.

또한 이 말씀을 성육하신 성자의 한계를 가리키는 의미로 이해해서도 안 된다. 왜냐하면 때로 '아들'이라는 용어가 성육하기 이전의 성자, 곧 영원 전부터 존재하시는 성자를 가리키는 의미로 사용되었기 때문이다. 요한복음 3장 16절 바로 다음 절은 "하나님이 그 아들을 세상에 보내신 것은 세상을 심판하려 하심이 아니요"라고 말씀한다. 하나님은 아들을 세상에 보내셨다. 성자께서는 세상이 창조되기 이전에 이미 성부와 함께 계셨다. 이런 의미를 지닌 구절이 요한복음에 꽤 많다. 예수님의 아들 되심은 영원, 곧 하나님의 존재 자체에까지 거슬러 올라간다.

마지막으로 성자께서는 자신이 하나님의 아들일 뿐 아니라 사람의 아들이기도 하다고 주장하셨다. 그분은 하나님이 친히 임명하신 만민의 재판관이시다. "또 인자됨으로 말미암아 심판하는 권한을 주셨느니라"(요 5:27). '하나님의 아들'이 아니라 '인자', 곧 사람의 아들이라는 용어가 사용되었다. 이 말은 무슨 의미일까? '인자'라는 용어도 '하나님의 아들'처럼 다양한 문맥에서 서로 다른 의미로 사용되었다. 따라서 이 말은 매우 신중하게 이해해야 한다. 출애굽기 4장에 나오는 '하나님의 아들'은 이스라엘 백성을, 사무엘하 7장에 나오는 '하나님의 아들'은 왕을 각각 가리킨다. 또한 '하나님의 아들'은 문맥에 따라 그리스도인들이나 예수님을 가리킬 수도 있다.

어렸을 때 아버지는 내게 문맥을 고려하지 않은 문장은 전후 관계를 무시한 채 인용되는 증거 구절로 전락하기 쉽다고 말하곤 했다. '하나님의 아들'이 정확히 무슨 의미인지를 이해하려면 항상 문맥을 살펴야 한다. '인자'라는 말도 마찬가지다. 예를 들어 에스겔서를 보면 하나님께서 에스겔 선지자에게 "인자야, 일어나 이러이러한 일을 해라."고 말하는 식의 문장이 약 80회나 등장한다. 이때의 인자는 "너 인간아, 너와 너희 유한한 인간들은 두려워하라."는 의미를 지닌다.

인자는 때로 '인간'과 동일한 의미로 사용된다. 시편 저자는 "사람이 무엇이기에 주께서 그를 생각하시며 인자가 무엇이기에 주께서 그를 돌보시나이까"(시 8:4)라고 말했다. 이것은 히브리어 시다. 이 두 행의 의미는 거의 똑같다. '사람'은 '인자', 곧 '인간'을 의미한다. 그러나 다니엘서 7장 13절은 인자 같은 이가 옛적부터 항상 계신 이에게 나아가 그분으로부터 나라를 받는다고 말씀한다. 여기에서 인자의 모습은 사람처럼 생겼지만 약속된 하나님 나라의 도래를 알리는 메시아적 문맥 속에 등장하는 인물을 가리킨다. 이해하겠는가? 이 말의 의미는 문맥에 따라 달라진다.

요한복음 5장 27절은 하나님이 마지막 심판의 권한을 하나님의 아들이신 예수님께 주셨다고 말씀한다. 그 이유는 그분이 인자이시기 때문이다. 이것은 무슨 의미일까?

세밀한 것에 관심이 많은 사람들은 '인자'라는 말이 관사 없이 사용된 것은 사복음서를 통틀어 오직 여기 한 곳뿐이라는 사실을 발견할 것이다. 헬라어에도 영어처럼 정관사가 있다. '인자'라는 용어는 항상 정관사와 함께 사용된다. 헬라어 관사는 오늘날 우리가 사용하는 관사의 기능과는 다르지만 사복음서의 다른 곳에서는 정관사를 붙인 인자는 항상 예수님을 가리키는 의미로 사용되었다. 그런데 이 구절에는 정관사가 없다. 헬라어에서 정관사가 생략되었다는 의미는 이 호칭의 속성을 강조하기 위해서다. 하나님이 예수님에게 인간을 심판할 권한을 허락하신 이유는 그분이 인간이시기 때문이다. 이것이 정관사가 생략된 이유다. 예수님은 사람의 아들, 곧 인간이다. 그분은 모든 것을 아신다. 그분은 우리의 마음속에 있는 은밀한 것은 물론이고, 심지어는 상황이 달라지면 어떤 일이 어떻게 될 것인지조차 다 알고 계신다. 그분은 지금까지 이루어진 것과 지금 일어나고 있는 일과 앞으로 일어날 일을 모두 아신다. 또한 상황이 달라지면 우리가 어떻게 행동할 것인지도 익히 알고 계신다. 그분은 이 모든 것을 헤아리신다. 그분의 지식이 완전하고, 그 선하심이 완전하고, 그 의로우심이 완전하기 때문에 그분의 정의도 절대적으로 완전하다.

그럼에도 불구하고 성부께서 하지 않으시는 일이 한 가지 있다. 그분은 인간의 경험을 공유하지 않으신다. 물론 이 말은 그분이 심판을 불공정하게 베푸실 가능성이 있음을 의미하지 않는다. 왜냐하면 그분의 지식은 완전하기 때문이다. 따라서 이는 하나님의 위상을 조금도 깎아내리지 못한다. 그러나 하나님의 신비로운 구원 계획 속에서 하나님과 동등할 뿐 아니라 인간이 되신 분이 있는데 바로 성자시다. 하나님은 성자에게 심판을 일임하셨으며, 성자께서는 심판을 독자적으로 베풀지 않으신다.

예수님은 "내가 재판관이 될 것이므로 아버지의 뜻을 묻지 않고 내 뜻대로 하겠다."고 말씀하지 않으셨다. 그럴 경우에는 다시 이신론으로 기울어진다. 곧바로 본문은 예수님이 자기 뜻대로 심판을 베풀지 않고 성부로부터 듣는 대로 심판하실 것임을 덧붙인다. 재판관은 여전히 성부시지만 심판은 인간이 되신 성자께서 베푸신다. 그분은 하나님의 완전한 지식을 갖추셨을 뿐 아니라 인간과 완전하게 하나가 되신 상태에서 말씀하고 행동하신다.

히브리서 저자는 예수님이 모든 일에 우리와 똑같이 시험을 받으셨지만 죄는 없으시다고 말했다(히 4:15). 예수님은 유혹이 무엇인지 아시지만 죄는 없으시다. 성자께서는 성부께서 하시는 일을 모두 하실 수 있지만, 오직 성부께서 하시는 일만 하신다. 이것은 하나님의 가장 놀라운 인내와 겸손을 보여주는 표징이다. 심판의 기능이 특별히 성자에게 일임되어 그분이 온전히 성부의 뜻에 따라 심판을 베푸시는 이유는 그분께서 인간이 되신 성자 하나님이시기 때문이다. 요한복음은 예수님이 십자가에서, 곧 친히 나무에 달려 성부께서 자기에게 주신 모든 사람의 죄를 짊어지셨다고 증언한다.

이것이 왜 중요한지 그 이유를 설명하면 다음과 같다.

첫 번째 이유는 성경을 하나로 통합하기 때문이다. 예수님이 친히 성전이 되어 나타나실 때까지 성전이 구약성경 전체를 관통했고, 예수님이 친히 대제사장이 되어 나타나실 때까지 제사장 제도가 구약성경 전체를 관통했으며, 예수님이 친히 위대한 왕이 되어 나타나실 때까지 다윗 가문의 왕이 구약성경 전체를 관통했고, 예수님이 친히 하나님의 어린 양이 되어 나타나실 때까지 희생양의 개념이 구약성경 전체를 관통해 나타났던 것처럼 '아들'의 개념도 마찬가지였다. 예수님은 궁극적인 이스라엘이요 궁극적인 아들이시며 궁극적인 다윗 왕이요 하나님을 보여준 궁극적인 계시자이시다. 그분은 아들이시다. 이렇듯 이것이 중요한 이유는 성경을 하나로 통합하기 때문이다.

두 번째 이유는 복음 전도의 중요성을 강조하기 때문이다. 본문을 이해하기 매우 어려운 이유는 심오한 사상을 압축하기 때문이다. 간단히 말해 본문은 지고하신 하나님에 관해 증언한다. 그러나 본문에는 "내가 진실로 진실로 너희에게 이르노니 내 말을 듣고 또 나 보내신 이를 믿는 자는 영생을 얻었고 심판에 이르지 아니하나니 사망에서 생명으로 옮겼느니라"(요 5:24)는 말씀도 아울러 포함되어 있다.

나는 나이를 먹을수록 신학과 성경을 가르치는 일에 더욱 깊이 관여하게 되고, 그럴수록 신학의 궁극적인 시금석은 복음 전도의 여부에 달려 있다는 확신을 갖게 된다. 복음 전도는 일대일이나 소그룹을 대상으로 이루어질 수 있다. 그러나 내가 성자의 영원한 발생에 관해 다른 사람들보다 더 많은 지식을 가지고 있다 해서 교회 안에 있는 다른 신자들보다 이 신학의 시금석을 더 잘 이해한다고 주장할 수는 없다. 마지막 날에 적용될 궁극적인 잣대는 이 지식을 사람들이 믿고 구원받을 수 있도록 실제로 그들에게 예수 그리스도를 통해 나타난 하나님의 자기 계시를 전했는지 여부가 될 것이다.

세 번째 이유는 기능적인 측면에서 예수님의 아들 되심에 접근하는 것이 현대인들에게 복음을 전하는 데 유익하기 때문이다. 나는 이 본문을 토대로 무슬림들에게 복음을 전했고, 그 가운데 더러 회심하는 사람들이 있었다. 로스앤젤레스에서도 이 본문으로 세속주의자들에게 복음을 전했고, 그들 가운데도 더러 회심하는 자들이 있었다. 이 본문이 중요한 이유는 "하나님의 아들 예수 그리스도를 믿습니다."라는 신조를 고백하는 것이 무슨 의미인지를 보여주기 때문이다.

이것이 중요한 마지막 이유는 하나님을 올바로 예배하려면 그분을 옳게 이해해야 하기 때문이다. 본문은 하나님이 어떤 분이신지를 잘 보여준다. 본문은 성부와 성자의 관계를 가장 감동적으로 계시하는 신약성경 본문 가운데 하나다. 우리의 하나님은 이런 분이시다. 나는 하나님의 아들 예수 그리스도를 믿는다.

7장

THE INCARNATE WORD

성육하신 말씀

: 조엘 비키

예수님은 교사로 이 땅에 오셨다. 그리고 가르치는 일이란 힘든 노동이다. 어느 날 예수님은 말씀을 가르치고 나서 배에 올라 잠이 드셨다. 요람처럼 부드럽게 배를 흔드는 갈릴리 호수의 물결이 자장가가 되었는지 제자들도 꾸벅꾸벅 졸기 시작했다. 그때 갈릴리 호수의 남쪽 호반을 이루는 절벽 사이의 계곡을 통해 갑작스레 강풍이 불어닥쳤다. 그 계곡에서는 오늘날에도 강풍이 불어닥쳐 호수에 폭풍우를 일으키곤 한다. 안드레, 야고보, 베드로, 요한 등 경험 많은 어부들은 그런 폭풍우를 여러 차례 경험했다.[1]

그러나 그들도 그날과 같은 폭풍우는 한 번도 경험한 적이 없었다. 바람 소리는 요란했고 파도는 크게 일렁거렸다. 배 안에 물이 들어차기 시작했고, 배는 물 밑으로 점점 가라앉았다. 파도가 일렁거릴 때마다 배는 완전히 잠길 것처럼 위태로웠다. 그들은 공포에 사로잡혔다. 배가 가라앉고 있었다. 이렇게 죽고 말 것인가? 그들은 여전히 주무시는 예수님을 바라보며 파도가 무섭게

---

1) 다음 자료를 참조하라. *The Reformation Study Bible*, ed. R. C. Sproul (Orlando: Ligonier, 2005), 1422.

일렁이는 와중에 "선생님이여 우리가 죽게 된 것을 돌보지 아니하시나이까!"라고 소리쳤다. 예수님은 잠에서 깨어나 바람을 꾸짖으셨다. 그 순간 바람과 바다가 조용해졌다. 제자들은 더욱더 놀라며 "그가 누구이기에 바람과 바다도 순종하는가"라고 말했다(막 4:35-41).

예수님은 왜 폭풍우가 몰아치는 상황 속에서 잠을 주무셨을까? 폭풍우가 몰아치는데 그분은 왜 깨어 일어나지 않으셨을까? 그 이유는 그분이 인성을 지니셨기 때문이다. 예수님은 종일 일하셨기 때문에 심신이 몹시 지친 상태셨다. 그분은 재충전이 필요했다. 그렇다면 예수님은 어떻게 폭풍우를 잠잠하게 할 수 있으셨을까? 그 이유는 그분이 신성을 지니셨기 때문이다. 예수님은 말씀으로 날씨를 즉각 바꾸실 만큼 피조물을 향해 절대적인 권한을 행사하셨다. 그분은 공학적 기술이나 마법이나 주술을 사용하지 않으셨다. 심지어는 기도조차 하지 않으셨다. 그분은 단지 폭풍우를 향해 "잠잠하라."고 명령하셨을 뿐이다. 예수님은 하나님의 능력을 지녔다. 제자들은 "바람과 바다도 순종하는가"라는 말로 무심결에 그분의 능력을 인정했다.

이런 사실은 한 가지 신비로운 의문을 제기한다. 예수님은 피곤하셨는가, 아니면 전능하신가? 그분은 기력이 고갈되셨는가, 원기가 충만하셨는가? 그분은 유한하기 때문에 회복의 시간이 필요하셨는가, 아니면 피조물을 다스리는 무한한 능력을 지니고 계셨는가? 과연 어느 쪽일까?

성경은 그 둘을 모두 인정한다. 예수님의 인성은 한계를 지녔고 그분의 신성은 한계가 없었다. 이것이 요한복음 1장의 가르침이다. "말씀이 육신이 되어 우리 가운데 거하시매 우리가 그의 영광을 보니 아버지의 독생자의 영광이요 은혜와 진리가 충만하더라"(요 1:14). 요한은 놀랍게도 가장 단순한 말로 가장 깊은 진리를 전달했다. 그리스도께서는 성육하셨다. 예수님은 육신이 되셨다. 이 진리를 접하고 경이감을 느껴 본 적이 있는가?

'성육신'(incarnation)이라는 용어는 '육신이 되다'를 뜻하는 라틴어에서 유래했다. 성육신을 통해 하나님이 인간이 되셨다. 루돌프 불트만의 주장과는 달리 이것은 '신화적 용어'가 아니다. 요한은 자신이 사실로 알고 있는 것을 보고하는 목격자의 언어를 사용했다. 그는 "우리가 그의 영광을 보니"라고 말했다.[2] 사도들은 하나님이 육신이 되신 현실을 직접 경험했고, 그 경험을 사복음서에 기록했다. 그들이나 믿음으로 그 증언을 받아들이는 우리의 확신은 그 누구도 꺾을 수 없다.

교회는 성경의 증언을 토대로 451년에 칼케돈 공의회에서 한 인격 안에 인성과 신성이라는 두 개의 본성이 존재한다고 결론지었다. 『웨스트민스터 신앙고백』도 1640년대에 이렇게 진술했다. "인성과 신성이라는 온전하고 완전한 두 개의 본성이 변환, 혼합, 혼동 없이 한 인격 안에서 서로 나눌 수 없이 하나로 결합되었다. 이 인격은 참 하나님이요 참 인간이시지만, 한 분이신 그리스도요 하나님과 사람 사이의 유일한 중보자가 되신다"(8장 2항).

우리는 성육신을 접붙이기에 비유할 수 있다. 접붙이기란 살아 있는 나뭇가지를 잘라 다른 종류의 나무에 붙여놓고 왁스나 끈으로 결합시키는 것을 말한다. 시간이 지나면 접붙인 나뭇가지와 나무가 함께 하나의 살아 있는 유기체로 성장한다. 또한 나뭇가지와 나무 모두 서로의 유전적 특성, 곧 각자의 독특한 본성을 고스란히 유지하고, 접붙인 나뭇가지는 나무뿌리에서 공급되는 양분을 받아 열매를 맺는다.[3] 하나님은 이와 비슷하지만 그보다 훨씬 심오한 방식으로 성자에게 인간의 본성을 부여하셨다. 그 결과 헤라클레스와 같이 신인 혼합의 반신반인, 곧 초인적인 영웅이 아닌 신성과 인성의 본질적인 속성을 고스란히 유지한 채 하나로 결합된 인격이 탄생했다. 예수 그리스도 안에서 인성이 신성과 결합했고, 그로써 두 인격이 아닌 살아 있는 한 인격이 되었다.

내가 21세 때 캐나다에서 다녔던 교단 신학교의 어떤 교수가 내게 던진 첫 번째 물음은 "예수님은 피곤하고 지치셨는데, 그분은 어떤 인격으로 그런 고통을 느끼셨는가?"였다. 그 물음에 대한 대답은 그분은 한 인격이시라는 것이었다. 예수님은 두 사람이 아니시다. 그분의 인성이 신성에 결합되었고, 신자들은 그분 안에서 신성한 뿌리로부터 양분을 공급받아 하나님의 영광을 위해

---

2) Robert L. Reymond, *John, Beloved Disciple: A Survey of His Theology* (Rossshire: Christian Focus, 2001), 180-82.
3) Ray R. Rothenberger and Christopher J. Starbuck, "Grafting," *University of Missouri Extension*, http://extension.missouri.edu/publications/DisplayPub.aspx?P=G6971. 2010년 9월 14일 검색.

열매를 맺는다. 식물의 접붙이기에서는 비슷한 본성을 지녔거나 같은 종에 속하는 두 식물이 하나로 결합되지만, 성육신에서는 기적을 통해 유한한 것이 무한한 것과 결합했다. 하나님의 방법은 진정 오묘하기 그지없다. 복음은 가장 위대한 사상가나 소설가조차도 상상하지 못할 만큼 놀랍다.

하나님은 육신으로 나타나셨다. 우리가 이 현실을 이해하기에는 한없이 부족할 뿐이다. 이 세상에서는 거울을 통해 보는 것처럼 희미하다. 인간의 말로 성육신을 묘사하는 것은 모래 한 톨에 거대한 산을 그리려고 애쓰는 것과 같다. 우리는 이 놀라운 영광의 심연 앞에 서 있다. 우리가 그 밑바닥까지 들여다보는 것은 절대 불가능하다.

우리는 요한이 복음서를 기록한 이유가 우리의 이해를 돕기 위함이 아니라 그리스도를 믿게 하기 위함임을 기억해야 한다(요 20:31). 요한복음 1장을 살펴보면, 죄인들이 그리스도의 이름을 믿음으로써 그분을 영접하고 그분의 영광을 보게 하기 위해 기록되었음을 분명히 알 수 있다(요 1:7, 11, 12, 14, 2:11). 우리가 이번 장에서 요한복음 1장 14절을 살펴보는 이유도 예수 그리스도를 믿는 마음을 갖기 위해서다. 예수 그리스도를 믿을 필요가 있는 불신자든, 그분을 이미 구세주로 받아들여 믿음 안에서 성장하는 신자든, 성육하신 구세주와 관계를 맺어 그분을 믿는 것이 궁극적인 목표임에는 아무런 차이가 없다.

나는 여기에서 두 가지 간단한 요점을 살펴볼 생각이다. 하나는 '말씀'이고, 다른 하나는 '육신'이다. 구원받기 원한다면 육신이 되신 말씀을 믿어야 한다.

영원하고 사랑스럽고 신성한 말씀

"말씀이 육신이 되어." 성부께서 육신이 되지 않으셨고, 성령께서 육신이 되지 않으셨다. 신성이 육신이 되지도 않았고, 하나님이 마치 그 신성한 속성을 모두 잃기라도 하신 것처럼 신성의 본질이 말씀으로 변한 것도 아니다. 영원한 독생자이신 성자께서 육신이 되셨다.

성령께서는 성자께서 육신이 되신 것이 사실인데도 그렇게 말씀하지 않으셨다. 그분은 "말씀이 육신이 되셨다."고 말씀하셨다. 성령께서 '말씀'이라는 용어를 사용한 이유는 성부의 마음속에 있는 가장 위대한 생각을 표현하시기 위해서다. '말씀'은 하나님의 가장 위대한 계시자다. 하나님은 자신의 말씀인 그리스도를 믿으라고 명령하신다.

이는 그리스도의 말씀을 들어야 한다는 것을 의미한다. 우리는 남의 말에 귀를 기울이지 않는 습성이 있다. 다른 사람이 말할 때 종종 우리가 말하고 싶은 것을 미리 생각하느라 상대방이 한 말을 놓칠 때가 많다. 요한이 자신의 복음서를 '말씀'으로 시작한 이유는 "하나님의 말씀이신 그리스도께 귀를 기울여라. 그분께 관심을 집중하라. 그분을 신뢰하고, 그분의 말씀을 믿어라. 다른 모든 사람을 다스리는 그분의 권위를 인정하라. 그분 앞에서 잠잠하라. 말씀은 하나님이셨다. 그 말씀이 육신이 되셨다. 말씀 앞에서 침묵하고 귀를 기울여라. 하나님이 말씀하시게 하라. 하나님이 그리스도를 통해 말씀하시게 하라. 그분은 하나님의 말씀이시다."라는 뜻을 전하기 위해서였다.

그리스도께서 하나님의 말씀이라는 진리는 요한복음 1장 1절까지 거슬러 올라가게 만든다. "태초에 말씀이 계시니라 이 말씀이 하나님과 함께 계셨으니 이 말씀은 곧 하나님이시니라." 이 구절에는 육신이 되신 말씀에 관한 세 가지 사실, 곧 그리스도를 믿는다는 것이 무슨 의미인지를 밝히는 세 가지 가르침을 전한다. 요한복음 1장을 이해하려면 '영원하고, 사랑스럽고, 신성한'이라는 세 단어의 의미를 파악해야 한다.

그리스도께서는 영원한 말씀이시다

"태초에 말씀이 계시니라." 이 말씀은 하나님이 태초에 천지를 창조하실 당시에 존재했다. 말씀은 창조되지 않았다.[4] 말씀이 존재하지 않았던 때는 없었다. 그리스도께서는 영원하신 말씀이다. 그분은 "영원부터 영원까지"(시 90:2)

---

4) '계시니라'(요 1:1)는 동사가 미완료 시제로 사용된 것과 '되었다'(요 1:3, 10, 14)라는 동사가 과거 시제로 사용된 것에 주목하라. 후자는 인간과 세상을 비롯한 모든 피조물의 창조와 분명히 관련이 있다. 전자는 인간과 세상의 창조와는 상관없이 이미 계속해서 존재하는 것을 가리킨다. 세상이 창조될 때 하나님은 이미 계셨다. "간단히 말해 말씀은 모든 피조물이 창조되어 존재하기 전부터 이미 존재했다." Reymond, *John, Beloved Disciple*, 35.

존재하신다. 그리스도께서는 마리아의 모태에서 처음 생기지 않으셨다. 그분은 말씀으로서 창조 이전부터 존재하셨다. "아브라함이 나기 전부터 내가 있느니라"(요 8:58)는 예수님의 말씀은 틀림없는 사실이다. 그분은 '스스로 있는 자'이시다. 이 말은 하나님이 모세에게 "너는 이스라엘 자손에게 이같이 이르기를 스스로 있는 자가 나를 너희에게 보내셨다 하라"(출 3:14)고 말씀하셨을 때 사용한 표현과 동일하다. 우리는 그리스도를 영원하신 말씀으로 믿고, 그분 앞에서 경외심을 느끼며 두려워해야 한다. 시편 33편은 이렇게 말씀한다.

"여호와의 말씀으로 하늘이 지음이 되었으며 그 만상을 그의 입 기운으로 이루었도다……온 땅은 여호와를 두려워하며 세상의 모든 거민들은 그를 경외할지어다 그가 말씀하시매 이루어졌으며 명령하시매 견고히 섰도다"(시 33:6, 8, 9).

우리는 거대한 산들을 창조하신 하나님의 말씀 앞에 서 있다. 그리스도께서는 우주가 창조되기 오래 전부터 존재하셨다. 따라서 그분을 믿는다는 것은 영원한 말씀, 곧 영원히 스스로 있는 분을 믿는 것을 의미한다. 밤하늘의 별들을 보면 우리 자신이 작고 무가치하게 느껴진다. 고대로부터 존재해 온 산들을 보면 우리가 단지 어제 태어났다가 내일 죽을 것처럼 하찮게 생각된다. 따라서 예수님을 보면 공경심과 경외심과 두려움이 가득 넘쳐야 마땅하다. 그분은 영원한 말씀이시다.

그리스도께서는 사랑스러운 말씀이시다

요한복음 1장 1절은 "이 말씀이 하나님과 함께 계셨으니"라고 말씀한다. 예수님은 태초부터 성부와 성령 하나님과 친밀한 교제를 나누셨다. 18절은 "아버지 품 속"이라는 표현으로 그리스도께서 성부의 마음과 가장 가까운 곳에 계신다고 묘사했다.[5] 성부께서는 자신의 영원한 동반자요 친구인 성자를 우리에게 허락하셨다. 그분은 자신이 가장 소중히 여기는 존재, 곧 사랑하는 독

---

5) 눅 16:22, 23, 요 13:23-25.

생자를 우리와 같은 가장 악한 죄인들을 위해 보내주셨다. 참으로 놀라운 복음이 아닐 수 없다. 하나님은 사랑하는 말씀을 우리에게 주셨다. 하나님은 그 말씀에 대해 말하기를 좋아하고 그 말씀의 음성 듣기를 기뻐하신다. 이것이 그리스도께서 '아버지의 독생자'로 불리시는 이유다(요 1:14, 18). 이 표현은 헬라어에서 아버지와 유일한 관계를 맺고 있는 아들이나 딸, 즉 외아들이나 외동딸과 같은 특별한 관계를 가리킬 때 사용되었다.6)

나는 결혼을 통해 세 자녀를 낳는 축복을 받았다. 아내와 나는 비록 우리나 그들이 완전하지 못해도 그들 모두를 사랑하고 기뻐한다. 예수님은 하나님의 유일한 독생자이시다. 성부께서는 바로 그런 아들을 보내주셨다. 그 아들은 영원 전부터 성부의 품 안에 있었다. 성부께서는 그 아들을 완전한 사랑으로 온전히 사랑하셨고, 한 번도 꾸짖거나 나무라지 않으셨으며, 무엇이든 거절한 적이 없으셨다. 그리스도께서는 항상 성부께 순종하셨고, "나의 하나님이여 내가 주의 뜻 행하기를 즐기오니 주의 법이 나의 심중에 있나이다"(시 40:8)라고 말씀하셨다. 하나님은 그렇게 사랑스러운 말씀을 경건하지 않은 죄인들과 반도들에게 보내주셨다. 참으로 놀라운 은혜가 아닐 수 없다.

결혼 생활을 시작한 지 거의 25년이 지났다. 결혼할 때도 아내를 사랑했지만 지금은 훨씬 더 많이 사랑한다. 행복한 결혼 생활을 유지하면서 갈수록 사랑이 깊어지고 더욱 친밀해지는 것은 크나큰 축복이다. 그러나 영원 전부터 사랑을 나누어 온 성부와 성자를 생각해 보라. 그분들은 항상 모든 일을 함께 하셨다. 성부와 성자의 마음은 하나고 본질도 하나다. 성부께서는 자신의 말씀을 내주셨다. "하나님이 세상을 이처럼 사랑하사 독생자를 주셨으니"(요 3:16).

신약성경에서 요한복음만큼 성부와 성자의 사랑에 많은 관심을 기울인 성경은 없다. 요한은 성부와 성자의 관계를 무려 120회 이상 언급했고, 성부께

---

6) 눅 7:12, 8:42, 9:38, 요 1:14, 18, 3:16, 18, 히 11:17, 요일 4:9. 아울러 다음 자료를 참조하라. 70인경 삿 11:34. 토비트서 3:15, 6:10, 14, 8:17. 창 22:2, 잠 4:3, 렘 6:26에 대한 아퀼라의 번역. 창 22:12, 잠 4:3, 렘 6:26에 대한 심마쿠스의 번역. 헬라어 구약성경에서 특별히 중요한 것은 이삭이 아브라함의 '독자'로 일컬어진 횟수다.

서 성자를 사랑하신다는 말을 여덟 번이나 거듭 강조했다. 성자께서는 하나님의 사랑스런 아들이시다. 요한은 이 사랑이 하나님의 모든 활동에 동기를 부여했다고 말한다(요 3:35, 5:20).[7] 우리의 구원이 아무리 귀해도 하나님의 가장 큰 동기는 아니다. 그분의 가장 큰 동기는 성자의 영광이다.

자녀들은 가정에서 부모가 서로 사랑하는 모습을 볼 때 결코 위기의식을 느끼지 않는다. 그들은 "엄마와 아빠는 서로만을 특별히 사랑하기 때문에 나를 사랑하지 않을 거야."라고 생각하지 않는다. 오히려 부모의 사랑은 자녀에게 안정감을 가져다준다. 자녀는 "엄마와 아빠는 서로를 진정으로 사랑해."라고 생각할 뿐이다. 우리 집 막내가 유치원에 다닐 때의 일이다. 녀석은 유치원에서 백조 두 마리가 부리를 맞대고 있는 그림을 발견했다. 마치 서로 입맞춤을 하는 것처럼 보였다. 녀석은 그것을 집에 가져와 냉장고 문에 붙여 놓고는 그 밑에 '엄마와 아빠'라고 적었다. 녀석은 아내와 내가 서로를 사랑하는 것에서 안정감을 느꼈다. 사랑은 안정감을 제공한다.

만일 구원이 어떤 식으로든 우리 자신이나 우리를 사랑하시는 하나님께 대한 보답으로 우리가 드리는 사랑에 의존한다면 안정감을 느끼기 어려울 것이다. 우리는 실패하고 넘어질 것이고, 변덕스럽게 처신할 것이 분명하다. 물론 우리가 하나님을 사랑하는 이유는 그분이 우리를 먼저 사랑하셨기 때문이지만 우리의 사랑은 일관되지 못하다. 우리가 안정감을 느끼는 이유는 그리스도께서 하나님의 사랑스러운 말씀이시기 때문이다. 그분은 항상 하나님의 사랑스러운 말씀이시다.

심지어 예수님이 우리의 죄를 짊어지고 하나님께 버림당하시면서 "나의 하나님, 나의 하나님, 어찌하여 나를 버리셨나이까"(마 27:46)라고 부르짖으셨을 때도 성부의 뜻에 온전히 순종하셨기 때문에 그분의 사랑을 한껏 받으셨다(사 53:10). 성부와 성자와 성령 하나님이 삼위일체의 관계 안에서 서로 완전한 사랑을 나누시며, 결코 깨지지 않는 성삼위 하나님의 사랑이 우리의 구원의 근

---

7) 다음 자료를 참조하라. Bartel Elshout, "The Father's Love for His Son," *The Beauty and Glory of the Father*, ed. Joel R. Beeke (Grand Rapids: Reformation Heritage Books, 2013), 3-19.

간이라는 사실에서 우리는 무한한 안정감을 느낄 수 있다. 예수님은 "아버지께서 나를 보내신 것과 또 나를 사랑하심 같이 그들도 사랑하신 것을 세상으로 알게 하려 함이로소이다"(요 17:23)라고 하나님께 기도하셨다. 이것은 복음의 가장 놀라운 사실 가운데 하나다. 우리는 성부께서 독생자이신 성자께 주신 사랑에 동참한다. 이 사랑으로 믿고, 하나님의 사랑을 의지하라. 이 놀라우신 구세주를 믿고, 이 복음을 의지하라. 그분은 사랑하는 아들을 위해 가장 못한 자들에게 가장 좋은 것을 베푸셨다.

그리스도는 온전하신 신적 말씀이시다

요한복음 1장 1절은 육신이 된 말씀이 '하나님'이라고 증언한다. 여호와의 증인은 이를 '신들 중에 하나' 또는 '신과 같은'으로 번역하지만, 그리스도께서는 하나님이시다.[8] 요한복음 1장 6절을 비롯해 12, 13, 18절의 '하나님'은 헬라어 정관사가 없는 형태로 사용되었다. 심지어 여호와의 증인도 그런 구절들에서는 이를 '신들 중에 하나'로 이해하지 않는다. 따라서 요한복음 1장 1절의 '하나님'은 비록 정관사가 없다고 해도 '신들 중에 하나'가 아닌 전능하신 하나님을 가리킨다. 사실 헬라어 문법에 따르면 정관사가 없는 형태는 그 명사를 강조하고자 할 때, 곧 명백한 주장을 제기할 때 사용된다. 그리스도는 과거나 현재나 성부와 마찬가지로 온전히 신성하시다.

창세기 1장 1절의 "태초에 하나님"과 요한복음 1장 1절의 "태초에 말씀이"는 매우 흡사하다. 요한복음은 성자를 창조주이신 성부의 사역의 중심에 올려놓는다. 특히 3절은 "만물이 그로 말미암아 지은 바 되었으니"라고 확언한다.

이렇듯 그리스도는 성부 하나님을 온전히 계시하신다. 성부의 모든 속성이 성자에게 고스란히 적용된다. 이것이 예수님께서 빌립에게 "나를 본 자는 아버지를 보았거늘"(요 14:9)이라고 말씀하신 이유이자, 이사야가 그리스도를 "전능하신 하나님이라, 영존하시는 아버지라, 평강의 왕이라"(사 9:6, 10:20, 21)

---

8) *The Kingdom Interlinear Translation of the Greek Scriptures* (Brooklyn: Watchtower Bible and Tract Society of New York, 1985), 401, 1139. 요한복음 1장 1절과 '콜웰의 법칙'에 관해 알고 싶으면 다음 자료를 참조하라. Reymond, *John, Beloved Disciple*, 36(특히 각주 19번).

고 일컬은 이유다. 진실로 우리는 그리스도 안에서 "아버지의 독생자의 영광" (요 1:14)을 본다.

결론적으로 그리스도께서 온전히 신성하고, 영원하고, 사랑스러운 하나님의 아들이시라면 우리는 그분을 하나님으로 믿고 경배해야 마땅하다. 우리는 그분을 믿을 뿐 아니라 또한 경배해야 한다.

우리는 "나는 당신을 믿는다."는 말을 여러 가지 방식으로 사용할 수 있다. 먼저 과거의 목회자들이 일컬은 대로 이 말은 역사적인 믿음을 가리킬 수 있다. 이는 누군가가 믿을 만한 소식과 함께 진리를 말하고 있음을 인정하는 신앙을 의미한다. 또한 이 말은 기능적인 믿음, 곧 누군가가 나를 위해 집의 외장을 장식하는 것 같은 일을 해줄 것이라고 믿는 믿음을 가리킬 수 있다. 그리고 관계적인 믿음, 곧 누군가가 충실한 친구나 배우자가 될 것이라고 믿는 믿음을 가리킬 수도 있다. 그러나 이런 식의 믿음은 충분하지 않다. 하나님은 그리스도를 온전히 신성하신 하나님으로 믿고, 경외심을 느끼며 경배하고, 온 마음으로 의지하고, 그분께 구원의 소망을 두고, "말씀이 곧 하나님이시다."라는 진리에 우리의 운명을 거는 믿음을 요구하신다.

어느 선교사가 현지 언어에서 '믿음'이란 용어를 찾을 수가 없었다. 그는 복음을 어떻게 설명할지 몰라 참으로 난감했다. 그는 '믿음을 어떻게 설명하지?'라고 고민했다. 어느 날 그는 현지인 두 사람과 함께 길을 가다가 깊은 계곡 위를 가로지른 다리 앞에 도착했다. 다리가 조금 흔들렸지만 현지인 한 사람은 똑바로 걸어 다리를 건너갔다. 다음 사람이 다리를 건널 때 이미 다리를 다 건너간 사람이 "다리를 의지하게."라고 소리쳤다. 그 말은 다리를 의지하지 않으면 떨어질 테지만 다리를 의지하고 건너가면 다리가 몸의 무게를 받쳐 줄 것이라는 뜻이었다. '의지하게.'라는 말을 들은 선교사는 '바로 저거야. 저 말을 '믿음'을 뜻하는 말로 사용하면 되겠이.'라고 생각했다.

믿음이란 예수님을 의지하고, 신뢰하고, 경배하고, 모든 것을 그분께 바치고, 그분께 나를 온전히 맡기고, 그분을 나의 전부로 삼는 것을 의미한다. 그렇게 하고 있는가? 영원하고, 신성하고, 사랑스런 말씀을 신뢰하고 있는가?

믿음의 확신에 대해 고민하는 한 여성과 상담을 나눈 어느 스코틀랜드 목회자의 이야기도 앞의 이야기와 비슷하다. 그는 그녀를 납득시킬 수가 없었다. 그는 크게 실망하던 차에, 강물이 그녀의 뒤뜰을 지나 자기 집을 향해 흘러내리는 것을 발견했다. 그 강에는 작은 다리가 있었다. 그는 그녀가 집 뒤의 창문으로 자기를 지켜보고 있으리라 생각하고 그 다리 앞에 다가가 다리를 물끄러미 바라보다가 뒤로 펄쩍 물러섰다. 그러고는 다시 다리 앞으로 가려다가 또다시 펄쩍 뛰어 물러났다. 그녀는 그런 그를 지켜보다가 창문으로 머리를 내밀며 "다리를 의지하세요."라고 소리쳤다. 그 순간, 그는 몸을 돌려 그녀에게 "예수 그리스도를 의지하시오."라고 소리쳤다. 하나님은 그 일을 통해 그녀의 의심을 깨뜨리고, 복음의 자유를 누리도록 인도하셨다.

우리는 예수님이 하나님의 말씀이심을 생각하며 "말씀이 육신이 되어"라는 구절을 묵상했다. 우리는 성경을 근거로 한 『웨스트민스터 신앙고백』을 통해 "성삼위 하나님 가운데 2위이신 성자께서는 참되고 영원하신 하나님으로 성부와 동등하며 본질이 같으시다"(8장 2항)라고 고백한다. 이 고백이 그분을 믿는 우리의 믿음을 형성한다. 우리는 이 말씀에 온전히 관심을 기울여야 한다. 그리스도를 공경하고 경외하며 그 앞에 엎드려라. 사랑이 많으신 성부께서 자신이 가장 사랑하시는 독생자를 보내주셨다는 것을 기뻐하라. 위대하신 하나님이요 구원자이신 예수 그리스도께 엎드려 경배하라. 하나님의 말씀이신 예수 그리스도를 온전히 신뢰하라. 이것이 요한이 그리스도에 관한 복음을 기록한 이유다. "오직 이것을 기록함은 너희로 예수께서 하나님의 아들 그리스도이심을 믿게 하려 함이요 또 너희로 믿고 그 이름을 힘입어 생명을 얻게 하려 함이니라"(요 20:31).

유한자인 인간의 몸과 영혼을 입으신 말씀

요한은 단지 '말씀'에 관해서만 말하지 않았다. 그는 '말씀이 육신이 되었다고' 증언했다. 이 말은 예수님이 온전한 인성을 취하셨다는 뜻이다. 우리는 이 사실을 당연하게 여긴다. 우리는 복음을 듣는 데 익숙할 뿐 아니라 예수님이 인성, 곧 종의 본성을 취하신 말씀이심을 너무나도 잘 알고 있다. 토머스 왓슨은 "성육하신 그리스도께서는 다름 아닌 육신을 입으신 사랑이시다"라고 말했고,[9] 존 노턴은 "성육신은 기적 중의 기적이다."라고 말했다.[10]

하나님의 아들께서는 인성에 속한 것을 온전히 다 취하셨다. 바울은 "그 안에는 신성의 모든 충만이 육체로 거하시고"(골 2:9)라고 말했다. 그리스도께서는 여전히 하나님이시면서 인간이 되셨다. 성육신은 지극히 아름답고 놀라운 겸손의 행위가 아닐 수 없다. 큰 권세를 지닌 사람이 우리를 자기와 대등한 존재로 여겨 존중하며 친절을 다한다면 그의 겸손에 깊이 감동되지 않겠는가? 그리스도의 성육신은 미국의 대통령이 미국 군대의 이등병의 신분을 취한 것보다 무한히 더 큰 겸손에 해당한다.

하나님은 예수 그리스도의 가장 큰 겸손을 통해 그분 안에서 자신의 가장 큰 영광을 드러내셨다. 성육신은 영광을 구하려는 모든 야욕을 버리고, 주 예수 그리스도를 믿음으로써 종이 되라고 요구한다. 이것이 빌립보서 2장 5-13절의 핵심이다. 빌립보서 본문의 목적은 그리스도의 비하와 승귀를 가르치는 데 있지 않다. 바울이 그곳에서 그 진리를 가르친 목적은 "너희 안에 이 마음을 품으라 곧 그리스도 예수의 마음이니"(5절)라고 권고하기 위해서였다. 그의 말에는 이런 의미가 담겨 있다. "너희 빌립보 신자들아, 너희는 수년 동안 교회에 다녔다. 너희는 명예를 원하고 영광을 구한다. 그런 하찮은 야욕을 십자가 밑에 내려놓아라. 그리스도께서 자신을 비워 종이 되시고 기꺼이 십자가에서 죽으신 것처럼 너희도 그리스도를 믿고 그분을 따르는 법을 배워야 한다. 너희 자신을 비우는 법을 배우라. 영광을 구하는 일을 중단하고 기꺼이 종이 되라." 그래야 할 이유는 말씀이 육신이 되셨기 때문이다.

'육신'은 걸림돌이 될 수 있는 소지가 다분한 표현이었다. 무한한 것은 유한한 것을 취할 수 없다고 생각했던 유대인들은 이 표현을 꺼려했을 것이 분명하다. 헬라인의 경우에는 더더욱 그랬을 것이다. 헬라인들은 '말씀'이라는 용

---

9) Thomas Watson, *A Body of Divinity* (Edinburgh: Banner of Truth, 1983), 194.
10) John Norton, *The Orthodox Evangelist* (London: by John Macock for Henry Cripps and Lodowick Lloyd, 1654), 38.

어에는 공감을 느꼈다. 당시의 문화 속에서 말씀, 즉 로고스는 세계를 지배하고 혼돈에서 질서를 창조하는 원리였다. 그 말은 신성한 정신으로 간주되었던 자연법이나 '논리'와 비슷한 의미를 전달했다.[11] 헬라인들은 말씀이 육신이 되었다는 말을 듣고는 크게 놀랐을 것이다. 왜냐하면 그들은 이데아로 구성된 정신적 세계와 사물로 구성된 물질적 세계를 엄격하게 구분했기 때문이다. 그들은 물과 불처럼 둘은 서로 혼합될 수 없다고 말했다.

헬라 사상은 인간의 정신은 새가 새장에 갇힌 것처럼 육체 안에 갇혀 있다고 주장했다. 바울은 고린도전서 15장에서 그런 사고방식에 맞서야 했다. 그 이유는 고린도 신자들이 육체의 부활을 원하지 않았기 때문이다. 그들은 부활을 다시 정신을 속박시키는 것으로 이해했다. 바울은 그런 그들에게 이렇게 말했다. "그리스도께서는 머리이시고 우리는 몸이다. 따라서 그분이 부활하셨다면 우리도 부활해야 한다. 그렇지 않으면 우리의 전도나 너희의 믿음이나 모든 것이 헛될 것이다." 이처럼 신성한 말씀이 육신이 되었다는 말은 헬라인에게 몹시 거리끼는 것이었다.[12]

헬라인들을 판단하기에 앞서 우리의 문화도 세계를 두 부분, 곧 주관적인 세계와 객관적인 세계로 나누어 생각하는 경향이 있음을 기억해야 한다. 우리는 한쪽에는 정신, 가치, 감정, 믿음, 종교와 같은 사적이고 개인적인 영역이 존재하고, 다른 한쪽에는 과학, 사실, 측량 가능한 결과, 보이는 것들로 구성된 공적인 영역이 존재한다고 생각한다. 많은 사람이 이 두 영역은 서로 혼합될 수 없다고 말한다. 그 결과, 마치 일상생활과 직업 활동을 믿음과 분리시켜 서로 다른 원칙에 따라 이중적인 삶을 살아가는 사람들이 적지 않다.[13] 그러나 하나님의 생각은 둘로 나뉘지 않는다. 그분은 무한한 영이시다. 그분은 서로 밀접한 관계를 맺고 있는 영과 물질로 구성된 유한한 세계를 창조하셨고, 또

---

11) Leon Morris, *The Gospel According to John* (*Revised*) (Grand Rapids: Eerdmans, 1995), 102-3.
12) "만일 복음서 저자가 영원한 말씀이 인성을 취했다거나 육체의 형상을 취했다고 말하면 헬라의 이원론에 깊이 물든 독자는 그 말을 이해하지 못했을 것이다. 그러나 요한은 자신이 사용하는 표현이 무슨 의미인지 명확히 알고 있었다. 그의 진술은 거의 충격에 가까웠다." D. A. Carson, *The Gospel According to John* (Grand Rapids: Eerdmans, 1991), 126.
13) 다음 자료를 참조하라. Nancy pearcey, *Total Truth: Liberating Christianity from Its Cultural Captivity* (Wheaton: Crossway, 2004).

한 다스리신다. 성육신을 통해 영원하신 영이 인간의 정신과 육체와 결합하셨다. '말씀이 육신이 되셨다.'

'육신'이라는 말을 생각할 때는 육체, 영혼, 죽음이라는 세 가지 용어를 살펴봐야 할 필요가 있다.

그리스도는 인간의 육체를 취하셨다

그리스도의 육신은 그분의 '살과 피'를 의미했다(요 6:51-56). 따라서 말씀이 육신이 되었다는 것은 그리스도께서 물리적으로 인간이 되셨다는 뜻이다. 교회가 직면한 초기 이단 사상 가운데 하나는 그리스도의 참된 인성을 부인했던 '가현설'(Docetism)이었다. 요한은 요한일서 4장 3절과 요한이서 1장 7절에서 이 이단 사상을 논박했다. 가현설은 예수님의 육체가 한갓 환영에 지나지 않는다고 주장했다. 다시 말해, 예수님의 육신은 만질 수도 있고 상처받을 수도 있는, 살과 피로 이루어진 역사적인 실체가 아니라는 주장이다. 그러나 요한은 그리스도의 성육신이 헬라 문화의 통념과는 달리 살과 피로 이루어진 한 인격 안에서 인성과 신성의 결합임을 여러 곳에서 분명하게 밝혔다.

성육신은 오늘날의 문화적 통념과도 크게 상충한다. 복음은 단지 정신적 개념이 아닌 사실과 사물을 다루는 객관적 실체다. 복음은 물리학과 생물학과 역사학의 영역에 속해 있다. 하나님의 아들이 우리처럼 물리적인 존재가 되셨다. 그분의 손은 목수의 작업장에서 목재를 다루느라 거칠어졌고, 그분의 등은 채찍질에 의해 갈라졌다. 그분은 참된 인간이셨다. 그분은 실제로 죽으셨다. 그분의 심장은 멈추었고, 뇌의 활동은 중단되었다. 그분의 부활은 물리적인 육체가 새롭게 되살아난 사건이었다. 그분은 말씀하셨고, 사람들은 그분을 만질 수 있었다. 그분은 물고기를 잡수셨다.

예수님은 우리의 육체를 비롯해 모든 피조물을 새롭게 하기 위해 오셨다. 잠수부가 잃어버린 보물을 건져 올리기 위해 깊은 바다 속으로 내려가는 것처럼, 그리스도께서는 우리의 육체를 영광스럽게 변화시키기 위해 육신을 입고 세상에 오셨다. 그분의 부활은 무너진 과거의 질서라는 잿더미에서 다시 살아난 불사조처럼 새로운 창조를 이루는 시작이었다. 이것이 빌립보서가 전하는 진리다.

"그러나 우리의 시민권은 하늘에 있는지라 거기로부터 구원하는 자 곧 주 예수 그리스도를 기다리노니 그는 만물을 자기에게 복종하게 하실 수 있는 자의 역사로 우리의 낮은 몸을 자기 영광의 몸의 형체와 같이 변하게 하시리라"(빌 3:20, 21).

구세주를 믿어라. 그분은 부활이요 생명이시다. 그리스도를 믿는 믿음은 단지 죽음 이후의 삶만을 기대하지 않는다. 바울은 고린도전서 15장에서 믿음은 육체의 부활을 기대한다고 말했다. 이것을 진정으로 믿는다면 죽음을 두려워하는 마음이 지금보다 훨씬 덜할 것이다. 암이나 자동차 사고로 죽을까봐 두려워하는 마음도 크게 줄어들 것이다. 성자께서 우리와 같은 육체를 취하시고 영화롭게 되셨다. 언젠가는 우리의 육체도 그분의 영광스런 육체처럼 영화롭게 될 것이다.

한 남자가 라트비아공화국에서 강도를 당했다. 그는 두들겨 맞고 결박되었다. 그를 공격한 사람들은 자신들이 마피아라고 소리치면서 칼로 그의 등을 위아래로 그어댔다. 그들은 "너는 마피아의 손에 붙잡혔으니 결코 살아 돌아가지 못할 것이다."라고 말했다. 그는 눈가리개를 하고 재갈을 문 채 바닥에 쓰러져 있었고, 그들은 칼로 그의 등을 그어대며 얼굴을 때렸다. 살아 돌아간다는 것을 생각조차 할 수 없는 상황이었다. 그는 그런 생각을 할 틈이 없었다. 그러나 그 순간, 그의 마음속에 한 가지 떠오르는 것이 있었다. 그것은 하나님의 은혜였다. 그는 '그리스도께서는 나를 위해 피를 흘리시고, 나를 위해 부활하셨다. 지금 그분은 나를 위해 육체로 하늘에 계신다. 내가 지금 이 바닥 위에서 죽는다면 그분과 함께 있게 될 것이다.'라고 생각했다. 그러자 그런 상황에서도 그는 말로 다 할 수 없는 평화를 느낄 수 있었다.

내가 말하려는 요점은 이렇다. 그리스도 안에 있는 한, 우리는 영원히 안전하다. 우리는 이생의 문제를 모두 극복할 수 있다. 영광스러운 미래가 있다. 가장 좋은 것은 아직 이루어지지 않았다. 하나님의 백성은 이생에서든 내세에서든 가장 좋은 것을 누린다. 그들은 이생에서는 참된 평화를 누리고, 내세에서는 영원한 영광을 누린다.

우리의 미래는 영광스럽기 그지없다. 그리스도께서는 다시 살아나기 위해 죽으셨다. 그분은 지금 하늘, 곧 영광스러운 임마누엘의 세계를 다스리신다. 그분은 이 세상도 다스리시고, 지옥도 다스리신다. 그리스도께서는 모든 것을 다스리신다. 우리는 그분을 만나게 될 것이고 죄에서 온전히 자유롭게 될 것이다. 너무나도 영광스럽다. 내 육체 안에 더 이상 죄가 거하지 않을 것이다. 내 영혼 안에도 죄가 더 이상 존재하지 않을 것이다. 그리스도께서는 나를 완전한 신부로 맞이하실 것이다. 그런데 어찌 그분과 함께 거하기를 바라지 않을 것인가? 과거에 어떤 목회자가 말한 대로 그리스도와 영원히 함께 있기를 바라지 않는 사람은 믿음이 성장할 가능성이 희박하다.

우리는 시간과 소유와 육신에 속박되어 있다. 예수님은 "나는 너희를 구원하고, 너희의 육체를 영광스럽게 만들어 영원히 영광 중에서 육체와 영혼으로 나를 경배할 수 있도록 하기 위해 인간의 몸을 취했다."고 말씀하셨다. 이것이 '말씀이 육신이 되셨다.'는 요한의 위대한 선언에서 배울 수 있는 첫 번째 교훈이다.

그리스도께서 인간의 영혼을 취하셨다

'육신'은 인간의 전인(全人)을 가리킨다. 히브리서 2장 17절은 "그가 범사에 형제들과 같이 되심이 마땅하도다"라고 말씀한다. 물론 히브리서 4장 15절은 "죄는 없으시니라"고 덧붙였다. 예수님은 고난과 영혼의 유혹과 관련해서도 우리와 똑같으셨다. '아폴리나리우스주의'(Apolinarianism)라는 고대의 이단은 그리스도께서 인간의 생각과 마음을 취하셨다는 것을 부인했다. 이 이단 사상은 마치 외계인이 사람의 껍질을 취한 것처럼 그리스도께서 인간의 육체를 취하셨다는 식의 주장을 펼쳤다. 그러나 예수님은 실제로 인간의 생각과 경험과 감정을 고스란히 취하셨다. 그분은 속과 겉이 모두 참된 인간이셨다.

성경에서 '육신'이라는 용어는 인간의 사고방식을 가리킨다(요 8:15). 성경은 예수님이 어린아이에서 성인으로 자라시면서 지혜도 아울러 자랐다고 말씀한다(눅 2:40, 52). 인간의 생각을 지닌 예수님은 자신의 재림이 있을 때가 언제인지 알지 못하셨다(막 13:32). 그렇다고 해서 예수님의 가르침을 신뢰하는 믿음이 흔들려서는 곤란하다. 왜냐하면 성령께서 그리스도의 인성에 오류 없는 진리를 충만하게 채워주셨기 때문이다. 예수님은 성장 과정을 거치는 인간의 생각을 소유하셨다. 그분의 인성에는 어느 정도 정신적인 한계가 있었다. 이 사실을 믿지 않는다면 어떻게 그분의 죽음을 받아들일 수 있겠는가? 하나님의 본성은 영원불멸하다. 예수님은 참 하나님일 뿐 아니라 참 인간이셨다.

또한 '육신'은 성경에서 인간의 감정과 욕구를 가리키기도 한다(요 1:13). 예수님은 우셨고, 깊은 슬픔을 느끼기도 하셨다(요 11:35). 그분은 경건한 마음으로 기뻐하기도 하셨고(눅 10:21), 성부 하나님의 임재에서 비롯하는 평화와 사랑을 경험하기도 하셨다(요 8:29). 무엇보다 그분은 자기 백성을 대신해 그 어떤 사람보다 더 깊은 슬픔과 절망을 느끼셨다. 예수님은 겟세마네 동산에서 깊은 슬픔에 압도되어 사람이 아닌 벌레처럼 괴로워하셨다. 그분은 "내 아버지여 만일 할 만하시거든 이 잔을 내게서 지나가게 하옵소서"(마 26:39)라고 간구하셨다. 그분은 임박한 하나님의 진노에 전율하셨고, 십자가 위에서는 그 누구도 상상할 수 없는 깊은 어둠을 맛보셔야 했다. 그분은 초인이 아니었다. 그분은 실제로 인간의 감정을 느끼셨다. 그 모든 것 중심에는 죄인들을 구원하시려는 그분의 간절한 염원이 있었다.

아내와의 관계를 개선하기 원하는 한 남자가 있었다. 그는 "남편들아 이와 같이 지식을 따라 너희 아내와 동거하고"(벧전 3:7)라는 구절을 읽고는 이 말씀이 무슨 뜻인지 궁금해했다. 그러고는 '내 아내는 말을 좋아하지만 나는 말에 관해 아무것도 몰라. 우리 집에는 말이 두 마리 있지. 말에 관해 배워야겠어. 아내를 좀 더 잘 알고 싶어.'라고 생각했다. 그는 헛간에서 아내를 돕기 시작했다. 아내는 말에 관해 아무것도 알지 못하는 그를 비웃었지만 그는 개의치 않고 열심히 그녀를 도왔다. 그는 점차 말을 진정으로 사랑하게 되었고, 그러면서 아내와도 더욱 가까워졌다. 말에 관한 지식을 나누다 보니 부부가 서로 친밀해질 수 있는 계기가 마련되었다. 그는 아내의 세계에 들어갔고, 그들은 서로를 이해하며 더욱 가까워졌다.

이것을 우리의 논의에 적용해 보자. 주님은 죄로 물든 이 세상에 오셨고, 우리와 가까운 그 어떤 사람보다 더욱 우리와 친밀한 관계를 맺기를 원하셨다. 그분은 모든 일에 우리와 같이 되셨다. 우리가 당하는 유혹 가운데 그분이 당하거나 극복하지 않으신 유혹은 없다. 이 사실을 의심하지 말라. 유혹이 닥쳤을 때는 "주님, 주님도 겪으신 유혹입니다. 주님께서 이 유혹을 극복할 수 있는 힘을 주실 줄 믿고 주님을 바라봅니다."라고 기도하라. 그분의 사랑 안에서 기뻐하고, 마음에서 감사가 넘치게 하라. 그분이 인간이 되신 것은 단지 우리를 죄에서 구원하기 위해서가 아니라 우리의 진정한 영혼의 친구가 되시기 위해서다.

그리스도는 인간의 죽음을 당하셨다

예수님은 하나님과 죄인들을 자신의 죽음으로 화목하게 하도록 육신이 되셨다. 성경에서 '육신'은 오늘 있다가 내일이면 사라질 일시적인 존재, 곧 죽음을 피할 수 없는 유한한 존재라는 의미를 담고 있다.[14] 예수님은 자기 자신을 '살아 있는 떡'으로 일컬으셨다. "나는 하늘에서 내려온 살아 있는 떡이니 사람이 이 떡을 먹으면 영생하리라 내가 줄 떡은 곧 세상의 생명을 위한 내 살이니라"(요 6:51). 말씀이 육신이 되신 목적은 세상을 위해 자기 살을 내주어 생명을 주기 위해서였다. 그분은 우리의 생명을 위해 죽음을 당하셨고, 우리를 천국으로 인도하기 위해 지옥의 고통을 맛보셨다. 의로우신 그분이 불의한 자가 되신 이유는 불의한 우리가 그분 안에서 의로워지게 하시기 위해서였다. 그리스도께서는 우리를 거룩하게 하시기 위해 부패한 우리의 본성을 취하셨다. 영광스러운 복음의 맞바꿈이 이루어진 것이다.

하나님과 인간 사이의 파괴된 언약은 그분의 정의가 만족되고 나서야 비로소 회복되었다. 예수님은 우리 스스로는 결코 할 수 없는 두 가지 일을 행하셨다. 먼저 그분은 우리의 죗값을 치르셔야 했다. 그분은 십자가의 고통스런 죽음에 수동적인 순종(Passive Obedience)을 하셔야 했다(갈 3:13). 또한 그분은 우리를 위해 율법을 온전히 이루셔야 했다. 그분은 다른 무엇보다 하나님을 더 사

---

14) 시 73:26, 78:39, 사 31:3, 40:6, 고전 15:50.

랑하고 이웃을 자기 자신처럼 사랑하는 적극적인 순종(Active Obedience)을 실천하셨다(롬 5:19, 갈 4:4). 그리스도의 수동적이고 적극적인 순종의 결과로 하나님의 정의를 거스른 죄가 속량되었다. 다윗이 므비보셋을 볼 때 요나단의 모습을 떠올린 것처럼, 이제 하나님은 우리를 보실 때 자기와 우리 사이에 있는 예수 그리스도를 보신다. 우리가 은혜로 그리스도를 믿으면, 성부 하나님은 높은 보좌 위에서 비천한 우리 죄인들을 내려다보실 때 자기의 아들을 보신다. 이 두 가지가 모두 우리에게 전가되어 우리의 것으로 간주된다. 이것을 우리에게서 빼앗아갈 자는 아무도 없다. 이 덕분에 하나님은 "자기도 의로우시며 또한 예수 믿는 자를 의롭다" 하실 수 있게 되셨다(롬 3:26). 예수님이 죽으셔야 했던 이유는 하나님의 정의를 만족시킬 수 있는 길이 오직 그것뿐이었기 때문이다.

예수님은 우리의 구원자가 되기 위해 죄의 삯은 사망이라는 사실을 직접 체험하셔야 했다. 그분은 죄의 문제를 해결하기 위해 세상에 오셨다. 죄의 문제를 해결할 수 있는 방법은 예수님이 핏방울과 같은 땀을 흘리며 고민하시고, 죄를 미워하시는 하나님의 진노를 고스란히 감당하는 것밖에 없었다. 그것은 그분이 우리를 대신해 죽어 무덤에 장사되고 나서 무저갱과 불못의 형벌을 당하신 것이나 다름없는 고통이었다.

죄를 차마 보지 못하시는 하나님이 갈보리를 바라보셨을 때 도무지 상상할 수 없는 일이 일어났다. 성자 하나님이 우리의 죄를 짊어지고 그 위에 매달려 거룩하신 하나님의 불같은 진노를 고스란히 감당하고 계셨다. 성자를 영원히 품에 품고 계셨던 성부께서 고개를 돌려 외면하셨다. 골고다의 고난이 무엇을 의미하는지 생각해 본 적이 있는가? 십자가를 볼 때 무엇을 보는가?

이스라엘에 가면 골고다로 추정되는 장소를 볼 수 있다. 관광객들의 인기가 높은 곳이라 깨끗하게 잘 정리되어 있다. 사실 골고다는 유쾌하고 아름답고 상쾌한 장소와는 거리가 멀었다. 그곳은 추악하고 잔인하고 역겹고 수치스런 장소였다. 그곳에 있는 것은 모두 혐오스러웠다. 골고다에서 질서나 조화나 품위는 전혀 찾아볼 수 없었다. 그곳에는 해골과 뼈와 부패한 살덩이뿐이었다. 그곳은 피로 물든 십자가들이 서 있던 장소, 곧 희생자들이 행인들의 심한 욕설을 들으며 고통 속에 몸을 비틀던 장소였다. 예수님의 편에 서서 말한 사람은 단 한 사람, 비천한 범죄자뿐이었다. 마음이 순결한 여인들도 굳게 침묵했고, 제자들은 두려워 몸을 감추었으며, 친구들도 그분을 버렸다. 동정의 눈길로 그분을 바라본 사람은 아무도 없었다. 예수님은 하늘과 땅과 지옥의 버림을 받은 채 그곳에 매달려 고통을 당하셨다. 항상 그분을 사랑하셨던 성부께서도 냉담하셨다. 죄는 시내 산의 천둥과 번개만큼 두려울 뿐 아니라 그리스도의 찢어진 육신만큼 처참하기 그지없다.

우리의 죄가 임마누엘이신 주님께 어떤 영향을 미쳤는지 생각해 보았는가? 신랑이신 주님이 우리를 신부로 맞이하기 위해 우리의 모든 빚을 청산하고, 우리를 죄에서 구원하기 위해 성부 하나님의 진노의 쓴잔을 마지막 한 방울까지 남김없이 마셨을 때 그분이 어떤 고통을 감수하셨는지 아는가? 고린도후서 5장 21절은 "하나님이 죄를 알지도 못하신 이를 우리를 대신하여 죄로 삼으신 것은 우리로 하여금 그 안에서 하나님의 의가 되게 하려 하심이라"고 말씀한다. 이 복음을 진정으로 믿는가? 육신이 되신 예수 그리스도를 신뢰하는가?

그리스도께서 우리를 구원하시려고 얼마나 많은 희생을 감당하셨는지 모른다. 우리의 친구들 가운데는 어린 고아를 입양해 사랑으로 키우려고 수천 킬로미터나 멀리 떨어진 아시아로 달려가 많은 비용을 쓰면서 복잡한 법률 문서를 작성하고, 몇 번이나 그곳을 오가는 수고를 아끼지 않는 이들이 더러 있다. 하나님은 개개인의 신자를 위해 그런 수고, 아니 그보다 무한히 더 큰 수고를 아끼지 않으신다.

그리스도께서는 이 세상에 33년 동안 거하시면서 십자가를 향해 가셨다. 그분은 자신의 백성을 끝까지 사랑하셨을 뿐 아니라 심지어는 죽음의 대가를 치르셨다. 만일 그분이 중도에 멈추셨거나 죽음을 감당하지 않으셨다면 우리의 죗값은 여전히 그대로일 것이고, 우리는 하나님의 가족으로부터 유리된 채 영원한 고아로 살아가고 있을 것이다. 그러나 그리스도께서는 율법의 모든 요구를 만족시키셨다. 그분은 우리를 살려 하나님의 가족이 되게 하고, 성부 하나님의 집에 영원토록 거하게 하시고자 죽으셨다.

요한이 "보라 아버지께서 어떠한 사랑을 우리에게 베푸사 하나님의 자녀라 일컬음을 받게 하셨는가"(요일 3:1)라고 말한 것은 지극히 당연했다. 이 사랑은 과연 어디에서 왔을까? 이 사랑은 우리가 사는 세상에 속하지 않는다. 성부께서 우리에게 사랑을 베풀어 하나님의 자녀라고 일컬음을 받게 하신 이 사랑은 도대체 어떤 사랑일까? 하나님이 독생자의 죽음을 통해 우리를 자신의 자녀로 받아들이셨지 않은가? 이런 사랑은 그 어디에도 없다. 요한은 이 놀라운 사랑에 크게 감격했다. 우리를 가족으로 받아주시고, 자녀의 특권과 가족의 권리와 축복을 허락하신 하나님의 사랑은 진정 놀랍기 그지없다.

몇 년 전, 우리 모두는 세상에서 가장 큰 가족의 일원이기에 하나님의 백성 가운데 혼자인 사람은 아무도 없다는 주제로 말씀을 전한 적이 있다. 나중에 한 여성이 울면서 내게 찾아와서 이렇게 말했다. "나는 고아입니다. 부모도 없고, 형제도 없습니다. 오스트레일리아에 삼촌이 한 분 있지만 내게 소식을 전해 온 적이 한 번도 없습니다. 일주일 내내 마음이 몹시 우울했습니다. 그러나 오늘 밤 전에는 전혀 생각하지 못했던 말씀을 들었습니다. 나는 하나님의 가족입니다. 예수 그리스도를 통해 입양되었습니다. 내게는 형제자매가 무수히 많습니다." 홀로 외로워할 필요가 없다. 우리에게는 그리스도께서 계시고, 또 수평적인 차원에서 다른 신자들과 관계를 맺고 있다. 그리스도의 죽음을 통해 이 모든 축복을 허락하신 하나님께 감사드린다.

내 형제 가운데 하나는 슬하에 열세 자녀를 낳았다. 그들 모두가 결혼했고, 모두들 서로를 사랑한다. 그의 가족은 참으로 놀랍다. 그들은 집 밖에서 오락거리를 찾을 필요가 없다. 결혼한 형제자매들이 서로를 방문하면서 즐거운 시간을 보낸다. 모두 합쳐 스물여섯 명이나 된다. 그들은 항상 서로 연락을 주고받으며 친밀하게 지낸다. 참으로 다복한 대가족이 아닐 수 없다.

언젠가 하나님의 자녀로 입양된 자들이 영광 중에 한자리에 모이면 그리스도의 죽음이 어떤 역사를 이루었는지 분명하게 알게 될 것이다. 예배당에 들어갔는데 예배를 드리는 사람이 나 한 사람뿐이라면 어떤 느낌이 들겠는가? 아마도 분위기가 너무나 썰렁해 아무런 열정도 느끼지 못할 것이다. 그러나 신자들이 가득한 예배당에 들어가면 하나님의 놀라운 가족의 일원이라는 느낌을 받을 것이다. 그런 경험은 단지 잠깐의 맛보기에 지나지 않는다. 그리스도의 죽음을 통해 한자리에 모인 수많은 신자들이 하나님을 찬양하는 광경을 상상해 보라. 그런 일이 가능한 이유는 말씀이 육신이 되셨기 때문이다. 죽어가는 죄인들을 위해 죽어가는 육신이 되신 말씀을 의지하라. 그러면 그분 안에서 생명을 얻게 될 것이다.

주님을 영원히 믿고 섬겨라

하나님은 신성과 인성을 지니신 구원자를 한 번이 아니라 수천 번이나 우리를 위해 내주신다. 예수님은 제자들과 함께 유대를 떠나 갈릴리로 가시는 도중에 사마리아를 지나치면서 한 우물가에 이르셨다. 한 사마리아 여인은 예수님이 먼저 자기에게 말을 걸어오시자 깜짝 놀랐다. 그녀는 예수님이 말씀하시는 생수에 관해 물었고, 그분의 말씀을 듣고 놀라 친구들에게 구원자를 만났다는 소식을 전하기 위해 달려갔다. 그녀는 "내가 행한 모든 일을 내게 말한 사람을 와서 보라 이는 그리스도가 아니냐"(요 4:29)라고 말했다.

예수님은 그런 식으로 우리에게 찾아오신다. 겸손히 인간의 본성을 취하신 그분은 지치고, 덥고, 목마르고, 도움이 필요한 상황이 무엇을 의미하는지 익히 알고 계신다. 그분은 자기 자신을 생명의 물로 내주신다. 물론 그리스도께서는 하나님으로서 우리에게 찾아오신다. 그분은 전능하신 하나님으로서 우리에게 다가오신다. 그분은 우리를 온전히 알고 계신다. 그분은 우리의 모든 죄와 부정한 과거와 악한 마음을 모두 아시고 자신을 값없이 내주신다. 그분이 온전한 용서와 하나님의 평화와 생명의 물을 제공하실 수 있는 이유는 육신이 되신 말씀이기 때문이다.

예수님은 사람으로서는 우리처럼 하나님의 채워주심을 필요로 하는 빈 잔이셨고, 하나님으로서는 우리의 영혼을 영원히 만족시킬 수 있는 생명의 물이시다. 하나님은 예수님의 인성이라는 잔을 취해 그곳에 자기 자신을 가득 채워 우리에게 내미신다. 하나님은 예수님 안에서 우리에게 자기 자신을 내주신다. 그분의 제의를 받아들이라. 그분이 내미는 잔을 받으라. 믿음으로 생명의 물을 마셔라. 믿음이라는 빨대로 하나님의 은혜를 통해 주어진 생명의 물을 흡입하라. 예수님을 믿으라. 그분은 성육하신 말씀이시다. 그리스도를 믿음으로 영접했다면 지금부터 영원토록 그분을 위해 살아가라.

    1850년대에 한 부유한 영국인이 골드러시 기간에 캘리포니아에 가서 많은 돈을 벌었다. 거부가 된 그는 뉴올리언스를 거쳐 영국으로 돌아갔다. 그 역시 많은 관광객이 1850년대에 뉴올리언스에서 했던 일(불명예스러운 노예 시장을 찾는 일)을 했다. 그가 그곳의 모퉁이를 돌아서는데 한 젊고 아름다운 아프리카 여성이 거래되는 광경이 눈에 띄었다. 군중 가운데 두 남자가 그녀를 사기 위해 서로 비싼 값을 부르고 있었다. 그들은 그 영국인 바로 앞에서 그녀를 손에 넣은 후 그녀에게 행할 일을 말하고 있었는데 그 내용이 입에 담을 수 없을 만큼 끔찍했다.

    그 영국인은 크게 분노했다. 그는 경매인에게 "누가 이 노예의 값을 제시하든 나는 그 두 배를 내겠소."라고 소리쳤다. 경매인은 경매를 중단하고, "값을 두 배로 주겠다고요? 지금까지 노예를 사기 위해 그렇게 많은 돈을 낸 사람은 아무도 없었소이다. 그만한 돈을 실제로 가지고 있는 게요?"라고 물었다. 그 영국인은 호주머니에서 돈을 꺼내 흔들어 보였다. 그 순간 경매인은 "경매 완료!"라고 말했다.

    그 남자는 앞으로 걸어 나가 그 젊은 여성을 이끌고 나와서는 자기와 마주하고 앉게 했다. 그녀는 그의 얼굴에 침을 뱉었다. 그는 얼굴에 묻은 침을 닦고, 그녀를 몇 블록 떨어진 곳으로 데려갔다. 그러고는 한 사무실에 들어가서 책상 뒤에 앉은 남자와 논쟁을 벌이고는 마침내 "나는 이 일을 할 권리가 있소이다."라고 말했다. 그 영국인은 몇 가지 문서에 서명한 후 돌아서서 그 여인에게 건네주며 "당신의 노예 해방 문서요."라고 말했다. 그녀는 다시 그의 얼굴에 침을 뱉었다.

    그는 침을 닦으며 "이해하지 못하는 것이오? 당신은 자유요."라고 말했다. 그녀는 그를 잠시 물끄러미 바라보더니 그의 발 앞에 엎드려 그의 장화를 붙잡고 울기 시작했다. 그녀는 한참 동안 울고 나서 그를 올려다보면서 "선생님,

노예를 사기 위해 그 어떤 사람이 지불한 돈보다 더 많이 지불하지 않았나요? 단지 저를 자유롭게 하기 위해 저를 사신 것인가요?"라고 물었다. 그는 "그렇소."라고 대답했다. 그녀는 다시 울기 시작했다. 마침내 그녀는 그를 올려다보며 "선생님, 한 가지 청이 있습니다. 선생님의 노예가 되어 영원히 선생님을 섬기면 안 될까요?"라고 말했다.[15]

그리스도인도 그런 태도를 취해야 한다. 성육하신 말씀이신 예수 그리스도께서는 노예를 사기 위해 그 어떤 사람이 지불한 것보다 더 많은 것을 지불하셨다. 일단 자유를 얻으면 그분을 영원히 섬기고 싶어질 것이다.

---

15) Paris Reidhead, "So Great Salvation," *SermonIndex*, http://www.sermonindex.net/modules/articles/index.php?view=article&aid=16849. 2013년 11월 26일 검색.

8장

THE LIFE AND MINISTRY OF JESUS

예수님의 생애와 사역

: 이안 더귀드

"인자가 온 것은 섬김을 받으려 함이 아니라 도리어 섬기려 하고 자기 목숨을 많은 사람의 대속물로 주려 함이니라." 마가복음 10장 45절은 그리스도의 인격과 사역을 간략하게 요약한다. 나는 여기에서 세 가지를 살펴보고 싶다. 이 세 가지는 따로 구별되지 않고 서로 밀접하게 관련되어 있다. 예수님은 누구시고, 무엇을 하기 위해 오셨으며, 이 진리가 주는 교훈은 무엇인지를 우리의 삶 속에서 옳게 이해한다면 분명히 놀라운 변화가 일어날 것이다.

첫째, 마가복음 10장 45절은 예수님이 누구신지를 보여준다. 예수님이 신약성경에서 자신을 가리키는 칭호로 가장 자주 언급하신 것은 '인자'였다. 예수님이 그 칭호를 처음 만드신 것은 아니다. 청중들은 예수님께서 언급하신 '벤 아담'(ben adam)이라는 히브리어를 듣는 순간 구약성경의 서로 다른 두 가지 개념을 떠올렸을 것이다.

먼저 이 표현은 일반적으로 유한한 인간과 전능하신 하나님의 차이를 강조하는 의미로 사용되었다. 민수기 23장 19절에서 발람은 "하나님은 사람이 아니시니 거짓말을 하지 않으시고 인생(벤 아담)이 아니시니 후회가 없으시도다"라고 말했다. 하나님은 이사야서에서 "너는 어떠한 자이기에 죽을 사람을 두려워하며 풀 같이 될 사람의 아들을 두려워하느냐"(사 51:12)라고 이스라엘 백성을 부드럽게 책망하셨다. 구약성경에서 '인자'라는 용어를 가장 많이 사용한 성경은 에스겔서다. 하나님은 에스겔 선지자를 부르실 때 이 칭호를 사용하셨다. 그 이유는 그가 거룩하고 전능하신 하나님과 비교할 때 지극히 연약하고 무가치함을 일깨워 주시기 위해서였다.

아울러 마가복음 10장에 사용된 '인자'라는 용어는 예수님의 청중에게 다니엘서 7장의 영광스러운 환상을 상기시켜 주었다. 다니엘은 환상 중에 '인자 같은 이'가 하늘 구름을 타고 와서 옛적부터 항상 계시는 이에게 나아가 권세와 영광과 모든 민족과 국가와 언어를 다스릴 권한을 부여받는 광경을 목격했다(단 7:13, 14). 여기에 나타난 '벤 아담' 곧 아담의 아들은 단순한 인간을 훨씬 뛰어넘는 존재였다. 사실, 그는 인간과 하나님의 속성을 모두 지닌 인격체였던 것으로 보인다. 그러나 그가 '인자 같은 이'인 한, 유한한 인간인 것이 분명하다.

다니엘의 환상 앞부분에 등장하는 옛적부터 계신 이는 신인동형적 형태(anthropomorphic form)로 묘사되었다. 그분은 옷을 입고 보좌 위에 앉아 있었고 머리는 양의 털처럼 희었다. 그 다음에 등장하는 두 번째 인물만 '인자 같은 이'로 묘사되었는데 이 말은 그가 단순히 인간의 형태로 나타나신 하나님이라기보다는 좀 더 인간에 가까운 존재임을 암시한다. 그와 동시에 이 인자는 하늘 구름을 타고 있었다. 이는 신적인 권위를 뜻하는 명백한 증거다. 구약성경에서 하늘의 구름을 타는 것으로 묘사된 존재는 오직 하나님뿐이다(시 68:4, 사 19:1 참조). 인자는 옛적부터 계신 이 앞으로 나아와 권세와 영광을 비롯해 모든 민족과 나라를 다스리는 권한을 부여받는다. 그들은 모두 그에게 절하며 경배한다.

여기에 사용된 아람어 가운데 하나인 '팔라크'(*palach*)는 다른 곳에서도 항상 하나님을 존중하는 태도를 가리킨다. 다니엘서가 분명하게 보여주는 대로 오직 하나님께만 속하는 영원히 무너지지 않는 통치권과 주권이 인자에게 주어졌다. 그것은 주권자이신 하나님이 이 세상 나라들에게 허락하신 일시적인 영광 및 권세와는 크게 대조된다. 다니엘은 그 환상을 어떻게 이해했을까? 그는 크게 당혹해 했을 것이 분명하다.

지금 우리의 위치에서 뒤를 돌아보면 '인자'가 세상에서 구원 사역을 감당하신 예수님을 가리키는 완벽한 칭호라는 사실을 쉽게 이해할 수 있다. 왜냐하면 이 칭호는 그 자체로 단순한 인성과 누구도 필적할 수 없는 영광스런 신성이라는 서로 일치하지 않는 개념을 완벽하게 하나로 결합하기 때문이다. 예수님의 지상 사역이 이루어지는 동안에는 인자의 두 측면 가운데 인간의 측면이 크게 두드러졌다. 유진 피터슨은 이렇게 말했다. "인자는 창기와 함께 음식을 먹었고, 세리와 함께 점심을 드셨으며, 어린아이들을 축복하는 데 시간을 할애하셨다. 그분은 로마 군대를 그 땅에서 몰아내야 할 시점에서 많은 성공을 거둔 바리새인들과 영향력 있는 사두개인들을 외면한 채 중요하지 않은 인생의 낙오자들을 치유하느라 여념이 없으셨다."[1)]

예수님은 궁극적으로 십자가에 매달려 창에 찔린 채 피를 흘리셨다. 그분은 죽어 무덤에 장사되었다. 조금도 하나님답지 않아 보이지 않는가? 아담의 후손은 모두 죽는다. 예수님도 죽으셔야 했다. 그러나 비록 세상에서는 장막에 감추어져 있었지만 그분이 인자로서 지닌 권위는 여전히 사라지지 않았다. "어떤 랍비는 이렇게 말했고 어떤 랍비는 저렇게 말했다."는 식으로 가르쳤던 당시의 랍비들과는 달리 예수님은 사람들을 가르칠 때 어느 누구도 필적할 수 없는 권위를 드러내셨다. 그분은 "너희는 이렇게 들었으나 나는 너희에게 이르노니."라고 말씀하셨다.

모세는 이스라엘 백성에게 하나님의 율법을 전달했지만 예수님은 산 위에서 사람들에게 자신의 율법을 가르치셨다. 그분은 육신이 되신 하나님이시기 때문에 선지자들처럼 말씀을 가르칠 때 권위를 내세우려고 "하나님이 말씀하시기를"이라는 말로 서두를 꺼낼 필요가 없으셨다. 그분 자신이 하나님이셨다. 그분은 사람들의 죄를 용서하셨다. 그것은 오직 하나님만의 특권이었다. 또한 그분은 인자로서 자기에게 심판하는 권한이 있다고 주장하셨다. 예수님은 요한복음 5장 27절에서 성부 하나님이 자신에게 "인자됨으로 말미암아 심

---

1) Eugene Peterson, *Reversed Thunder* (San Francisco: Harper and Row, 1988), 30.

판하는 권한을 주셨느니라"고 말씀하셨다. 이 말씀은 다니엘서 7장을 분명하게 암시한다.

예수님은 빌라도에게 심문을 당하실 때 세상에 속하지 않은 왕국을 소유하고 계신다고 밝히셨고, 그 누구도 자신의 생명을 빼앗을 권한이 없다고 선언하셨다. 예수님은 자신의 목숨을 내놓을 수도 있었고, 다시 취할 수도 있으셨다. 변화산에서 예수님의 참 모습이 잠시 드러나자 그곳에 같이 갔던 세 제자는 그분의 얼굴에서 빛나는 하나님의 영광을 직접 목격했다. 예수님은 하나님의 아들이요 인자이시기 때문에 그분에게서 영광과 겸손이 모두 나타났다. 그분은 참 인간이요 참 하나님이시다.

종이신 예수님

예수님은 인자일 뿐 아니라 또한 종이셨다. 마가복음을 읽어보면 제자들이 '인자'라는 칭호를 들었을 때 구약성경 전체가 아닌 다니엘서 7장만 염두에 두었던 것을 알 수 있다. 그들은 예수님이 구름을 타고 오셔서 영광스런 나라를 건설하시고 특별히 사랑하는 제자들에게 그분의 좌우편에 설 수 있는 특권을 허락하는 인자가 되시기를 기대했다. 그러나 그들은 몸에 칼을 지닌 지극히 영광스런 천상의 존재, 곧 원수들에게는 하늘로부터 불을 내려 진멸하고 친구들은 높은 권세와 영향력을 지닌 자리에 오르게 만드는 승리자를 통해서가 아니라, 말구유에서 탄생한 연약한 어린아이, 곧 평범한 목수로 살다가 가시면류관을 쓰고 십자가를 짊어져야 했던 희생자를 통해 구원받는다는 것을 깨달아야 했다. 다니엘서 7장을 통해 기대하게 되는 것과는 달리 인자는 섬김을 받으려고 온 것이 아니라 자기 목숨을 많은 사람을 위한 대속물로 주기 위해 오셨다.

메시아의 생애의 이런 측면은 구약성경에 미리 예고되었다. '하나님의 종'은 매우 고귀한 칭호였다. 하나님은 모세와 다윗을 '나의 종'으로 부르셨다. 그들은 하나님께 선택되어 특별한 영예를 누린 사람들 가운데 속했다. 이사야 선지자는 이사야서 52장 마지막 부분에서 지극히 높은 하나님의 종이 올 것이라고 예언했다. 그는 지혜롭게 행동하는 종, 곧 자신의 계획을 반드시 성사시킬 종이었다. 이사야 선지자는 이 하나님의 종이 지닌 영광과 그의 승리가 확실할 것을 미리 예언했다.

그러나 이사야서 53장에 이르면 성경의 역설 가운데 가장 놀라운 역설이 나타나기 시작한다. 이사야서 53장은 더 이상 하나님의 종의 승리를 소리 높여 축하하지 않고 그의 패배와 고통을 언급하기 시작한다. 그 종은 보는 자들이 할 말을 잃을 정도로 극심한 고통을 당할 것이다. 보기 흉한 모습에 그의 백성조차도 그가 하나님의 종임을 알아보지 못한다. 그의 모습은 더 이상 인간이라고 볼 수 없을 만큼 심하게 손상되었다. 그의 모습은 '벤 아담,' 곧 사람의 아들들 가운데 그 누구보다도 더 흉하게 일그러졌다.

이 종은 어린 싹처럼 자라날 것이다. 하나님의 백성은 이새의 줄기에서 한 싹이 나기를 기대했지만(사 11장), 이 종은 마른 땅에서 나온 뿌리(사 53:2)와 같을 것이다. 그는 고운 모양도 풍채도 없고 흠모할 만한 아름다운 것이 전혀 없었다. 그 종은 아담의 저주로 인한 온갖 부정적인 결과를 스스로 짊어지고 사람들의 멸시와 버림을 받아 '질고를 아는 자,' 곧 인간의 모든 질병과 아픔을 아는 자가 될 것이다. 왜 하나님의 충실한 종이 그런 끔찍한 슬픔과 고난을 당해야 할까? 왜 하나님이 선택하신 자가 그런 고통스런 운명을 겪어야 할까? 이사야는 그것이 곧 우리의 슬픔이기 때문이라고 대답했다. 그가 짊어진 것은 우리의 고난, 곧 우리의 죄와 허물로 인한 열매였다. 우리 모두는 양처럼 그릇 행하여 각기 제 길로 치우쳤다. 하나님은 우리의 형벌을 그에게 짊어지워 속죄제를 위해 희생되는 짐승처럼 죽게 만드셨다.

하나님은 우리가 저지른 불법에 대한 형벌을 자신이 선택하신 종에게 지우심으로써 그로 하여금 공의를 박탈당하고 후손도 남기지 못한 채 부자와 함께 장사되고, 하나님의 백성을 압제한 죄로 심판을 받게 될 자들과 똑같은 운명에 처하게 하실 것이다. 이사야는 그것이 하나님의 뜻이라고 말했다. 그뿐이 아니다. 그는 하나님께서 자신의 종이 상함을 받는 것을 기뻐하신다고 말했다. 왜냐하면 오직 그 길(그 종의 고통스런 죽음)만이 하나님의 주권적인 목적을 이루기 때문이다.

그러나 이것은 이야기의 끝이 아니다. 하나님의 종은 고난을 통해, 곧 고난을 다 당한 후에 생명의 빛을 보고 만족하게 여길 것이다. 왜냐하면 자신의 사역을 통해 많은 사람이 의롭다 하심을 받게 되며, 또 많은 사람의 죄를 담당하고 그들의 허물을 위해 기도했기 때문에 영광스런 보상을 받게 될 것이기 때문이다.

그리스도의 사역 : 많은 사람을 위한 대속물

우리는 하나님의 종에 관한 이사야의 예언을 통해 이미 예수님의 인격을 묘사하는 데서부터 그분의 사역을 논하는 자리로 옮겨갔다. 인자가 섬김을 받으려 함이 아니라 섬기기 위해 왔다는 예수님의 말씀은 단지 그분의 겸손한 삶의 태도만을 가리키지 않는다. 그 말씀은 그분이 어떤 죽음을 당하실 것인지를 아울러 암시한다. 바울도 빌립보서 2장에서 이와 동일한 전개 방식을 취했다. 예수 그리스도께서 종의 형상을 취하신 것은 단지 겸손하기 위해서가 아니라 십자가에서 죽기까지 자기를 낮추시기 위해서였다. 인자가 섬기기 위해 오는 것은 하나님의 종으로서 우리에게 삶의 본보기를 보여주기 위해서가 아니었다. 예수님이 섬기기 위해 오신 목적은 자기 생명을 많은 사람을 위한 대속물로 주시기 위해서였다.

물론 예수님의 인격과 그분의 사역은 따로 분리될 수 없다. 예수님은 아담의 궁극적인 아들이요 하나님의 완전한 종이요 새 이스라엘이 되기 위해 오셨다. 그분은 아담이나 이스라엘 백성이 살아야 마땅했던 완전한 삶을 사셨고, 죄를 지은 그들이 치러야 할 고통스런 죽음의 형벌을 친히 감당하기 위해 오셨다. 이사야서 53장 4절에 예언된 대로 그분은 자기 목숨을 많은 사람, 곧 선택받은 하나님의 백성을 위한 대속물로 내주셨다.

그리스도의 사역의 핵심은 자기 목숨을 대속물로 내주는 것이었다. 그렇다면 누군가를 대속한다는 것은 대체 무슨 의미일까? 간단히 말해 대속이란 속박으로부터의 자유를 의미한다. 예를 들어 생계를 위해 애지중지하던 기타를 전당포에 들고 가서 돈 몇 푼에 저당 잡혔다가 나중에 월급날이 되어 다시 기타를 되찾아 온 경우, 기타를 속박에서 자유롭게 했다고 말할 수 있다. 구약 시대에도 사람들은 형편이 어려울 때 자신의 몸을 볼모로 그런 식의 절차를 밟곤 했다. 다시 말해 생존을 위해 자신을 노예로 팔면 가족 중에 누군가('기업 무를 자')가 속전을 주고 되사왔다. 그것이 곧 대속이었다.

구약성경에 나온 가장 장엄하고 놀라운 대속은 하나님이 이스라엘 백성을 속박의 땅인 애굽에서 건져내신 사건이었다. 그것이 죄의 속박으로부터의 구원을 암시하는 대속의 전형이 되었다. 잘 알다시피 요셉의 시대에 약속의 땅에 기근이 들자 이스라엘의 조상들이 애굽으로 내려갔다. 그들은 처음에는 대접을 잘 받았고, 애굽은 그들을 위한 피난처가 되었다. 그러나 시간이 지나면서 요셉을 알지 못하는 새로운 바로가 왕위에 오르자 그들은 노예로 전락하고 말았다. 그들의 애굽에서의 삶은 참으로 처참했다. 그들은 냉혹한 주인에게 속박되어 압제당하는 신세가 되고 말았다.

우리도 그런 식으로 한때는 죄의 노예였다. 우리는 중립적인 존재로 세상에 태어나 누구를 섬길 것인지를 스스로 결정할 수 없다. 이스라엘 백성이 애굽인들에게 속박되어 그 권세 아래 살았던 것처럼, 우리 모두는 죄 가운데 태어나 그 권세 아래 살아간다. 예수님은 "죄를 범하는 자마다 죄의 종이라"(요 8:34)고 말씀하셨다. 바울은 로마서 7장에서 우리 모두가 죄의 권세 아래 팔렸기 때문에 하나님의 거룩한 율법을 지킬 능력이 조금도 없다고 선언했다.

자식을 둔 부모라면 죄에 속박된다는 개념을 이해하기가 그리 어렵지 않을 것이다. 나는 내 자녀들에게 많은 것을 가르쳤다. 글을 읽는 법도 가르쳤고, 신발 끈을 매는 법도 가르쳤다(요즘은 벨크로가 개발되어 참 편하다). 또한 '레고'로 탑을 만드는 법도 가르쳤다. 그러나 그들과 함께 앉아 "얘들아, 죄를 짓는 방법을 가르쳐 주마."라고 말한 적은 한 번도 없다. 그들은 모두 매우 이른 나이부터 그 방법을 어느 정도는 스스로 알고 있었다. 우리는 죄를 짓는 법을 스스로 알고 태어난다. 우리는 죄를 짓지 않을 수 없다.

우리가 짓는 죄는 제각기 다른 양상을 띤다. 어떤 사람은 분노를 쉽게 드러내고, 어떤 사람은 식탐이 강하며, 어떤 사람은 인색하고, 어떤 사람은 교만하고 거만하며, 어떤 사람은 성적 범죄를 저지른다. 죄는 그처럼 미묘하고 간교하다. 죄는 우리가 행하는 최악의 일에만 국한되지 않는다. 우리가 행하는 최상의 일에도 죄가 개입할 때가 적지 않다. 도심 지역에 가서 '사랑의 집 짓기 운동'을 하는 단체의 활동에 참여했다고 가정해 보자. 그것은 좋은 일이다. 그러나 마음속의 동기가 친구들과 가족들에게 자신이 좋은 사람임을 보여주기 위한 것일 수도 있다. 그것은 주님의 영광이 아닌 내 영광을 구하는 행위로서 선한 일이 죄가 되는 경우에 해당한다. 친구들이나 가족을 염두에 두지 않고, 다른 사람들의 눈길을 의식하지 않는 경우에도 스스로 사람들의 칭찬을 바라지 않는다며 은근한 자만심을 느낄 수 있고, 또 하나님의 은혜와 긍휼이 필요하지 않은 것처럼 자기 의를 쌓을 목적으로 선한 일을 할 수도 있다. 이는 하나님을 채무자로 만들어 스스로의 공로로 천국에 가겠다는 의도이기 때문에 엄연한 죄에 해당한다.

우리가 하나님께 해야 할 일은 무슨 말이나 행위를 하든지 하나님을 사랑하고, 매 순간 그분께 감사하며 항상 예배하는 태도를 유지하는 것이다. 그렇게 하고 있는가? 내 경우에는 하나님께 감사하며 예배하는 마음을 갖기는커녕 그분을 생각하는 일조차도 그리 잦지 못하다.

사실 우리 모두는 하나님의 영광스런 기준에 턱없이 못 미친다. 성경이 말씀하는 대로 그런 불순종의 대가는 죽음이다. 우리는 애굽에서 살았던 이스라엘 백성처럼 죄 가운데 태어나서 죄에 속박되어 살아간다. 우리를 속량하고 구원해줄 누군가가 필요하다.

이스라엘 백성이 속박된 상태에서 하나님께 부르짖자 그분은 그 부르짖음을 들으시고 모세를 보내 그들을 구원하셨다. 그분은 그들을 속량하셨고, 그들을 애굽에서 데리고 나와 안전하게 홍해를 건너게 하셨다.

당시에 이스라엘 백성이 느꼈던 심정을 상상할 수 있겠는가? 앞에는 홍해, 뒤에는 애굽 군대가 있었다. 어느 쪽이나 죽음뿐이었다. 그러나 하나님은 홍해를 갈라 안전하게 건너게 하시고 원수들을 물속에 수장시켜 애굽의 멍에로부터 그들을 자유롭게 하셨다. 그들이 노래를 부르고 춤을 추며 그 큰 구원을 축하했던 것은 지극히 당연했다.

그러나 그들을 속량하기 위해 어떤 대가가 치러졌는가? 유월절 어린양의 피가 필요했다. 마지막 열 번째 재앙을 통해 애굽의 장자들이 목숨을 잃었을 때 하나님의 장자인 이스라엘 백성은 무고한 양들의 피 덕분에 목숨을 보전할 수 있었다. 그들은 나중에 자신들의 장자를 속량하는 의식을 통해 이 일을 기념했다. 그들은 가축의 처음 난 새끼를 죽임으로써 장자들을 속량했고, 그로써 하나님이 자신들을 애굽에서 구원하신 일을 상기했다.

예수님도 죄의 노예가 된 우리를 대속하기 위해 오셨다. 베드로 사도는 "너희 조상이 물려 준 헛된 행실에서 대속함을 받은 것은 은이나 금 같이 없어질 것으로 된 것이 아니요 오직 흠 없고 점 없는 어린 양 같은 그리스도의 보배로운 피로 된 것이니라"(벧전 1:18, 19)고 말했다. 예수님은 단지 우리의 스승이 되어 어떻게 살아야 할지를 가르쳐 주기 위해 오지 않으셨다. 또한 그분은 선한 본보기가 되어 경건한 삶이 어떤 것인지를 보여 주기 위해 오지 않으셨다. 예수님은 우리를 대속하기 위해 오셨다. 그분은 완전한 유월절 양으로서 자신의 목숨을 희생시켜 스스로의 힘으로 하나님의 은혜를 얻을 수 없는 우리를 자유롭게 하기 위해 세상에 오셨다. 예수님은 성부께서 대속하지 않으시고 오히려 많은 사람의 대속물로 내주신 그분의 장자이셨다.

이런 사실은 우리의 구원이 우리가 선택하거나 공로를 세워 얻는 것이 아니라 순전히 하나님의 선물임을 상기시켜준다. 저당 잡힌 기타는 스스로의 힘으로 전당포에서 나올 수 없다. 이스라엘 백성도 어느 날 아침에 "우리는 이제 애굽을 떠날 거야."라고 스스로 결정할 수 없었다. 구원은 처음부터 끝까지 하나님의 사역을 통해 이루어진다. 죄의 속박으로부터 벗어나는 것도 마찬가지다. 우리 스스로 죄의 속박에서 벗어나 새로운 삶을 살겠다고 결정할 수 없다. 우리는 죄에게 단단히 속박된 상태이기 때문에 전적으로 무능력하다. 오직 하나님만이 자유를 주실 수 있다. 하나님은 자기 백성을 죄에서 해방하기로 결정하셨다. 그것이 예수님이 세상에 오셔서 많은 사람, 곧 성부께서 창세 전에 성자에게 주기로 결정하신 사람들을 위한 대속물로 자기 목숨을 내주신 이유였다.

우리는 그리스도 안에서 죄 사함을 받고 하나님과 화해한다. 하나님은 그리스도 안에서 친히 우리의 죗값(죽음과 지옥)을 치르셨다. 이것이 예수님이 십자가에서 죽으신 이유다. 죄의 형벌은 죽음이기 때문에 하나님이 여전히 의로우신 상태에서 죄인들을 의롭게 하시려면 죄의 형벌을 스스로 감당하시는 길밖에 없었다.

그리스도께서 십자가에서 운명하면서 "다 이루었다."고 선언하신 대로 성부께서는 자기 백성의 죄, 곧 과거와 현재와 미래의 모든 죄를 예수 그리스도와 함께 십자가에 못 박으셨다. 그 선언과 동시에 우리의 죄가 속량되었다. 예수님이 십자가에서 우리의 죄를 위해 피를 흘리셨기 때문에 우리는 정죄함을 받지 않는다. 죄에 대한 하나님의 의로운 분노가 온전히 만족되었고, 하나님은 자신이 선택하신 백성을 영원히 소유할 수 있게 되었다.

완전히 거룩한 삶

또한 하나님은 자신과 새로운 관계를 맺는 데 필요한 법률적 대가(완전한 거룩함)를 지불하셨다. 하나님의 기준은 단지 죄를 짓지 않는 것이 아니라 완전함이다. 하나님은 "내가 거룩하니 너희도 거룩할지어다"(벧전 1:16)라고 말씀하신다. 하나님 앞에 서려면 온전히 거룩해야 한다. 이것이 예수님이 세상에 오신 이유다. 그분은 단지 우리를 위해 죽으셨을 뿐 아니라 또한 우리를 위해 사셨다. 그분은 마치 대통령이 전쟁터를 방문하는 것처럼 십자가 위에 잠시 매달리는 것으로 끝나지 않으셨다. 대통령은 헬리콥터를 타고 몇 시간 동안 삼엄한 경호를 받으며 군대를 방문하고 나서 헬리콥터를 타고 다시 사라진다. 그것은 아무것도 하지 않는 것보다는 훨씬 나을지 모르지만 주님의 성육신과는 비교조차 되지 않는다.

예수 그리스도께서는 성육신을 통해 이 세상에서 우리와 동고동락하면서 성부 하나님 앞에서 흠 없고 완전한 순종의 삶을 사셨다. 그분이 우리가 살아야 할 삶을 대신 사신 덕분에 우리는 죄 사함을 받는 데서 그치지 않고 그분의 완전한 의까지 소유하게 되었다. 그분은 하나님을 영화롭게 하는 생각을 하셨고, 온전한 마음으로 그분을 섬기셨다. 모두 우리가 했어야 할 일을 대신 하신 것이었다.

그리스도와 연합해 하나님의 사랑스런 자녀의 신분으로 그분의 가족에 속하는 순간, 우리의 죄과는 그리스도께 전가되고 그분의 온전한 의는 우리에게 전가된다. 하나님은 두 번 다시 우리의 죄과를 묻지 않겠다고 약속하신다. 시편 저자는 "동이 서에서 먼 것 같이 우리의 죄과를 우리에게서 멀리 옮기셨으며"(시 103:12)라고 말했다. 바울은 골로새서 2장에서 하나님이 우리의 죄책을 기록한 증서를 십자가에 못 박아 없애버리셨다고 말했다(14절). 그로써 모든 것이 단번에 끝났다.

이 진리를 처음 믿은 순간을 기억하는가? 그 순간이 갑작스런 깨달음으로 다가온 사람들도 있을 테고, 서서히 조금씩 깨달음에 이른 사람들도 있을 것이다. 어느 쪽이든 이 진리는 강렬하고 극적인 기쁨을 안겨준다. 그 기쁨은 이스라엘 백성이 홍해를 건너고 나서 느꼈던 기쁨만큼 깊고 크다. 꿈인지 생시인지 몰라 스스로를 꼬집어보지는 않았는가? 자유롭고 안전하다는 생각이 들었는가? 지금도 역시 그런가? 귀하신 독생자가 우리를 위해 그렇게 죽어가도록 내주신 하나님의 은혜는 진정 위대하기 그지없다.

이 진리를 생각하면 요즘에도 여전히 마음이 설레는가? 솔직히 고백하면 내 경우에는 마땅히 설렘을 느껴야 할 진리에 따분함을 느낄 때가 많다. 놀라움을 느껴야 마땅한데 그렇지 못하다. 내 마음이 복음에 종종 냉담한 반응을 보여 무척이나 고민스럽다. 물론 머리로는 이론적인 진리를 잘 이해할 수 있다. 그러나 나는 그 진리에 깊이 매료되는가? 진리가 주는 기쁨과 자유를 느끼는가? 그렇지 않다. 나는 독생자를 통해 나를 구원하는 하나님의 풍성한 은혜를 너무나도 쉽게 잊어버린다. 그로 인해 내 마음은 온갖 종류의 두려움과 유혹에 시달리곤 한다.

그런 점에서 나는 이스라엘 백성과 조금도 다르지 않다. 그들은 홍해를 건너는 순간부터 앞길이 탄탄대로일 것이라고 생각했을 것이다. 그들은 애굽에서 구원을 받았다. 하나님이 당시에 가장 막강한 힘을 자랑하던 군대를 진멸하셨다. 그들은 은혜 위에 은혜를 경험했지만 곧이어 현실은 자신들의 생각보다 훨씬 더 복잡함을 깨달았다. 그들은 광야에서 방랑 생활을 하면서 하나님이 내려주시는 매일의 만나에 의존해야 했다. 그들은 한 세대가 다 지나기까지 약속의 땅을 소유하지 못한 채 애만 태워야 했다. 그들은 불평하기 시작했고 애굽에서 노예로 살던 옛 생활로 돌아가기를 원했다. 그들은 자신들의 구원을 쉽게 잊었을 뿐 아니라 자신들이 겪는 어려움을 불평하며 그분께 반기를 들었다. 그들은 애굽에서 살면서 좋았던 것만을 떠올리며 "애굽에서는 양파와 마늘과 오이와 멜론을 먹었는데 지금은 고작 매일 만나만 먹어야 하다니!"라고 말했다. 그들은 사소한 장애 요인을 두려워하며 하나님의 약속의 진실성을 의심했다.

그것이 하나님께서 이스라엘 백성으로 광야에서 방랑 생활을 하게 하신 이유였다. 하나님은 그들의 반역과 불신앙에도 불구하고 끝까지 그들에게 충실한 모습을 보여주면서 그들의 마음 상태를 깨우쳐 주고자 하셨다. 하나님은 그들의 불충실함과 불신앙과 불평에도 불구하고, 많은 위험과 시련과 유혹의 과정을 거쳐 자신이 정하신 때에 자신의 방법으로 자기 백성을 속량하시겠다는 약속을 충실하게 지키실 생각이셨다.

아마 오늘날 우리의 경우도 마찬가지일 것이다. 우리도 이스라엘 백성처럼 인생이라는 광야에서 혼란과 두려움과 분노를 느끼며 하나님의 은혜를 쉽게 망각하며 살아간다. 그리스도의 보혈로 속량함을 받지 않았는가? 그분의 죽음을 통해 죄의 속박에서 자유롭게 되지 않았는가? 그런데 왜 옛 사람의 부패한 본성을 떨쳐버리지 못하는가? 지금쯤이면 그런 격한 고민은 이미 끝났어야 하지 않는가? 신앙생활에서 승리를 거듭하며 승승장구해야 하지 않겠는가? 바울이 "죄가 너희를 주장하지 못하리니"(롬 6:14)라고 말하지 않았는가? 그런데 왜 여전히 죄의 속박 아래 있는 듯 보일 때가 그토록 많은 것인가? 신앙생활을 하는 동안 외부의 세력과 상황은 물론 우리 자신의 마음과 싸울 일이 그토록 많은 이유는 도대체 무엇일까?

그 이유는 이스라엘 백성처럼 우리도 아직 약속의 땅에 들어가지 못했기 때문이다. 그곳으로 가려면 광야를 지나야 한다. 인자는 고난을 받고 섬기려고 세상에 오셨다. 우리도 이 세상에 사는 동안에는 고난을 받고 섬겨야 할 사명이 있다. 이 세상은 우리의 고향이 아니다. 이미 우리는 구원과 속량을 받았지만 아직 영광스런 하늘의 고향에 이르지는 못했다. 우리는 그리스도와 함께 십자가에 못 박혔고 이제 그분이 우리 안에 살고 계신다. 그러나 우리는 여전히 이 세상에서 우리를 사랑하사 우리를 위해 자기를 내어주신 하나님의 아들을 믿는 믿음으로 살아가야 한다.

그리스도의 대속 사역을 통해 일어난 변화

많은 시련과 유혹을 통해 우리의 마음이 심히 부패했다는 것을 더욱더 확실하게 깨우쳐 주는 것이 하나님의 목적이다. 그것이 곧 성화의 과정이 아니겠는가? 만일 죄의 횟수를 최소화하는 것이 하나님께서 뜻하신 성화의 목적이라면 그분은 매우 힘들고 단조로운 일을 하고 계시는 셈이다. 그러나 우리가 구원과 속량을 받아 하나님의 은혜를 넉넉히 누리면서도 여전히 애굽으로 돌아가려는 부패한 성향을 지니고 있음을 성화의 과정을 통해 일깨워 줌으로써 그리스도를 영화롭게 하는 것이 그분께서 뜻하신 목적이라면, 성령께서는 참으로 놀라운 일을 하고 계시는 셈이다. 성령께서는 그런 사역을 통해 우리가 믿어야 할 단순한 복음(죄를 짓고 실수를 거듭해도 그리스도의 보혈로 온전히 속량되었고, 그분의 풍성한 은혜 덕분에 모든 죄를 용서받았다는 것)을 거듭 상기시켜 주신다.

인자는 섬김을 받지 않고 도리어 섬기려 하고 자기 목숨을 많은 사람의 대속물로 주기 위해 오셨다. 이 진리를 진심으로 받아들이면 우리의 삶에 어떤 변화가 일어날까? 나는 무엇보다 하나님이 이 세상에서 우리에게 약속하신 삶에 대한 기대부터 달라질 것이라고 생각한다. 하나님이 자신의 사랑스런 독생자에게 허락하신 삶은 고난과 섬김의 삶이었다. 그렇다면 우리의 삶이 그분의 삶과 달라야 할 이유가 있겠는가? 예수님은 제자들에게 십자가를 지고 자기를 좇으라고 말씀하셨다. 신앙생활은 가장 좋은 지위를 누리며 다른 사람들 위에 군림하는 것과는 거리가 멀다. 간단히 말해, 신앙생활의 목적은 주님의 나라가 임할 때 그분의 좌우편에 앉게 해달라고 간구했던 야고보와 요한의 경우처럼 세상에서 최상의 삶을 누리는 데 있지 않다.

신앙생활이란 우리가 가장 소중히 여기는 욕망과 자아를 죽이고, 그리스도께서 우리 안에서 우리를 통해 사시는 것을 보는 것이다. 이것은 몹시 어렵다. 마치 사는 것이 아니라 죽은 것처럼 느껴진다. 그러나 이것이 어렵게 느껴지는 이유는 예수님이 우리를 속량하셨고, 충만한 삶을 살게 하려 우리를 어둠의 속박에서 건져내셨다는 사실을 망각했기 때문이다.

광야의 이스라엘 백성처럼 우리도 우리를 위해 좋은 미래를 계획하고 계시는 주님을 통해 애굽에서 구원받았다는 진리를 믿지 못하는 경향이 있다. 우리는 양파와 마늘과 오이와 멜론을 떠올릴 뿐, 짚 없이 벽돌을 만들라는 명령과 호된 매질은 기억하지 않는다. 우리는 죄를 통한 한순간의 만족만을 기억할 뿐 죄로 인한 수치와 공허함은 쉽게 잊고, 죄를 두려워해 피하기보다는 죄의 명령에 굴종해 또다시 죄를 짓는다. 우리는 안전함과 영향력과 위로를 원하는 욕망을 먼저 만족시키려고 시도한다. 잠시라도 우리의 경험을 돌이켜 보면 죄가 소외와 고통을 가중시킬 뿐임을 알게 될 텐데도 죄가 우리의 필요를 채워줄 수 있다는 거짓에 쉽게 속아 번번이 죄를 되풀이한다. 우리는 죄를 지을수록 더욱 공허해질 뿐임을 믿으려 하지 않는 경향이 있다.

우리는 우리가 선택한 우상들을 섬긴다. 우리는 살아 계시는 참 하나님께 마음을 드리지 않고, 우상의 거짓된 약속을 믿는다. 고통스런 마음을 달래고 현실로부터 도피하기 위해 폭식하는 사람들도 있고, 감정의 고통을 일시적으로 잠재울 수만 있다면 죄를 지어도 괜찮을 것처럼 생각하고 거짓 위로를 우상화시켜 인터넷 포르노그래피를 즐기는 사람들도 있다. 내가 섬기는 우상 가운데 하나는 존경과 칭찬을 받고 싶어 하는 욕망이다. 그런 탓에 나는 종종 대화를 독점하기를 좋아한다. 내가 전혀 알지 못하는 것에 대해서도 마치 권위자인 양 행세할 때가 많다. 내가 보수를 받고 일하는 것은 결국 나의 우상(내가 대학교수라는 자만심)을 섬기기 위해서인 셈이다. 나는 내가 비중 있는 사람이고 내 삶이 중요함을 보여주려고 애쓴다. 그러나 내 말이 사람들에게 영향을 미치고, 콘퍼런스 강사로 초청받는 것이 곧 내가 중요한 사람임을 입증한다는 생각은 거짓이다. 내 설교나 강의나 책을 통해 얼마나 많은 사람이 영향을 받느냐는 조금도 중요하지 않다. 그런데도 나는 내가 누려야 할 인기를 다른 사람들이 누리는 것을 보면 시기심이 생겨나고 마음이 공허해진다. 내가 함께 일하거나 같이 살기 힘든 일 중독자에서 벗어나지 못하는 이유는 내 자신이 거짓을 숭배하고 있기 때문이다.

우리가 경험하는 감정들은 매우 현실적일 뿐 아니라 구속력을 지닌다. 그런 감정들은 우리에게 엄청난 영향력을 행사하는 것처럼 보인다. 우리가 그리스도 안에 있다면 우상들이 우리의 삶에 미치는 영향력이 이미 모두 와해된 상태다. 왜냐하면 그런 우상들은 근본적으로 거짓에 기초하기 때문이다. 진리는 인자가 자기 목숨을 대속물로 주기 위해 오셨다는 것이다. 이 진리야말로 우리의 안전과 의미를 보장하는 참된 근거다.

내가 중요하지 않은 것 같아서 불안한 것일까? 그렇다. 나는 그런 감정을 느낀다. 내 우상들은 그런 감정을 없애려면 이렇게 저렇게 해야 한다고 속삭인다. 그러나 그리스도의 보혈은 그와는 전혀 다른 진실, 곧 하나님이 참으로 놀랍게도 십자가를 통해 나를 중요하게 여기신다고 선언하셨다는 사실을 상기시켜 준다.

친밀한 관계를 갈망하는가? 그럴 것이 틀림없다. 우리의 우상들은 그런 갈망을 충족시킬 방법을 나름대로 일러줄 것이다. 그러나 그리스도의 보혈은 그와는 전혀 다른 진실, 곧 하나님이 그리스도 안에서 친히 우리를 속량하시고 우리와 화목하셨다는 사실을 일깨워 준다. 하나님은 우리를 자신의 사랑하는 자녀로 일컬으시고, 우리를 가족으로 입양하셨다. 그분은 우리에게 놀라운 은혜를 베푸셨고, 그분의 복음은 사탄의 거짓에 대항할 수 있는 진리로 우리를 무장시킨다.

유혹에 직면했을 때는 우리의 마음속에 있는 율법에 따라 "하나님이 금하시는 일이기 때문에 그렇게 할 수 없어."라고 말하지 말고, 우리의 마음을 향해 복음을 전하고 그리스도 안에서 우리를 속량하신 하나님의 사랑을 다시 상기해야 한다. 그분의 사랑은 너무나도 크고 깊고 풍성하기 때문에 설혹 내 경우처럼 종종 죄를 짓더라도 하나님의 구원 은혜는 여전히 효력을 잃지 않는다.

우리가 그리스도인이라면, 예수 그리스도께서 우리가 과거에 지은 죄의 속전만이 아니라 오늘과 내일과 앞으로 짓게 될 모든 죄의 속전까지 모두 다 치르셨음을 기억해야 한다. 그리스도 안에서 우리에게 주어진 하나님의 풍성한 은혜에 의해 모든 죗값이 해결되었다. 우리는 이 진리를 항상 기억하고, 예배를 드릴 때나 친구들과 대화를 나눌 때마다 그것을 상기해야 한다. 왜냐하면 우리는 너무나도 쉽게 모든 것을 망각하는 성향이 있기 때문이다. 만일 죄를 지었다면 우리의 마음에 복음을 다시 들려주어야 한다. 유혹에 직면한 상황에서 사탄은 "이 죄는 별 것 아니야."라고 속삭인다. 그러나 죄를 짓고 난 후에는 그 중요성을 크게 강조하며 "네가 지은 죄 때문에 너는 하나님께 가까이 다가갈 수 없어."라고 말한다. 우리는 그런 거짓말을 복음으로 물리쳐야 한다.

자신의 죄책을 곱씹으며 나와 같은 사람은 더 이상 용서를 받을 수 없을 것처럼 행동하는 것은 하나님의 풍성한 은혜를 통해 내게 주어진 대속의 현실을 부정하는 것이다. 하나님이 독생자의 피로 우리의 모든 죄가 깨끗이 씻음을 받았다고 말씀하시는데 감히 아니라고 주장하며 논쟁을 벌일 셈인가? 온 우주의 재판관께서 우리는 그리스도 안에서 더 이상 죄인이 아니라고 선언하셨는데 그 판결을 거부할 생각인가? 스스로의 죄책을 곱씹는 것은 하나님의 판단보다는 자신의 판단을 더 중요하게 여기는 것이다. 시편 저자는 이렇게 말했다.

"여호와여 주께서 죄악을 지켜보실진대 주여 누가 서리이까 그러나 사유하심이 주께 있음은 주를 경외하게 하심이니이다"(시 130:3, 4).

사도 바울은 생을 마감해야 할 시점에서 "미쁘다 모든 사람이 받을 만한 이 말이여 그리스도 예수께서 죄인을 구원하시려고 세상에 임하셨다 하였도다 죄인 중에 내가 괴수니라"(딤전 1:15)고 말했다. 그는 로마의 신자들에게 "그러므로 이제 그리스도 예수 안에 있는 자에게는 결코 정죄함이 없나니"(롬 8:1)라고 말했던 그 현실을 누리며 살았다. 모든 것이 이루어졌다. 속전이 지불되었다. 하나님이 그리스도 예수 안에 있는 자에게는 정죄함이 없다고 말씀하시는

데 왜 여전히 스스로를 정죄하는가? 하나님이 그리스도 안에서 우리에게 보여주신 은혜는 작은 물방울이 아니라 장엄하고 거센 강물과도 같다. 그것은 세상에서 가장 악한 죄인의 죄도 모두 씻을 만큼 풍성한 나이아가라 폭포와 같은 은혜다. 그분의 은혜는 우리 모두의 죄를 깨끗이 씻고도 남는다.

스스로의 힘으로 최상의 삶을 삶으로써 자신을 구원하려고 애쓰는가? 여전히 자신의 노력으로 하나님을 기쁘시게 할 수 있다고 믿는가? 만일 그렇다면, 설혹 마더 테레사보다 더 나은 삶을 살고 있다 해도 여전히 죄의 속박에서 벗어나지 못한 상태다. 오직 그리스도만이 공허한 노력과 헛된 수고로부터 우리를 속량하실 수 있고, 오직 복음만이 우리가 그토록 갈망하는 안식을 줄 수 있다. 지금 그리스도께 나아와 그분이 우리를 대신해 이루신 완전한 사역 안에서 안식을 찾으라. 인자가 자기 목숨을 많은 사람의 대속물로 주기 위해 세상에 오셨다는 것을 믿는다면, 하나님의 풍성한 은혜로 인해 우리의 것이 된 죄 사함을 통해 큰 기쁨을 누릴 것이다.

물론 그렇다고 우리의 온갖 문제들, 심지어는 죄의 문제까지도 다 해결되는 것은 아니다. 바울이 로마서 7장 24절에서 말한 대로 이 사망의 몸으로 살아가는 한, 우리는 여전히 죄를 짓고 고민할 수밖에 없다. 이것이 이스라엘 백성에게처럼 하나님이 우리에게 정해주신 삶의 과정이다. 그러나 우리는 하나님께 감사해야 한다. 우리는 그리스도 안에서 이 사망의 몸으로부터 궁극적으로 해방되었고, 우리가 마땅히 받아야 할 정죄로부터 자유로워져 하나님의 가족이 되었다. 인자이신 주님이 이 사망의 몸을 우리 대신 짊어지신 덕분에 우리에게 하나님의 자녀가 될 수 있는 길이 열렸다. 우리가 벗어난 속박이 얼마나 두려운 것인지를 옳게 이해함으로써 은혜의 놀라움을 깨닫는다면 기뻐 뛰지 않을 수 없을 것이다.

우리는 더 이상 실패했다는 이유로 매를 맞고 집에서 영원히 쫓겨날 위험에 처해 있지 않다. 우리는 속량되었고, 다시 구속(救贖)되어 입양되었다. 우리는 아들이요 딸이다. 성부께서는 그리스도 안에서 풍성한 은혜로 우리를 사랑하신다. 그분은 우리를 버리지 않으신다. 우리의 죄가 용서되었고 그리스도의 보혈로 깨끗하게 씻겼다. 우리는 하나님의 사랑하는 독생자 안에서 구원받아

하나님께 받아들여졌다. 삶과 죽음의 과정에서 이보다 무엇이 더 필요하겠는가? 측량할 수 없이 무한히 넓은 바다 같은 하나님의 사랑과 긍휼이 예수 그리스도 안에서 우리에게 주어졌다. 이것이 우리의 보화요 상급이다. 우리는 값 주고 사신 바 되었다. 우리는 속량되었다. 섬김과 고난을 통해 우리를 속량하고자 하늘에서 내려오신 인자께서 자신을 위해 우리를 사셨다. 그분은 우리를 결코 버리지 않으신다.

9장

THE CROSS OF CHRIST

그리스도의 십자가

: 조엘 비키

때는 정오였다. 주 예수님이 심한 고통을 느끼며 세 시간 동안 십자가에 매달려 계셨다. 그분은 저주스런 십자가에서 세 번 입을 열어 말씀하셨다. 그분은 말씀하실 때마다 다른 사람들의 안위를 걱정하셨다. 그분은 사랑으로 원수들을 위해 기도했고, 강도에게 구원을 약속했으며, 자기 모친을 보살펴 달라고 당부하셨다. 소란스런 군중 때문에 그분이 하신 말씀을 듣지 못한 사람들이 많았다. 불과 닷새 전만 해도 그분 앞에서 종려나무 가지를 흔들며 "호산나"를 외쳤던 사람들이 온갖 가증스런 저주의 말을 쏟아냈다.

그러고 나서 정오가 되자 기이한 현상이 나타났다. 그 현상은 처형 장소의 모든 소음과 소란함을 삽시간에 가라앉혔다. 갈보리는 물론 온 유대와 이스라엘 땅에 느닷없이 어둠이 임했다. 자연적인 이치로는 설명이 불가능한 어둠이었다. 단순한 일식이나 우레가 아니었다. 전능하신 하나님이 특별한 기적을 일으키셨고, 그 결과 한낮이 한밤중으로 바뀌었다. 세 시간 동안 지속된 이 초자연적인 어둠은 죄에 대한 하나님의 심판을 보여주는 상징이었다. 하나님은 빛이시며 그분 안에는 어둠이 조금도 없다. 성경은 종종 죄를 어둠에, 거룩함을 빛에 빗댄다. 갈보리를 뒤덮은 어둠은 그리스도께서 '바깥 어두운 데'라고 표현하신 어둠을 암시한다. 그것은 훨씬 더 짙고 두려운 어둠, 곧 지옥의 어둠을 뜻한다. 죄인들은 그곳에서 슬피 울며 이를 갈 것이다.

태양이 빛을 잃었다. 짙고 무거운 어둠이 골고다를 뒤덮었다. 거룩하신 대제사장께서 골고다의 지성소에 들어가셨다. 휘장이 드리우고 친구와 원수가 모두 배제되었다. 오직 하나님의 아들만이 그곳에 남으셨다. 그리스도께서 탄생하셨을 때는 하나님과 수많은 천사들의 영광스런 빛이 온 하늘을 가득 채웠지만, 그분이 운명하실 때는 하늘이 기이한 어둠으로 뒤덮였다. 그 이유는 그리스도께서 하나님께 버림받으셨기 때문이다. 그분은 하나님과 사람에게 버림받은 채 홀로 두렵고 어두운 종말을 맞이하셨다.

그리스도께서는 처음 세 시간 동안 십자가 위에서 극심한 육체적 고통을 겪으셨고, 마지막 세 시간 동안에는 내면의 고통을 감당하셨다. 어둠이 갈보리에 임한 이유는 중앙에 있는 십자가 위에 그분이 매달리셨기 때문이다. 성금요일 정오부터 오후 세 시까지 주 예수 그리스도께서는 하나님의 위로가 전혀 없는 상태로 바깥 어두운 곳에 처하셨다. 구세주께서 그 세 시간 동안 십자가에서 영혼으로 감내하신 고통은 우리의 모든 상상을 초월한다.

온 땅에 임한 짙고 무거운 어둠은 예수 그리스도의 영혼 안에 임한 더 큰 어둠을 통해 더욱 크게 증대되었다. 그리스도께서는 세 시간 동안 어둠의 권세와 싸우셨다. 그분은 어둠에 휩싸인 채로 존재의 깊은 곳에서 또 다른 어둠을 경험하셨다.

출애굽기를 읽어 보면 흑암의 재앙이 사흘 동안 있은 후에 유월절 어린양이 희생된 것을 알 수 있다(출 10, 12장 참조). 유월절 어린양이신 주님은 그보다 훨씬 더 짙은 어둠 속에서 희생되셨다. 그분의 안팎에 온통 어둠이 임했다. 그 세 시간 동안 그리스도께서는 물론이고 그분의 주위에 있는 누구도 아무 말 하지 않았다. 그것은 참으로 무섭고 섬뜩하고 결코 잊지 못할 광경이었다.

예수님이 우리의 어둠을 이해하지 못하신다고 말하기 전에 먼저 그 침묵에 귀를 기울여 보고 그 어둠을 느껴보라. 그분은 우리의 어둠을 이해하신다. 그분은 우리의 가장 어두운 순간, 우리의 가장 두려운 어둠과 말로 다 할 수 없는 고뇌를 익히 헤아릴 수 있는 친구이시다. 그분은 우리가 "하나님이 참 무심하시다."라고 울부짖을 때 가까이 다가오셔서 "다 알고 있다. 나도 그런 경험을 해보았기 때문에 네 고통을 잘 안다. 그 고통을 이겨낼 수 있도록 도와주마. 저녁에는 울음이 깃들지라도 아침에는 기쁨이 올 것이다."라고 말씀하신다. 어둠 속을 거닐 때, 곧 가장 짙은 어둠 속에 있는 순간에 가장 큰 위로가 주어진다. 예수님은 대낮에 한밤중과 같은 고통을 견뎌내셨다.

그리스도께서는 침 뱉음, 온갖 조롱, 가야바의 집에서 행해진 채찍질, 십자가를 지고 가는 고통, 십자가에 못 박힌 고통, 미리 파놓은 구덩이에 십자가를 일으켜 세우면서 못들이 살을 찢는 고통 등, 다른 고난은 대부분 묵묵히 견뎌내셨다. 그러나 십자가에 매달리신 지 거의 여섯 시간이 지난 후에 주어진 가장 극심한 고통(성부 하나님께 버림을 당하신 고통)을 겪으시는 순간에는 "나의 하나님, 나의 하나님, 어찌하여 나를 버리셨나이까"(마 27:46, 막 15:34)라고 부르짖지 않을 수 없으셨다.

예수님이 십자가에서 하신 이 네 번째 말씀은 그분이 당하신 고난의 절정을 나타낸다. 예수님은 그 순간에 지옥의 고통을 맛보셨다. 고난이 가장 극에 달한 순간, 곧 그런 운명과 고통의 강도는 어디서도 찾아볼 수 없고 도무지 견딜 수도 없어 보이는 무한히 무섭고 몸서리쳐지는 순간이 아닐 수 없었다.

십자가 위에서 울려난 이 놀라운 외침(이것이 십자가의 본질이요 정수였다)의 깊이를 조금이라도 이해하려면 세 가지를 살펴봐야 한다. 첫째는 그리스도께서 당하신 고난의 극심함이요, 둘째는 그분이 고난당하신 이유이며, 셋째는 그 고난의 배후에 있는 사랑이다.

그리스도께서 당하신 고난의 극심함

그리스도께서 십자가 위에서 부르짖은 네 번째 말씀보다 더 많은 고통이 담긴 외침은 이 세상 어디에도 없다. "나의 하나님, 나의 하나님, 어찌하여 나를 버리셨나이까." 먼저 예수님이 당하신 그 두려운 고통에도 불구하고 여전히 변하지 않은 다섯 가지 원리를 살펴본 다음 그분이 그렇게 외칠 때 경험하셨던 네 가지 현실을 살펴볼 생각이다.

첫째, "나의 하나님, 나의 하나님, 어찌하여 나를 버리셨나이까."라는 예수님의 부르짖음은 그분의 신성을 조금도 훼손하지 않았다. 그분은 그렇게 외치기 이전이나 그렇게 외치는 동안이나 그렇게 외친 후에나 여전히 하나님이셨다. 그분은 한 인격 안에 두 개의 본성을 지닌 참 하나님이요 참 인간이시다.

둘째, 예수님의 부르짖음은 그분의 인성과 신성을 따로 나누지 않았다. 그분의 인격은 둘로 나뉠 수 없다. 두 본성의 본질적인 연합은 깨지지 않았다. 신성과 인성이라는 두 가지 본성이 서로 나뉜 적은 없다. 그리스도의 신성이 아니라 인성이 버림을 당한 것이었다. 더욱이 그 버림은 상호적인 것이 아니었다. 즉 성부께서 일시적으로 그리스도를 버리셨을 뿐, 그리스도께서는 성부를 버리지 않으셨다.

셋째, 예수님의 부르짖음은 삼위일체를 훼손하지 않는다. 예수님의 부르짖음으로 삼위일체 내에 균열이 생겨 성부와 성자께서 따로 분리되신 일은 없었다. 그것은 전적으로 불가능하다. 성부와 성자께서는 존재와 속성에 있어 여전히 하나셨다. 성삼위 하나님이 두 개의 인격으로 줄어든 것이 아니었다. 삼위일체가 이위일체가 된 것이 아니었다. 여전히 성부와 성자와 성령께서 삼위로 존재하셨다. 단지 신인(God-man)이신 성자와 성부를 잇는 기쁨의 교제가 잠시 중단되었을 뿐이다. 토머스 브룩스는 "신성은 나뉘지 않았다. 단지 그 효력이 잠시 중단되었을 뿐이다."라고 말했다.[1]

넷째, 예수님의 부르짖음은 그분을 성령으로부터 단절시키지 않았다. 그분은 성령으로 무한히 충만하지 않으신 적이 한 번도 없으셨다. 성령의 위로는 없었지만 성령의 거룩하심은 그대로 유지되었다. 성령께서는 그 순간 위로의 사역을 잠시 중단하셨지만 여전히 그리스도 안에 충만히 거하셨다.

다섯째, 예수님의 부르짖음은 그분에게 주어진 사명을 불신하는 의미가 아니었다. 성부와 성자께서는 영원 전부터 성자께서 세상의 죄를 짊어지실 하나님

---

1) Thomas Brooks, *The Golden Key to Open Hidden Treasures*, in *The Works of Thomas Brooks* (1867; repr., Edinburgh: Banner of Truth, 2001), 5:100.

의 어린 양이 되실 것을 알고 계셨다. 사도행전 15장 18절은 "예로부터 이것을 알게 하시는 주의 말씀이라 함과 같으니라"(하나님은 태초부터 자신의 행사를 모두 알고 계신다. 『KJV 성경』 참조 - 역자주)고 말씀한다. 예수님은 마지막 숨을 거두실 순간이 올 때까지 자신이 가야 할 길을 묵묵히 걸어가셨다. 예수님은 죄를 속량하는 희생 제물이 되심으로써 죄인들을 위한 구원을 완성하셨다. 성자께서 십자가에서 일어난 일을 의문시하거나 성부께서 자신을 외면하시는 이유를 몰라 당황하셨다는 것은 상상조차 할 수 없는 일이다. 예수님은 십자가에 처음 못 박히신 순간에 몰약을 탄 포도주를 마시기 거부하셨다. 그분의 정신과 감각은 끝까지 멀쩡하게 유지되었다. 그분은 구원의 목적을 이루는 데 온 정신을 집중하셨다.

이 다섯 가지 원리를 종합해 보면 바로 여기, 특별히 이 대목에서 주 예수 그리스도께 엎드려 경배하지 않을 수 없다. 만일 그리스도께서 그 순간에 신성을 포기하셨다면 그분을 경배하는 일은 우상숭배가 될 것이다. 그 이유는 피조물을 경배하는 것이 되어 십계명의 첫째 계명을 어기는 결과를 가져오기 때문이다. 만일 우리가 그리스도인으로서 마태복음 27장 46절을 읽었다면 그전까지는 예수님을 예배하지 않았더라도 이 구절을 읽고 난 뒤에는 예배를 드려야 마땅할 것이다. 사실상, 예수님을 예배해야 할 궁극적인 이유가 여기에 있다. 예수님이 하나님께 부르짖으신 순간, 우리는 본능적으로 엎드려 경배하며 "나의 주님이요 나의 하나님이십니다."라고 고백하지 않을 수 없다. 예수님이 십자가에서 하신 네 번째 말씀은 우리의 마음속에서 깊은 예배와 경배를 불러 일으킨다.

예수님이 하나님께 버림을 당하셨을 때 어떤 감정적, 정신적 고통을 느끼셨는지 우리로서는 이해하기 어렵지만 그것이 우리의 상상을 초월할 만큼 끔찍했던 것은 분명하다. 우리는 비록 어설프게나마 그분의 고통을 네 가지로 나눠 생각할 수 있다.

첫째, 예수님은 기도가 응답되지 않는 고통을 맛보셨다. 이 점은 시편 22편 1, 2절을 통해 분명하게 알 수 있다.

"내 하나님이여 내 하나님이여 어찌 나를 버리셨나이까 어찌 나를 멀리 하여 돕지 아니하시오며 내 신음 소리를 듣지 아니하시나이까 내 하나님이여 내가 낮에도 부르짖고 밤에도 잠잠하지 아니하오나 응답하지 아니하시나이다."

예수님이 무슨 기도를 드리셨는지 우리는 알 수 없다. 아마도 고난의 잔이 지나가기를 한 번 더 간구하셨거나 성부 하나님의 빛과 미소와 축복의 표징이 주어지기를 구하지 않으셨을까? 무슨 기도가 되었든 응답은 없었다. 예수님의 목소리와 지옥의 잔인한 비웃음만 메아리쳤을 뿐이다.

둘째, 예수님은 감당할 수 없는 정신적 압박감을 느끼셨다. 그분이 느끼신 정신적 압박감은 큰 소리로 부르짖지 않으면 안 될 만큼 컸다. 방금 인용한 시편 22편은 이를 '부르짖는 사자'와 같다고 표현했다. 끔찍한 비명을 지르는 큰 입을 묘사한 뭉크의 '절규'(*The Scream*)라는 유명한 그림을 본 적이 있을 것이다. 그 그림은 정신적 압박을 받는 인간의 전형적인 모습, 곧 대다수 인간이 살아가는 동안 어느 시점에서 경험하는 '절규'를 보여준다. 사람들은 울부짖고, 비명을 지르고, 짐승처럼 포효한다. 그러나 아무리 끔찍한 광경을 묘사한 그림이더라도 주 예수님의 부르짖음과 비교하면 그야말로 아무것도 아니다.

인간 역사상 그 어떤 부르짖음도 예수님의 부르짖음에 필적할 수 없다. 예수님의 부르짖음은 무저갱에서 들리는 부르짖음처럼 어둠을 꿰뚫고 울려 퍼졌다. 존 플라벨은 이렇게 말했다. "그것은 영원히 버림을 당한 자들이 내지르는 영원한 비명 소리와 같았다. 마치 그리스도께서 '오, 나의 하나님. 제 고통을 표현할 말을 찾을 수가 없나이다. 더는 아무 말도 할 수 없어 부르짖고, 신음을 쏟아내고, 불평을 내지를 뿐입니다. 사자처럼 울부짖을 따름입니다.'라고 말씀하시는 것 같았다."[2] 그것은 저주받은 자들이 지옥에서 하나님의 진노의 무서움을 견디지 못해 내지르는 울부짖음, 곧 가슴을 찢어발기고, 하늘을 울리고, 지옥을 진동시키는 부르짖음이었다. 참으로 상상을 초월하는 고통이

---

2) John Flavel, *A Fountain of Life*, in *The Works of John Flavel* (1820; repr., Edinburgh: Banner of Truth, 1968), 1:412.

아닐 수 없었다.

넘어져서 울던 어린아이가 위로를 받으려고 아버지에게 신속히 달려갔지만 아버지가 보이지 않을 때 그 아이는 어떤 심정이 될까? 정신적 압박감이 크게 증폭되어 "아버지가 없어요."라고 울부짖을 것이 틀림없다. 물론 이것은 성부께서 얼굴을 돌리고 침묵을 지키셨을 때 예수님이 느끼셨던 정신적 고통과 고뇌와는 비교조차 되지 않는다. 천사들은 예수님이 부르짖고 울부짖으시는데 성부께서 묵묵히 사랑하는 독생자를 외면하시는 것을 보고 과연 무슨 생각을 했을까?

우리는 여기에서 두 가지 사실을 한데 묶어 생각해야 한다. 먼저 성자께서는 성부 하나님의 의로운 분노가 그토록 강렬하게 폭발하는 순간을 일찍이 본 적이 없으셨다. 성부의 분노가 성자에게 홍수처럼 거침없이 밀려들었다. 하나님의 정의가 폭우처럼, 파도처럼 끊임없이 몰려들었다. 그런 진노를 감당한 대상은 아무도 없었다. 그러나 성부께서 성자를 그때보다 더 기뻐하셨던 적이 있었을까? 예수님 자신은 그 순간에 느끼지 못하셨지만 말이다. 단연코 없었다. 성부께서 성자를 사랑하신 이유는 그분이 원수들을 위해 자기 목숨을 내주셨기 때문이다. 성부의 인정과 칭찬을 그토록 많이 받았던 일은 일찍이 없었다. 그러나 예수님은 그 순간 성부의 사랑을 느낄 수가 없으셨다. 그분은 그 사랑을 전혀 느끼지 못하셨다.

신자가 아니라면 이런 말을 듣고 두려움을 느끼지 않겠는가? 이 지옥의 부르짖음이 두렵고 혼란스럽지 않겠는가? 회개하지 않으면 그런 부르짖음을 내지르게 될 것을 모르겠는가? 불신자들은 장차 그런 고통을 맛보게 될 것이다. 세 시간이 아니라 영원토록 견딜 수 없는 정신적 압박감과 하나님의 진노와 버림받음을 맛보아야 할 것이다. 영혼의 안위를 위해 이 구원자를 영접할 생각은 없는가? 그분을 받아들이고, 믿고 의지함으로써 구원을 받지 않겠는가?

셋째, 예수님은 죄인으로 취급되는 고통을 경험하셨다. 선택받은 모든 사람의 죄와, 그들이 마땅히 영원히 당해야 할 지옥의 형벌이 한꺼번에 그리스도께 부과되었다. 만일 신성의 도움이 없었더라면 그 짐을 짊어지실 수 없으셨을 것이다. 그분은 한 인격 안에 인성과 신성을 모두 소유하고 계셨기 때문에 그분의 고난은 무한히 거룩하신 하나님 앞에서 무한한 가치가 있었다. 이것이 그리스도께서 그토록 짧은 시간에 우리가 당해야 할 영원한 지옥의 형벌을 온전히 감당하실 수 있었던 이유였다.

일전에 「유에스뉴스 앤드 월드리포트」(US News & World Report)에서 한 남자가 '시어스 타워' 앞에 서 있는 사진을 본 적이 있다. 그는 손에 돌멩이 두 개를 들고 있었다. 사진 밑에는, 어떤 별들은 밀도가 너무나도 커서 그 남자가 손에 들고 있는 돌멩이만한 크기로 압축될 경우 '시어스 타워'만한 무게가 나갈 것이라는 설명이 붙어 있었다. 그것이 사실인지 증명할 방법은 없지만 하나님이 그 짧은 시간에 죄인들이 당해야 할 고통을 자신의 독생자에게 한꺼번에 쏟아 부으신 것을 어렴풋하게나마 상기시켜주는 그림이 아닌가 하는 생각이 든다.

예수님의 부르짖음은 그분의 의식 속에서 하나님의 아들이라는 생각이 일시적으로 물러나고, 오직 자신은 죄인이라는 생각만이 크게 부각되었음을 보여준다. 물론 그렇다고 해서 그분이 하나님의 아들임을 의심했다거나 그것을 의식하는 마음이 모두 없어졌다는 것은 결코 아니었다. 만일 그렇게 생각한다면 그분의 신분에 대한 성경의 증거를 믿지 못하는 결과가 발생할 것이다. 예수님은 사람들에게 성경이 자신에 관해 말씀한 것을 종종 상기시켜 주셨다. 예수님은 자신의 거룩한 신분을 의식했고, 그것을 증언하기 위해 성경을 인용하셨다. 예수님은 사역을 행하시는 동안 줄곧 그런 사실을 믿어 의심치 않으셨다. 따라서 그분이 자신의 거룩한 신분을 의심했거나 확신하지 못하셨다면, 그분이 곧 하나님의 말씀을 믿지 않으신 것이 되는데 이는 그분의 완전무결한 속성과 도저히 양립할 수 없는 추론이다.

좀 더 설명을 덧붙이면 다음과 같다. 그리스도께서는 신성과 인성의 의식을 모두 지니고 계셨지만, 그 둘은 따로 분리되지 않고 하나의 자의식, 곧 그분의 거룩한 인격 안에 하나로 결합되었다. 그분의 거룩한 인격은 신성과 인성의 결합을 가능하게 하는 토대다. 예수님은 인성의 의식 안에서 변화와 발전을 경험하셨고, 겟세마네의 경험을 통해 더 깊은 슬픔과 중압감을 맛보셨지만, 그분의 자의식은 결코 변하지 않았다. 그 이유는 그것이 그분의 인격의 한 측면이며, 그 인격은 신성하기 때문이다.

이것이 사실일진대 예수님께서 성부의 영원한 아들이라는 자신의 신분을 의식하지 않으신 순간이 어찌 있을 수 있겠는가? 만일 그것이 가능하려면 자의식이 그분의 신성이 아닌 인성에만 존재했다고 가정해야 하지 않겠는가? 예수님께서 인성의 생각으로는 인간의 경험을 의식하고 신성의 생각으로는 인성이 이해할 수 없는 현실을 의식하셨다 해도, 자신의 개인적인 정체성을 생각하실 때는 항상 하나의 자아, 곧 '스스로 있는 자,' 곧 창세 전에 성부와 함께 계시다가 그분에 의해 인간의 몸으로 세상에 보내심을 받은 하나님으로서의 자아를 의식하셨다.

　그럼에도 불구하고 그런 순간에 예수님의 의식 속에는 스스로가 죄인이라는 의식이 두려울 만큼 큰 비중을 차지한 것으로 보인다. 예수님이 겟세마네 동산과 십자가 위에서 하신 첫 번째와 마지막 말씀에서는 하나님을 아버지로 일컬으셨다. 그러나 십자가에서 부르짖으실 때는 "나의 하나님, 나의 하나님"(히브리어로는 "엘리, 엘리"[Eli, Eli] 아람어로는 "엘로이, 엘로이"[Eloi, Eloi])이라고 말씀하셨다. 그분은 하나님을 의식하셨다. 그분은 하나님의 선하심과 타자성과 권능과 거룩하심을 의식하셨지만 그 두려운 순간만큼은 스스로가 아들이라기보다는 죄인이라는 의식을 더욱 강렬하게 느끼셨던 것으로 보인다(물론 그 순간에도 그분이 하나님의 아들이시라는 사실은 변하지 않았다). 그분은 우리의 죄를 의식하셨다. 바울은 성부 하나님이 "죄를 알지도 못하신 이를 우리를 대신하여 죄로 삼으"셨다고 말했다(고후 5:21). 예수님은 그 순간에 스스로를 하나님이 기뻐하시는 사랑하는 독생자가 아닌 저주받은 죄인, 곧 두려움에 휩싸인 비천하고 더럽고 역겨운 존재로 의식하셨다. 이것이 바로 유기의 본질이다. 그것이 인성과 신성을 지니신 예수님이 치르셔야 했던 죗값이었다. 이는 하나님이 죄를 어떻게 생각하시는지를 분명하게 보여준다.

　그러나 예수님은 그런 죄의식의 고통 속에서도 견고한 믿음을 보여주셨다. 그분은 "엘리, 엘리"(엘로이, 엘로이)라고 부르짖으셨다. '엘'(El)은 '강한 자'(strong one)를 의미한다. 예수님은 하나님께 버림을 당하셨다고 생각하는 순간에도 여전히 그분을 굳게 붙잡았다. 그분의 감정은 "하나님은 없어."라고 말했지만 그분의 믿음은 "나의 하나님"이라고 부르짖었다. 그분의 감정은 "강한 자, 힘

있는 분은 없어."라고 말했지만 그분의 믿음은 '나의 강한 자'라고 확신했다. 예수님은 어려울 때마다 항상 자신을 도와주신 하나님께 호소하셨다. 그분의 감정은 "하나님은 없어."라고 말했지만 그분의 믿음은 "나의 하나님, 나의 하나님"이라고 부르짖었다. 그분의 감정은 "나는 이제 홀로 버려졌어."라고 말했지만 그분의 믿음은 "절대 그렇지 않아. 내 감정이 어떻게 말하든 내가 무슨 조롱을 당하든 그분은 나의 주님이요 나의 하나님이셔."라고 말했다. 칼빈은 "예수님의 마음속에는 여전히 굳센 믿음이 존재했다. 그분은 그 믿음으로 스스로가 없다고 불평하신 하나님의 존재를 분명하게 확신하셨다."라고 말했다.[3]

"엘리, 엘리." 참으로 위대한 믿음이요 위대한 본보기가 아닐 수 없다. 우리의 감정이 "하나님은 나를 버리셨어."라고 말할 때 우리는 그 말을 무시해야 한다. 내 자신의 감정 곧 연약한 것이 아닌, 강한 자를 믿는 믿음을 지녀야 한다. 신자들, 특히 목회자들은 믿음이 아닌 감정에 지배될 때가 많다. 목회자들은 가장 어둡고 어려운 때에 사람들 앞에서 믿음으로 사는 삶의 본을 보여주어야 한다. 그런 때에는 교인들은 물론 교회 밖에 있는 사람들까지도 기독교가 과연 쓸모가 있는지 더욱 유심히 지켜본다.

또한 "어찌 나를 버리셨나이까."라는 예수님의 물음에서도 그분의 믿음을 확인할 수 있다. 우리는 때로 매우 못마땅한 태도로 "왜? 왜 이런 일이 내게 일어났는가?"라고 묻는다. 그러나 그리스도께서는 그런 태도를 취하지 않으셨다. 그분은 못마땅해하거나 무례한 태도로 그렇게 묻지 않으셨고, 또 마치 지금까지는 자신의 사명을 잘 알고 있었는데 불현듯 '지금 내가 뭐하고 있는 거지?'라는 생각이 들며 당혹감에서 그렇게 물으신 것도 아니었다. 우리는 그런 추론이나 생각을 삼가야 한다. 그리스도께서는 자신의 존재 이유를 한시도 잊으신 적이 없다. 그분의 물음은 무례한 태도나 당혹감이 아니라 순종하는 믿음에서 비롯한 것이다. 하나님께 순종할 생각으로 "왜?"라고 묻는 것은 잘못

---

3) John Calvin, "Commentary on Matt. 27:36," in *Commentary on a Harmony of the Evangelists*, trans. William Pringle (1846; repr., Grand Rapids: Baker, 1996), 3:319.

이 아니다. 모든 것은 우리가 어떤 생각으로 그런 물음을 던지느냐에 따라 달라진다.

예수님이 여기에서 "어찌하여?"라고 물으신 이유는 성부 하나님께서 그 이유를 다시금 생생하게 확신시켜 주시기를 원하셨기 때문이다. 그분은 그 이유를 이미 잘 알고 계셨지만, 그 암울한 순간을 견뎌내기 위해 그것을 다시 기억하고 굳게 붙잡으려고 하셨다. 그분의 물음에는 "아버지여, 이 일이 필요한 이유를 다시금 상기시켜 주소서. 하나님을 버린 이들이 하나님과 관계를 맺고 교제를 나누려면 제가 아버지께 버림을 받는 것이 필요합니다. 그것이 이 일이 필요한 이유입니다. 그런 목적을 생각하면 이것이 참으로 영광스러운 일이 아니겠습니까?"라는 의미가 담겨 있었다. 이렇듯 주님이 질문을 던지신 이유는 그분의 인성이 그 일을 행하는 이유와 목적을 기억하고 믿음으로 힘을 얻기 위해서였다. 그로써 주님은 우리가 본받아야 할 또 하나의 본보기를 보여주셨다.

마지막으로 예수님은 아무런 도움 없이 혼자 남은 듯한 고통을 경험하셨다. 예수님은 하나님께 버림을 당하셨다. 그것은 이해할 수도 없고 설명할 수도 없는 일이었다. 그분은 "어찌하여 저를 버리시고, 외면하시고, 돌보지 않으십니까?"라고 물으셨다. 이것은 주 예수님으로서는 새로운 경험이었다. 그분은 세상에 오시기 전만 해도 하늘에서 하나님의 영원하신 아들로 존재하셨고, 그곳에서 오직 하나님의 무한한 사랑을 끊임없이 받으며 지내셨다. 성자께서는 잠언 8장 30절에서 "날마다 그의 기뻐하신 바가 되었으며 항상 그 앞에서 즐거워하였으며"라고 말씀하셨다. 그것이 하늘에서 성자께서 누리신 삶이었다. 물론 세상에서도 마찬가지였다. 예수님은 영원하신 말씀으로서 항상 하나님과 함께 계셨다. 성부께서는 인간의 몸을 입으신 성자와 늘 함께하셨다. 예수님은 요한복음 16장 32절에서 "내가 혼자 있는 것이 아니라 아버지께서 나와 함께 계시느니라"고 말씀하셨다. 예수님은 성부께서 늘 가까이에서 사랑과 도우심을 베푸시는 것을 느끼셨다. 그분은 성부와 하나셨다. 성부 하나님보다 더 자애로운 아버지는 없었고, 성자보다 더 사랑스런 아들은 없었다. 아브라함과 이삭이 산을 향해 같이 동행했던 것처럼(창 22장), 성부와 성자께서는 베들레헴에서 갈보리까지 같이 동행하셨다. 심지어 극심한 시련과 슬픔을 당하는 순간에도 하나님은 도우심을 베푸셨다. 하나님은 "이는 내 사랑하는 아들이요 내 기뻐하는 자니"(마 17:5)라고 말씀하셨고, 또 예수님이 겟세마네 동산에서 고민하실 때는 천사를 보내 그분을 돕게 하셨다.

그러나 그리스도께서는 가장 힘든 순간에 전혀 새로운 고통, 즉 성부께서 함께 계시지 않는 고통을 경험하셨다. 위로가 가장 필요한 때에 "이는 내 사랑하는 아들이요."라는 음성이 하늘에서 들려오지 않았다. 새로운 확신이 절실히 필요한 때에 "내 기뻐하는 자니."라고 말하는 소리가 들리지 않았다. 그 거룩한 언덕 위에 평화를 상징하는 비둘기가 내려오지 않았고, 그분을 돕는 천사도 나타나지 않았으며, "잘했도다. 착하고 충성된 종아."라는 음성도 들리지 않았다. 예수님이 사망의 음침한 골짜기를 걸으시는 동안에 의지할 수 있는 막대기와 지팡이는 없었고, 어떤 은혜나 호의나 위로도 주어지지 않았으며, 고난의 잔에 담긴 고통이 조금도 완화되지 않았다. 그분은 너무나도 멀고 낯선 세계에 있는 듯했다. 그분은 성부께서 쏟아내시는 진노의 불길을 온전히 다 감당하셨다. 사랑이나 동정의 눈길로 그분을 쳐다보며 "그 심정 이해합니다."라고 말하는 사람은 아무도 없었다. 순결한 마음을 소유한 여인들은 침묵했고, 제자들은 비겁하게도 두려움에 사로잡혀 멀리 도망쳤다. 그분은 진노의 포도즙 틀을 홀로 밟으셨다.

하나님은 크게 분노하시며 골고다의 십자가에 매달린 예수님께 모든 진노를 남김없이 쏟아부으셨다. 온통 사랑이 아닌 진노, 애정이 아닌 냉혹함, 도움이 아닌 적대감, 친밀함이 아닌 소외감뿐이었다. 이 모든 것은 갑작스레 나타났다가 사라지지 않고, 세 시간에 걸쳐 진행되었다.

그리스도께서 경험하신 것을 상상을 통해 재구성하면 다음과 같다. 아들이 아버지와 함께 있었다. 그런데 아들은 갑자기 아버지가 없어진 것을 발견했다. 아들은 아버지가 그렇게 멀리 가지 않은 것을 보고 그를 쫓아가며 "아버지!"라고 불렀다. 그러나 아버지는 발걸음을 더욱 빠르게 움직여 더 멀리 나아갔다. 아버지는 아들의 부르짖음에도 발길을 멈추지 않았다. 오히려 그는 계속 달려갔고 아들은 계속 울부짖었다. 아버지의 태도는 조금도 달라지지 않았고, 아들은 더 큰 소리로 부르짖었다. 아버지는 더 멀리 달려가 결국에는 모습을 감추고 말았다. 그러자 아들은 마지막으로 "아버지! 왜?"라고 부르짖었다.

지금이 바로 그와 비슷한 상황이다. 성자께서는 성부를 원하셨지만 성부께서는 더욱 거리를 멀리하셨다. 성자께서는 성부를 절실히 필요로 하셨지만 성부께서는 일부러 더욱 멀리 물러나셨다. 아무리 쫓아가려고 해도 성부를 따라잡을 수가 없었다. 결국 성자께서는 버림을 당하시고 말았다. 그분은 "나의 하나님, 나의 하나님, 어찌 나를 버리셨나이까"라고 부르짖으셨다. 그분은 버림당한 심정을 느끼셨다. 다정한 눈길, 친절한 말, 위로와 격려는 어디에도 없었다. 그분은 온전히 혼자셨다. 그분은 버림당하셨다.

이 모든 것은 하나님이 우리의 죄를 어떻게 생각하시는지를 잘 보여준다. 모든 것이 죄의 불합리함과 가증스러움과 두려운 속성을 여실히 드러낸다.

예수님이 십자가에서 하신 이 네 번째 말씀은 우리를 혼란스럽게 만든다. 다윗이 시편 22편을 통해 가슴을 찢는 듯한 울부짖음을 토해낸 것은 얼마든지 이해할 수 있지만 하나님의 아들이신 예수 그리스도께서 그렇게 부르짖으신 것은 도무지 이해하기 어렵다. 어떻게 그분의 기도가 응답되지 않고, 아들이라는 의식이 희미해지고, 성부께 버림을 당하실 수가 있단 말인가? 그분도 하나님이신데 어떻게 그런 지옥보다 더한 고통을 당하셔야 한단 말인가? 어떻게 하나님이 그리스도께서 그리스도가 아닌 가인인 것처럼 그분을 버리실 수가 있고, 어떻게 성부께서 성자를 그렇게 외면하실 수 있단 말인가? 마르틴 루터는 예수님이 십자가에서 하신 이 네 번째 말씀을 오랫동안 묵상하고 나서 "하나님께 버림받으신 하나님! 누가 이를 이해할 수 있으랴?"라고 소리쳤다.[4] 이것이 그리스도께 어떤 의미였는지 적절히 설명할 방법은 없다. 심지어는 그분 자신도 그러셨을 것이 틀림없다. 그분은 인간의 언어로 그렇게 부르짖으셨지만, 그것은 인간으로서는 도무지 납득하기 어려운 경험이 아닐 수 없었다. 그리스도의 부르짖음은 시간과 공간 속에서 이루어졌지만 여기와는 다른 세

---

4) 다음 자료에서 인용했다. Friedrich W. Krummacher, *The Suffering Savior*, trans. Samuel Jackson (Boston: Gould and Lincoln, 1859), 410.

상에 속한 말이나 다름없었다. 아담의 후손 가운데 그리스도께서 경험하신 것을 똑같이 경험한 사람은 아무도 없다. 하나님께 버림받았다고 느끼는 사람들은 많지만 인간의 경우는 심지어 유기된 자들조차도 이 세상에 살고 있는 한 하나님께 온전히 버림받은 사람은 단 한 사람도 없다.

그럼에도 불구하고 심지어 표면적으로라도 버림을 받는다는 것은 두려운 일이 아닐 수 없다. 캘리포니아 병원의 응급실 밖에는 갓난아이의 그림이 그려진 '수거함'이 있다. 우체통에 우편물을 집어넣듯 누군가가 그곳에 갓난아이를 던져 넣는다는 것은 생각만 해도 모골이 송연해지는 일이다. 신자들이 느끼는 버림을 당한 심정은 바로 그런 느낌, 곧 현실감이 없는 느낌에 지나지 않는다. 바꾸어 말해 하나님이 계시지 않는 것처럼 느껴질 뿐, 그분의 존재 자체가 부정되는 것은 아니다. 그러나 그리스도의 경우에는 그런 느낌과 현실이 하나로 일치했다. 그분이 버림당하신 심정을 느끼신 것은 실제로 버림당하셨기 때문이다. 그분은 현실로서 경험하셨고, 우리는 가장 암울한 순간에도 단지 현실의 그림자만을 경험한다.

그리스도께서 고난당하신 이유

그렇다면 그 이유는 무엇이었을까? 그리스도께서는 왜 절대적이고 실질적인 의미에서 하나님께 버림을 당하신 것일까? 이 물음에 대해 만족스런 해답을 구하기는 매우 어렵다. 심지어 그리스도께서도 "왜?"라고 물으셨지만 아무 대답도 듣지 못하셨다. 그런데 우리가 어떻게 역사상 가장 큰 수수께끼, 곧 인류의 역사상 가장 끔찍한 어둠이요 가장 소름끼치는 상황이자 그 깊이를 알 수조차 없는 신비를 어떻게 해결할 수 있겠는가?

그러나 성경이 그리스도께서 버림받으신 이유를 전혀 밝히지 않은 것은 아니다. 이사야서 53장은 그리스도께서 하나님께 맞으며 고난을 당하셨다는 말로 그 비밀의 일부를 밝혔다. 10절은 "여호와께서 그에게 상함을 받게 하시기를 원하사"라고 말씀한다. 우리 모두를 위해 그리스도를 아끼지 않고 내주신분은 바로 성부 하나님이셨다. 성부 하나님이 이 악한 세상을 사랑하사 자신의 독생자를 내주셨다. 그러면 그 이유는 무엇일까? 왜 하나님은 죄 없으신 그리스도, 곧 자신이 사랑하시는 거룩한 아들을 그렇게 대하셨을까? 왜 하나님은 그분이 상함받기를 원하셨을까? 왜 하나님은 그분을 저주와 진노 아래 두셨을까? 오늘날의 속죄 이론은 이런 이례적인 사실을 온전히 설명하기에는 턱없이 부족하다. 그분은 죄가 없으신 하나님이시다. 그런데 하나님께 저주를 받으셨다. 그 이유가 무엇일까? 성부 하나님의 행위를 설명할 수 있는 방법은 단 네 가지뿐이다.

첫 번째는 성부 하나님이 변덕스럽다는 설명이다. 성부 하나님이 변덕스럽게도 기분이 달라져 자신의 독생자를 저주하셨다는 것이다. 물론 이것은 가능성도 없고 생각할 수도 없는 설명이다. 하나님이 전횡적인 권세를 휘둘러 자신의 독생자를 상하게 하거나 버리시는 법은 절대 없다. 그분의 기분은 변하지 않는다. 그분은 변덕스럽지 않으시다. 그분의 사랑은 항상 변하지 않는 아가페 사랑이다.

두 번째는 성부 하나님이 악의적으로 성자를 상하게 하셨다는 것이다. 성부께서 성자를 멸시하고 경멸하셨다. 주 여호와께서 본성이 악하신 탓에 자신의 아들을 짓밟고 상하게 만들어 그 생명을 빼앗으려고 하셨다. 이 또한 절대로 불가능한 설명이다. 왜냐하면 하나님은 그런 범죄를 저지를 수 없으시기 때문이다. 만일 어떤 아버지가 아들을 저주하고 상하게 만들어 목숨을 빼앗으려 한다면, 그는 아들을 사랑하기는커녕 오히려 극도로 증오한다고 결론지을 수밖에 없다. 그런데 속죄의 의미를 전혀 이해하지 못하면서 십자가 앞에서 어리석게 피상적인 감상에 젖어 "보라, 이것이 하나님의 사랑을 입증하는 증거다."라고 말하는 이들이 적지 않다.

세 번째는 성부께서 성자를 가르치려고 하셨다는 것이다. 성부께서는 성자에게 고난에 관한 깊은 교훈을 가르치기 위해 그분을 버리는 혹독한 심판을 베푸셨다. 이 설명은 하나님께서 때로 다양한 방법으로 자기 백성에게 버림당하는 고통을 느끼게 하신다는 논리에 근거한다. 하나님은 때로 자기 백성을 버리시는 것처럼 보인다. 그러나 하나님은 갈보리를 한시도 떠나지 않으신 것처럼 그들을 실제로 버리지 않으신다. 그리스도인들은 하나님의 임재를 의식할 수도 있고, 때로는 그분의 부재를 의식할 수도 있다. 그러나 그들의 감정은 정확하지 않다. 히스기야는 버림받은 줄로 생각했지만 하나님은 결코 그를 떠난 적이 없으셨다. 그분은 여전히 그의 기도를 들으시고 그와 함께 하셨다.

때로 하나님은 히스기야의 경우처럼 자기 백성이 자신을 분노하게 만들 때 섭계의 차원에서 잠시 그들을 내버려 두기도 하신다. 그분은 경고하기 위해 한동안 은혜를 거두신다. 하나님은 우리가 도덕적으로나 영적으로 위험한 곳에 달려갈 때 우리가 어디로 향하고 있는지를 깨우치실 목적으로 잠시 모습을 감춰 경고하신다. 또한 우리가 죄를 범하지 않았는데도 우리를 시험하기 위해 그렇게 하실 때도 있다. 그런 때 하나님은 "내가 너를 떠난 것처럼 느껴질 때도 여전히 나와 함께 있기를 원하느냐?"라고 물으신다.

그러나 하나님은 성자를 유익하게 하기 위해 그분을 가르칠 필요가 없으셨다. 왜냐하면 성자는 이미 완전하시기 때문이다. 성부께서는 시험이나 징계나 경고의 차원에서 그분을 상하게 할 필요가 없으셨다.

네 번째는 성부께서 성자에게 벌을 주기 위해 그를 상하게 하셨다는 것이다. 지금까지 살펴본 대로 예수님은 하나님의 변덕스러움이나 악의나 교육적인 차원에서 고난을 당하신 것이 아니다. 그분이 고난을 당하신 이유는 하나님의 의로우심 때문이었다. 하나님이 예수님을 상하시게 할 이유, 예수님이 그런 일을 감당하셔야 할 이유가 분명히 있었다. 하나님은 자기 아들로 죄인을 대신해 죄인이 되게 하셨기 때문에 죄를 징벌해야 하는 공의의 원칙에 따라 그분을 처리하셔야 했다. 성부께서 성자를 상하게 하신 것은 죄에 대한 심판이었다. 성자께서는 직접 죄를 짓지는 않으셨지만 자기 백성의 죄를 대신 짊어진 탓에 죄에 대한 형벌을 당하셔야 했다.

성부께서 성자를 상하게 하신 것은 대리자가 심판을 대신 받은 것을 의미한다. 이런 대리 속죄의 진리는 고린도후서 5장 21절 "하나님이 죄를 알지도 못하신 이를 우리를 대신하여 죄로 삼으신 것은 우리로 하여금 그 안에서 하나님의 의가 되게 하려 하심이라"에 분명하게 나타나 있다. 그것이 갈보리에서 일어난 모든 일의 원인이었다. 예수님은 우리를 대신해 죄인이 되셨다. 그분은 우리를 위해 죽으셨고, 우리의 죄를 짊어지셨으며, 우리를 위해 저주를 받으셨고, 많은 사람을 위해 자기 목숨을 대속물로 내주셨다. 이것이 구원의 신비와 기이함을 해결해 주는 열쇠다. 예수 그리스도께서 죄인과 하나 되셨다는 이유로 인해 도무지 이해할 수 없는 일이 이해되기 시작한다. 하나님이 자기 아들을 벌하신 이유를 설명할 수 있는 근거는 오직 그분이 죄를 대신 짊어지고 스스로 죄인이 되셨다는 한 가지뿐이다. 그리스도께서 죄를 대신 짊어지고 죄인이 되지 않으셨다면 갈보리는 이 세상에서 가장 암담한 사건으로 끝이 났을 것이다. 만일 그것이 사실이라면 하나님도 없고, 아무런 의미도 없이 오로지 모순과 역설만이 존재했을 것이다. 그러나 성경은 그리스도께서 죄를 대신 짊어지고 죄인이 되셨다고 분명하게 증언한다.

그렇다면 이 말은 구체적으로 무엇을 의미할까? 그리스도께서는 자기 백성을 위해 무슨 일을 행하셨을까?

첫째, 그분은 자기 백성을 대신해 그들을 유익하게 하셨다. 그분은 그들의 대리자로서 행동하셨고, 그들의 이익을 위해 일하셨다. 그리스도께서 자기 백성의 대리자요 옹호자로서 그들을 대신해 일하신다는 것은 신약성경의 가장 위대한 가르침 가운데 하나다. 그분은 그들을 위해 중보 기도를 드리시고, 그들을 위해 대언하시며, 그들의 이익을 추구하신다. 그러나 이것이 다가 아니다. 왜냐하면 예수 그리스도께서는 단순한 대리자가 아니시기 때문이다. 대리자는 단지 고객의 입장에서만 그를 대신해 행동할 뿐이지만, 예수 그리스도께서는 자기 백성을 대신해 행동하는 데 그치지 않고 그 이상의 일을 감당하신다.

둘째, 예수님은 자기 백성을 대신해 고난을 당하셨다. 그분은 자기 백성의 중보자로 그들을 위해 대언하실 뿐 아니라 그들을 대신해 스스로 희생 제물이 되셨다. 그분은 자기 백성을 위해 일하는 데 그치지 않고, 그들의 의무와 책임을 모두 짊어지셨다.

예수님이 우리의 죄를 대신 짊어지고 우리를 대신해 율법에 순종하셨기 때문에 하나님의 정의가 만족되었고, 그로써 하나님도 의로우시고 예수님을 믿는 자들도 의롭다 하심을 받을 수 있는 길이 열렸다(롬 3:26). 하나님이 그리스도를 징벌하신 것이 옳은 이유는 그리스도께서 자기 백성을 대신해 그들의 모든 죄책을 대신 짊어지셨기 때문이다.

이제 이해하겠는가? 그리스도께서 '우리를 위해' 저주를 당하신 이유는 그분이 우리의 대리자이기 때문이다. 그분이 형벌을 받으신 이유는 우리를 대신해 죄인이 되셨기 때문이다. 하나님은 죄를 징벌하기 위해 그분을 조금도 아끼지 않고 엄히 심판하셨다. 그리스도께서 우리를 위해 저주가 되신 이유는 우리를 저주에서 구원하시기 위해서였다.

그분이 정죄를 당하셨기 때문에 우리는 더 이상 정죄를 당하지 않는다. 그분이 십자가에 못 박히신 하나님의 아들, 저주받은 하나님의 아들, 버림받은 하나님의 아들, 고난당하는 하나님의 아들이신 이유는 많은 고난을 당해야 할 인자이시기 때문이다. 그리스도께서 고난을 '당하셔야' 할 이유는 인간이 고안한 것이나 신학적 논리에 근거하지 않는다. 그것은 하나님의 마음이라는 위대한 핵심 진리, 곧 그분이 인애를 기뻐하시므로(미 7:18) 죄인들을 구원하기를 좋아하신다는 사실에 근거한다.

하나님은 죄를 용서하기를 좋아하신다. 그분은 풍성한 용서와 긍휼을 베푸시기를 기뻐하신다. 그러나 하나님은 죄를 결코 용인하지 않으신다. 따라서 하나님이 친히 죄를 짊어지셔야 했다. 용서하시는 하나님, 죄를 대신 짊어지시는 하나님, 죄를 용납하지 않으시는 하나님은 결국 속죄를 요구하실 수밖에 없다. 기적 중에 기적은 하나님이 친히 속죄의 희생양이 되셨다는 것이다. 단지 하나님의 어린양이 아니라 하나님이 곧 어린양이시다. 하나님은 자신의 품속에서 어린양을 발견하셨다. 예수님이 희생 제물, 곧 희생양이 되셨다는 것이야말로 기독교의 가장 위대한 진리가 아닐 수 없다.

십자가 주위에 있던 사람들 가운데 그리스도의 심오한 질문에 대답할 수 있는 사람은 아무도 없었다. 심지어 천사들도 그 대답을 알지 못했다. 그러나 예수님은 시편 22편 3절에서 스스로 자신의 물음에 이렇게 대답하셨다. "이스라엘의 찬송 중에 계시는 주여 주는 거룩하시니이다." 하나님이 왜 예수님을 버리셨을까? 그 이유는 그분이 거룩하시기 때문이다. 그러나 하나님은 사랑이시지 않은가? 물론 그분은 사랑이시지만 그 사랑은 거룩한 사랑, 곧 죄를 미워하는 순결한 사랑이다. 하박국은 "주께서는 눈이 정결하시므로 악을 차마 보지 못하시며"(합 1:13)라고 말했다.

갈보리에서도 마찬가지였다. 하나님은 그 악이 심지어 자신의 독생자에게서 발견되었을 때도 차마 그것을 볼 수가 없으셨다. 만물을 살피는 그분의 눈은 그리스도에게서 발견된 불법을 바라볼 수가 없었다.

그러나 예수님에게서는 악이나 불법을 전혀 찾아볼 수 없지 않은가? 개인적으로 저지른 죄를 따진다면 그렇다. 그분은 아무 죄도 짓지 않으셨다. 그러나 그분은 죄인들의 대표자요 보증인으로서 그들의 죄를 짊어지셨다. 예수님은 자기 백성의 죄를 짊어지셨기 때문에 하나님은 그분을 죄인으로 간주하시고, 죄의 책임을 물으셨다. 이것이 예수님이 버림받으신 이유다. 재판관이신 하나님은 인성의 차원에서는 자신의 독생자와 관계를 단절하셨다.

그리스도께서는 죄의 삯(사망)을 치르셨다. 이 죽음은 단지 물리적인 죽음만을 뜻하지 않는다. 영원한 영적 죽음, 곧 하나님과 인간의 완전한 분리도 아울러 포함된다. 이것은 아담이 자기 자신과 자신의 후손에게 가져다 준 죽음이다. 그리스도께서는 아담의 죄를 짊어지셨기 때문에 또한 그의 형벌을 당하셔야 했다. 그리스도께서는 완전히 버림을 받아 혼자가 된 지옥의 고통을 느끼시며 "나의 하나님, 나의 하나님, 어찌하여 나를 버리셨나이까? 그러나 하나님은 거룩하시기 때문에 제게서 죗값을 요구하시는 것이 당연합니다. 제가 제 백성의 모든 죄책을 감당해야 한다는 것을 압니다. 오, 나의 하나님, 하나님이 옳으시다고 인정할 수밖에 없나이다. 하나님의 칼로 하나님의 동무인 이 인간을 치옵소서."라고 부르짖으셨다.

그리스도께서 당하신 고난의 형벌은 대리 속죄의 의미를 지녔다. 그분은 우리를 대신해 고난당하셨다. 그분은 단지 버림당한 우리와 함께하시거나 그 고통을 가장 많이 당하신 것이 아니라 우리를 그 고통에서 구원하신다. 그분은 우리와 함께가 아니라 우리를 위해 그 고통을 감당하셨다. 우리가 정죄를 당하거나 저주를 당하지 않는 이유는(롬 8:1, 갈 3:13) 그리스도께서 우리를 위해 모든 죄를 짊어지고 바깥 어두운 곳으로 나가셨기 때문이다. 물론 그분은 우리를 중재하는 대제사장으로서 우리와 함께하시지만, 그분이 골고다에서 당하신 일은 단지 우리와 하나 되기 위해서가 아니라 우리를 정죄로부터 구원하기 위해서였다.

그리스도께서 십자가에서 운명하시는 순간, 그분의 백성은 더 이상 죄의 형벌로 인한 고난을 당하지 않는다. 그런 법적 책임을 물을 근거는 더 이상 없다. 정죄당해 마땅한 죄인으로서 우리가 감당해야 할 모든 고통과 소외를 그리스도께서 대신 감당하셨다. 그분이 우리를 위해 버림받으셨기 때문에 우리는 결코 버림받지 않는다. "그리스도께서 단번에 죄를 위하여 죽으사 의인으로서 불의한 자를 대신하셨으니 이는 우리를 하나님 앞으로 인도하려 하심이라"(벧전 3:18). 골고다는 하나님이 원하시는 모든 것을 이룰 것이다. 잃어버린 양들이 빠짐없이 하나님께로 돌아올 것이다.

그리스도께서 세 시간 동안 어둠 속에서 버림받은 채 울부짖으신 이유에 대한 타당한 설명은 오직 이것뿐이다. 오늘날에도 성령께서는 하나님의 백성을 무서운 어둠에 휩싸인 십자가 앞, 곧 천지의 재판관이신 하나님의 법정으로 인도하시어 그곳에서 모든 어둠이 사라짐을 경험케 하신다. 그리고 그리스도께서 우리를 대신해 형벌을 당하셨기 때문에 정작 우리는 형벌을 당할 필요가 없다는 참으로 놀랍고 기적적인 사실을 깨닫게 하심으로써 이것이 참된 진리임을 확증하신다. 우리는 "임마누엘, 하나님이 우리와 함께 계신다. 임마누엘이신 주님이 우리를 위해 가장 낮은 지옥까지 내려가셨도다. 하나님이 어둠 속에서, 또 그 어둠 아래 있는 동안 늘 우리와 함께하신다. 그 덕분에 우리는 멸망하지 않는다."고 고백하며 그 어둠 속을 빠져 나온다.

그리스도의 고난의 배후에 있는 사랑

이제 그리스도의 버림받으심을 통해 드러난 삼위일체 하나님의 사랑을 세 가지로 나눠 적용함으로써 모든 논의를 마무리하고자 한다.

첫째, 그리스도의 버림받으심은 그분의 놀라운 사랑을 드러낸다. 토머스 왓슨은 "성육하신 하나님은 다름 아닌 육신을 입으신 사랑이시다."라고 말했다.[5] 그리스도께서 버림받으신 상태에서 울부짖으신 사실, 곧 왕 중 왕이신 주님이 죄인들을 위해 기꺼이 그런 시련을 감수하셨다는 사실보다 더 그분의 사랑을 생생하게 드러내는 것은 없다. "나의 하나님, 나의 하나님, 어찌하여 나를 버리셨나이까."는 성육하신 하나님께서 끝이 보이지 않는 하나님의 진노의 구렁텅이로 가라앉으시면서 내지르신 부르짖음이었다. 신자들은 자신을 멸망에서 구원하신 그리스도의 사랑의 깊이를 결코 다 헤아릴 수 없다. 한 찬송가 작가는 이렇게 노래했다.

그러나 구원받은 사람들 가운데
주님이 잃어버린 자기 양들을 찾기 위해
얼마나 깊은 물을 건너야 했고,
얼마나 어두운 밤을 지나서야 했는지를
아는 이 아무도 없네.[6]

그리스도를 믿는 신자들은 고난과 박해를 당할 각오를 해야 한다. 바울은 "무릇 그리스도 예수 안에서 경건하게 살고자 하는 자는 박해를 받으리라"(딤후 3:12)고 말했다. 또한 그는 빌립보서 2장 5-8절에서 그리스도 예수의 마음, 곧 사랑하는 자들을 위해 기꺼이 자신을 희생한 사랑의 마음을 품으라고 권고했다. 빌립보 신자들은 자신의 사소한 권리를 포기하기보다 애써 주장하려 했다. 그들은 주님을 섬기는 일을 통해 칭찬받기를 원했고, 자신의 은사가 인정받고 존중받기를 바랐다. 바울은 그런 속된 문제를 다루면서 이렇게 말했다. "너희가 행한 일에도 불구하고 존중받지 못한다고 불평하지 말고 영광의 주님을 바라보라. 그분은 하나님이시지만 그분과 동등됨을 취하지 않으셨다. 그분은 자신의 왕권을 그대로 지닌 채 세상에 오겠다고 요구하지 않으셨고, 자신의 권위를 보호하기 위해 말구유에서 태어나는 것을 거부하지 않으셨다. 빌

---

5) Thomas Watson, *A Body of Divinity* (Edinburgh: Banner of Truth, 1983), 194.
6) Elizabeth C. Clephane, *The Ninety and Nine* (Boston: D. Lothrop and Co., 1877).

립보 신자들아, 너희의 허식과 자랑을 모두 버리고 이 마음을 품으라. '나는 20년 동안 이곳에서 목사, 또는 장로로 일했으니 이제는 인정을 받아야 마땅해.'라고 말하지 말라. 예수님이 하나님과 동등됨을 취하지 않으셨거늘 어찌하여 너희는 감히 너희의 권리를 주장하는 것이냐?"

그리스도의 마음을 품고 있는가? 예수님이 십자가에서 하신 네 번째 말씀 안에는 참으로 심오한 실천적인 가르침이 담겨 있다. 십자가의 예수님을 경배하려면 우리 내면에 있는 모든 불평과 복수심을 내버려야 한다. 우리가 영광의 주님을 해한 것보다 훨씬 덜 해를 끼친 사람에 대해 앙심을 품는 것이 가당키나 한 일인가?

우리의 사소한 권리와 속된 불평을 십자가 밑에 내려놓자. 하찮은 일에 대한 관심을 버려라. 어떻게 감히 십자가 밑에서 하찮은 일에 관심을 기울일 수 있겠는가?

둘째, 그리스도의 버림받으심은 성부 하나님의 놀라운 사랑을 드러낸다. "여기에는 온통 진노만 있는 것처럼 보이는데 그런 사랑이 도대체 어디에 있는가?"라고 반문할지도 모르겠다. 한 번 더 깊이 생각하고, "하나님이 세상을 이처럼 사랑하사 독생자를 주셨으니"(요 3:16)라는 말씀을 기억하라. 하나님은 독생자를 내주셨다. 하나님은 독생자를 심판하셨다. 하나님이 예수님을 외면하신 이유는 그분에게서 죄를 발견하셨기 때문이다. 그러나 그것은 모두 그분의 계획과 뜻에 따른 것이었다. 예수님은 우리가 하나님 앞에서 의롭다 하심을 받게 하시려고 하나님에 의해 죄인이 되셨다. 예수님이 버림받으신 이유는 우리가 하나님께 버림받지 않게 하시기 위해서였다.

성부께서는 죄인들을 무한히 긍휼히 여기신다. 그분은 아무것도 아끼지 않으시고 자신이 가진 모든 것을 내주셨다. 성부께서는 영원 전부터 자신의 품 안에 있던 독생자를 내주셨다. 그분은 최악의 것(우리 죄인들)을 위해 최상의 것을 내주셨다. 그분은 자신의 독생자가 가장 큰 수치와 고통을 당하도록 허락하셨다. 하나님은 가장 소중하게 여기시는 자신의 아들을 아끼지 않고 내주셨다.

그리스도께서 성부께 버림받으신 것은 성부께서 도무지 사랑받을 수 없는 죄인들, 곧 자신을 대적하는 원수들에게 아무것도 아끼지 않으시고 지극히 풍성한 사랑을 베푸셨음을 의미한다. 그리스도께서 십자가에서 하신 네 번째 말씀은 우리 죄인들을 위한 하나님의 변함없는 사랑을 여실히 보여준다. 그 사랑이 우리를 정복했다. 우리는 악한 생각과 마음에서 비롯하는 모든 편견을 깨우치는 그 사랑에 사로잡혔다. 하나님은 주권적인 은혜를 통해 우리에게 무한한 사랑을 베풀어 마음껏 그 사랑을 누리게 하신다. 성부 하나님의 사랑은 홍수처럼 흘러넘친다. 그 사랑은 그분의 마음과 존재로부터 흘러나온다. 거침없이 쏟아져 나오는 하나님의 사랑을 막을 사람이 누가 있겠는가? 하나님이 사랑하시는 것처럼 사랑하는 사람은 지금까지 그 어디에도 없었다. 이 사랑이 십자가에서, 곧 예수님이 버림받으신 상태에서 크게 부르짖는 순간에 가장 생생하고 투명하게 드러났다. 진정 놀라운 은혜가 아닐 수 없다. 하나님이 독생자의 고통스런 부르짖음을 듣지 않고 외면하신 이유는 비천한 죄인의 필요에 귀를 기울이시기 위해서였다.

 이런 말을 하기가 매우 황송하지만, 사실 하나님의 사랑은 좀 어리석어 보인다. 하나님이 먼저 그런 표현을 사용하지 않으셨다면 나는 감히 그렇게 말하지 못했을 것이다. 우리의 부패함을 조금이라도 의식한다면 우리는 "오, 하나님. 저와 같은 피조물을 사랑하는 것은 참으로 어리석은 일입니다. 주님, 저를 떠나소서. 저는 죄인입니다."라고 부르짖지 않을 수 없다. 또한 다른 사람들의 부패함을 조금이라도 의식한다면, "주님, 죄인들에게 그토록 마음을 기울이시고 그들을 위해 모든 희생을 감수하시는데도 그들이 독생자의 피를 짓밟음으로써 주님의 사랑을 대놓고 거부할까봐 두렵지 않으십니까?"라고 말할 것이 틀림없다. 사람의 지혜로 생각하면 하나님이 어리석어 보인다.

 그러나 바울은 "하나님의 어리석음이 사람보다 지혜롭고 하나님의 약하심이 사람보다 강하니라"(고전 1:25)고 말했다. 인간의 지혜로는 아낌없이 주는 하나님의 놀라운 사랑이 한없이 어리석어 보일 뿐이다. 만일 우리가 하나님을 대하는 식으로 다른 사람들이 우리를 대한다면, 우리는 그들에게 절대로 희망이나 긍휼이나 용서를 베풀지 않을 것이다. 우리는 그런 돼지에게 진주를 던지지 않을 것이다. 하지만 하나님은 가장 값비싼 진주를 우리와 같이 더럽고 추악하고 비참한 죄인에게 던져 주셨다. 하나님은 인간이 보기에 무한히 '어리석은' 방법을 사용해 자신의 독생자로 하여금 헤아릴 수 없이 많은 죄인들의 중보자요 구원자로 세우심으로써 사랑하는 성자와 자기 자신을 영화롭게 하기로 결정하셨다.

마지막으로 그리스도의 버림받으심은 성령의 놀라운 사랑을 드러낸다. 그리스도께서 성부의 진노의 잔을 쓰디쓴 찌꺼기까지 남김없이 들이키신 후 세 개의 휘장이 찢어지는 일이 일어났다(막 15:37-39). 성부께서는 성전의 휘장을 찢으셨고(38절), 성자께서는 자신의 육체의 휘장을 찢으셨으며(37절), 성령께서는 인간의 마음의 휘장을 찢으셨다(39절). 성령께서는 백부장의 눈을 가린 비늘을 벗기고 그의 마음에 강력하게 역사하셨다. 그 결과, 그는 예수님의 참된 신분을 깨닫고 그리스도를 배척했던 군중 사이에서 "이 사람은 진실로 하나님의 아들이었도다"(39절)라고 외치지 않을 수 없었다. 성령께서는 그리스도께서 버림받으시고 나서 큰 소리로 승리를 외치신 일을 통해 백부장에게 그분이 메시아이심을 깨우쳐주셨다.

오늘날에도 성령께서는 여전히 휘장을 찢는 사역을 행하신다. 그분은 우리의 눈에서 비늘을 벗겨내고 우리의 마음을 열어 하나님의 아들을 영접할 수 있게 하신다. 성령께서는 우리와 같은 죄인들의 마음속에서 끝까지 인내하며 불가항력적인 은혜로 십자가의 놀라운 진리를 적용함으로써 그 위대한 사랑을 나타내신다. 성령께서는 그리스도께서 성부께 버림받으신 이유는 우리가 삼위일체 하나님께 버림받지 않도록 하기 위해서였음을 사랑으로 일깨워 주신다. 뿐만 아니라 우리가 버림받았다고 느끼는 감정은 그리스도께서 감당하신 버림받음의 현실과는 전혀 다른, 한갓 그림자에 지나지 않음을 깨우치심으로 우리의 마음속에서 사랑이 가득 흘러넘치게 만드시고 "우리가 사랑함은 그가 먼저 우리를 사랑하셨음이라"(요일 4:19)고 외치도록 이끄신다. 우리와 같은 강퍅한 죄인들을 은혜로 대하시며 우리의 영혼에 그리스도에 관한 진리와 그분이 가르치신 많은 진리를 적용하시는 성령의 사랑은 너무나도 크고 위대하다(요 16:13-15).

성령의 오래 참으심은 참으로 놀랍기 그지없다. 부모는 자녀에게 죄 짓는 법을 가르칠 필요는 없지만 대신 많은 인내가 필요하다. 그렇지 않은가? 부모는 자녀들에게 똑같은 말을 수천 번이고 해야 한다. 몇 번이고 거듭 그래서는 안 된다고 말해야 하고, 또 그 이유를 수없이 설명하고, 훈계를 거듭 반복해야 한다. 부모는 참으로 많은 인내가 필요하다. 그러나 성령의 인내를 생각해 보라. 그분은 십자가를 바라보고 깨달음을 얻어 순종의 길을 걸어가도록 똑같은 교훈을 수천 번이나 가르치신다. 그분은 강퍅한 죄인들을 크나큰 인내로 대하신다.

나는 몇 년 전에 힘든 시기를 보낸 적이 있다. 나는 형에게 자주 전화를 걸어 조언을 구했다. 때로는 거의 매일 전화를 걸기도 했다. 한번은 그에게 "내가 전화하는 것이 귀찮지 않아? 형은 항상 잘 참고 전화를 받아주는데, 혹시라도 귀찮아지면 말해. 그러면 다시 전화하지 않을 테니까."라고 말했다.

그러자 형은 "나는 너를 돕는 것이 좋아. 나는 항상 여기에 있어. 네가 전화할 때 '에이, 또 동생의 전화로군.'이라고 생각한 적은 한 번도 없어."라고 대답했다.

우리는 일주일 내내, 하루 종일, 언제라도 성령께 도움을 구할 수 있다. 그분은 번번이 죄를 고백하고 똑같은 기도를 끊임없이 반복해도 우리를 절대 귀찮게 생각하지 않으신다. 그분은 우리를 사랑하기 때문에 우리를 인내로 대하신다. 그분은 영원 전부터 예수님 때문에 우리를 사랑하신다. 성령의 사랑은 진정 아름답기 그지없다.

어느 날인가 하나님께서는 내 기도가 얼마나 귀찮으실까 하는 생각이 들었다. 그때 아들이 계단을 걸어 올라와 "아빠, 안녕히 주무셨어요?"라고 말했다. 그 순간 "아들은 지난 2,000일 동안 아침마다 계속 내게 '안녕히 주무셨어요?'라고 인사를 했지. 그런데 나는 그 말이 지겹지 않아. 오히려 아들이 그 말을 하지 않으면 듣고 싶어질 거야. 왜? 그는 내 아들이니까."라는 생각이 뇌리를 스쳤다.

예수 그리스도께서는 우리를 귀찮아하지 않으신다. 성령이나 성부께서도 우리를 귀찮아하지 않으신다. 그분들은 영원한 사랑으로 우리를 사랑하신다. 성삼위 하나님의 사랑을 마음껏 누리며 "우리가 사랑함은 그가 먼저 우리를 사랑하셨음이라"(요일 4:19)고 외치라.

어느 날 저녁, 스코틀랜드 고지에 사는 한 목동이 계곡에 사나운 폭풍우가 몰아치기 직전 양떼와 함께 잠자리에 들었다. 아침에 잠에서 깨어난 그는 계곡을 가로지르는 철로가 부서진 것을 발견하고 깜짝 놀랐다. 목동은 기차를 멈추게 하기 위해 신속히 둑 위로 달려 올라갔다. 그가 그곳에 도착했을 때 마침 올 것이라고 예상했던 기차가 달려오고 있었다. 그는 기차를 멈추게 하려고 기관사에게 손을 흔들었지만 기관사는 저리 비키라는 뜻으로 손을 내저었다. 목동은 선로에 자기 몸을 던졌다. 기관사는 신속히 브레이크를 밟았지만 기차는 목동을 밟고 지나가 계곡 밑으로 떨어지기 직전에 멈추었다. 기차에 탄 승객들은 대부분 잠을 자고 있었다. 그들은 일어나 기차 밖으로 나와 계곡으로 달려갔다. 그들은 부서진 선로와 만신창이가 된 목동의 시신을 보았다. 한동안 아무도 말을 하지 못했다.

마침내 한 노인이 "저기 있는 저 소년이 내 생명을 구했어."라고 말했다.

예수 그리스도께서는 자신의 생명을 대속물로 내주셨다. 그분은 십자가에서 죽으셨다. 우리의 인생길이라는 선로에 자신의 몸을 내던지신 것이다. 질주하는 기차와 같은 삶을 잠시 멈추고 나와 더불어 십자가를 바라보지 않겠는가? 믿음으로 십자가를 바라보며 "저기 계신 신이시며 사람이신 주님께서 내 생명을 구하셨어."라고 말하지 않겠는가?

다음에 하나님께 버림받았다는 생각이 들거든 이 사랑을 깊이 묵상하자. 우리의 구원자가 경험하신 일을 생각하자. 우리의 고통이 아무리 끔찍하더라도 예수님이 먼저 그런 고통을 당하셨기 때문에 우리의 심정을 헤아려 주실 수 있음을 기억하자. 그분이 우리의 두려움과 불안을 동정하실 수 있는 이유는 친히 그런 경험을 해보셨기 때문이다. 그분은 말로 다 표현할 수 없는 최악의 상황을 경험하셨다. 버림받은 느낌과 절망감이 느껴진다고 해서 자신이 하나님의 자녀가 아니며 유기된 자일 것이라고 속단하지 말라. 그런 사탄의 속삭임에 시달리는 신자들이 너무나도 많다.

한 목회자가 수년 동안 깊은 절망을 느끼며 살아온 교인의 임종을 지켜보고 있었다. 그는 과거에 신자라는 증거를 보여주었던 그를 위로해 줄 말을 찾으려고 고심했다. 그러나 목회자가 무슨 말을 해도 그는 "다 소용없어요."라고 대답했다. 하나님이 자기를 버리셨다고 생각하며 죽어가는 사람에게 과연 어떤 말을 해줄 수 있을까? 마침내 그 목회자는 "하나님께 버림받고 죽으신 예수님이 어떻게 되셨습니까? 그분은 지금 어디에 계시나요?"라고 말했다. 그러자 임종을 앞둔 교인은 그 말뜻을 알아차리고 "그분은 영광 중에 계시지요. 그분이 계시는 곳에 나도 그분과 함께 있게 될 것입니다."라고 대답했다. 오랫동안 어둠 속에 있던 그에게 빛이 찾아왔다. 그는 그리스도께서 자기처럼 고통을 당하셨다는 것을 깨닫고, 자기도 곧 그리스도께서 계시는 곳, 심지어는 성부 하나님의 오른편에 있게 될 것이라는 소망을 가질 수 있었다.

하나님의 저주 아래 그리스도께서 버림받고 외치신 부르짖음에서 절망과 낙심에 빠져 있는 신자들을 위한 참된 희망이 발견된다. 지금도 버림받고 소외되었다고 생각하는 사람들이 많을 것이다. 그런 사람들은 속으로 "내 하나님은 과연 어디에 계시는가?"라고 물을 것이다. 그러나 영적으로 버림받았다는 감정은 단지 감정일 뿐이다. 물론 그런 감정만으로도 충분히 괴롭지만, 버림받았다는 것은 현실이 아니다. 우리를 대신해 하나님께 버림받으신 구세주께서는 결코 우리를 버리지 않으신다. 그분께로 달려가 그분을 의지하고 그분의 긍휼을 구하라. 그러면 "내가 결코 너희를 버리지 아니하고"(히 13:5)라는 말씀이 진리임을 경험하게 될 것이다(이 말씀의 헬라어 문장에는 '아니'라는 부정어가 무려 다섯 번이나 사용되었다).

하나님을 찬양하라. 그리스도께서 하나님과의 단절된 관계를 회복시켜 주셨기에 우리는 더 이상 버림받지 않는다. 하나님과 우리 사이에 온전한 화해가 이루어졌다. 우리는 하늘에 계시는 여호와 하나님의 아름다운 얼굴을 바라보며 "내 아버지여."라고 말할 수 있다. 그러면 그분은 "내 사랑하는 아들아, 너를 버리지 않고 너를 떠나지 않을 것이다. 하나님의 어린양이 너를 영원히 나의 소유로 만들었기 때문에 이제 너는 내게 너무나도 소중한 존재란다."라고 말씀하신다.

이것이 복음이다. 예수님은 우리의 죄 때문에 하나님의 심판 아래 버림받으셨다. 따라서 나는 하나님의 따뜻한 사랑을 받을 뿐, 결코 버림받지 않는다.

이 놀라운 은혜를 경험하고 나면 "이제는 내가 사는 것이 아니요 오직 내 안에 그리스도께서 사시는 것이라 이제 내가 육체 가운데 사는 것은 나를 사랑하사 나를 위하여 자기 자신을 버리신 하나님의 아들을 믿는 믿음 안에서 사는 것이라"(갈 2:20)고 말할 수 있다.

세상에서 하나님 없이 살면서 아무렇지도 않게 생각하는 사람들에게만 관심을 기울이고, 실제로는 버림받지 않았는데도 그렇다고 느끼는 신자들에게는 무관심한 태도를 취해서는 안 된다. 어려움에 처한 하나님의 자녀들, 곧 하나님과 그분과의 교제를 갈망하는 신자들을 동정해야 한다. 그러나 그런 신자들은 결코 멸망하지 않을 것이기 때문에 우리는 또한 기뻐할 수 있다. 그들은 하나님의 은혜로운 얼굴을 보게 될 것이다. 그와는 달리 스스로 속는 사람들, 곧 주님을 안다고 고백하면서도 그분과 친밀한 교제를 나누지 않고 그분의 임재와 부재의 차이를 이해하지 못하는 사람들의 경우는 크게 염려해야 한다. 그것이야말로 그들이 여전히 하나님과 그의 은혜에 무지함을 보여주는 증거가 아니고 무엇이겠는가?

주님의 임재를 의식하지 못한 채 살고, 단지 외형적인 기독교로만 만족한다면 그것은 여전히 죄 가운데 살면서 전능하신 하나님의 진노 아래 있다는 증거다. 그런 상태로 죽음을 맞이한다면, 그리스도께서 성금요일에 세 시간 동안 경험하셨던 일을 영원토록 경험하며 살게 될 것이다. 지옥은 하나님의 은혜로운 임재로부터 완전히 소외된 상태를 가리킨다.

스스로 속아서 구원받지 못했거나 알면서도 일부러 구원을 거부하는 사람들은 예수님이 십자가에서 하신 네 번째 말씀에 귀를 기울여야 한다. 그 말씀은 장차 다가올 진노를 피하라고 경고한다. 구원받으려면 거듭나야 한다. 죄를 회개하고 그리스도를 믿고, 그분의 주권에 온전히 복종해야 한다. 죄인들이 구원의 은혜를 받게 하려고 하나님의 진노 아래 버림받으신 주님을 믿을 때까지 안심해서는 안 된다. "천사들을 통하여 하신 말씀이 견고하게 되어 모든 범죄함과 순종하지 아니함이 공정한 보응을 받았거든 우리가 이같이 큰 구원을 등한히 여기면 어찌 그 보응을 피하리요"(히 2:2, 3)라는 말씀에 귀를 기울이라. 아멘.

10장

OUR RISEN SAVIOR

부활하신 구세주

: D. A. 카슨

복음서에 기록된 그리스도의 부활 기사 가운데 가장 주목할 만한 것이 사도의 의심에서부터 시작한다니 참으로 놀라운 사실이 아닐 수 없다. 우리는 그리스도의 부활에 관해 어떻게 말해야 할까? 살펴볼 성경 구절이 많지만, 먼저 도마와 관련된 기사에 초점을 맞추고 나서 다른 성경 구절들과 연계시켜 생각하도록 하자.

도마와 관련된 기사에서부터 시작한다는 것은 그의 의심에서부터 시작한다는 의미다. 서론 삼아 잠깐 언급하고 지나가야 할 말이 있는데, 의심의 종류는 다양하다는 것이다. 좀 더 정확히 말하자면 의심의 원인은 매우 다양하다.

꽤 오래 전에 밴쿠버에서 목회 사역을 할 때의 일이다. 그 교회에는 대학에 다니거나 직장 생활을 하는 젊은이들이 많았다. 페기라는 한 젊은 여성은 브리티시 컬럼비아대학교에 다니는 학생이었다. 참으로 명랑하고 쾌활하고 재기발랄하고 예수님을 향한 열정이 뜨거운 학생이었다. 사고가 일관되지 않아 기술자가 되었더라면 몹시 서툴렀을 테지만, 자신의 전공 분야에서는 그런대로 꽤 훌륭했고 성격 또한 매력적이었다. 어느 날 그녀는 내게 찾아와 "학교에 프레드라는 남학생이 있는데 나와 단 둘이 예수님에 관해 이야기를 나누고 싶어해요."라고 말했다.

나는 "음, 좋아요."라고 대답했다.

"오해하지 마세요. 이상한 일은 절대 하지 않을 테니까요. 그에게 이성으로 관심이 있는 것은 아니에요. 단지 그에게 예수님에 관해 말하고 싶어요. 괜찮을 것 같지 않아요?"

"음, 좋아요."

우리는 그런 식의 대화를 두세 번 더 주고받았다. 나는 마침내 "좋아요. 그를 만나 예수님에 관해 말해주고, 그를 나에게 데리고 와요."라고 말했다. 그녀는 내 말대로 했다.

나는 당시 미혼이었다. 토요일 밤 10시 30분에 교회 사무실에 있는데 문을 두드리는 소리가 들리더니 페기가 뛰어 들어왔고, 그 뒤로 프레드가 모습을 드러냈다. 그는 다부진 체격의 미식축구 선수였고, 무뚝뚝하고 단순한 인상이 페기가 쾌활한 것만큼이나 분명했다. 그녀는 "목사님, 프레드를 소개합니다. 그는 목사님과 대화하고 싶어해요."라고 말했다. 나는 그 말이 사실이 아님을 알 수 있었다. 단지 페기와 어울리기 위한 핑계였을 뿐이었다. 아무튼 우리는 24시간 영업하는 식당에 가서 자리를 잡고 앉았다. 나는 그가 긴장을 풀고 조금이라도 말문을 열 수 있도록 노력했다. 우리는 그곳에 두 시간 동안 머물렀지만 대화에는 아무런 진척이 없었다. 그는 성경을 전혀 몰랐다. 그는 아무것도 알지 못했고 아무것도 믿지 않았으며 모든 것을 의심했다.

다음 토요일 밤 10시 30분에 또다시 문을 두드리는 소리가 들렸다. 페기와 프레드가 영화 구경을 마치고 들른 것이었다. 우리는 다시 그 식당으로 향했다. 이번에는 프레드가 몇 가지 질문을 던졌다. 우리는 그 질문들을 중심으로 대화를 나누었다. 나는 그에게 읽을거리를 몇 가지 건네주었다. 다음 토요일 밤, 그들은 다시 영화를 보고 나서 나를 찾아왔고, 우리는 같은 식당에서 좀 더 많은 질문을 다루었다. 프레드는 내가 읽으라고 준 것을 모두 읽었다.

그런 식으로 13주가 흘렀다. 나는 새벽 2시가 되어서야 잠자리에 들 때가 많았다. 그것이 주일 아침 설교에 어떤 영향을 미쳤는지는 잘 모르겠다. 그러나 열세 번째 토요일에 프레드는 나를 쳐다보며 "좋아요. 그리스도인이 되겠습니다."라고 말했다. 그것으로 끝이었다. 지난 여러 해 동안 내가 회심을 목격한 사람들 가운데 그런 식으로 회심한 사람은 그가 유일했다. 처음 만났을 때만 해도 그는 모든 것을 의심했다. 그러나 그가 의심했던 이유는 단지 무지했기 때문인 것으로 보였다.

다양한 종류의 의심

어떤 의심은 무지에서 비롯한다. 그런 의심은 가르침과 정보를 제공하면 해결된다. 그와는 달리 어떤 의심은 철학적인 입장에서 비롯한다. 그런 사람은 의식적으로 복음을 거스르는 견해를 채택한다. 예를 들어 유명한 무신론자 올더스 헉슬리는 『목적과 수단』이라는 책에서 이렇게 말했다.

> 나로서는 무의미의 철학이 해방의 수단이었다. 우리가 바랐던 해방은 특정한 정치-경제적 체계로부터의 해방이자 특정한 도덕 체계로부터의 해방이었다. 우리가 그 도덕 체계를 거부하는 이유는 우리의 성적 자유를 방해하기 때문이다. 우리가 그 정치-경제적 체계를 거부하는 이유는 부당하기 때문이다. 그런 체계를 지지하는 사람들은 거기에 세상의 의미(그들의 말대로 기독교적 의미)가 담겨 있다고 주장한다. 그런 사람들에게 대항해 우리의 정치적, 성적 혁명을 정당화하는 방법은 매우 간단했다. 즉 세상이 의미를 지닌다는 것을 부인하는 것으로 족했다.[1]

헉슬리는 나중에는 그런 철학적 입장을 철회했다. 그러나 나는 포스트모던 사상가들 가운데서 그와 비슷한 생각을 발견한다. 예를 들면 미셸 푸코와 같은 사람들이다.

때로 의심은 단순한 피로감에서 비롯한다. 몸이 피곤하면 생각도 영향을 받

---

1) Aldous Huxley, *Ends and Means* (New York: Harper & Brothers, 1937), 270-71.

기 마련이다. 이런 의심은 조직적인 체계를 갖추었다기보다는 냉소적인 특성을 띤다. 관대한 눈길이 아니라 짜증난 눈길로 다른 사람들을 바라보기 시작한다. 목회자들도 피곤하면 그런 태도를 취할 때가 많다. 때로는 밤새 깨어 기도하기보다 일찍 잠자리에 들어 숙면을 취하는 것이 우리가 이 세상에서 할 수 있는 가장 경건한 일이 될 수도 있다. 물론 밤새워 기도해야 할 때도 있지만 때로는 산책을 하고, 집에 일찍 가서 휴식을 취하고 잠을 자는 것이 우리가 할 수 있는 가장 경건한 일이 되기도 한다.

때로는 의도적인 철학적, 체계적 선택이 아니라 도덕적으로 경솔하고, 단순하고, 무감각한 선택으로 인해 의심이 생겨나기도 한다. 그런 선택 가운데 대부분은 옳지 않다. 우리 가운데는 진심으로 신앙을 고백하고 오랫동안 교회에서 중요한 직분을 맡아 충실히 신앙생활을 해 온 사람들이 있다. 그들은 교회 운영 위원회나 여전도회에서 활발한 활동을 해왔다. 그러는 사이 자녀들이 성장하고, 생활도 좀 더 나아진다. 직장에서 중역의 지위를 맡아 매일 장시간 일에 몰두한다. 주택 담보대출금도 갚아야 하고 자녀들 대학 교육도 시켜야 한다. 자녀가 수업료 비싼 학교에 다닐 수도 있다. 직장에서는 자기 팀을 실망시켜서는 안 된다. 그러다 보면 일주일에 한 번 교회에 얼굴을 내밀게 되고, 심지어는 그마저도 너무 잦다고 생각하기에 이른다. 기도회에는 아예 출석하지 않는다. 자신을 희생하는 일은 어떤 일에도 가담하지 않는다. 전도하는 일도 없고, 주님 안에서 더 이상 기뻐하지도 않는다. 그런 식으로 5년이 흐른 어느 날, 침대에서 깨어보니 그는 엉뚱한 여자가 옆에 있는 것을 발견한다. 그는 자리에서 일어나 욕실의 거울에 비친 자신의 모습을 보고 "나는 그 모든 것을 믿지 않아."라고 뇌까린다.

어떻게 그런 일이 일어났을까? 심오한 철학적 위기가 있었는가? 아니다. 철학적 물질주의를 정식으로 채택했는가? 아니다. 현대의 무신론에 영향을 받았는가? 아니다. 그 일은 수천 번의 작은 선택, 곧 그릇된 결정이 하나씩 쌓인 결과였다.

이 밖에도 의심의 원인은 많다. 내가 여기에서 이런 설명을 덧붙이는 이유는 무엇일까? 그 이유는 도마에 관한 기사에 나타나는 의심은 여러 종류의 의심 가운데 하나님을 일깨우기 위해서다. 우리는 도마의 의심을 올바로 이해할 필요가 있다.

내가 지금까지 말한 의심들은 성경 어딘가에 다 나와 있다. 예를 들어 피로로 인한 의심의 사례로는 엘리야를 들 수 있다. 잘못된 작은 결정들이 쌓여 의심하게 된 사례로는 데마를 들 수 있고, 철학적 입장 때문에 의심하게 된 사례로는 예수님을 심문했던 대제사장을 들 수 있다.

그러나 도마의 경우는 예수님이 십자가에 못 박혀 죽으셨다는 사실을 먼저 기억해야 한다. 솔직히 말해 예수님의 제자들은 그분이 죽으리라고는 꿈에도 생각하지 않았다. 그들은 그분이 부활하실 거라고도 기대하지 않았다. 그들은 예수님이 거듭 부활을 말씀하셨지만 그런 일이 일어날 것이라고는 전혀 생각하지 못했다. 그들은 예수님이 말씀하실 때마다 십자가에 못 박혀 죽었다가 다시 살아나실 메시아를 염두에 두지 않았다. 그들은 항상 정복자인 왕의 관점에서 생각했다. 따라서 그들은 예수님이 그런 식으로 말씀하실 때마다 속으로 '주님께서 수수께끼와 같은 심오한 말씀을 하시는군. 언젠가는 이해할 수 있겠지.'라고 생각했다. 그러나 그들은 도무지 이해의 실마리조차 찾지 못했다. 그들은 예수님이 무덤에 계실 때 다락방에 모여 "와우, 일요일까지 어떻게 기다리지."라고 말하지 않았다. 그들은 부활을 기대하지 않았다. 그들 중에 부활을 기대한 사람은 단 한 사람도 없었다.

그런데 예수님이 빈 무덤에서 여인들에게 나타나셨고, 홀로 있던 베드로, 엠마오로 가는 두 제자, 갈릴리에 있는 500명의 제자에게 모습을 드러내셨다. 우리가 모르는 부활의 현현은 제쳐놓더라도 우리가 아는 부활의 현현만 최소 열 번에서 열한 번에 달한다.

절망한 회의주의자의 부르짖음

부활하신 첫 번째 일요일 저녁에 예수님은 사도들에게 나타나셨다. 예수님은 최소한 그들 가운데 열 명에게 동시에 모습을 드러내셨다. 가룟 유다는 자

살했고, 도마는 그 자리에 없었다. 그 기사를 읽어보면 먼저 절망한 회의주의자의 부르짖음을 발견할 수 있다.

"열두 제자 중의 하나로서 디두모라 불리는 도마는 예수께서 오셨을 때에 함께 있지 아니한지라 다른 제자들이 그에게 이르되 우리가 주를 보았노라 하니 도마가 이르되 내가 그의 손의 못 자국을 보며 내 손가락을 그 못 자국에 넣으며 내 손을 그 옆구리에 넣어 보지 않고는 믿지 아니하겠노라 하니라"(요 20:24, 25).

그것은 어떤 종류의 의심이었을까? 철학적인 물질주의자, 곧 물질과 에너지와 시간과 공간 외에는 아무것도 존재하지 않는다고 생각하는 사람의 의심과는 아무 상관이 없었다. 도마는 1세기의 경건한 유대인이었다. 그는 유일신론자였다. 그는 유일하신 하나님을 믿었다. 그는 유대인의 전통을 따르는 유일신론자로서 우리가 구약성경이라고 일컫는 성경을 믿었다. 그는 한 분이신 창조주 하나님이 만물을 지으셨다고 믿었고, 모든 사람을 심판할 마지막 심판을 믿었으며, 옳은 것과 그릇된 것의 차이를 믿었고, 성전의 희생 제도의 중요성을 믿었다. 그는 십계명을 읽고 암기했던 1세기의 경건하고 독실한 유대교 신자였다. 그렇다면 그의 의심은 어떤 종류의 의심이었을까? 그것은 수천 번의 그릇된 결정이 쌓여 결국에는 엉뚱한 여자와 잠자리를 같이하게 된 사람의 의심도 아니었고, 비록 그 암울했던 시기에 심신이 몹시 지쳤을지라도 피로감에서 비롯한 의심도 아니었다.

그것은 믿음과 거짓된 속임수를 구별하기 원했던 사람의 의심이었다. 그는 다른 제자들과 마찬가지로 예수님이 메시아이심을 확신했다. 그러나 그가 기대했던 메시아는 고난당하는 종이나 죽음이나 부활과 같은 주제와는 거리가 멀었다. 그에게 메시아는 오직 정복자인 왕일뿐이었다. 그런데 그런 메시아가 수치와 불명예를 안고 십자가에서 끔찍한 고통을 당하며 처형되다니? 그는 예수님이 행하신 기적들을 보았다. 그런 기적을 행할 수 있는 메시아는 결코 죽지 않는다. 그런 메시아는 승리하며 민족을 변화시킬 수 있다. 그런 메시아는 순교자가 될 수 없다.

도마의 절망은 너무나도 깊었다. 그의 머릿속에는 다음과 같은 생각이 물밀듯이 일어났다. '나는 다시 속지 않을 거야. 내 동료 제자들 가운데 일부가 그런 말을 꾸며냈는지도 몰라. 그들은 예수님이 되돌아오기를 너무나 간절히 바란 탓에 불가피한 현실을 부인하고 있어. ……이것은 집단 환각 현상이야. 그들이 본 것이 무엇인지 누가 알겠어? 나는 믿을 수가 없어. 나는 다른 사람들의 말에만 의존하는 것, 공허하고 불투명한 것에 헌신할 생각이 없어. 마지막 순간에 쌍둥이를 데려오지 않는 이상, 내가 필요로 하는 것은 무덤에 장사된 몸이 무덤 밖으로 나온 몸과 똑같은 몸임을 보여주는 확실한 증거야. 흠……어쩌면 예수님과 똑같이 생긴 쌍둥이가 있었는지도 몰라. 그러나 그가 갑자기 나타났다면 과연 못 박힌 흔적을 지니고 있을까? 다른 제자들이 그분을 많이 닮은 누군가를 보았는지도 몰라. 너무나도 흡사하게 생긴 사람을 말이야. 사람들의 말에 의하면 신분이 높은 정치인들은 이따금 대역을 시켜 자리를 지키게 한다고 하잖아. 어쩌면 예수님도 어딘가에 대역을 두고 계셨는지도 몰라. 그것도 아니라면 십자가에 못 박혔다가 탈출한 사람을 본 것은 아닐까?

결코 그렇지 않다. 고대 사회에서 십자가형을 당한 사람, 곧 십자가에 묶이거나 못 박힌 사람은 근육 경련이 일어나고, 폐에 산소가 부족해지는 탓에 숨을 쉬기 위해 양팔을 끌어당기고 양다리를 밀어내 흉강을 열어야 했다. 그리고 다시 폐에 산소가 부족해지면 그런 동작이 반복되었다. 이는 몇 시간, 심지어는 며칠 동안 지속되었다. 이것이 로마인들이 유월절과 같은 지역의 관습 때문에 희생자를 십자가에서 좀 더 빨리 끌어내리기 위해 정강이뼈를 부러뜨렸던 이유였다. 그러면 양다리를 밀어낼 수 없어 몇 분 만에 숨이 막혀 죽게 된다.

그러나 복음서의 기록에 따르면 예수님의 경우에는 군인들이 그분께서 이미 죽은 것을 확인했다. 4인조에 속한 군인 한 사람이 단창을 꺼내 예수님의 가슴 아래를 찔러 심막을 꿰뚫었다. 그것은 이례적인 상처였다. 예수님과 함께 십자가에 못 박힌 사람들은 그런 상처를 입지 않았다. 오늘날까지 전해지는 고대의 문서나 고고학적인 발굴을 통해 알려진 바에 따르면 그런 상처를 입은 경우는 예수님 외에 다른 한 사람밖에 없는 것으로 나타난다. 물론 그 밖에도 다른 사람들이 더러 있었을 테지만, 십자가형을 당하면서 창에 찔린 사람이 실제로 확인된 경우는 예수님 외에는 그 한 사람이 전부다. 도마가 뭐라고 말했는가? 그는 "내가 그의 손의 못 자국을 보며 내 손가락을 그 못 자국에 넣으며 내 손을 그 옆구리에 넣어 보지 않고는 믿지 아니하겠노라."고 말했다.

도마의 의심은 헛된 망상에 속지 않겠다는 사람의 의심이었다. 그것은 나쁜 의심이 아니었다. 만일 그가 통찰력이 좀 더 뛰어났고, 예수님의 말씀을 곧이곧대로 받아들였다면, 성경 신학을 좀 더 깊이 알았더라면 틀림없이 메시아가 십자가에 못 박혀 죽어야 한다는 것을 이해했을 것이다. 그런 점에서 그의 의심은 옳지 못했다. 이것이 그가 절망한 회의주의자로서 그렇게 외쳤던 이유였다.

깜짝 놀란 회의주의자의 찬양

이번에는 깜짝 놀란 회의주의자의 찬양을 잠시 살펴보자. 이 대목의 핵심은 요한복음 20장 26-28절에서 발견된다.

"여드레를 지나서 제자들이 다시 집 안에 있을 때에 도마도 함께 있고 문들이 닫혔는데 예수께서 오사 가운데 서서 이르시되 너희에게 평강이 있을지어다 하시고 도마에게 이르시되 네 손가락을 이리 내밀어 내 손을 보고 네 손을 내밀어 내 옆구리에 넣어 보라 그리하여 믿음 없는 자가 되지 말고 믿는 자가 되라 도마가 대답하여 이르되 나의 주님이시요 나의 하나님이시니이다."

예수님은 도마에게 히브리어 '샬롬'(*shalom*) 혹은 그와 동일한 의미의 아람어로 인사말을 건네셨다. 현대 아랍어 '살람'(*salaam*)처럼 '샬롬'도 '안녕!'이라는 의미를 지닌다. 그러나 이 말의 본래 의미는 '평강'이다. 이는 심리적인 평안함이 아니라 하나님 앞에서의 평화를 의미한다. 예수님이 부활하신 첫 번째 주와 두 번째 주에 이 표현을 사용하신 것은 상당한 신학적 의미를 지닌다. 예수님의 죽음과 부활이 있고 나서 그분은 제자들에게 "평강이 너희에게 있을지어다."라고 말씀하셨다. 이 말씀은 '샬롬,' 곧 현세에서 미리 예견되고 내세에서 온전히 이루어질 하나님 앞에서의 평화가 너희의 것이 될 것이라는 의미를 지닌다. 그 이유는 그들이 부활하신 주님 앞에 있었기 때문이다.

"도마에게 이르시되 네 손가락을 이리 내밀어 내 손을 보고 네 손을 내밀어 내 옆구리에 넣어 보라 그리하여 믿음 없는 자가 되지 말고 믿는 자가 되라 도마가 대답하여 이르되 나의 주님이시요 나의 하나님이시니이다"(27, 28절).

이 고백을 어떻게 이해해야 할까? 여호와의 증인과 다른 회의주의자들이 이 고백을 어떻게 이해하고 있는지부터 살펴보자. 여호와의 증인은 성경을 하나님의 무오한 말씀으로 받아들이지만, 그것은 단지 "나는 성경을 믿지 않아. 성경은 쓰레기야."라고 말하지 않는 차원에 그칠 뿐이다. 그들은 제멋대로 성경을 해석한다. 그렇다면 그들은 이 구절을 어떻게 해석할까? 둘 중에 하나다. 나는 여기에서 그 가운데 한 가지만 언급하고자 한다. 그들 가운데 어떤 사람들은 도마가 부활하신 그리스도를 보고, "그래요? 그러면 내 주님이요 내 하나님이겠군요."라는 식으로 신성을 모독하는 반응을 보였다고 주장한다.

물론 모든 문화는 속악하고 신성모독적인 측면이 있다. 그러나 1세기의 경건한 유대인이 그토록 중요한 경험이 이루어지는 시점에서 하나님의 이름을 망령되이 일컫는 불경죄를 저질렀다는 것은 상상조차 할 수 없는 일이다. 그런 일은 결코 일어날 수 없다. 더욱 이해할 수 없는 것은 예수님이 그렇게 말한 그를 옳다고 인정하신 것이다. 이 해석의 가장 큰 난점은 '나의 주님'과 '나의 하나님'을 연결하는 등위 접속사 '카이'(그리고)가 사용된 점이다. 상상의 나래를 마음껏 펼쳐 만일 도마가 "나의 주님이요 내 하나님이겠군요."라고 말하는 신성모독을 저질렀다면, 어떻게 그가 "나의 하나님이요, 그리고 나의 주님이십니다."라는 공손한 표현을 사용했는지 설명할 수 있어야 하지 않겠는가? 여호와의 증인이 제시한 또 다른 설명도 터무니없기는 마찬가지다. 따라서 여기에서 굳이 언급할 가치가 없다.

한편 요한복음 본문에서 이 대목을 잠시 생각해 보면 "왜 도마는 그렇게 많은 것을 고백했을까? 왜 그는 '정말 살아계셨군요'라거나 '제가 잘못 생각했습니다' 또는 '정말 예수님이세요?'라고 말하지 않고 '나의 주님이시요 나의 하나님이십니다.'라고 고백했을까?"라는 의문이 떠오른다. 이 질문에 대답하려면 요한복음에 기록된 사건의 전개 과정 전체를 고려해야 한다. 예수님은 부활하신 첫 번째 일요일에 열 제자에게 나타나셨고, 두 번째 일요일에는 도마를 비롯한 열한 제자에게 모습을 보이셨다. 물론 도마가 '이런 생각을 했다.'고 말하는 구절은 어디에도 없지만, 이 부활 기사를 읽을 때는 약간의 상상력을 발휘할 필요가 있다. 요한복음의 기록을 왜곡하지 않는 한도에서 상상력을 조금 발휘한다면 아마 도마는 이런 생각을 했는지 모른다.

'다른 제자들의 말은 옳지 않아. 그들의 말은 터무니없어. 그것은 부질없는 기대에 불과해. 혹시나 그들의 말이 옳을지도, ……아니야. 절대 그럴 수 없어. 내 눈으로 직접 확인해야 해. 확실한 증거가 필요해. 나는 속지 않을 거야. 그러나 그들이 옳다면 대체 그 말은 무슨 뜻일까? 주님은 참으로 이상한 말씀을 하셨어. 며칠 전 배신당하시던 날 밤에 그분은 "빌립아 내가 이렇게 오래 너희와 함께 있으되 네가 나를 알지 못하느냐 나를 본 자는 아버지를 보았거늘"(요 14:9)이라고 말씀하셨지. 그날 밤에 그렇게 말씀하셨을 때 우리 모두는 뭔가 이상하다고 생각했어. 주님이 진실을 말씀하셨다면 그 말은 과연 무슨 의미였을까? 아니야, 그럴 리가 없어. 터무니없는 생각이야. 확실한 증거가 있어야 해. 그러나 주님은 분명히 그렇게 말씀하셨고, 또 다른 말씀을 하기도 하셨어. 그분은 "아브라함이 나기 전부터 내가 있느니라"(요 8:58)고 말씀하셨어. 우리는 조금 과장된 말씀이라고 생각했지. 물론 우리는 그분이 메시아라고 확신했지. 그분은 늘 수수께끼 같은 말씀을 하셨어. 우리는 항상 모든 것을 이해하지는 못했지만 그 말씀은 다소 지나친 면이 없지 않았어. 또한 주님은 "모든 사람으로 아버지를 공경하는 것 같이 아들을 공경하게 하려"(요 5:23)는 것이 성부의 뜻이라고 주장하셨어. 그 말씀도 도가 좀 지나쳤지. 예수님이 정말로 죽은 자 가운데서 살아나셨다면 그런 말씀이 모두 사실일지도 몰라. 잠깐! 이사야서에 기록된 메시아에 관한 예언에 보면 "한 아들을 우리에게 주신 바 되었는데"(사 9:6)라는 말씀이 있지. 또한 메시아는 다윗의 후손으로 태어나 자기 조상 다윗의 보좌 위에서 다스릴 것이며 또 "그의 이름은 기묘자라, 모사라, 전능하신 하나님이라, 영존하시는 아버지라, 평강의 왕이라 할 것임이라 그 정사와 평강의 더함이 무궁하며"(사 9:6, 7)라는 말씀도 기록되어 있지.'

도마는 요한복음이 아닌 공관복음서에만 기록된 다른 성경 구절을 기억했을 것이다. 예를 들어 마가복음은 예수님께서 사람들이 발 디딜 틈조차 없이 붐비는 집에서 말씀을 가르치신 일을 기록하고 있다. 한 중풍병자가 예수님이 근처에 계신다는 소문을 들었다. 그는 몸을 움직일 수 없었기 때문에 그의 친구 네 명이 그를 들것에 싣고 집 안으로 들어가려고 했다. 그들은 "좀 비켜주세요. 비켜주세요. 여기 병자가 있습니다."라고 말했다. 그러나 사람들은 "차례를 기다려요. 선생님이 말씀을 가르치시는 중이요. 밀지 말고 순서를 기다려요."라고 말했다.

그러나 그들은 기다릴 수가 없었다. 그들은 집 밖에 있는 계단 위로 올라갔다. 당시 예루살렘과 갈릴리 집들 중에는 지붕이 평평한 집이 많았다. 에어컨이 없던 시대인지라 사람들은 그곳에 올라가 서늘한 저녁 바람을 맞으며 더위를 식혔다. 그들은 지붕 위에 올라가 예수님의 말씀이 들리는 위치까지 다가가 곧바로 지붕을 뜯어내기 시작했다. 그러고는 친구를 밧줄에 매달아 아래로 내려뜨렸다. 군중은 동정심에서는 길을 터주려고 하지 않았지만 머리 위로 들것이 내려오자 할 수 없이 뒤로 물러서야 했다. 마침내 중풍병자가 예수님 앞에 당도했다. 예수님은 "작은 자야 네 죄 사함을 받았느니라"(막 2:5)고 말씀하셨다. 순간 그곳에 있던 율법학자들은 "이 사람이 어찌 이렇게 말하는가 …… 오직 하나님 한 분 외에는 누가 능히 죄를 사하겠느냐"(7절)라고 생각했다.

그 말을 잠시 생각해 볼 필요가 있다. 누군가 강도떼에게 걸려 심하게 두들겨 맞았다고 가정해 보자. 강간을 당했을 수도 있다. 그는 목숨이 위태로운 상태로 병원에 실려 갔다. 그런데 내가 병원 중환자실에 가서 "좋은 소식이 있습니다. 그 강도떼가 누구인지 알아냈어요. 그러나 나는 그들을 용서했습니다."라고 말했다면 그는 어떻게 반응하겠는가? 크게 분노하거나 그 자리에서 심장이 멎는 듯한 충격을 받을 것이다. 아마도 "당신이 그런 말을 할 권리가 어디에 있소? 당신이 강도떼에게 강간당한 사람도 아니고, 강탈당한 사람도 아닌데 말이오? 피해를 당한 사람만이 용서할 수 있는데 당신은 피해자가 아니오. 그런데 어떻게 피해자의 이름을 빌려 용서를 베풀 수 있단 말이오?"라고 항변할 것이다.

2차 세계대전 말에 아우슈비츠에 시몬 비젠탈이라는 젊은 유대인이 있었다. 그의 일가친척은 모두 몰살당했고 그가 유일한 생존자였다. 전쟁이 끝날 무렵, 그러니까 소련군이 와서 아우슈비츠를 해방하기 몇 주 전 어느 날이었다. 그는 고된 일과를 끝마치고 돌아왔는데 경비병들이 그를 대열에서 끌어내 한쪽 방 안으로 밀치며 "이봐, 유태인. 거기로 들어가."라고 말했다.

방에 들어간 그는 거의 죽음 직전에 있는 스물 남짓한 젊은 독일군을 보았다. 그 독일군은 부상을 당해 살아날 가능성이 없어 보였다. 그는 임종을 앞두고 유태인과 대화를 나누게 해달라고 부탁했던 것이다. 하나님의 섭리로 그 방에 떠밀려 들어간 유태인이 바로 시몬 비젠탈이었다. 그 나치 군인은 용서를 원했다. 그는 자신이 유태인들에게 끔찍한 일을 행했을 뿐 아니라 나치의 행위가 모두 악하고 잘못되었다고 고백하면서 하나님 만나기가 두렵다고 말했다.

전쟁이 끝난 뒤에 비젠탈은 『해바라기』(The Sunflower)라는 작은 책에 당시의 일화를 기록했다.[2] 분량이 고작 80여 쪽밖에 안 되는 그 책 대부분은 비젠탈이 용서를 구하는 나치 병사의 말을 듣는 동안 속으로 생각했던 내용이 실려 있다. 간단히 요약하면 비젠탈은 이렇게 생각했다. '가장 많은 피해를 입은 사람 외에 누가 용서할 수 있단 말인가? 아우슈비츠에서 가장 많은 피해를 당한 사람들은 모두 죽었다. 살아남은 나는 용서를 베풀 권한이 없다. 따라서 나치는 용서를 받을 수 없다.' 그는 단 한마디 말도 하지 않고 돌아서서 그 방을 빠져 나왔다.

비젠탈은 전쟁이 끝난 뒤에 이 일을 책으로 펴냈다. 그는 자신의 책을 세계 도처에 있는 많은 유태인과 그리스도인 윤리학자들에게 보내면서 "내가 옳은 일을 했나요, 아니면 잘못된 일을 했나요?"라고 물었다. 그의 질문은 윤리학자

---

2) Simon Wiesenthal, *The Sunflower* (New York: Schocken Books, 1976).

들 사이에서 큰 논쟁을 불러일으켰다.

기독교적 관점에서 보면 그는 거의 옳았다. 그의 생각은 매우 일리가 있었다. 오직 피해자만이 용서할 수 있다. 그러나 그가 간과한 것은 가장 큰 피해자는 항상 하나님이라는 것이다. 다윗은 밧세바와 간통을 저지르고 난 후에 그 점을 깨달았다. 그녀는 한 젊은 여성을 유혹했고, 간교한 음모로 그녀의 남편을 살해했다. 그는 나단 선지자의 책망을 듣기 전까지만 해도 자신의 비행이 드러나지 않을 것이라고 생각했다. 그러나 그의 죄는 백일하에 드러났고, 그는 그 일을 계기로 시편 51편을 기록했다.

다윗은 시편 51편을 통해 자신의 죄를 공개적으로 고백하면서 하나님께 "내가 주께만 범죄하여 주의 목전에 악을 행하였사오니"(4절)라고 말했다. 어떻게 생각하면 그의 말은 크게 잘못되었다. 그는 젊은 여성에게 죄를 지었다. 그는 그녀를 유혹했다. 또한 그는 그녀의 남편에게 죄를 지었다. 그는 그를 제거했다. 그뿐 아니라 그는 군대 지휘관들에게 죄를 지었다. 그는 그들에게 부당한 명령을 내렸다. 그는 자신의 가족에게도 죄를 지었다. 그는 가족들을 배신했다. 그는 밧세바가 잉태한 아이에게도 죄를 지었고, 한 나라를 다스리는 군왕으로서 백성에게도 죄를 지었다. 그는 거의 모든 사람에게 죄를 지었다. 그러나 그는 뻔뻔스럽게도 "내가 주께만 범죄하여 주의 목전에 악을 행하였사오니"라고 말했다. 그러나 어떤 점에서 보면 그는 옳았다. 왜냐하면 죄를 죄로 만드는 것, 곧 죄를 가증스럽고 저주스럽게 만드는 것은 그것이 하나님을 대항하는 것이기 때문이다.

올해 소득세를 속였다면 미국 정부가 아닌 전능하신 하나님을 향해 죄를 짓는 것이다. 부부 가운데 한 사람이 다른 사람과 불륜을 저질렀다면 배우자가 아닌 전능하신 하나님을 향해 죄를 짓는 것이다. 어떤 사람에 대해 앙심을 품었다면 그 사람이 아닌 전능하신 하나님을 향해 죄를 짓는 것이다. 따라서 수평적인 차원에서 아무리 많은 용서가 이루어지더라도 하나님의 용서가 반드시 필요한 이유가 여기에 있다. 하나님의 용서를 받지 못하면 결코 용서받은 것이 아니다. 모든 죄는 하나님을 향한 죄다. 복음은 바로 이 문제를 다룬다.

예수님이 중풍병자에게 "작은 자야 네 죄 사함을 받았느니라"고 말씀하셨을 때 율법학자들은 "오직 하나님 한 분 외에는 누가 능히 죄를 사하겠느냐"(막 2:7)고 생각했다. 사실 그들의 생각은 틀리지 않았다. 중풍병자가 근래에 예수님을 강탈한 적도 없고, 술집에서 술에 취해 그분께 주먹을 날린 적도 없다. 기록된 바에 따르면 예수님이 그런 일을 당하신 증거는 어디에도 없다. 그런데 예수님은 하나님의 권한에 속한 용서를 베푸셨다. 하나님 외에 누가 죄를 용서할 수 있겠는가? 그들의 말은 한 치도 틀리지 않았다. 그 자리에는 도마도 있었다.

이 모든 경험이 그 일주일 동안 도마의 머릿속에 끊임없이 떠올랐을 것이다. 그것들은 요한복음과 공관복음서에 기록된 역사적 사실이다. 따라서 그가 실제로 부활하신 그리스도를 보고 "네 손가락을 이곳에 넣어 보라. 내 손을 보라. 네 손으로 내 옆구리를 만져보라."는 말씀을 들었을 때는 이미 그 모든 것을 충분히 생각한 뒤였기 때문에 "나의 주님이시요 나의 하나님이시니이다"라고 고백할 수밖에 없었던 것이다.

어쩌면 도마는 거기에서 한 걸음 더 나아갔는지도 모른다. 그리스도의 죽음이나 부활을 기대하지 않았던 신자들은 부활이 우연한 역사적인 사건이 아님을 깨닫기에 이르렀다. 그것은 처음부터 하나님의 계획이었다. 그들은 성경 전체를 관통하는 다양한 예표와 예언이 이 목표를 지향함을 깨달았을 것이다. 그들은 예수님의 죽음과 부활이 그분의 신분을 뒷받침하는 증거("결국 나는 이런 일을 할 수 있다."라고 주장할 수 있는 증거)나 극적인 사건이 아니라 무엇인가 중요한 목적을 성취하기 위한 사건임을 이해해야 했다.

그렇다면 그들은 그 후에 무슨 일을 했을까? 요한은 그로부터 몇십 년이 지난 뒤에 이 모든 일을 떠올리며 자신의 복음서에 이를 기록으로 남겼다. 그는 그 의도하신 목표를 향해 예수님이 어떤 식으로 가르침을 발전시켜 나가셨는지 암시하는 여러 가지 단초를 제시했다. 도마가 그 시점에서 그 사실을 이해했는지 아니면 실제로 그 사실을 이해하기까지 몇 주가 더 걸렸는지는 확실히 알 수 없다. 사도행전에는 당시의 그리스도인들이 예수님의 죽음과 부활의 의미를 되새기며 이 일을 이해해 나가는 과정이 분명하게 드러나 있다.

요한복음 10장에서 예수님은 자신을 선한 목자로 일컬었다. "선한 목자는 양들을 위하여 목숨을 버리거니와"(11절). 이 말씀을 듣는 순간, "뭐라고요? 그게 무슨 터무니없는 말인가요? 선한 목자라도 양들을 위해 위험을 무릅쓸 수는 있을지 모르지만 목숨을 내주지는 않습니다. 그가 사고로 목숨을 잃는다면 이해하겠어요. 그러나 스스로 목숨을 내주는 법은 없습니다. 얼토당토않은 말이에요."라고 말할지도 모른다. 그러나 예수님은 정확히 그렇게 말씀하셨다. 더욱이 예수님은 말의 의도를 이해하지 못하는 사람이 없도록 "이를 내게서 빼앗는 자가 있는 것이 아니라 내가 스스로 버리노라 나는 버릴 권세도 있고 다시 얻을 권세도 있으니 이 계명은 내 아버지에게서 받았노라"(18절)고 덧붙이셨다. 이것이 예수님이 생각하신 선한 목자의 의미가 아닐까? 이 비유적 표현은 예수님이 십자가에서 기꺼이 자신을 희생시키시고, 그 후에 다시 살아나신 사건에 비추어 생각해야만 비로소 의미가 있다. 그러나 당시 제자들이 양들로 영생을 얻도록 목자가 그들을 위해 죽을 것이라는 예수님의 가르침을 옳게 이해했을 가능성은 매우 희박하다.

아울러 요한복음 6장에는 '생명의 떡'이라는 비유적 표현이 발견된다. 우리는 예수님의 살을 먹고 피를 마셔야 한다. 야만적인 말처럼 들린다. 예수님을 반대하는 사람들은 그 말을 듣고 등을 돌렸다. 그분의 제자들도 상황이 어떻게 진행될지 전혀 예측하지 못했다. 예수님은 그들에게 "너희도 가려느냐"라고 물으셨다. 그러나 베드로가 나서서 "주여 영생의 말씀이 주께 있사오니 우리가 누구에게로 가오리이까"(68절)라고 대답했다. 제자들은 "그 가르침이 무슨 뜻인지 알겠습니다. 참으로 심오한 진리입니다. 잘 알아들었습니다."라고 말하지 않았다. 그들은 예수님을 신뢰했지만 그 가르침을 이해하지는 못했다. 나중에 이때를 돌아보면 그런 사실이 분명하게 드러난다.

외식을 하러 나가 맥도널드에서 햄버거를 먹는다고 가정해 보자. 무엇을 먹는 것인가? 죽은 소의 고기를 먹고, 죽은 상추와 토마토와 오이와 피클과 보리와 밀과 참깨를 먹는다. 햄버거는 소금과 같은 몇 가지 미네랄 성분을 제외하면 모두 죽은 것이다. 이 경우 그 모든 것이 나를 위해 죽는다고 말할 수 있다. 그것들이 죽지 않으면 내가 죽을 것이기 때문이다. 소와 상추와 토마토 등 모두 산 채로 남겨두려면 먹을 수 있는 것이 없기 때문에 결국 죽고 말 것이다.

오늘날 우리는 그런 생각에 익숙하지 않다. 왜냐하면 더 이상 농장에서 살지 않기 때문이다. 우리의 음식은 식료품 가게에서 포장지나 상자에 담겨 제공된다. 농경 사회에서 자란 사람들은 식물과 가축을 통해 양식을 얻고, 그것들이 죽지 않으면 우리가 죽는다는 것을 잘 안다. 그들은 대리적 차원의 죽음을 이해한다. 자원적인 죽음이 아니라 대리적 차원의 죽음이라고 말한 것에 주목하라. 대리적 차원의 죽음이 없으면 우리가 죽어야 한다.

예수님은 이 비유를 설명하셨다. 그분은 "나는 생명의 떡이니 내게 오는 자는 결코 주리지 아니할 터"라고 말씀하셨다(35절). 이는 말 그대로 사람을 먹는다는 의미와는 거리가 멀다. 샌드위치를 먹기 위해 그것을 지긋이 바라보면서 "빵아, 내가 지금 네게로 간다."라고 말하는 사람은 없다. 우리는 빵을 그렇게 대하지 않는다. 단지 빵을 먹을 뿐이다. 예수님이 '내게 오는 자,' '나를 믿는 자'라는 표현을 사용하신 이유는 먹고 마시는 것이 비유적 의미를 지님을 보여주시기 위해서였다. 그것은 예수님이 죽으셔야만 우리가 그분의 생명을 얻을 수 있음을 가르치는 비유다.

제자들은 그 의미를 이해하지 못했다. 그러나 하나님이요 인간이신 주님께서 대리적 차원에서 스스로를 희생시키시며, 부활을 통해 그 생명이 성부께서 그분에게 주시는 자들에게 제공된다는 요한복음의 신학은 여기에서 분명하게 드러난다. 요한복음을 살펴보면 각 장마다 십자가를 가리키는 내용이 실려 있음을 알 수 있다. 요한은 자신의 복음서를 기록할 무렵 그 가르침을 모두 이해한 상태였다. 도마가 초기 단계에서 그 가르침을 모두 이해했는지는 확실하지 않지만, 요한이 그의 복음서를 기록할 즈음에 그것을 옳게 이해한 것은 너무나도 분명하다.

'모든 전쟁을 끝내기 위한 전쟁'으로 알려진 1차 세계대전은 인류 역사상 가장 어리석은 전쟁 가운데 하나였다. 어떤 전쟁이든 다 어리석기는 마찬가지지만 개중에는 중요한 원칙을 지키기 위한 전쟁도 있다. 그러나 1차 세계대전은 탐욕과 상호 비방과 권력욕에 온통 지배된 참으로 끔찍한 전쟁이었다. 곡사포와 자동소총으로 무장한 양측의 군인들이 유럽 전역에서 거의 3,700킬로미터의 전선을 구축하고 서로를 무차별하게 살상했다. 말로 다할 수 없이 어리석은 그 전쟁을 통해 1,000만 명이 목숨을 잃었다. C. S. 루이스는 영국 측 생존자 가운데 한 사람이었을 뿐 아니라 내가 읽어 본 가장 감동적인 전쟁시를 작시한 몇몇 시인 중에 한 명이다.

전쟁시 가운데 에드워드 실리토가 지은 '상처 입은 예수님'이라는 시가 있다. 그 시는 대부분 하나의 특별한 장면을 토대로 쓰였다. 실리토는 시의 서두에서 하늘이 얼마나 무심해 보이는지 놀랄 정도이며, 평화는 없고 온통 고난과 소음과 공포뿐이라고 말한 후 이렇게 읊조렸다.

> 문들이 닫히고 주님이 가까이 오시어
> 그 손과 옆구리를 보여주신다면,
> 오늘 우리는 그것이 어떤 상처인지 알고, 두려워하지 않을 것입니다.
> 우리에게 주님의 상처를 보이소서. 우리가 그 비밀을 이해할 것입니다.
>
> 다른 신들은 강했지만 주님은 약하셨습니다.
> 그들은 말을 타고 보좌를 향했지만 주님은 비틀거리며 그곳에 오르셨습니다.
> 그러나 오직 하나님의 상처만이 우리의 상처를 다독일 수 있나이다.
> 상처 입은 신은 오직 주님 한 분뿐입니다.[3]

예수님의 죽음과 부활은 단지 징벌을 가하기 위한 차원을 넘어선다. 그것은 하나님의 구원 계획의 절정이요 예수님이 옳다는 것을 입증하는 증거이자 죽음에 대한 생명의 승리였다. 하나님이요 사람이신 주님, 곧 우리의 죄를 짊어지신 주님이 하나님의 계획 속에서 상처를 당함으로써 옳다 인정하심을 받고, 그 상처를 통해 또한 말씀하신다.

도마가 그 시점에서 얼마나 많이 이해했는지는 알 수 없다. 그러나 요한은 이해했다. 요한복음을 읽는 사람은 그 사실을 분명히 알 수 있다. 왜냐하면 예수님이 육신으로 살면서 이 절정의 순간에 이르실 때까지 힘써 가르치신 수수

---

3) Edward Shillito, *Jesus of the Scars*, 1919.

께끼와 같은 말씀들이 주의 깊게 조합되어 나타나기 때문이다.

도마의 말 가운데 '나의'라는 작은 표현을 살펴보지 않고서는 그의 고백의 의미를 온전히 파악하기 어렵다. 이 말은 예전적인 표현이 아니다. 그랬다면 '우리의'라는 1인칭 복수 소유격을 사용해 "우리의 주님이시요 우리의 하나님이십니다."라고 말했어야 옳다. 도마는 그렇게 말하지 않고 "나의 주님이시요 나의 하나님이십니다."라고 고백했다. 이는 개인의 차원에서 예수님의 신분을 인정하는 개인적인 고백으로, 개인적인 믿음이자 증언에 해당한다. 이 고백은 단순한 형식적 고백과는 거리가 멀다.

회심한 회의주의자의 특별한 기능

요한복음 20장 29-31절은 부활의 의미를 또 한 번 분명하게 드러낸다. "예수께서 이르시되 너는 나를 본 고로 믿느냐 보지 못하고 믿는 자들은 복되도다 하시니라"(29절). 이 구절의 의미를 "도마는 결국 옳게 이해했어. 그는 확실한 증거를 요구했어. 그는 기적의 증거를 확인하고 믿었어. 그런대로 괜찮은 믿음이야. 그러나 예수님의 말씀을 믿었더라면 훨씬 더 나았을 거야. 보지 않고 믿는 자들이 더 복된 사람들이야. 왜 증거를 구하고, 왜 기적을 구하려고 할까? 단지 믿으면 되는데."라는 식으로 이해하는 그리스도인들이 많다. 그들은 증거를 요구하는 믿음은 저급한 믿음이며, 진정으로 훌륭한 믿음, 곧 영적으로 깊이가 있는 믿음은 증거와 상관없이 예수님의 말씀을 믿는 믿음이라고 생각한다.

과연 그럴까? 확신하기 어렵다.

무엇보다 그런 생각은 믿음의 본질에 관한 현대적인 이해와 너무 깊게 관련되어 있다. 확성기를 들고 길거리로 나가 사람들에게 "믿음이 무엇이라고 생각합니까?"라고 묻는다면 어떤 대답을 듣게 될까? 성경을 잘 배운 그리스도인을 만나지 않는다면, 사람들은 대개 뭐라고 대답할까? 오늘날의 서구 사회에서 들을 수 있는 대답은 두 가지 중에 하나일 것이다. 하나는 믿음을 종교와 동의어로 취급하는 대답일 것이고(세상에는 많은 신앙, 곧 많은 종교가 있다), 다른 하나는 믿음을 개인적이고 주관적인 종교적 선택으로 간주하는 대답일 것이다. 사람들은 진리와 계시에 대한 개인적인 탐구의 결과를 믿음으로 간주한다. 이것이 많은 사람이 믿음을 주장할 수 없다고 말하는 이유다. 믿음은 개인적인 것이다. 각자 자신의 믿음을 갖는다. 나는 내 믿음을 소유할 뿐이다. 그러니 더 이상 무슨 말을 할 수 있겠는가?

오늘날 이 견해는 크게 각광을 받고 있다. 댄 브라운의 『다빈치 코드』를 생각해 보자. 이 책은 전국적으로 큰 열풍을 일으켰을 뿐 아니라 영화로까지 제작되었다. 많은 사람이 크게 반겼다. 믿음에 관한 이 책의 견해는 오늘날 우리 사회에서 지배적인 견해를 보여준다. 이 책에서 소피는 랭던의 말에 "그러나 당신은 내게 신약성경이 날조되었다고 말했어요."라고 대꾸했다. 이미 알고 있겠지만 이것은 정상적인 복음주의가 아니다.

"랭던은 빙긋이 웃으면서 '소피, 세상의 모든 신앙은 날조되었어. 믿음이란, 우리가 증명할 수는 없지만 사실이라고 생각하는 것을 받아들이는 거야.'라고 말했다."[4]

이 말은 그 자체로도 터무니없다. 이 말이 터무니없는 이유는 일관되지 않기 때문이다. 믿음이 우리가 증명할 수 없는 것에 근거한다는 말과 세상의 모든 믿음이 날조되었다고 말하는 것은 서로 전혀 다르다. 믿음이 날조된 것에 근거하고 그 사실을 알고 있다면, 이는 믿음이 올바른 것에 근거하지 않았다는 의미, 곧 그것이 거짓임을 알고 있다는 의미다. 랭던은 서로 양립할 수 없는 두 가지 근거를 내세워 기독교를 무너뜨리려고 했다. 다시 말해 그는 한편으로는 기독교가 날조된 것에 근거한다고 말했고(기독교가 조작되었다는 의미), 다른 한편으로는 약간 완곡한 표현을 사용해 기독교가 우리가 증명할 수 없는 것에 근거한다고 말했다(믿음이 개인적이고 주관적이고 종교적인 선택일 뿐이라는 의미). 믿음을 이런 식으로 생각하는 견해가 영화와 책과 방송 등, 모든 곳에 넘쳐난다. 어디에서나 이런 견해가 난무한다.

---

4) Dan Brown, *The Da Vinci Code* (New York: Anchor Books, 2013), 448.

부활이 없다면 어떻게 될까

이 견해는 신약성경과 일치하지 않는다. 바울이 고린도전서 15장에 기록한 말씀을 생각해 보라. 고린도 신자들은 부활을 이해하는 데 어려움을 느꼈다. 바울은 그들의 불신앙이 어떤 의미를 함축하는지를 설명했다. 그는 "좋다. 부활이 없다고 가정해 보자. 그런 가정 아래 어떤 결론이 도출되는지 살펴보자."라고 말했다.

첫째, 부활이 없다면 예수님은 죽은 자 가운데서 살아나지 못하셨을 것이다. 바울은 고린도 신자들에게 예수님이 죽은 자 가운데서 다시 살아나신 것이 최후의 부활의 토대가 됨을 일깨워 주고자 했다. "만일 마지막 때에 부활이 없다면 예수님이 죽은 자 가운데서 다시 살아나셨다는 것조차 어떻게 확신할 수 있겠는가?"라는 것이 그의 논조였다.

둘째, 바울은 "너희가 여전히 죄 가운데 있을 것이요"(17절)라고 말했다. 성경의 다른 모든 가르침(우리가 하나님 앞에 저주받은 상태이고, 그에 대한 희생을 치러야 하며, 우리 스스로는 죗값을 치를 수 없고, 우리 모두는 죄인이라는 것)이 사실이라면, 예수님이 아무런 신학적 의미도 없이 1세기경에 지중해 동쪽 끝에 있는 지역에서 자행된 사악하고 저주스런 음모의 희생자로서 죽음을 당했다는 주장은 도무지 성립할 수 없다. 만일 그렇다면 그분의 죽음이 우리의 믿음을 전제로 우리에게 승리를 안겨주었다고 확신할 만한 근거가 없지 않겠는가? 우리는 마지막 날에도 여전히 저주받은 족속으로 남게 될 것이고, 우리의 죄와 허물로 인해 죽은 상태에서 벗어날 수 없을 것이다.

그뿐 아니라 부활하신 예수님을 목격했다고 주장하는 증인들이 모두 거짓말쟁이가 되고 만다. 즉 사도들을 비롯해 바울이 언급한 다른 500명의 증인들이 거짓을 전했다는 논리가 성립된다. 그들은 착각에 빠졌든지 집단적 차원에서 거짓을 퍼뜨렸든지 둘 중에 하나가 된다. 그들은 기꺼이 고난을 감수하고 심지어는 순교를 당하기까지 했지만 거짓말쟁이에 불과할 뿐이다. 따라서 결국에는 그들의 말을 한마디도 믿을 수 없다. 그들은 부활이 없는데도 예수님의 부활이 역사적 사실이라고 주장했던 셈이 된다.

바울은 여기에 또 한 가지를 덧붙여 "너희의 믿음도 헛되고"(17절)라고 말했다. 무슨 의미인지 알겠는가? 사실이 아닌 것을 믿는 믿음은 헛되다는 뜻이다. 참 믿음의 표징 가운데 하나는 믿는 대상의 진실성이다. 이것이 성경이 "어리석은 질문을 하지 말고 무작정 믿어라. 입 다물고 믿기만 해라. 그것이 사실인지 아닌지는 중요하지 않다. 믿어라. 조용히 믿기만 해라."고 요구하지 않는 이유다. 성경은 진리를 명확하게 설명하고 옹호함으로써 믿음을 독려한다. 이것이 믿음을 독려하는 성경의 방식이다. 성경은 사실이 아닌 것을 믿으라고 요구하지 않는다. 참된 믿음은 반드시 대상의 진실성을 전제로 한다.

물론 참된 구원 신앙은 그런 단계를 뛰어넘는다. 사실 마귀도 예수님이 죽은 자 가운데서 부활하셨다는 것을 믿을 수 있다. 마귀는 참된 것을 믿지만 그것을 진정으로 받아들이지 않는다. 믿음은 어떤 전제가 사실임을 믿는 차원을 넘어선다. 마귀는 그런 전제를 사실로 믿지만 구원 신앙에 이르지 못한다. 대상의 진실성을 믿는 것은 믿음의 가장 기본적인 단계에 해당한다. 바울은 고린도전서 15장에서 이 점을 좀 더 발전시킨다. 그는 예수님이 죽은 자 가운데서 살아나지도 않으셨는데 마치 살아나신 것처럼 믿는다면, 그 믿음은 헛될 뿐 아니라 그렇게 믿는 사람들은 세상에서 가장 불쌍한 사람들이라고 말했다(19절). 어떤 것이 사실이 아닌데 사실이라고 믿고 거기에 모든 삶을 바친다면 조롱거리가 될 것이 틀림없다.

이것이 성경의 공통된 전제다. 성경은 신자들에게 사실로 믿는 것에 그들의 전부(삶의 방향, 우선순위, 목적, 결혼, 재정, 희망, 기도, 살고 죽는 이유 등)를 바치라고 권고한다. 성경은 그런 의미에서 우리에게 믿고 신뢰하라 권고할 뿐, 내가 사실이라 생각하면 그것으로 족하게 알아 실제로 사실인지 아닌지도 모르는 미지의 세계를 향해 무작정 몸을 내던지라고 요구하지 않는다.

요즘에는 예수님의 부활이 반드시 필요하다고 생각하지 않는 사람들이 많다. 그 이유는 그들이 그리스도께서 "내 마음속에 살아계신다."고 배웠고, 또 그렇게 믿을 뿐 아니라 오직 그것만이 중요하다고 생각하기 때문이다. 그러나 바울은 그렇게 말하지 않았다. 그는 예수님이 죽은 자 가운데서 부활하지 않으셨다면 우리는 조롱거리가 되고 우리의 삶은 우스꽝스럽게 된다고 말했다.

도마는 어떻게 되었을까? 요한복음 20장 29절을 30, 31절과 연계시켜 보면 좀 더 분명하게 알 수 있다.

"예수께서 이르시되 너는 나를 본 고로 믿느냐 보지 못하고 믿는 자들은 복되도다 하시니라 예수께서 제자들 앞에서 이 책에 기록되지 아니한 다른 표적도 많이 행하셨으나 오직 이것을 기록함은 너희로 예수께서 하나님의 아들 그리스도이심을 믿게 하려 함이요 또 너희로 믿고 그 이름을 힘입어 생명을 얻게 하려 함이니라."

도마에게는 역사에 근거한 증거를 볼 수 있는 기회가 주어졌다. 다른 사도들과, 죽은 자 가운데서 살아나신 예수님을 목격한 500명의 제자들에게도 동일한 증거가 주어졌다. 그것으로부터 부활 신학이 탄생했고, 그리스도의 부활 생명이 우리 안에서 약동하게 되었다. 우리에게는 언젠가 새 하늘과 새 땅에서 부활한 몸으로 살아갈 것이라는 약속이 주어졌다. 하나님은 예수님을 인정하셨고, 그분의 십자가의 죽음에 온전히 만족하셨다. 이것이 예수님이 죽은 자 가운데서 다시 살아나신 이유였다. 예수님의 부활을 중심으로 많은 신학이 구축되었다. 예수님이 죽은 자 가운데서 다시 살아나신 것은 역사, 곧 의심할 여지없는 시간과 공간의 역사 속에서 일어난 사실이다. 많은 증인이 이 사실을 증언했다.

모든 것이 기록된 목적

예수님은 하늘로 돌아가야 함을 알고 계셨다. 예수님은 요한복음 20장 중간 부분에서 막달라 마리아에게 자기를 붙들지 말라고 말씀하셨다. 아직은 세상에 있지만 곧 떠나실 것이었기 때문이다. 승천하기까지는 불과 몇 주밖에 남지 않았다. 우리도 도마처럼 될 수 있다. 우리도 예수님이 죽은 자 가운데서 다시 살아나셨다는 증거를 요구하며 그분의 손에 난 상처를 만져보고 그분의 옆구리에 난 상처에 손을 넣어보기를 원한다. 그러나 그런 증거는 우리에게 주어지지 않는다. 예수님은 이미 세상을 떠나셨다. 마지막 때가 되어야만 다시 오실 것이다. 따라서 믿음의 길을 걷는 자들, 곧 보지 않고 믿는 자들은 복되다. 이것이 29절에 기록된 예수님의 말씀에 담긴 의미다. 모든 회심자는 도마와 요한복음의 저자인 요한을 비롯해 다른 사도들의 증언을 통해 믿음을 갖는다. "오직 이것을 기록함은 너희로 ……믿게 하려 함이요"(31절).

하나님은 역사 안에서 자신을 드러내셨다. 그러나 단순히 역사적 사실만으로는 하나님에 관한 진리를 알 수 없다. 말씀이 주어져야 한다. 하나님은 사람들에게 영감을 주어 성경 말씀을 기록하게 하셨다. 하나님에 관한 지식은 고대의 저자들, 곧 하나님의 영감을 받아 이 말씀을 성경에 기록한 사람들을 통해 전달된다. 우리는 그 말씀을 읽고 연구함으로써 지식을 얻는다.

또한 하나님은 불붙은 가시떨기, 출애굽, 시내 산의 율법 수여와 같은 놀라운 사건들을 통해 자신을 드러내셨다. 단순한 개념이 아니라 시간과 공간으로 이루어진 역사 안에서 사건들이 일어났고, 그 사건들을 목격한 사람들도 있었다. 우리는 비록 그때 그 자리에 없었지만 그들의 증언을 통해 그 사건들을 접할 수 있다. 이것이 요한복음과 사도행전을 비롯한 많은 성경에서 증언이라는 주제가 큰 비중을 차지하는 이유다.

사도들은 예수님의 부활을 전하지 말라는 경고에 "우리는 보고 들은 것을 말하지 아니할 수 없다"(행 4:20)고 말했다. 이는 증언을 하지 않을 수 없다는 뜻이다. 도마는 하나님에 의해 부활의 증인이 되는 특권을 부여받았다. 그 결과 요한복음에 그의 기사가 기록되어 그들의 역사적인 증거를 증언하는 역할을 담당하게 되었다. "오직 이것을 기록함은 너희로 예수께서 하나님의 아들 그리스도이심을 믿게 하려 함이요 또 너희로 믿고 그 이름을 힘입어 생명을 얻게 하려 함이니라"(요 20:31).

부활하신 그리스도와 그와 관련된 사실을, 하나님이 예수님의 정당성을 인정하신 증거이자 우리에게 주어진 부활의 약속의 관점에서 생각하면, 장차 이루어질 일을 예상할 수 있을 뿐 아니라 그 모두가 역사 안에서 일어나는 일에 근거함을 명백히 깨달을 수 있다. 이 모든 것의 목적은 복음 전도다.

"오직 이것을 기록함은 너희로 예수께서 하나님의 아들 그리스도이심을 믿게 하려 함이요 또 너희로 믿고 그 이름을 힘입어 생명을 얻게 하려 함이니라"(31절). 이 말씀에는 무릎 꿇고 마음을 하늘로 향한 채 "주님, 믿습니다. 저의 믿음 없는 것을 도와주소서."라고 간구하라는 의미가 담겨 있다. 이미 믿음을 가진 사람들의 경우에는 이 말씀을 통해 하나님이 시간과 공간으로 이루어진 역사 속에서 복되신 독생자의 부활을 통해 행하신 일을 더욱 깊이 이해함으로써 그분을 찬양하고, 말씀 안에 기록된 역사적 사건들을 토대로 이 진리를 증언해야 할 의무가 있음을 깨닫게 된다.

"말씀이 육신이 되어 우리 가운데 거하시매"(요 1:14). 말씀이 육신이 되어 죽고 다시 살아났다. 그리고 많은 증인이 있었다. 우리의 삶에서 이루어지는 모든 것은 예수 그리스도께서 죽은 자 가운데서 부활하셨다는 진리의 토대 위에 놓여 있다. 그리스도의 부활은 그분이 가르치신 모든 말씀에 정당성을 부여한다. 따라서 우리는 그분 앞에 엎드려 도마와 같이 기쁨으로 "나의 주님이시요 나의 하나님이십니다."라고 고백할 수 있다. 뿐만 아니라 이 메시지를 전하는 목적이 사람들이 믿고 생명을 얻게 하는 데 있음을 이해할 수 있다.

3부

성령 하나님

GOD
THE HOLY
SPIRIT

생수의 강
성령의 시대
성령으로 거듭남
생명의 성령으로 사는 삶
보혜사 성령

11장

STREAMS OF LIVING WATER

생수의 강

: D. A. 카슨

나는 영국에서 여러 해 동안 살았다. 지난 30년에 걸쳐 그곳에서 살았던 기간을 모두 합치면 약 10년 정도 된다. 영국의 공항에 내린 적이 수십 차례에 이른다. 안개가 끼지 않은 날이면 비행기가 착륙하는 동안 창밖을 보면서 녹색으로 물든 지역이 너무나도 많은 것에 늘 놀라곤 했다. 거의 항상, 모든 것이 녹색이었다. 그곳에서 여름철을 열두어 차례 지내는 동안 비행기가 착륙할 때 갈색을 본 것은 가뭄이 있었던 두어 번이 전부였다.

나는 현재 시카고에 거주하고 있다. 그곳에 착륙할 때는 온통 하얀 색으로 뒤덮인 세상을 볼 때가 많다. 심지어 여름에 착륙할 때도 녹색으로 뒤덮인 세상을 볼 기회는 매우 드물다. 데플랜 강이 녹색 띠를 이루며 그 지역을 관통해 흐르고, 사람들이 가꾸는 정원들이 군데군데 녹색 빛을 드러내지만 그래도 여름철에는 눈에 띄는 모든 것이 대부분 갈색이다. 피닉스에 사는 친구들도 몇 있다. 그곳에 착륙할 때 아래를 내려다보면, 오갈라라 대수층(Ogallala aquifer)에서 설치된 매우 천천히 회전하는 관개용 바퀴를 중심으로 9킬로미터 정도 형성된 녹색 지대를 제외하고는 온통 갈색뿐이다.

이런 경험은 물과 생명의 관계를 본능적으로 직감하게 만든다. 이것은 특히 농경 사회에서 성장한 사람이라면 항상 경험으로 아는 사실이다. 그러나 대다수 사람들은 농경 사회에서 성장하지 않았다. 날이 가물 때는 잔디밭에 물을 이틀이나 사흘에 한 번씩 줄 수밖에 없고, 가뭄이 심할 때는 목욕물을 서로 나눠 써야 한다고 말하는 사람이 이제는 없다. 우리는 대개 물과 생명을 연관시켜 생각하지 못한다. 그렇지 않은가?

그러나 요한복음 7장은 물과 생명을 연관시킨다. 간단히 말해 이것이 본문의 전제다. 좀 더 구체적으로 말하면 본문은 생명을 주시는 성령과 물을 연관시킨다. 본문의 요점은 근본적으로 매우 단순하지만, 그 배후에는 구약성경을 암시하는 내용이 많고 논란이 되는 한두 가지 내용도 포함되어 있다. 따라서 집중력을 발휘해 주의 깊게 살펴봐야만 하나님이 본문을 통해 말씀하시는 것을 이해할 수 있다. 우리의 논의를 세 부분으로 나눠 알아보도록 하겠다.

생수의 강과 관련된 배경

첫째, 구약과 유대교에 나타난 본문의 배경을 이해하는 것이 중요하다. 요한복음 7장 37절은 "명절 끝날……"이라는 말로 시작한다. 무슨 명절을 말하는 것일까? 이 말이 기록된 이유는 무엇일까? 2절이 밝히는 대로 이 명절은 '초막절,' 또는 '장막절'을 가리킨다. 초막절에는 예루살렘 시민 대다수가 텐트와 비슷한 작은 초막을 짓고 광야에서 방랑생활을 했던 일을 기념했다. 그들은 약속의 땅에 들어가기 전에 광야를 떠돌았다. 초막절은 당시의 일을 그들에게 상기시켜 주었다.

초막절은 또한 추수와 밀접하게 관련되었다. 이것이 37-39절과 앞 장이 서로 관련된 두 가지 중 하나다. 나머지 하나는 예수님의 승천에 관한 언급과 관계가 있다. 39절 후반부에 보면 "예수께서 아직 영광을 받지 않으셨으므로 성령이 아직 그들에게 계시지 아니하시더라"는 말씀이 있다. 이 부분은 나중에 다시 살펴볼 생각이다. 그 앞에 나오는 내용을 잠시 인용하면 다음과 같다.

"예수께서 이르시되 내가 너희와 함께 조금 더 있다가 나를 보내신 이에게로 돌아가겠노라 너희가 나를 찾아도 만나지 못할 터이요 나 있는 곳에 오지도 못하리라 하시니 이에 유대인들이 서로 묻되 이 사람이 어디로 가기에 우리가 그를 만나지 못하리요 헬라인 중에 흩어져 사는 자들에게로 가서 헬라인을 가르칠 터인가 나를 찾아도 만나지 못할 터이요 나 있는 곳에 오지도 못하리라 한 이 말이 무슨 말이야 하느라."(요 7:33-36).

예수님은 이미 자신이 떠날 것을 말씀하셨다. 이 주제는 요한복음의 내용이 전개됨에 따라 점점 더 성령과 밀접하게 연관된다.

초막절은 7일 동안의 절기였다. 경건한 유대인들은 7일 동안 초막에서 지냈다. 7일 째 되는 날에는 대제사장이 손잡이가 달린 황금 주전자에 실로암 연못 물을 가득 채운 후 행렬을 지어 성전으로 가져갔다. 행렬이 성전 안뜰 남쪽에 있는 수문에 근접하면 기쁨의 나팔소리(소파르, *shofar*)가 크게 세 번 울려 퍼지고, 제사장들은 그 문을 지나 손잡이가 달린 주전자를 들고 제단을 에워싼다. 순례자들은 그 광경을 지켜보고, 성가대는 할렐루야(*Hallel*, 시편 113-118편)를 노래한다. 성가대가 마지막 시편(118편)을 노래하면 순례자들 중에 모든 남자는 버드나무와 도금양 나뭇가지(룰라브, *lulav*)를 한 손에 쥐고 흔든다. 각자 오른손으로는 '룰라브'를 흔들고, 왼손으로는 추수를 기념하기 위한 감귤 열매를 쥐고 있다. 그들은 그 모든 것을 하나님께 감사했다. 왜냐하면 그분이 비와 양식을 주어 굶지 않게 하시고, 갖가지 필요를 채워주시기 때문이다. 이처럼 초막절은 순례자 삶은 물론 추수를 기념하는 절기였다.

이 모든 과정이 끝나면 모든 사람은 매우 큰 소리로 "여호와께 감사하라! 여호와께 감사하라! 여호와께 감사하라!"고 세 번 외쳤다. 그런 다음에는 아침 희생 제사를 드릴 때 하나님께 물을 바쳤다. 포도주와 함께 물을 하나님 앞에 부어드렸다. 초막절에 물을 붓는 이 의식을 유대인들은 하나님이 말세에 성령을 부어주시는 것을 상징한다고 생각했다. 그것은 생수의 강이 흘러나와 온 대지를 적시는 것을 상징했다. 구약성경의 몇 곳에 따르면 그것은 메시아 시대에 대한 기대를 의미했다.

구약성경에는 물을 붓는 의식에 관한 규정이 없지만, 신약 시대에 이르러서는 이미 약 200년 동안 지켜내려 온 관습으로 자리를 잡은 상태였다. 그 의식은 매년 초막절 때마다 이루어졌다. 이것이 요한복음 본문의 배경이다.

"명절 끝날 곧 큰 날에 예수께서 서서 외쳐 이르시되 누구든지 목마르거든 내게로 와서 마시라 나를 믿는 자는 성경에 이름과 같이 그 배에서 생수의 강이 흘러나오리라 하시니"(요 7:37, 38).

이 말씀은 절기의 상징적 의미 때문에 더욱더 강력한 힘을 발휘한다. 이것이 배경을 통해 알 수 있는 첫 번째 사실이다.

그러면 "명절 끝날 곧 큰 날"은 과연 무엇일까? 초막절이 7일간의 절기이고 이것이 마지막 날에 있었던 일이라면 우리는 마땅히 일곱 번째 날이라고 생각할 수밖에 없다. 그런 생각도 일리가 있지만 1세기에는 여덟 번째 날도 특별히 축하해야 할 날로 간주되었다. 여덟 번째 날에는 즐거운 마음으로 초막을 해체했다. 이것은 이스라엘 백성이 가나안에 정착했음을 상징한다. 1세기의 유대인들 가운데는 이날, 곧 여덟 번째 날을 명절의 마지막 날로 간주하는 이들이 많았다. 예를 들어 1세기의 유대 역사가 요세푸스는 초막절의 여덟 번째 날을 마지막 날로 생각했다. 이날은 안식의 날, 곧 특별히 추가된 안식일로 달력에 명시되었고, '할렐루야' 찬양도 반복되었다.

확신할 수는 없지만 그날은 여덟 번째 날이었을 가능성이 높다. 만일 그렇다면 이것은 예수님의 말씀을 이해하는 새로운 단초를 제공한다. 예수님은 모든 것이 끝날 때까지 기다리셨다. 사람들이 마지막으로 시편을 찬송했고, 절기는 모두 끝났다. 그날은 마지막 날이었다. 바로 그때 예수님은 "누구든지 목마르거든 내게로 와서 마시라"고 말씀하셨다. 이것은 요한복음의 주제 가운데 하나와 일맥상통한다. 요한복음은 예수님께서 궁극적인 유월절, 궁극적인 초막절, 궁극적인 하나님의 어린양이시라고 증언한다. 그분은 구약성경에 나오는 그런 의식과 제도가 가리켜 온 궁극적인 실체셨다.

이것은 배경의 세 번째 요소와 자연스레 연결된다. 물과 생명, 물과 성령을 연결시키는 구약성경의 본문들이 많다. 그 가운데 몇 곳을 언급하면 다음과 같다.

- 예를 들어 스가랴서 14장은 초막절과 비를 연관시켰다. 유대인의 예전에는 초막절을 지키면서 스가랴서 14장을 낭독하는 예식이 포함되었을 것이 틀림없다.
- 이사야서 12장 3절은 "너희가 기쁨으로 구원의 우물들에서 물을 길으리로다"라고 말씀한다.
- 이사야서 55장 1절은 "오호라 너희 모든 목마른 자들아 물로 나아오라 돈 없는 자도 오라 너희는 와서 사 먹되 돈 없이, 값 없이 와서 포도주와 젖을 사라"고 말씀한다.
- 에스겔서 47장 1-9절은 종말론적인 생명의 물, 곧 말세에 하나님의 백성에게 영생을 줄 물에 관해 예언한다.
- 에스겔서 36장 25-27절은 물과 성령을 약속한다. 내 생각에 요한복음 3장의 거듭남은 이 본문을 배경으로 하는 듯하다.
- 이사야서 58장 11절은 "여호와가 너를 항상 인도하여……너는 물 댄 동산 같겠고 물이 끊어지지 아니하는 샘 같을 것이라"고 말씀한다.

요한복음 본문의 배경과 관련된 마지막 요소는 다음과 같다. 구약성경의 배경을 좀 더 깊이 이해하려면 번역을 어떻게 할 것인지 결정할 필요가 있다. 잘 알다시피 1세기의 사본들은 모두 구두점 없이 대문자로만 표기되었다. 이런 이유로 구두점을 어디에 표기해야 할지를 둘러싸고 이따금 논쟁이 일어났다. 본문도 그런 논쟁을 일으키는 것 중 하나다. 구두점을 달리 표기하면 문장의 의미가 약간 달라진다.

『TNIV 성경』은 "명절 끝날 곧 큰 날에 예수께서 서서 외쳐 이르시되 누구든지 목마르거든 내게로 와서 마시라"고 번역한 뒤에 마침표를 찍고, "나를 믿는 자는 성경에 이름과 같이……"라고 덧붙였다.

그러나 본문을 약간 다르게 읽을 수도 있다. 『NIV 성경』은 각주에서 37절의 "내게로" 뒤에 쉼표를 붙여 "누구든지 목마르거든 내게로 와라, 나를 믿는 자는 와서 마셔라"고 번역해 간단한 2행 대구법을 만들었다. 그러고 나서 "성경에 이름과 같이"라고 새로운 문장을 시작했다. 따라서 『NIV 성경』대로 본문을 읽으면 "성경에 이름과 같이, 그 배에서 생수의 강이 흘러나오리라"가 된다. "성경에 이름과 같이"라는 말로 문장이 새로 시작되었기 때문에 "그 배에서"의 '그'는 신자가 아닌 예수님을 가리킬 수 있다. 이를 고려해 본문을 다시 고쳐 읽으면, "누구든지 목마르거든 내게로 와라. 나를 믿는 자는 와서 마셔라. 성경에 이름과 같이 생수의 강이 그(그리스도, 곧 서서 이 모든 말씀을 하고 계시는 예수님) 배에서 흘러나올 것이다"라고 읽을 수 있다.

이것이 때로 기독론적인 해석이라고 불리는 이유가 여기에 있다. 이 해석은 요한복음 뒤에 언급된 내용과 자연스레 조화를 이룬다. 예수님은 고별 강연에서 자신이 떠날 것과 성령을 주실 것을 연관시키셨다. 그분은 자기가 떠나기 때문에 하나님이 성령을 보내신다고 말씀하셨다.

그러나 이 모든 것에도 불구하고, 즉 이것이 오늘날 지배적인 견해라 해도 내 생각에는 옳지 않은 듯하다. 나는 『TNIV 성경』이 옳다고 생각한다. 이것은 매우 중요한 의미를 지닌다. 38절을 시작하는 '누구든지(한글 개역개정 성경에는 '누구든지'가 없다.-편집자 주) 나를 믿는 자는'이란 표현은 요한복음에서 41회나 사용되었고, 그중 과반수 이상이 모두 새로운 문장의 시작을 이끌었다. 이것은 이 표현 바로 앞에 마침표를 찍어야 한다는 것을 암시한다. 그렇게 되면 본문은 "누구든지 목마르거든 내게로 와서 마시라. 누구든지 나를 믿는 자는 성경에 이름과 같이 그들의 배에서 생수의 강이 흘러나오리라"고 읽을 수 있다.

이것은 '그들'이 신자들을 가리킨다는 의미이다. 이 해석은 요한복음의 다른 곳에 기록된 내용들과 조화를 잘 이룬다. 예를 들어 예수님은 우물가의 여인과 대화를 나누시면서 "이 물을 마시는 자마다 다시 목마르려니와 내가 주는 물을 마시는 자는 영원히 목마르지 아니하리니 내가 주는 물은 그 속에서 영생하도록 솟아나는 샘물이 되리라"(요 4:13, 14)고 말씀하셨다. 본문의 경우도 마찬가지다. "누구든지 목마르거든 내게로 와서 마시라. 누구든지 나를 믿는 자는 성경에 이름과 같이 그들의 배에서 생수의 강이 흘러나오리라."

예수님은 생수의 강이 신자에게서 흘러나와 다른 많은 사람들에게로 퍼져 나간다고 약속하지 않으셨다. 물론 그것은 사실이지만 본문의 요점과는 거리가 멀다. 본문의 요점은 예수님이 약속하신 물, 곧 예수님이 원천이 되시는 물이 신자 안에서 흘러나와 그의 삶을 변화시킬 것이라는 데 있다.

따라서 "성경에 이름과 같이"라는 문구는 우리 안에서 성령의 역사가 일어나 우리를 변화시켜 새롭게 하실 것이라는 구약성경의 본문에 관심을 돌리게 한다. 물론 이 문구는 구약성경의 특정한 한 곳뿐만 아니라 이미 언급된 많은 본문을 염두에 둔 말 같다. 내가 여기에서 언급하고 싶은 구약성경 본문이 하나 있는데 느헤미야 8장 5절에서부터 9장 21절까지의 본문이다. 거기에는 바벨론 포로기가 끝나고 에스라가 귀환자들의 대열에 합류해 모두 함께 성경을 읽고 해석하는 광경이 기록되어 있다. 그런 점에서 에스라는 수 세기 전에 기록된 신명기의 명령을 실천에 옮긴 셈이다.

"모세가 그들에게 명령하여 이르기를 매 칠 년 끝 해 곧 면제년의 초막절에 온 이스라엘이 네 하나님 여호와 앞 그가 택하신 곳에 모일 때에 이 율법을 낭독하여 온 이스라엘에게 듣게 할지니"(신 31:10, 11).

느헤미야 8장을 보면 에스라가 어떤 일을 행했는지 정확히 알 수 있다.

"에스라가 모든 백성 위에 서서 그들 목전에 책을 펴니 책을 펼 때에 모든 백성이 일어서니라 에스라가 위대하신 하나님 여호와를 송축하매 모든 백성이 손을 들고 아멘 아멘 하고 응답하고 몸을 굽혀 얼굴을 땅에 대고 여호와께 경배하니라 예수아와 바니와 세레뱌와 야민과 악굽과 사브대와 호디야와 마아세야와 그리다와 아사랴와 요사밧과 하난과 블라야와 레위 사람들은 백성이 제자리에 서 있는 동안 그들에게 율법을 깨닫게 하였는데 하나님의 율법책을 낭독하고 그 뜻을 해석하여 백성에게 그 낭독하는 것을 다 깨닫게 하니 백성이 율법의 말씀을 듣고 다 우는지라 총독 느헤미야와 제사장 겸 학사 에스라와 백성을 가르치는 레위 사람들이 모든 백성에게 이르기를 오늘은 너희 하나님 여호와의 성일이니

슬퍼하지 말며 울지 말라 하고 느헤미야가 또 그들에게 이르기를 너희는 가서 살진 것을 먹고 단 것을 마시되 준비하지 못한 자에게는 나누어 주라 이 날은 우리 주의 성일이니 근심하지 말라 여호와로 인하여 기뻐하는 것이 너희의 힘이니라 하고"(5-10).

"에스라는 첫날부터 끝날까지 날마다 하나님의 율법책을 낭독하고 무리가 이레 동안 절기를 지키고 여덟째 날에 규례를 따라 성회를 열었느니라"(18절).

9장은 이스라엘 백성이 죄를 고백한 사실을 기록하고 있다. 거기에서 다음과 같은 내용이 발견된다.

"또 시내 산에 강림하시고 하늘에서부터 그들과 말씀하사 정직한 규례와 진정한 율법과 선한 율례와 계명을 그들에게 주시고 거룩한 안식일을 그들에게 알리시며 주의 종 모세를 통하여 계명과 율례와 율법을 그들에게 명령하시고 그들의 굶주림 때문에 그들에게 양식을 주시며 그들의 목마름 때문에 그들에게 반석에서 물을 내시고 또 주께서 옛적에 손을 들어 맹세하시고 주겠다고 하신 땅을 들어가서 차지하라 말씀하셨사오나 ……주께서는 주의 크신 긍휼로 그들을 광야에 버리지 아니하시고 낮에는 구름 기둥이 그들에게서 떠나지 아니하고 길을 인도하며 밤에는 불 기둥이 그들이 갈 길을 비추게 하셨사오며 또 주의 선한 영을 주사 그들을 가르치시며 주의 만나가 그들의 입에서 끊어지지 않게 하시고 그들의 목마름을 인하여 그들에게 물을 주어 사십 년 동안 들에서 기르시되 부족함이 없게 하시므로 그 옷이 해어지지 아니하였고 발이 부르트지 아니하였사오며"(13-15, 19-21절).

이 모든 것은 이스라엘 백성이 귀환한 뒤에 지켰던 초막절과 관련이 있다. 요한복음 7장이 6장과 연결되어 있음을 기억하라. 요한복음 6장은 무엇에 대해 말씀하는가? 하늘에서 온 떡, 생명의 떡에 관해 말씀한다. 예수님은 참된 만나에 비유되셨다. 이제 요한복음 7장은 그분을 생명의 물에 비유한다. 그분은 약속된 성령을 보내주신다. 이 내용과 느헤미야서 8, 9장의 공통점을 몇 가지 열거하면 다음과 같다.

- 초막절이 배경이다.
- 7일이 언급되었다.
- 여덟 번째 날이 언급되었다.
- 앞 장에서 하늘에서 온 떡이 언급되었다.
- 반석에서 나오는 물이 언급되었다.
- 성령께서 약속되셨다.
- 백성들의 목마름이 언급되었다.

이 모든 사실은 예수님이 오시기 수 세기 전, 귀환자들이 하나님의 말씀을 중심으로 모였던 순간이 아무리 강력하고, 감동적이고, 중요했다 해도 그 진정한 성취는 '누구든지 목마르거든 내게로 오라.'는 말씀을 통해 이루어졌음을 여실히 보여준다. 이것이 요한복음 본문의 배경이다.

요한복음에 나타난 성령

이제 요한복음에서 본문의 전후 문맥을 살펴보기로 하자. 먼저 요한복음에서 성령을 언급하는 구절들을 몇 곳 살펴보면 요한복음 7장이 그 흐름과 얼마나 조화를 잘 이루는지 알 수 있다.

- 요한복음 1장 33, 34절은 세례 요한이 전한 말을 기록하고 있다. 이 말씀은 사복음서와 사도행전 첫 장에 기록된 매우 희귀한 말씀들 가운데 하나다. "성령이 내려서 누구 위에든지 머무는 것을 보거든 그가 곧 성령으로 세례를 베푸는 이인 줄 알라." 아울러 마가복음 1장 8절에서 요한은 "물로 세례를 베풀었거니와 그는 너희에게 성령으로 세례를 베푸시리라"고 말씀한다. 예수님이

세례를 받으실 때 성령께서 그분 위에 머무셨다.
- 요한복음 3장 34절은 "하나님이 보내신 이는 하나님의 말씀을 하나니 이는 하나님이 성령을 한량 없이 주심이니라"고 말씀한다.
- 요한복음 3장은 물과 성령으로 거듭나는 것에 대해 언급한다.
- 요한복음 14-16장에서는 기억할 만한 다섯 개의 본문이 발견된다. 예수님은 십자가와 부활을 거쳐 하늘로 돌아가실 것이다. 예수님은 자신이 떠나면 보혜사(곁에서 지켜주시는 분)를 보내시어 자신의 뒤를 이어 제자들과 함께 있게 하겠다고 약속하셨다. 보혜사는 죄를 깨닫게 하시고, 생명을 주시며, 예수님이 가르치신 말씀의 참된 의미를 가르치고, 그들과 영원히 함께 계실 것이다. 그분은 하나님께로부터 나오신다. 이 모든 것이 예수님이 십자가에서 승리하신 결과로 나타날 것이다. 예수님은 "내가 떠나가는 것이 너희에게 유익이라 내가 떠나가지 아니하면 보혜사가 너희에게로 오시지 아니할 것이요"(요 16:7)라고까지 말씀하셨다.

이처럼 성령에 관한 요한복음의 증언과 예수님의 강림은 서로 밀접한 관계가 있다. 이것은 예수님의 강림에 관한 복음, 곧 그분이 무엇을 위해 오셨고, 또 무엇을 하기 위해 오셨는지를 보여주는 복음 그 자체에 해당한다.

이제 요한복음 본문(7장)을 직접 살펴볼 준비가 모두 갖추어졌다.

예수님의 말씀이 무슨 의미인지부터 살펴보기로 하자. 예수님은 "누구든지 목마르거든 내게로 와서 마시라 나를 믿는 자는 성경에 이름과 같이 그(그들의) 배에서 생수의 강이 흘러나오리라"고 말씀하셨는데, 39절은 이 말씀의 의미를 설명한다. 요한은 "이는 그를 믿는 자들이 받을 성령을 가리켜 말씀하신 것이라"고 덧붙였다. 생수는 예수님이 부활하신 후에 임하실 성령을 가리키는 것이 분명하다. 이 설명은 39절의 후반부를 통해 더욱 분명해진다. "예수께서 아직 영광을 받지 않으셨으므로 성령이 아직 그들에게 계시지 아니하시더라."

하나님의 구원 계획에 관한 성경의 증언은 영속성을 지니기에 그 계획은 구원사를 통해 서서히 발전되어 나가는 과정을 거치기 마련이다. 이 점을 기억하는 것은 매우 중요하다.

주제와 다소 상관없어 보이는 예를 통해 이 문제를 잠시 살펴보자. 어떤 사람들은 하나님이 구약성경에서 자신을 진노의 하나님으로 계시하셨다고 오해한다. 대량 학살을 용인하는 성경 구절들을 생각해 보라. 에스겔서 4, 5장과 광범위한 파괴에 관한 이사야서의 기록을 읽어보라. 아말렉 족속과의 전쟁을 기록한 대목을 읽어보라. 그러나 신약성경에 이르면 훨씬 부드럽고 친절한 하나님이 발견된다. 예수님은 다른 쪽 뺨을 돌려 대라고 가르치셨다(마 5:39). 대량 학살을 용인하는 성경 구절은 어디에서도 발견되지 않는다. 우리는 원수를 용서해야 한다. 복수는 하나님의 소관이다(롬 12:19). 이처럼 어떤 사람들은 옛 언약과 새 언약의 차이를 언급하며 하나님이 진노의 하나님에서 사랑의 하나님으로 바뀌었다고 종종 말한다. 그것의 사실 여부는 또 다른 문제다. 그러나 우리는 대부분 그런 말을 들을 때 다소 거북한 느낌을 받는다. 그렇게 믿고 싶은 생각은 없지만, 마음속 깊은 곳에서는 그런 말이 진실과 크게 동떨어진 것은 아니라는 은근한 의구심이 느껴지기 때문이다.

그러나 그런 생각은 크게 잘못되었다. 구약성경에서도 하나님은 노하기를 더디 하는 긍휼이 풍성한 분으로 자기를 계시하셨다. 그분은 항상 꾸짖지만 않으신다. 한편 신약성경에서는 다음과 같은 대목이 발견된다.

"또 다른 천사가 하늘에 있는 성전에서 나오는데 역시 예리한 낫을 가졌더라 또 불을 다스리는 다른 천사가 제단으로부터 나와 예리한 낫 가진 자를 향하여 큰 음성으로 불러 이르되 네 예리한 낫을 휘둘러 땅의 포도송이를 거두라 그 포도가 익었느니라 하더라 천사가 낫을 땅에 휘둘러 땅의 포도를 거두어 하나님의 진노의 큰 포도주 틀에 던지매 성 밖에서 그 틀이 밟히니 틀에서 피가 나서 말굴레에까지 닿았고 천육백 스다디온에 퍼졌더라"(계 14:17-20).

1세기의 유복한 농장에서는 포도송이를 거두어 돌로 만든 큰 통에 넣는 일이 종종 있었다. 하녀들이 신발을 벗고 치맛자락을 걷어 올린 다음, 그 안에 들어가서 포도송이를 으깨기 시작했다. 통 밑바닥에는 작은 구멍들이 있었다. 그 구멍들을 통해 흘러나온 포도즙은 통로를 따라 흐르다가 한곳에 모였다. 사람들은 그것으로 포도주를 만들었다. 그러나 위의 본문은 그 틀에 사람들을 집어넣는 광경을 묘사한다. 그것은 하나님의 진노의 큰 포도주 틀이었다. 사람들이 그 안에서 으깨져 피가 말 굴레까지 닿았고 1,600 스다디온(약 480킬로미터)까지 퍼졌다. 그런데도 신약성경의 하나님을 더 부드럽고 친절한 하나님이라고 말할 수 있겠는가?

우리가 신약성경이 하나님을 좀 더 부드럽게 묘사한다고 생각하는 진짜 이유는 구약성경에 언급된 심판은 대부분 일시적인 심판인데, 우리는 영원한 심판보다 그런 심판을 더 무서워하기 때문이다. 그러나 신약성경에서 가장 많이 가장 다채로운 비유를 사용해 지옥을 묘사한 분은 바로 예수님이셨다. 이처럼 옛 언약에서 새 언약으로 이동하는 과정에서 하나님의 은혜도 서서히 발전되어 나가고, 그분의 심판도 서서히 발전되어 나간다.

구약성경이 전개됨에 따라 심판의 위협과 약속도 더욱더 많아지고, 용서와 신생에 대한 약속과 소망도 더욱더 많아진다. 이 두 개의 물줄기가 구약성경을 관통해 흐른다. 이 두 개의 물줄기는 마침내 십자가에서 서로 마주칠 때까지 중단되지 않는다. 긍휼과 진노가 서로 입을 맞춘다. 십자가의 영향권 밖에 머물러 있는 사람들에게는 심판 외에 무엇이 남겠는가? 이렇듯 옛 언약에서 새 언약으로 이동하면서 성경의 많은 주제가 서서히 조금씩 더 강화되어 발전한다.

또 다른 예를 하나 더 들어보자. 하나님은 구약성경에서 "나는 너희의 하나님이 되고 너희는 나의 백성이 될 것이다."라고 말씀하셨다. 하나님은 레위기에서 성막을 제작하는 일을 언급하며 그렇게 말씀하셨다. 성막은 이스라엘 열두 지파의 한복판에 위치했다. 이스라엘 열두 지파는 성막을 중심으로 동서남북 각각 세 지파씩 대형을 갖추었다. 하나님은 예레미야서 31장과 다른 곳에서 "나는 너희의 하나님이 되고 너희는 내 백성이 될 것이다."라는 말씀을 좀 더 새롭게 발전시키셨다. 그 말씀은 무엇인가 새로운 것이 더해졌다는 뉘앙스를 풍겼고 마침내 요한계시록 21장과 22장에 이르렀다.

하나님은 새 하늘과 새 땅과 새 예루살렘이 도래한 상황에서 뭐라고 말씀하셨는가? 그분은 "나는 너희의 하나님이 되고 너희는 내 백성이 될 것이다."라고 말씀하셨다. 하나님은 더 이상 어떤 생각이나 설명이나 예외나 논쟁이 필요 없는 어조로 그렇게 말씀하셨다. 그로써 요한계시록 21장 4절은 "다시는 사망이 없고 애통하는 것이나 곡하는 것이나 아픈 것이 다시 있지 아니하리니 처음 것들이 다 지나갔음이러라"고 선언한다. 하나님이 "나는 너희 하나님이 되고 너희는 내 백성이 되리라."고 말씀하신 대로 새 시대가 도래했다.

이처럼 우리는 모든 것이 점진적으로 발전하고 있음을 발견한다. 따라서 "예수께서 아직 영광을 받지 않으셨으므로 성령이 아직 그들에게 계시지 아니하시더라"(요 7:39)는 말씀을 대할 때는 두 가지를 기억해야 한다.

하나는 신약성경에 언급된 '새로움'이라는 주제다. 신약성경은 '새로움'이라는 주제를 크게 부각시킨다. 우리는 때로 구원사의 한 가지 주제가 지니는 영속적인 특성을 보존하려다 새로움을 강조하는 구절들을 간과하는 경향이 있다. 신약성경은 새 시대, 새 창조, 새 질서, 새 언약, 새 생명, 새로운 출애굽, 새 출생에 관해 가르친다. 이 모든 것은 복음 자체와 관련되었으며, 그 기원은 예수님이시다.

이는 구약성경에는 성령에 관한 가르침이 없다는 뜻과 거리가 멀다. 느헤미야서는 포로들이 이스라엘로 돌아온 사건과 일찍이 이스라엘 백성이 약속된 가나안 땅에 첫발을 내딛었던 사건을 연계시킴으로써 이 점을 분명하게 이해했다. 하나님은 그때에 처음 이스라엘 백성에게 성령을 허락하셨고, 만나를 내려주셨으며, 말씀을 가르치셨고, 그들의 죄를 용서하셨다. 이제는 그때에 비해 큰 발전이 이루어졌다. 예수님이 죽으신 결과로 성령께서 풍성하게 임하셨다. 그것은 장차 절정에 달할 것을 미리 맛보는 경험이었다. 바울이 성령을 '보증금'(downpayment) 곧 절정에 이르는 첫 단계로 간주한 이유가 이것이다. 이 첫 단계는 그리스도의 강림과 죽음과 장사지냄과 부활과 승천의 결과였다. 이렇듯 성령께서는 약속된 기업의 보증금으로 우리에게 주어진다.

"예수께서 아직 영광을 받지 않으셨으므로 성령이 아직 그들에게 계시지 아니하시더라"(39절)는 말씀대로, 이 모든 일은 예수님이 영광을 받으신 후에 이루어질 예정이었다. 예수님은 요한복음 16장에서도 이 점을 분명하게 언급하셨다. 그분은 그곳에서 "내가 떠나가는 것이 너희에게 유익이라 내가 떠나가지 아니하면 보혜사가 너희에게로 오시지 아니할 것이요 가면 내가 그를 너희에게로 보내리니"(7절)라고 말씀하셨다.

그렇다면 그리스도께서 영광을 받으신다는 것은 무엇을 의미할까? 요한복음 1장 14-18절(요한복음 서론의 마지막 부분)에 처음 등장하는 '영광'이라는 용어는 출애굽기 32-34장을 암시한다. 그곳에는 이스라엘 백성이 금송아지를 만든 비참한 사건이 기록되어 있다. 모세는 석판을 들고 산을 내려왔다. 흥청망청 떠드는 소리가 들려왔고, 우상을 숭배하는 광경이 눈에 띄었다. 그는 석판을 던져 깨뜨렸고, 백성들에게 무서운 심판이 임했다. 하나님은 이스라엘 백성을 모두 죽여 없애겠다고 말씀하셨고, 모세는 하나님의 약속을 상기시키며 중재에 나섰다. 그는 "이 백성은 저의 백성이 아니라 주님의 백성입니다. 저는 이 일을 위해 자원하지 않았습니다. 이 백성이 구원받지 못한다면 주님의 명예가 훼손되지 않겠습니까? 온 민족들은 주님이 이들을 구원하지 못했다고 비웃을 것입니다"라고 호소했다.

모세의 대변자로서 백성의 지도자로 활동하던 그의 형마저 우상 숭배에 가담했기 때문에 그는 철저히 혼자가 된 듯한 심정으로 "주님의 영광을 제게 보여주소서."라고 부르짖었다. 그러자 하나님은 "내 모든 선한 것을 네 앞으로 지나가게 할 것이다 ……그러나 네가 내 얼굴은 보지 못할 것이다."라고 말씀하셨다.

모세는 반석틈에 숨었다. 하나님은 그가 밖을 내다보지 못하게 하셨다. 하나님은 그의 곁을 지나가시면서 무엇인가를 말씀하셨다. 하나님이 지나가고 나신 후에 모세는 밖을 내다보았고, 하나님의 영광이 지나간 뒤에 남아 있는 광채를 어렴풋이 보았다. 하나님은 지나가시면서 "여호와라 여호와라 자비롭고 은혜롭고 노하기를 더디하고 인자와 진실(헤세드 에메드, *hesed emeth*)이 많은 하나님이라."고 말씀하셨다. '헤세드 에메드'는 구약성경에서 종종 짝을 이루어 나타난다. '헤세드'는 '사랑'으로 번역되는데, 그것은 하나님의 언약적 사랑을 가리킨다. 그 사랑은 하나님의 언약적 약속과 관련있다. 때로 '은혜'로도 번역된다. '에메드'는 '진실함'을 의미한다. 이 말의 함축적 의미는 다양한데 '말에 진실하다.'는 뜻도 있고, '진리'를 의미하기도 한다. 예를 들어 스바 여왕은

솔로몬의 모든 영광을 목격하고 "당신의 지혜에 대하여 들은 소문이 사실(에메드)이로다"(왕상 10:6)라고 말했다. 이는 그것이 진실이요 거짓 없는 사실이라는 뜻이다. 어떤 번역 성경은 이 말을 '사랑과 진실함'으로 번역했지만, 이는 또한 '은혜와 진리'로도 번역할 수 있다.

이제 요한복음으로 되돌아 가보자. "말씀이 육신이 되어 우리 가운데 거하시매 우리가 그의 영광을 보니 아버지의 독생자의 영광이요 은혜와 진리가 충만하더라"(요 1:14). 이것은 단지 여러 가지 연관성 가운데 첫 시작에 지나지 않는다.

우리가 그의 영광을 보니

'영광'이라는 말을 생각해 보자. "우리가 그의 영광을 보니." 이 말은 무슨 의미일까? 예수님이 세상에 계시는 동안 그분의 머리 위에 드리운 후광을 보았다는 뜻일까? 예수님이 플란넬 그림판에 부착된 평범한 색깔의 옷을 입은 사람들과는 달리 광채가 나는 흰색 옷을 입고 계셨다는 뜻일까? 그런 뜻과는 전혀 관계가 없다. 요한복음을 계속 읽어 내려가면 그 의미를 알 수 있다. 요한복음 2장에는 가나에서 물을 포도주로 만든 첫 번째 기적이 기록되어 있다. 그곳에 보면 "그의 영광을 나타내시매 제자들이 그를 믿으니라"(11절)는 말씀이 발견된다.

많은 사람이 기적을 목격했다. 제자들은 주님의 영광을 보았다. 그러나 요한복음 12장에 와서는 영광이라는 용어의 의미가 달라진다. 예수님은 십자가에 매달리심으로 영광을 받으셨다. 사람들 앞에서 십자가에 매달리는 것은 불명예스럽고 수치스런 일이었지만 예수님은 그런 수치와 불명예를 거쳐 성부께로, 곧 창세 전에 성부와 함께 나누었던 영광으로 돌아가셨다(요 17장 참조). 이처럼 요한복음은 예수님께서 죽음과 장사지냄과 부활과 부활의 현현을 거쳐 성부께로 돌아가시는 것을 그분의 영광으로 묘사한다. 요한은 그 모든 일의 결과를 염두에 두고 "우리가 그의 영광을 보니"라고 말했다.

요한은 자신의 복음서에 두세 번 읽지 않으면 그 의미를 이해하지 못할 내용들을 기록해 놓았다. 그런 책들이 더러 있다. 필라델피아 공항에서 비행기를 타고 로스앤젤레스로 출장을 가려고 한다. 지금까지는 비행기 안에서 업무만 처리했는데 이번에는 공항 가판대에서 추리 소설 한 권을 샀다. 로스앤젤레스에 도착할 무렵이면 추리 소설에 등장하는 범인의 정체가 명백하게 드러난다. 그런 책은 서재에 보관할 필요가 없다. 그런 책의 역할은 플라스틱 용기에 담긴 음식을 먹으면서 지루한 서너 시간을 보내는 것으로 끝난다. 따라서 비행기 좌석 포켓에 꽂아 놓고 자리를 뜨면 그만이다. 그런 책은 위대한 문학 작품과는 거리가 멀다.

그러나 너무 훌륭해서 몇 번이고 다시 읽고 싶은 책들이 있다. 물론 추리 소설 중에도 그런 책이 있다. 예를 들어 P. D. 제임스의 추리 소설은 줄거리가 매우 흥미진진하다. 범인의 정체가 누구인지 알고 싶어진다. 그와 동시에 인물의 성격 묘사나 문체가 매우 뛰어나 다시 읽어보고 싶은 마음을 갖게 한다. 그 책의 참맛을 느끼기 위해 다시 읽으면 처음에는 생각하지 못했던 온갖 종류의 것이 새롭게 발견된다. 훌륭한 작가들은 그런 책을 쓴다.

요한의 복음서도 마찬가지다. 예를 들어 영광이라는 주제에 초점을 맞춰 요한복음을 읽으면 처음에는 무엇을 말하려는 것인지 알기 어렵다. 요한복음은 여러 차례 깊이 음미하며 읽어야 한다. 요한복음은 한 번 읽고 "무슨 말인지 다 알아."라고 던져버릴 수 있는 전도지와 다르다. 요한복음은 몇 번이고 되풀이해 읽어야만 비로소 영광이라는 주제가 무엇을 말하는지 알 수 있다. 그 의미를 알려면 "예수께서 아직 영광을 받지 않으셨으므로 성령이 아직 그들에게 계시지 아니하시더라"는 말씀에서부터 시작해야 한다. 그리고 그 말씀과 요한복음 1장의 상관관계를 기억해야 하고, 예수님이 궁극적인 성막, 곧 하나님과 인간이 서로 만나는 궁극적인 만남의 장소라는 것과 그분이 사역을 행하면서 자신의 영광을 드러내셨다는 것을 염두에 두어야 한다.

예수님의 궁극적인 영광은 그분의 죽음과 장사지냄과 부활과 승천을 통해 드러났다. 또한 이것은 요한복음 14-16장에 기록된 고별 강연에서 언급된 성령에 관한 약속과 밀접하게 연관된다. 이 모든 것이 이루어진 이유는 한 가지다. 즉 예수님은 하나님이 보내신 아들이셨다. 예수님은 성부께서 요구하신 일을 정확히 이루시고 죽으셨다. 하나님의 어린양이 우리의 죄를 짊어지고 십자가에서 죽으셨다가 사흘 만에 다시 살아나셨다. 예수님이 영광을 얻으신 결과로 성령의 은사가 주어졌다.

우리가 하나님께로부터 받는 것도 모두 예수님이 영광을 받으신 결과가 아닌가? 그 모든 것이 2,000년 전에 예루살렘 외곽의 한 작은 언덕 위에서 비롯하지 않았는가? 우리가 죄 사함을 받는 이유는 무엇인가? 그 이유는 예수님이 영광을 얻으셨기 때문이다. 우리가 성령을 선물로 받는 이유는 무엇인가? 그 이유는 예수님이 영광을 얻으셨기 때문이다. 장차 새 하늘과 새 땅은 이루어질 것인가? 물론이다. 그것도 예수님이 영광을 얻으셨기 때문이다. 우리는 마지막 날에 부활의 몸을 얻게 될 것인가? 그렇다. 그것도 예수님이 영광을 얻으셨기 때문이다. 성령께서 궁극적인 승리의 보증으로 우리에게 주어졌는가? 그렇다. 예수님이 영광을 얻으신 덕분이다. 성령 안에서 성도들의 교제가 이루어지는가? 그렇다. 이 또한 예수님이 영광을 얻으셨기 때문이다. 하나님이 우리에게 부어주신 성령을 통해 새롭게 거듭나는가? 그렇다. 이것도 예수님이 영광을 얻으신 결과다.

마지막 날에 예수님이 "엘리자베스 마가렛 매브리, 앞으로 나오너라."고 말씀하시면 내 어머니가 앞으로 나갈 것이다. 이것도 그분이 영광을 얻으셨기 때문이다. 또한 그분이 "제임스 몽고메리 보이스, 앞으로 나오너라."고 말씀하시면, 그분이 영광을 얻으셨기 때문에 제임스 보이스가 앞으로 나올 것이다. 이 모든 것이 예수님이 영광을 얻으셨기 때문에 가능해졌다. 우리는 이미 보증금으로 주어진 성령을 통해 이 모든 결과를 분명하게 예측할 수 있다.

옛 찬송가 작가는 이렇게 노래했다.

주님, 깨진 물통에서 물을 마시려고 했어요.
아아! 그런데 물이 없었어요.
물을 마시려고 허리를 구부렸는데 물이 모두 새어나갔더군요.
나는 슬피 울었고, 사람들은 그런 나를 조롱했답니다.

그리스도 외에는 아무도 만족시킬 수 없네.
내게 그분의 이름 외에 다른 이름은 없다네.
주 예수님, 주님 안에
사랑과 생명과 영원한 기쁨이 있나이다.[1]

우리는 용서가 필요하다. 단지 용서만이 아니라 변화도 아울러 필요하다. 우리에게 필요한 것은 칭의만이 아니다. 물론 칭의는 필요하다. 그러나 새로운 출생, 곧 거듭남이 있어야 한다. 나와 같은 죄인은 죄에 깊이 물들어 있고, 자아를 사랑하는 마음이 너무 강하고, 사사로운 이익에 지배되어 살아간다. 이런 나를 변화시킬 만큼 강력한 것이 어디에 있을까?

조지 화이트필드는 "물과 성령으로 거듭나야 한다."는 말을 거듭 되풀이하는 이유가 무엇이냐는 질문을 받고, "그 이유는 거듭나지 않으면 안 되기 때문이오."라고 대답했다. 이 복되신 성령, 곧 우리의 죄를 책망하고, 우리를 변화시켜 그리스도를 닮게 하고, 장차 다가올 영광과 하나님으로부터 비롯하는 영원한 생명을 누리도록 준비를 갖추게 하시는 성령이 없으면, 우리에게는 아무런 희망이 없다. 이것이 신약성경이 가르치는 영성의 참된 의미다.

여기에 진정으로 생수의 강이 흐르고 있다.

---

1) E. B., "None But Christ," *The Cyber Hymnal*, http://www.hymntime.com/tch/htm/n/o/n/nonebutc.htm. 2013년 11월 20일 검색.

12장

THE AGE OF THE SPIRIT

성령의 시대

: 마이클 호튼

사도행전 2장은 성령의 시대를 선언하는 놀라운 성경 본문이다. 그러나 구약성경을 살펴보지 않고 무작정 거기에서부터 시작하는 것은 영화가 상영되는 도중에 입장하는 것과 다름없다. 따라서 나는 구원의 전체적인 윤곽을 파악하기 위해 성경 본문 몇 곳을 간단히 살펴보고자 한다. 구체적으로 말해 창조, 모세의 소명, 이스라엘 백성의 출애굽, 바벨론 포로기, 포로 귀환, 주 예수 그리스도를 통해 궁극적으로 성취된 약속들을 비롯해 교회가 복음을 땅 끝까지 담대하게 전파할 수 있게 된 오늘날과 같은 성령의 시대를 통해 일어나는 성령의 사역을 살펴보기를 원한다.

성령의 인격과 사역은 여러 가지 주제로 나눠 살펴볼 수 있다. 내 방법이 결코 유일한 방법은 아니다. 다양한 비유가 사용될 수 있고, 구약성경에 나타난 여러 형태의 신현(神顯)을 제각기 다른 방법으로 다룰 수도 있다. 이 논의들은 대개 세 가지 원리적 주제를 중심으로 나뉘는데, 그 주제들은 다시 두 가지 방식으로 표현할 수 있다. 구체적으로 말해, '성전, 증인, 영광'이나 '땅, 바람, 불'이 그것이다.

우리가 성경에서 비유를 발견할 수 있는 이유는 하나님이 수단을 이용하시기 때문이다. 하나님은 우리의 이해를 돕기 위해 자신이 만드신 것들을 수단으로 사용하신다. 하나님은 성전을 통해 자기 백성 안에 거하시고, 자신의 언약에 대한 증인으로 나서시며, 자기 백성의 영광이 되시고, 자신의 영광으로 온 세상을 가득 채우신다. 그분은 참으로 놀랍게도 이런 주제들을 가르치기 위해 성경을 통해 많은 증거를 제시하셨다. 그런 주제들을 살펴보면 큰 유익을 얻을 수 있다.

성전, 증인, 영광이라는 원리는 창세기, 곧 창조 사역에서 발견된다. 성령께서는 영광의 구름 가운데 수면 위에 운행하셨다(창 1장). 땅은 혼돈하고 공허했으며(토후 와-보후, *tohu wa-bohu*), 성령께서는 그 위를 운행하셨다. 성령께서는 땅위를 운행하시면서 물과 육지를 분리하셨고, 생명체가 서식할 수 있는 공간, 곧 하나님이 자기 백성과 영원히 함께 거하실 성전을 만드셨다.

물과 육지의 분리는 아담과 그의 후손이 성가대가 되어 온 피조물의 선두에 서서 창조주 하나님 앞에서 승리의 행렬을 이끌 수 있게 했다. 인간과 모든 피조물은 하나님께 영원토록 영광과 존귀를 돌렸고, 유예기간 동안 그분께 충실히 복종하며 안식일을 누렸다. 그것이 아담의 일이었다. 성령께서는 서식처를 만들기 위해 물을 분리하셨다. 그 결과 하나님의 형상대로 지으심을 받은 인간과 성전을 위한 땅이 생겨났다.

또한 여기서는 성령의 충만함도 발견된다. 성령께서는 온 땅을 가득 채우고, 성전을 준비하고, 안식일에 인간으로 모든 피조물이 참여하는 거대한 모임을 주도하게 하도록 수면 위를 운행하셨다. 창조, 성령, 성전은 비단 창세기만이 아닌 구원사를 다룬 모든 성경에서 공통적으로 발견되는 주제다. 구원사는 창세기까지 거슬러 올라가는데, 창세기 역시 구원사의 관점에서 해석해야 한다.

성전, 곧 자기 백성 가운데 거하시는 하나님이라는 주제뿐만 아니라 증인, 또는 바람이라는 주제도 핵심 원리 가운데 하나다. 성령께서는 법적인 기능을 행사하신다. 그분은 재판관이시다. 성령의 법적인 기능은 좋은 소식이기도 하고 나쁜 소식이기도 하다. 창조 사역이 이루어질 당시는 좋은 소식이었다. 성령께서는 성부와 성자와 더불어 하나님이 지으신 모든 것을 축복하셨는데 그것은 법적인 행동이었다. 성령께서 영광의 구름, 곧 증인의 역할을 하는 두 개의 구름 기둥 안에서 삼위일체 하나님이 지으신 모든 것 앞에 나타나 성부와 성자와 더불어 보기에 좋았다고 선언하셨다.

성령께서는 창세기의 처음 몇 장에서 또 다른 법적인 기능을 행사하셨다. 그분은 인간이 타락한 후에 심판을 선언하셨다. 창세기 3장에 보면 "그 날 바람이 불 때 동산에 거니시는 여호와 하나님"이라는 문구가 발견된다. 이 문구는 하나님이 아담과 하와와 산책을 하셨다는 의미로 종종 해석되었다. 곧 그들에게 한 번 더 기회가 주어졌으며, 하나님은 인류의 첫 번째 부부와 산책을 하기 위해 찾아오셨다. 그러나 그날 그들은 집에 없었다. 그들은 도망쳤다. 하나님은 그들을 부르셨다. 이 해석은 번역된 문장의 관점에서 보면 그럴 듯하게 들린다. 그러나 최근에 학자들은 그것이 정확한 번역이 아닐지도 모른다고 지적했다. '바람'이나 '영'을 뜻하는 히브리어는 똑같이 '루아흐'(ruach)다. 많은 히브리어 학자들은 그날에 실제로 심판이 이루어졌다고 주장한다. 하나님은 그날에 '영'으로 하늘에서 세상에 내려오셨다. 그날은 무슨 날이었을까? 다름 아닌 심판의 날이었다.

하나님은 날이 서늘할 때, 곧 손바닥 안 종려나무 사이로 부는 산들바람으로 오시지 않으셨다. 그분은 심판의 폭풍우를 몰고 오셨다. 하나님은 인간이 견고하게 건축한 곳을 깨부수는 바람으로 오셨다. 그분은 그날의 '루아흐,' 곧 심판 날의 영으로 오셨다. 그것은 성경에 기록된 최초의 심판 날이었다. 법적인 선고가 이루어졌다. 하나님이 지으신 모든 것을 법적으로 인정하셨던 성령께서 하나님과의 언약을 저버린 인류의 첫 조상에게 법적으로 심판을 선언하셨다.

성전, 증인, 영광으로 나타나신 성령

성령께서는 성전이고, 증인이고, 영광이시다. 구속사의 마지막 단계에서 창조의 본래 목적을 돌아보면 중앙 성소로부터 하나님의 영광이 온 세상을 가득 채울 때까지, 곧 아담과 하와의 후손들이 생육하고 번성하며 언약의 약속에 충실할 때까지 그분의 임재가 마치 동심원처럼 퍼져나감을 알 수 있다. 이 영광을 히브리어로 '카보드'(kabod)라고 한다. 이 말은 '무거움'이라는 의미다. 이것이 영광의 본질이다. 영광과 거룩함을 뜻하는 히브리어는 동일하게 '무거움'을 뜻하는 '카보드'다.

요즘에는 무서운 것이 아무것도 없는 세상처럼 보인다. 요즘 사람들은 중하고 무거운 것이 아무것도 없는 것처럼 말한다. 심지어 기독교 진영 내에서도 점차 그런 경향이 두드러지고 있다. 과연 무엇으로 하나님의 영광, 하나님의 중한 것을 강조하는 성경의 가르침을 다시 회복할 수 있을까? 이 경우에도 구약성경에 나타나신 성령께서 핵심적인 역할을 하신다.

창조 사역이 끝난 뒤에도 성령께서는 성전, 증인, 영광이라는 세 가지 방식으로 자신을 나타내셨다. 예를 들면 출애굽 사건에서 이 사실을 확인할 수 있다. 출애굽은 그 이전에 아브라함의 언약에서부터 시작한다. 하나님은 일시적이고 예표적인 세상의 땅과 영원한 하늘의 땅(세상의 땅에 관한 약속의 성취)을 모두 포함하는 이중 언약을 맺으셨다. 하나님은 불붙은 가시떨기에서 모세에게 나타나 이렇게 말씀하셨다.

"모세가 그의 장인 미디안 제사장 이드로의 양떼를 치더니 그 떼를 광야 서쪽으로 인도하여 하나님의 산 호렙에 이르매 여호와의 사자가 떨기나무 가운데로부터 나오는 불꽃 안에서 그에게 나타나시니라 그가 보니 떨기나무에 불이 붙었으나 그 떨기나무가 사라지지 아니하는지라 이에 모세가 이르되 내가 돌이켜 가서 이 큰 광경을 보리라 떨기나무가 어찌하여 타지 아니하는고 하니 그 때에 여호와께서 그가 보려고 돌이켜 오는 것을 보신지라 하나님이 떨기나무 가운데서 그를 불러 이르시되 모세야 모세야 하시매 그가 이르되 내가 여기 있나이다 하나님이 이르시되 이리로 가까이 오지 말라 네가 선 곳은 거룩한 땅이니 네 발에서 신을 벗으라"(출 3:1-5).

성령께서 또다시 자신을 위한 처소, 곧 자기의 종 모세를 비롯해 그를 통해 애굽의 속박으로부터 구원하실 백성들과 함께 있기 위한 처소를 만들고자 하늘에서 내려오셨다. 그분은 살아 있는 구름, 곧 날개 있는 생물(그룹과 스랍)을 타고 내려오셨다.[1] 그분은 하늘나라를 이끌고 내려오셨다. 이런 생각이 가능한 이유는 그 작은 떨기나무가 온 우주를 다스리는 하나님의 보좌였기 때문이다. 그곳은 하늘나라의 축소판이었다. 하나님은 가나안과 광야의 여정을 약속하셨다. 그분은 자기 백성을 자신이 강림한 산으로 이끌고 나올 것이라고 약속하셨다. 그분은 증인, 곧 법적 증인으로 나타나셨고, 그들을 자기 백성으로 만드시겠다고 언약하셨다.

또다시 바람이 성령의 임재를 확증했다. 성령께서는 증인으로서 새로운 창조가 이루어질 것을 예고하셨다. 출애굽은 그런 식으로 예고되었고, 또 선지서에서는 그런 의미로 이해되었다. 출애굽은 성령께서 강림하시어 물을 갈라 마른 땅을 만드시는 새 창조로 묘사되었다. 그것은 하나님이 자기 백성 가운데 거하실 처소를 만들기 위해서였다. 이 점을 염두에 두고 출애굽기 14장 21절을 읽어보자. "모세가 바다 위로 손을 내밀매 여호와께서 큰 동풍이 밤새도록 바닷물을 물러가게 하시니 물이 갈라져 바다가 마른 땅이 된지라."

이것이 출애굽이 새 창조로 묘사된 이유다. 하나님은 성령을 통해 물을 갈라 바로와 그의 군대를 수장시키고, 자기 백성을 안전하게 건너편으로 인도하셨다. 물과 육지의 분리는 하나님의 백성에게 안식의 땅에서 안식을 누릴 수 있도록 이끌었다.

출애굽기 14장에서는 하나님의 구원과 심판에 관한 법적 증언도 아울러 발견된다. 13절은 "모세가 백성에게 이르되 너희는 두려워하지 말고 가만히 서서 여호와께서 오늘 너희를 위하여 행하시는 구원을 보라"고 말씀한다. 법정 안에서 증언이 이루어지는 듯한 분위기를 풍긴다. 하나님의 백성이 잠잠히 그곳에 서 있는 순간에 구원사에서 가장 놀라운 사건이 일어난다는 것은 참으로 흥미롭지 않은가? 때로는 아브라함처럼 가만히 앉아 있거나 잠을 잘 때 그런

---

1) 성령의 임재에 관한 이런 식의 묘사는 이 논문에서 나오는 다른 묘사들과 마찬가지로 저자가 고안한 시적인 파격으로 상징적인 예증에 해당한다.

역사가 일어나기도 한다. "너희는 두려워하지 말고 가만히 서서 여호와께서 오늘 너희를 위하여 행하시는 구원을 보라 너희가 오늘 본 애굽 사람을 영원히 다시 보지 아니하리라 여호와께서 너희를 위하여 싸우시리니 너희는 가만히 있을지니라"(출 14:13, 14).

마치 하나님이 불평하는 백성들에게 "내가 요구하는 것은 오직 한 가지, 입을 다물고 가만히 서 있는 것이다. 그렇게 할 수 있겠느냐? 가만히 서서 내가 너희를 구원하는 것을 지켜보지 않겠느냐?"라고 말씀하시는 듯하다.

또한 성령께서는 출애굽 사건에서 심판에 대한 증인으로 나타나셨다. 17-18절을 읽어보자. "내가 애굽 사람들의 마음을 완악하게 할 것인즉 그들이 그 뒤를 따라 들어갈 것이라 내가 바로와 그의 모든 군대와 그의 병거와 마병으로 말미암아 영광을 얻으리니 내가 바로와 그의 병거와 마병으로 말미암아 영광을 얻을 때에야 애굽 사람들이 나를 여호와인 줄 알리라 하시더니."

이스라엘 백성이 어떻게 여호와가 주님인 줄 알게 될 것인지에 주목하라. 하나님은 재판관으로 나서서 "내가 바로와 그의 병거와 마병으로 말미암아 영광을 얻을 것이다."라고 말씀하셨다. 성령께서는 좋은 소식과 나쁜 소식, 곧 구원과 심판의 증인으로 일하신다.

하나님의 백성이 약속의 땅에 들어간 이후도 이와 관련된 또 다른 내용이 사무엘하 5장에서 발견된다. 다윗은 기름부음을 받아 왕이 되었고, 블레셋 족속을 물리치고 승리를 거두었다.

"이스라엘이 다윗에게 기름을 부어 이스라엘 왕으로 삼았다 함을 블레셋 사람들이 듣고 블레셋 사람들이 다윗을 찾으러 다 올라오매 다윗이 듣고 요새로 나가니라 블레셋 사람들이 이미 이르러 르바임 골짜기에 가득한지라 다윗이 여호와께 여쭈어 이르되 내가 블레셋 사람에게로 올라가리이까 여호와께서 그들을 내 손에 넘기시겠나이까 하니 여호와께서 다윗에게 말씀하시되 올라가라 내가 반드시 블레셋 사람을 네 손에 넘기리라 하신지라 다윗이 바알브라심에 이르러 거기서 그들을 치고 다윗이 말하되 여호와께서 물을 흩음 같이 내 앞에서 내 대적을 흩으셨다 하므로 그 곳 이름을 바알브라심이라 부르니라 거기서 블레셋 사람들이 그들의 우상을 버렸으므로 다윗과 그의 부하들이 치우니라 블레셋 사람들이 다시 올라와서 르바임 골짜기에 가득한지라 다윗이 여호와께 여쭈니 이르시되 올라가지 말고 그들 뒤로 돌아서 뽕나무 수풀 맞은편에서 그들을 기습하되 뽕나무 꼭대기에서 걸음 걷는 소리가 들리거든 곧 공격하라 그 때에 여호와가 너보다 앞서 나아가서 블레셋 군대를 치리라 하신지라 이에 다윗이 여호와의 명령대로 행하여 블레셋 사람을 쳐서 게바에서 게셀까지 이르니라"(삼하 5:17-25).

다윗은 기다리라는 지시를 받았다. 성령께서 그와 그의 군대 위에 임해 블레셋과의 싸움에서 승리하도록 하시기 위함이었다. 성령께서는 자기 백성을 구원하고 다른 민족을 심판하기 위해 강림하셨다. 다윗은 뽕나무 꼭대기에서 하늘의 군대가 행진하는 소리를 들었다. 그것은 땅에서도 행군하라는 하늘의 행군 명령이었다. "나라가 임하시오며 뜻이 하늘에서 이루어진 것 같이." 즉 군대가 성령의 능력에 힘입어 하나님의 이름으로 앞으로 나아갈 때 하늘에서 이미 일어나고 있는 일(하나님의 영광이 온 하늘을 가득 채우고 그분의 뜻이 온전히 이루어지는 일)이 땅에서도 그대로 이루어진다.

성령께서는 증인으로 나타나실 뿐 아니라 가시떨기의 불이 상징하는 대로 영광으로도 나타나신다. 땅과 바람과 불이다. 하나님의 거룩하신 임재와 법적인 증언이 영광의 개념 안에서 하나로 통합된다. 그것이 이곳을 거룩한 땅으로 만든다. 오늘날 세상에 거룩한 땅은 없다. 어떠한 땅도 거룩하지 않다. 베들레헴의 '예수 탄생 교회'도 거룩하지 않다. 예루살렘 성전도 거룩하지 않다. 새 언약 이후로 건물은 거룩하지 않다. 그러나 우리는 거룩하다. 우리가 하나님의 성전이다. 출애굽 당시에는 불붙은 가시떨기가 하나님의 처소였다. 그 땅은 거룩했고 영광스러웠다. 이스라엘이 홍해와 광야를 지나 마침내 약속의 땅에 이를 때까지 그들을 인도했던 구름 기둥은 성막과 성전을 가득 채웠다. 영광은 너무나도 중요했기 때문에 모세는 "하나님이여, 주님의 영광이 우리와 함께하지 않는다면 이곳 홍해 건너편에서 차라리 저희를 죽이소서."라고 말했다.

출애굽기 14장에 언급된 대로 날개 달린 생물로 인해 찬란하게 빛나는 구름 기둥은 놀라운 업적을 이루었다.

"이스라엘 진 앞에 가던 하나님의 사자가 그들의 뒤로 옮겨 가매 구름 기둥도 앞에서 그 뒤로 옮겨 애굽 진과 이스라엘 진 사이에 이르러 서니 저쪽에는 구름과 흑암이 있고 이쪽에는 밤이 밝으므로 밤새도록 저쪽이 이쪽에 가까이 못하였더라"(19, 20절).

"저쪽에는 구름과 흑암이 있고." 새 창조를 나타내는 표현이 다시 등장한다. 성령께서는 흑암과 혼돈 속에서 빛을 창조하셨다. 모세가 손을 드는 순간에 바닷물이 갈라졌다.

"이스라엘 자손이 바다 가운데를 육지로 걸어가고 물은 그들의 좌우에 벽이 되니 애굽 사람들과 바로의 말들, 병거들과 그 마병들이 다 그들의 뒤를 추격하여 바다 가운데로 들어오는지라 새벽에 여호와께서 불과 구름 기둥 가운데서 애굽 군대를 보시고 애굽 군대를 어지럽게 하시며 그들의 병거 바퀴를 벗겨서 달리기가 어렵게 하시니 애굽 사람들이 이르되 이스라엘 앞에서 우리가 도망하자 여호와가 그들을 위하여 싸워 애굽 사람들을 치는도다"(22-25절).

히브리어 원문으로 읽으면 좀 더 흥미롭다. 왜냐하면 성부 성자 성령께서 영광의 구름 속에 모두 임재해 계시는 동안 실제로 행동을 취한 분은 성령이시기 때문이다. 물론 성령께서는 단지 애굽 군대의 병거 바퀴를 진흙에 빠뜨려 벗겨지게 하는 것에 그치지 않고 이스라엘 백성이 마른 땅을 딛고 건너도록 인도하셨다. 하나님의 어리석음이 인간의 지혜보다 더 지혜롭다는 것이 다시 한 번 입증되었다. 구름 기둥이 하나님의 백성을 그분의 성지로 인도했다.

성령께서는 광야에서도 그들과 함께하셨다. 백성들이 불평할 때도 성령께서는 진 밖의 성막에 임하셨다. 모세가 혼자 힘으로 백성을 인도하는 것을 몹시 힘들어하자 성령께서는 70명의 장로들에게 임하셨다. 여호수아는 모세에게 와서 "긴급히 보고할 일이 있습니다. 몇몇 사람이 허락 없이 예언을 하고 있습니다. 그들은 장로들이 아닙니다."라고 말했다. 이때 모세가 한 대답은 아무나 그런 직분을 행해도 괜찮다는 뜻이 아니었다. 그는 그 기회를 빌려 장차 이루어질 일을 예고했을 뿐이다.

아마 모세는 "네가 나를 두고 시기하느냐 여호와께서 그의 영을 그의 모든 백성에게 주사 다 선지자가 되게 하시기를 원하노라"(민 11:29)라고 말하며 여호수아를 진정시키기 위해 그의 어깨를 다독였을 것이다. 사실 그렇게 되면 일이 더 수월해질 것이 아닌가? 그렇게 되면 제사장의 나라, 하나님의 영광을 증언하는 나라, 하나님 나라를 땅 끝까지 전하는 나라가 이루어질 것이 분명하다. 하나님 나라를 위한 열정이 모세를 삼켰다. 모세는 자신의 시대에 성령의 강림이 이루어져 모든 백성이 하나님의 선지자요 증인이 되기를 원했다.

우리는 광야뿐만 아니라 약속의 땅에서도 어떤 일이 일어났는지 알고 있다. 심지어 모세도 불순종한 탓에 약속의 땅에 들어가지 못했다. 그 대신 여호수아가 백성을 이끌고 가나안에 들어갔다. 그러나 그것은 궁극적인 가나안도, 궁극적인 안식도 아니었다.

하나님의 백성은 점차 세상을 본받기 시작했다. 그들은 성전을 가득 채웠던 하나님의 영광을 경홀히 여겼다. 하나님은 그들에게 경고하셨다. 하나님은 선지자들을 보내셨지만 그들은 돌을 던지고, 선지자들을 우물에 쳐 넣었다. 이사야는 이렇게 예언했다. "내가 이 성전에 머무르지 않을 날이 올 것이다. 백성들은 '여호와의 성전이라, 여호와의 성전이라, 여호와의 성전이라.'고 말하지만 내게는 아무런 의미가 없을 것이다. 왜냐하면 성전이 혼돈하고 공허해질(토후 와 보후) 것이기 때문이다. 나는 내 영을 하늘로 다시 불러들일 것이다." 이사야서 34장은 혼란과 공허함의 시대, 곧 성령께서 우리를 위한 처소로 세상을 만들기 전의 시대가 올 것이라고 예고했다.

하나님의 백성이 포로로 사로잡혀 간 이유는 성전에 불충실했기 때문만이 아니다. 증인의 역할을 소홀히 했기 때문이다. 여기에서 바람이 다시 등장한다. 그들은 바람에 의해 유배지로 실려 갔다. 이것은 단지 긴박한 역사적 사건에 국한되지 않는다. 성령께서 집 주인이 세입자를 내쫓듯이 자기 백성을 그 땅에서 내쫓으셨다. 성령께서 그들을 유배지로 보내신 이유는 이스라엘 땅에 증인도 없고, 성령과 동행하는 사람도 없고, 나무 꼭대기에서 하늘의 군대가 행군하는 소리를 듣고 힘차게 행군하여 하나님의 뜻이 하늘에서처럼 땅에서도 이루어지게 하는 자가 없었기 때문이다. 한마디로 증인이 아무도 없었다.

언약의 옹호사들이 거듭 경고의 말씀을 전했다. 선지자들은 항상 "내 백성이 귀가 먹고, 눈이 멀고, 혀가 굳었다."고 말했다. 이 표현은 증언을 뜻한다. 사람들은 아무것도 보지 못한 탓에 아무것도 증언할 수가 없었다. 하나님의 명예가 더럽혀질 때도 그들은 아무 말도 하지 못했고, 좋은 소식이 땅끝까지 전해질 것이라고 선언하지도 못했다. 그들은 하나님의 말씀을 전하지 못했다. 예레미야는 "거짓 선지자들이 온통 거짓말만 전하고 있다. 그들은 '하나님이 내게 이렇게 말씀하셨다. 저렇게 말씀하셨다.'라고 거짓말만 늘어놓는다."라고 말했다. 선지서 곳곳에서 법적인 언어를 통해 법적인 증언이 이루어지고 있다. 선지자들은 "들어라, 들어라, 이스라엘아. 여호와께서 자기 백성과 이 땅의 모든 거민들과 변론하신다. 이 땅에는 진리도, 정의도, 긍휼도 없다."라고 외쳤다. 그 결과 영광의 구름, 곧 성령께서 하늘로 다시 올라가셨고, 세상에는 하나님의 거처가 사라졌다. '이가봇,'(Ichabod) 하나님의 영광이 떠나고 말았다.

성령 강림에 대한 예고

심판의 와중에도 새로운 회복, 곧 단지 이스라엘 백성만이 아니라 그들이 회복되면서 함께 이끌고 올 많은 민족을 위한 회복이 예언되었다. 이스라엘은 당시에 스스로를 보호할 수 없을 만큼 작은 나라였다. 그들은 무력에 의해 끌려갔다. 이스라엘은 약하고 무력했다. 그들이 앗수르나 애굽, 곧 하나님과 그분의 나라가 아닌 주변의 제국들로부터 도움을 구하려고 했던 이유가 이것이었다. 그들은 "세상의 나라가 우리를 지켜줄 것이다."라고 말했다. 그러나 선지자들은 "너희가 정복자가 되어 모든 민족을 사로잡아 올 날이 이를 것이다."

라고 예언했다.[2] 이런 예언은 종종 발견된다.

이사야서 60장은 모든 배가 이스라엘 땅으로 오게 될 날을 예언한다. 이것을 오늘날의 뉴스에 비춰 생각해 보라. 전함들이 항구로 들어오고 모든 사람이 두려움에 떤다. 그러나 걱정하지 말라. 그들은 선물을 가득 싣고 온다. 그들이 오는 목적은 죄를 뉘우치고, 예루살렘에 보화를 갖다 바치고, 이스라엘 백성과 더불어 예배하기 위해서다.

이사야서에는 놀라운 말씀이 참으로 많다. 너무 많아 다 열거하기에는 지면이 턱없이 부족하다.

"그 날에 애굽 땅에 가나안 방언을 말하며 만군의 여호와를 가리켜 맹세하는 다섯 성읍이 있을 것이며 그 중 하나를 멸망의 성읍이라 칭하리라 그 날에 애굽 땅 중앙에는 여호와를 위하여 제단이 있겠고 그 변경에는 여호와를 위하여 기둥이 있을 것이요"(사 19:18, 19).

위의 글을 기록한 사람은 유대인이었고, 이를 읽는 사람들도 유대인이었다. 그들은 애굽에서 노예로 지낼 때 하나님이 자신들의 부르짖음을 듣고 어떤 일을 행하셨는지를 똑똑히 기억하고 있었다. 그런데 이야기의 결말은 그들이 기대했던 것과는 영 달랐다.

"이것이 애굽 땅에서 만군의 여호와를 위하여 징조와 증거가 되리니 이는 그들이 그 압박하는 자들로 말미암아 여호와께 부르짖겠고 여호와께서는 그들에게 한 구원자이자 보호자를 보내사 그들을 건지실 것임이라 여호와께서 자기를 애굽에 알게 하시리니 그 날에 애굽이 여호와를 알고 제물과 예물을 그에게 드리고 경배할 것이요 여호와께 서원하고 그대로 행하리라 여호와께서 애굽을 치실지라도 치시고 고치실 것이므로 그들이 여호와께로 돌아올 것이라 여호와께서 그들의

---

[2] 그런 성경 구절을 하나 예로 든다면 시편 68편 18절이다. "주께서 높은 곳으로 오르시며 사로잡은 자들을 취하시고 선물들을 사람들에게서 받으시며 반역자들로부터도 받으시니 여호와 하나님이 그들과 함께 계시기 때문이로다."

간구함을 들으시고 그들을 고쳐 주시리라 그 날에 애굽에서 앗수르로 통하는 대로가 있어 앗수르 사람은 애굽으로 가겠고 애굽 사람은 앗수르로 갈 것이며 애굽 사람이 앗수르 사람과 함께 경배하리라 그 날에 이스라엘이 애굽 및 앗수르와 더불어 셋이 세계 중에 복이 되리니 이는 만군의 여호와께서 복 주시며 이르시되 내 백성 애굽이여, 내 손으로 지은 앗수르여, 나의 기업 이스라엘이여, 복이 있을지어다 하실 것임이라"(사 19:20-25).

말세에 있을 성령의 강림을 예언하는 말씀이 아니고 무엇이겠는가? 또한 성육신 이전의 그리스도께서는 이사야서에서 이렇게 말씀하셨다.

"너희는 내게 가까이 나아와 이것을 들으라 내가 처음부터 비밀히 말하지 아니하였나니 그것이 있을 때부터 내가 거기에 있었노라 하셨느니라 이제는 주 여호와께서 나와 그의 영을 보내셨느니라"(사 48:16).

성부께서는 성자만이 아니라 성령을 보내시고, 성자께서는 성령을 보내실 예정이었다. 이사야서 61장 1, 2절에는 "주 여호와의 영이 내게 내리셨으니 이는 여호와께서 내게 기름을 부으사 가난한 자에게 ······ 여호와의 은혜의 해"를 선포하게 할 것이라는 유명한 예언이 기록되어 있다.

성령 충만한 증인

증인은 성령의 능력 주심과 떼려야 뗄 수 없는 관계이다. 장차 성전이 임하고, 또 그곳을 통해 온 땅에 여호와의 영광이 가득할 것이다. 또한 성경은 하나님이 중보자를 세상에 보내 자기 백성을 옹호하게 하실 것이라고 예고한다. 이사야서 59장 16절은 "사람이 없음을 보시며"라고 말씀한다. 죄인들을 대변하고, 그들을 위해 중보 기도를 드릴 사람이 없었다. 따라서 하나님은 자기 팔로 스스로 구원을 베푸셨고, 자신의 오른손으로 구원을 이루셨다. 영광이 다시 임했다.

성령께서 동정녀 마리아에게 임하시어 그녀의 혼돈하고 공허한 태(womb)가 새 세계의 탄생지, 새 창조의 장소가 될 것이라고 선언하셨을 때 영광이 임했다. 그녀의 태가 불붙은 떨기나무가 될 것이었다. 물론 이번에는 신현은 없었다. 하나님은 진영 밖이 아니라 우리 가운데 자기 성전을 세우시고, 의와 진리로 우리 가운데 거룩하게 임하실 것이었다.

성전, 증인, 영광이 다시 나타났다. 하늘에서 일어나는 일이 땅에서도 일어날 것이다. 하나님의 영광이 그분의 성전에 다시 돌아왔고, 민족들이 그리로 줄지어 몰려간다.

새로운 시대가 밝았다. 예수님은 영광이 충만한 성전이셨다. 그분은 성령 충만한 성전이셨다. 그분은 우리 가운데 자신의 장막을 치셨다. 그리고 자신을 비난하는 자들에게 "너희가 이 성전을 헐라 내가 사흘 동안에 일으키리라"(요 2:19)고 말씀하셨다. 이 말씀은 그분의 부활을 암시한다.

예수님이 세례를 받으실 때도, 창조 사역이 이루어질 때나 이스라엘 백성이 홍해와 광야를 지날 때처럼 성령이 강림하셨다. 그때와 똑같은 성령께서 똑같은 영광의 구름을 타고 예수님의 머리 위에 임하셨다. 이번에는 비둘기처럼 새로운 세계와 새로운 피조물에게 축복을 베푸셨다. 예수님은 물 가운데 서서 세례를 받으셨다. 이 물은 그분이 세상 죄를 짊어지신 하나님의 어린양임을 증언한다. 예수님은 성령 충만한 성전일 뿐 아니라 성령 충만한 증인이셨다.

예수님은 참 이스라엘, 곧 하나님의 말씀을 땅끝까지 전하는 참 이스라엘 사람이셨다. 그분은 "내가 하나님의 성령을 힘입어 귀신을 쫓아내는 것이면 하나님의 나라가 이미 너희에게 임하였느니라"(마 12:28)고 말씀하셨다. 또한 그분은 "사탄이 하늘로부터 번개 같이 떨어지는 것을 내가 보았노라"(눅 10:18)고 말씀하셨다. 아담이 시험을 받고, 이스라엘 백성이 광야에서 시험을 받았던 것처럼 성령께서는 예수님을 광야로 인도해 시험을 받게 하셨다. 오직 참 아담이자 진정으로 충실한 이스라엘이신 그분만이 우리를 대신해 유예 기간을 성공적으로 극복하셨다. "거룩하신 아버지여 ...... 또 그들을 위하여 내가 나를 거룩하게 하오니"(요 17:11, 19). 예수님은 성령의 능력으로 율법을 성취하셨다. 이것은 그분이 하나님이시기 때문이 아니었다. 예수님은 시험을 받으실 때 신성을 의지하지 않으셨다. 그분은 자신을 낮춰 인성을 취하셨고, 우리처럼 성령을 의지하셨다. 그분은 하나님을 향해 불평하지 않고 성령의 도우심을 빌려 시험을 극복하셨고, 율법을 성취하셨으며, 장차 이루어질 일이 아닌 세상에 강림한 자기 자신을 증언하셨다.

예수님은 성령을 약속하셨다. 세례 요한은 "나는 물로 너희에게 세례를 베풀거니와 나보다 능력이 많으신 이가 오시나니 나는 그의 신발끈을 풀기도 감당하지 못하겠노라 그는 성령(구원)과 불(심판)로 너희에게 세례를 베푸실 것이요."(눅 3:16)라고 말했다. 이 말씀은 다시금 홍해를 연상시킨다.

예수님은 성전이시다. 그분은 하나님이 거하시는 거룩한 처소다. 그분은 성령 충만한 증인이시다. 히브리서 1장 3절은 예수님이 "하나님의 영광의 광채"라고 말씀한다. 예수님은 우리도 성령 충만한 삶을 살게 하신다. 성령께서 그분의 몸에 속한 지체들에게 임하신다. 성령께서는 그들의 내면에 거하시는 것으로 그치지 않으신다. 예수님과 하나가 된 자들은 산 돌(living stones)이 되어 하나님이 거하실 성전을 이룬다. 그때가 되면 성령께서 하늘로부터 임하시고, 세상에는 땅끝까지 이르게 될 성전이 건설될 것이다.

오순절에 시작된 성령의 시대

오순절에 성령의 시대가 막을 열었다. 그 즈음에 예수님은 "볼지어다 내가 세상 끝날까지 너희와 항상 함께 있으리라"(마 28:20)고 말씀하셨다. 그분은 제자들에게 예루살렘과 유대와 사마리아와 땅끝까지 복음을 전하라는 지상명령을 하달하셨다.

그러고 나서 오순절 성령 강림이 이루어졌다.

오순절은 초실절(처음 익은 열매를 드리는 날로 출애굽기 34:22의 칠칠절, 맥추의 초실절을 말하며 맥추절이라고도 한다.-편집자 주)로 알려져 있다. 첫 열매를 보면 나중의 추수가 어떨지 알 수 있다. 이런 점에서 예수님의 부활은 우리의 부활과 무관하지 않다. 예수님의 부활은 우리의 부활의 첫 시작이다. 그것은 모든 수확물의 첫 열매였다. 우리는 그를 통해 앞으로의 추수가 어떨지 알 수 있다. 우리가 그 결과를 궁금해할 필요가 없다.

오순절에 유대인들과 개종자들이 한자리에 모였다. 에덴동산에서는 죄 때문에 아담이 몸을 숨겼고, 바벨탑에서는 민족들과 언어가 나뉘었고, 바벨론 포로기에는 이스라엘 백성이 뿔뿔이 흩어졌지만, 오순절에는 성령의 강림을 통해 온 민족이 한자리에 모여 하나의 복음 안에서 연합했다. 그들은 제각기 자신의 언어로 그 복음을 듣고 이해할 수 있었다. 그들은 이제 성전이 되었다. 한 장소에 모인 그들은 하나님의 성전이었다. 그들은 그리스도 안에서 함께 지어져 가는 산 돌이었다. 또한 그들은 증인이었다. 이것이 여기에서 다시 바람이 등장한 이유였다.

"홀연히 하늘로부터 급하고 강한 바람 같은 소리가 있어 그들이 앉은 온 집에 가득하며 마치 불의 혀처럼 갈라지는 것들이 그들에게 보여 각 사람 위에 하나씩 임하여 있더니 그들이 다 성령의 충만함을 받고 성령이 말하게 하심을 따라 다른 언어들로 말하기를 시작하니라"(행 2:2-4).

땅과 바람과 불이 한곳에 모두 등장했다. 바람이 방 안에 불어왔고, 불의 혀(불붙은 떨기나무)가 모든 사람 위에 나타났다. 수면 위를 운행하며 흑암과 공허로부터 세상을 창조하시고, 법적인 축복을 선언하신 성령께서 개개의 신자와 그 집에 모인 사람들 모두 위에 임하셨다. 에스겔서 37장에 예언된 마른 뼈들이 함께 모였다. 바람이 다락방에 불어닥칠 때 나무 꼭대기에서 행군하는 소리를 들은 군대가 세상에 나갈 준비를 갖추고 있었다. 그들은 더 이상 귀 먹고, 말 못 하는 벙어리가 아니라 하나님이 예루살렘 밖에서 예수 그리스도 안에서 행하신 일을 증언하는 증인이 되었다.

"그 때에 경건한 유대인들이 천하 각국으로부터 와서 예루살렘에 머물러 있더니 이 소리가 나매 큰 무리가 모여 각각 자기의 방언으로 제자들이 말하는 것을 듣고 소동하여 다 놀라 신기하게 여겨 이르되 보라 이 말하는 사람들이 다 갈릴리 사람이 아니냐 우리가 우리 각 사람이 난 곳 방언으로 듣게 되는 것이 어찌 됨이냐"(행 2:5-8).

방언, 최소한 여기에 언급된 방언은 세상에 알려진 언어였다. 그것은 신자와 성령만이 아는 영적 언어가 아니었다. 세상에 통용되는 언어였다. 사람들은 제자들이 이해하지 못할 소리를 내서 놀란 것이 아니었다. 그들은 제자들이 각기 자신의 언어로 복음을 전하는 소리를 들었다. 이 방언은 신자들의 덕을 세우는 데 그치지 않고, 하나님의 놀라운 역사를 중언하는 역할을 했다. 각 사람 위에 임한 불의 혀는 이 방언들과 일치했다. 바울은 "방언은 믿는 자들을 위하지 아니하고 믿지 아니하는 자들을 위하는 표적이나"(고전 14:22)라고 말했다. 방언은 하나님의 백성을 보내 땅끝까지 하나님을 중언하도록 하는 수단이었다.

추수의 날인 오순절에 모두가 고대했던 성령 강림은 과연 어떤 효력을 발휘했는가? 그 결과는 무엇이었는가? 진정 놀라운 결과가 나타났다. 치유와 부활의 기적이 일어났다. 성령 강림을 통해 믿기 어려운 놀라운 구원 사건이 이루어졌다. 무엇보다 베드로가 담대히 그리스도를 전했다.

이것을 기적으로 생각하지 않는다면 베드로의 이야기를 다시 읽어보라. 그는 예수님을 세 번이나 부인했다. 그는 예수님께서 십자가에 관해 말씀하실 때마다 "십자가에 관한 말씀은 그만하십시오."라고 그분을 만류했다. 그러자 예수님은 "사탄아, 내 뒤로 물러서라."고 꾸짖으셨다. 그러던 그가 그리스도의 증인이 되었다. 그는 복음에 속한 일에 더 이상 귀를 막고 입을 다물지 않았다.

하나님이 예수님을 죽은 자 가운데서 다시 살리신 것이 곧 복음이다. 예수님은 성부 하나님의 오른편에 오르셨다. 베드로는 요엘서 2장의 예언이 성취되었다고 말했다. 성령께서 모든 육체 위에 임하셨다. 베드로는 우리도 거기에 포함된다고 말했다. "이 약속은 너희와 너희 자녀와 모든 먼 데 사람 곧 주 우리 하나님이 얼마든지 부르시는 자들에게 하신 것이라"(행 2:39).

사람들이 "형제들아 우리가 어찌할꼬"(37절)라고 말하자 베드로는 "너희가 회개하여 각각 예수 그리스도의 이름으로 세례를 받고 죄 사함을 받으라"(38절)고 대답했다. 물이 다시 등장했다. 물이 성령의 증언으로 나타났다. 그것은 그들이 그분께 속했다는 증거요 보증이었다. 그 후부터 성령의 능력 안에서 이루어진 말씀과 성례를 통해 교회는 성장했다. 성령께서는 자기 백성을 통해 땅끝까지 복음을 전하셨다.

우리는 증인들로 구성된 영광의 구름, 곧 "구름 같이 둘러싼 허다한 증인들"(히 12:1) 가운데 속해 있다. 우리 앞서 살다 간 수많은 신자들과 하나님의 말씀을 전했던 설교자들이 그 구름에 포함되어 있다. 우리도 하나님의 성전인 그 영광의 구름 안에 포함되어 있다. 모든 신자가 성령을 통해 그리스도와 연합한다. 성령께서는 모든 신자를 그리스도 안에서 산 돌로 만드신다. 성도들은 세상에 있는 하나님의 유일한 성전이다. 성령께서는 어디든지 원하시는 곳에서 그들을 통해 복음을 전하신다. 우리는 복음의 증인으로서 영광의 구름을 형성해 영광에서 영광에 이른다. 우리는 그리스도의 얼굴에서 하나님의 영광을 본다.

이런 이유에서 바울은 "우리가 성령으로 살면 또한 성령으로 행할지니"(갈 5:25)라고 말했다. "나라가 임하시오며 뜻이 하늘에서 이루어진 것 같이 땅에서도 이루어지이다"(마 6:10). 예루살렘과 유대와 사마리아와 땅끝까지 온 세상에 하나님의 영광이 가득 넘치기를 간절히 기도한다.

우리가 세상의 영을 받지 아니하고 오직 하나님으로부터 온 영을 받았으니
이는 우리로 하여금 하나님께서 우리에게 은혜로 주신 것들을 알게 하려 하심이라 (고전 2:12)

13장

BORN OF THE SPIRIT

성령으로 거듭남

: 필립 라이큰

"거듭난 신자입니까?" 특히 1970년대와 80년대에는 그렇게 묻는 사람들이 많았다. 지금도 마찬가지일 것이라고 생각한다. 당신은 거듭났는가? 사람들이 그렇게 물었던 이유는 거듭나는 것이 뜻밖에도 정치와 결부되었기 때문이다. 대다수 미국인들이 신봉하는 궁극적인 종교는 다름 아닌 정치다. 그리스도인들이 정치에 가담하기 전만 해도 사람들은 기독교에 거의 무관심했다. 그런데 갑작스레 다시 종교에 관심을 기울이게 된 것이다.

1976년, 지미 카터가 자신을 거듭난 그리스도인으로 세상에 공표하자 사람들의 관심이 종교에 쏠리기 시작했다. 그해는 워터게이트 사건으로 감옥 생활을 했던 찰스 콜슨이 『거듭남(*Born again*, 한글판: 백악관에서 감옥까지)』라는 유명한 영적 자서전을 출판한 해이기도 했다.[1] '거듭남', 곧 교회에서 밤에 상영하는 영화나 주일학교에서 사용되던 문구가 「타임」(*Time*)지와 같은 잡지에까지 등장했다.

고등학교 시절에 나의 토론 상대였던 친구가 조지타운대학교의 썸머스쿨

---

1) Charles Colson, *Born Again* (Grand Rapids: Chosen Books, 1976).

에 다녀왔다. 그는 일리노이 주 휘튼으로 돌아와서는 그곳에서 거듭난 그리스도인이었던 코치를 한 사람 만났는데 이상했다고 말했다. 나는 그에게 "존, 나도 거듭난 그리스도인이야."라고 말했다. 그는 어리둥절한 표정으로 나를 물끄러미 바라보면서 "어쩌면 그 사람은 처음 태어났을 거야. 너보다 훨씬 더 이상했거든."이라고 말했다. 당시 나는 그에게 휘튼에는 거듭난 그리스도인들이 많다고 말해 줄 용기가 나지 않았다. 지금도 휘튼에는 거듭난 그리스도인들이 많다.

그렇다면 거듭난 그리스도인이란 대체 어떤 사람일까? 사람마다 제각각 대답이 다를 것이다. 그리스도를 믿기로 결심한 사람을 거듭난 사람이라 생각할 수도 있고, 전도 집회에서 강단 앞으로 걸어 나간 사람을 거듭난 사람이라 생각할 수도 있다. 또는 영접 기도를 드린 사람을, 아니면 공항에서 전도지를 나눠주며 복음을 전하는 사람을 거듭난 사람이라 생각할지 모른다. 그런 대답들보다는 약간 나은 대답이 『거듭남과 성장』이라는 책에서 발견된다. 이 책은 거듭나서 성장하는 과정이 무엇을 의미하는지를 유머러스하게 다루었다. 저자는 "자신이 구원받았고, 그 사실을 알고 있다면"이라는 제목의 장에서 이렇게 말했다.

구원받았다. 거듭났다. 속량되었다. 회심했다. 거듭난 가족들 안에서 성장한 우리는 우리가 고르고 뽑은 최상의 사람들 가운데 속함을 알았다. 우리는 특별했고, 선택받았고, 성별되었다. 우리는 진정한 그리스도인이었다. ……그런 사실을 어떻게 아는가? ……거듭남도 자연적 출생처럼 역사적 사건이다. 거듭남은 특정한 장소와 시간 속에서 일어난다. 예를 들어 어떤 사람은 1958년 6월 5일에 하계 수련회에서 집회 후에 상담자와 함께 있는 동안에 거듭났을 수 있다. 또 어떤 사람은 1953년 10월 11일에 집에서 어머니와 함께 있을 때 거듭났을 수 있다. 성경책의 표지 뒷면 공간에 그런 사실을 기록해 놓으면 유익하다. 예수님을 구주로 영접했다면 첫 출생의 경험과는 달리(태어나게 해달라고 구한 사람은 아무도 없다) 두 번째 출생은 전적으로 스스로의 의지에 의한 자발적인 행위였다. 거듭나서 성장하는 것은 저절로 이루어지지 않는다. 그것은 "예수님을 구주로 영접

하시겠습니까?"라는 질문에 "예."라고 대답하는 순간에 시작된다.[2]

그리스도를 따르기로 결심하거나 그분을 구주로 영접하는 기도를 드리는 것이 잘못되었다는 뜻은 결코 아니다. 구원받으려면 당연히 회개하고 그리스도를 믿어야 한다. 믿음을 전하는 것도 아무런 잘못이 없다. 성경은 우리가 가진 소망의 이유를 묻는 사람에게 대답할 말을 항상 준비해야 한다고 말씀한다(벧전 3:15). 그러나 때로 사람들이 거듭난 그리스도인에 관해 말하는 방식을 보면 적지 않은 위험이 내포되어 있다. 왜냐하면 회심을, 하나님이 우리를 위해 우리 안에서 은혜로 행하시는 일이 아니라 우리가 결정하는 것으로 생각하기 때문이다. 우리가 하나님께 믿음으로 응답할 수 있는 이유는 먼저 은혜가 주어졌기 때문이다.

필립 리는 『개신교 영지주의자들에 대한 논박』이라는 중요한 책에서 이렇게 말했다.

고전적 칼빈주의(개혁주의 신학)는 그리스도인의 구원 확신이 오직 그리스도와 그분의 교회와 은혜의 수단을 통해서만 보장된다고 주장했지만 오늘날에는 거듭남이라는 개인적인 경험 안에서만 구원의 확신을 발견할 수 있다고 믿는다. 이것은 크나큰 변화가 아닐 수 없다. 왜냐하면 칼빈은 '인간 스스로의 힘으로' 회심하려고 시도하는 것을 천박한 교황주의(행위 구원)로 간주했기 때문이다. 사실 하나님 안에서의 새 출생은 좀 더 새롭고 바람직한 자아로 거듭나려는 노력과는 정반대된다. 그런데 거듭났다면서 자아를 높이는 신자들은 새 출생을 그런 식으로 간주한다.[3]

차이를 알겠는가? 거듭남이 우리의 결정이나 행함에 근거한다면 우리의 믿

---

2) Patricia Klein, *Growing Up Born Again: Or a Whimsical Look at the Blessings and Tribulations of Growing Up Born Again* (Old Tappan, NJ: Fleming Revell, 1987), 52-53.
3) Philip J. Lee, *Against the Protestant Gnostics* (Oxford University Press, 1987). 다음 자료에서 인용했다. Michael Scott Horton, *In the Face of God* (Dallas: Word, 1996), 34.

음과 확신은 항상 우리 자신의 영적 경험이라는 불안정한 토대에 근거할 수밖에 없다. 그러나 새 출생이 주권자이신 하나님의 초자연적인 사역에 의한 결과라면 우리의 신앙생활과 경험은 모두 성령의 생명으로부터 흘러나온다. 성경이 가르치는 거듭남의 의미를 분명하게 이해해야 한다. 거듭난 그리스도인은 우리가 선택할 수 있는 것이 아니라 성령께서 은혜로 허락하시는 것이다. 거듭남의 의미가 무엇인지 이해하려면 성경, 특히 요한복음 3장으로 되돌아가야 한다. 그곳을 살펴보면 새 출생은 미국 복음주의 교회에서 나타나는 독특한 문화적 현상이 아님을 분명히 알 수 있다. 때로 이 성경의 진리는 '중생의 교리'라고 일컬어진다. 중생은 성령의 초자연적인 사역에서 비롯하는 영적 현실이다. 우리 자신의 경험을 신학의 토대로 삼아서는 안 된다. 우리는 우리의 경험을 성경에 비춰 이해해야 한다.

니고데모와 중생

아마도 새 출생에 관한 예수님의 가르침을 들은 최초의 인물은 니고데모가 아닌가 싶다. 그의 이야기는 내가 어렸을 때 들은 성경 이야기 가운데 아직까지 기억 속에 남아 있는 하나다. 아버지가 저녁에 내 침대 모서리에 걸터앉아 니고데모가 한밤중에 예수님을 찾아왔던 대목을 읽어주던 모습이 지금도 생생하다. 니고데모가 예수님을 만났던 광경이 저녁에 침대에서 이야기를 듣던 나의 상황과 매우 흡사하게 느껴졌다. 예수님이 거듭남에 대해 가르치신 말씀을 들을 때 내 영혼 안에서 기쁨이 느껴졌던 것이 여전히 기억에 새롭다. 마치 세상에서 가장 놀라운 일처럼 들렸다. 사실 그렇다.

요한복음 3장의 이야기는 사실을 진술하는 것에서부터 시작한다. "그런데 바리새인 중에 니고데모라 하는 사람이 있으니 유대인의 지도자라"(1절). 그는 예루살렘에서 이스라엘 백성을 다스렸던 70명의 종교 지도자들로 구성된 산헤드린의 의원이었다. 니고데모는 위대한 사람이었다. 그는 학자요 교사요 국가 지도자였다. 그런 그가 나사렛 예수에 관해 호기심을 느꼈다. 예수님이 하나님으로부터 온 사람임이 점차 분명하게 드러났다. 그분은 놀라운 진리를 가르쳤고 엄청난 기적을 일으켰다. 니고데모는 예수님이 누구신지, 또 무엇을 하기 위해 오셨는지 궁금해졌다.

결국 니고데모는 밤중에 예수님께 찾아와서 "랍비여 우리가 당신은 하나님께로부터 오신 선생인 줄 아나이다 하나님이 함께 하시지 아니하시면 당신이 행하시는 이 표적을 아무도 할 수 없음이니이다"(2절)라고 말했다. 그의 말은 평서문이었지만 나는 거기에 예수님의 참된 신분을 캐물으려는 의도가 담겨 있었다고 생각한다. 그는 예수님이 하나님으로부터 온 사람임을 알았다. 그러면 예수님은 정확히 어떤 분이실까? 니고데모는 예수님이 하나님께서 보내겠다고 약속하신 메시아일지도 모른다고 생각했다. 그는 직접 질문을 던져 묻지는 않았지만 그의 말에는 "예수, 당신이 진정 구원자요?"라는 의미가 담겨 있었다.

만일 내 생각이 옳다면 이것은 니고데모가 제기한 세 가지 질문 가운데 첫 번째 질문에 해당할 것이다. 예수님은 중생에 관한 세 가지 근본 진리를 그 대답으로 제시하셨다. 그 세 가지란 중생의 필요성, 중생의 가능성, 중생의 주권성이다.

중생, 구원의 필수 요건

첫째, 예수님은 사람이 구원받으려면 새 출생이 필요하다고 가르치셨다. "예수께서 대답하여 이르시되 진실로 진실로 네게 이르노니 사람이 거듭나지 아니하면 하나님의 나라를 볼 수 없느니라"(3절). 하나님의 나라는 예수님이 가르치신 핵심 주제 가운데 하나다. 예수님은 자신의 영광스런 왕권을 행사하는 영원한 나라를 기대하셨다. 그분은 니고데모에게 영생과 부활의 생명에 관해 가르치셨다. 영적으로 거듭나지 않으면 아무도 그 세상에 들어갈 수 없다. 새 세상을 보려면 새로 태어나야 한다. 니고데모에게 예수님은 구원받으려면 반드시 거듭나야 한다고 가르치셨다.

니고데모는 그런 대답을 어떻게 생각했을까? 사실 그것은 그가 기대했던 대답이 아니었다. 그가 예수님을 찾아갔던 이유는 그분께 시험을 당하기 위해서가 아니라 오히려 그분을 시험하기 위해서였다. 물론 그는 예수님을 공손하게 대했다. 그는 그분을 선생으로 일컫고, 그분이 행하신 기적을 칭찬했을 뿐 아니라 심지어는 랍비라는 호칭까지 사용했다. 그러나 니고데모는 자신이 예수님을 판단할 수 있는 권한을 유지하기를 원했다. 그는 자신의 판단 기준에 따라 예수님의 사역을 평가하기 원했다. "우리가……아나이다"라는 그의 말에는 예수님에 관한 다른 모든 종교 지도자들의 생각을 대변하는 의미가 담겨 있었다.

그러나 예수님은 단번에 판세를 뒤엎으셨다. 그분은 니고데모의 판단에 따르지 않고, 오히려 하나님이 요구하시는 구원의 조건을 제시하셨다. 진정한 문제는 예수님이 메시아시냐가 아니라 니고데모가 구원을 받을 수 있느냐는 것이었다. 구원을 받으려면 예수님을 단지 선한 선생이나 기적을 행하는 사람으로 아는 차원을 훨씬 뛰어넘는 무언가가 필요하다. 예수님은 단순한 존경심 이상의 것, 곧 전적인 영적 변화를 요구하신다. 거듭나지 않으면 하나님의 나라를 볼 수 없다.

니고데모와 같은 사람, 곧 자신이 구원받았다고 철석같이 믿고 있는 사람에게 그런 말을 하는 것은 진정 놀라운 일이 아닐 수 없었다. 그는 유대인, 곧 하나님의 언약을 받은 백성 가운데 하나였다. 더욱이 그는 하나님의 율법을 철두철미하게 지켰던 바리새인이었다. 예수님은 그를 이스라엘의 선생으로 일컬으셨다(10절). 그는 당대의 지도적인 성경 학자였다. 그러나 니고데모는 여전히 구원받을 자격이 없었다. 예수님은 그의 종교적인 자격 요건을 한마디로 일축하시며, 그에게는 하나님의 나라에 들어가는 데 필요한 요건(새 출생)이 결여되었다고 경고하셨다. 니고데모는 충격을 받았을 것이 틀림없다. 예수님이 그에게 하신 말씀은 모든 종교인, 심지어는 교회에 다니는 신자들에게까지 그대로 적용된다. 어떤 가정에서 자랐고, 어떤 교회에 다니고 있고, 머리가 얼마나 명석하고, 어떤 교리를 신봉하고, 성경을 얼마나 많이 알고 있느냐는 전혀 중요하지 않다. 구원받으려면 반드시 거듭나야 한다.

그렇다면 거듭난다(born again)는 것은 무슨 의미일까? '나다'(born)로 번역된 헬라어는 '겐나오'(gennao)다. 이 말에서 '발생'을 뜻하는 영어 단어 'genesis'가 유래했다. 이 말은 아버지가 자식을 낳거나, 어머니가 자식을 출산하는 행위를 가리킨다. 두 경우 모두 새 생명의 발생을 뜻한다. 예수님은 이 말을 영적인 의미로 사용해 니고데모에게 새로운 영적 생명이 필요함을 일깨워 주셨다. 그에게는 그리스도께서 성령의 능력으로 우리 안에서 행하시는 사역, 곧 본성의 획기적인 변화를 통해 영적 죽음에서 영적 생명으로 옮아가는 것이 필요했다.[4] 이것이 '거듭나다'의 '나다'가 지니는 의미다.

'나다'라는 단어처럼 '거듭'(again)이라는 단어 역시 종종 두 가지로 번역된다. 헬라어 '아노텐'(anothen)은 반복되는 것을 의미한다. 이 말에서 '또 다른'을 뜻하는 영어 단어 'another'가 유래했다. 따라서 '거듭나다'라는 말은 '다시 나다'(reborn), '새로 나다'(born anew)를 뜻한다. "사람이 늙으면 어떻게 날 수 있사옵나이까 두 번째 모태에 들어갔다가 날 수 있사옵나이까"(4절)라는 니고데모의 말로 볼 때, 그는 예수님의 말씀을 그런 의미로 이해했던 것이 분명하다.

'거듭나다'라는 개념을 토대로 '중생'(regeneration)이라는 신학 용어가 만들어졌다. '겐나오'가 '발생'을 뜻하고 '아노텐'이 '거듭'을 뜻한다면 예수님은 니고데모에게 '재발생,' 즉 '또 다른 발생'이 필요하다고 말씀하신 셈이 된다.

그러나 '아노텐'은 그와는 다른 의미, 곧 '위로부터'라고 번역할 수도 있다. 이렇게 번역하면 예수님의 말씀이 약간 달라져 "위로부터 나지 않으면 아무도 하나님의 나라를 볼 수 없다."가 된다. 요한은 다른 곳에서도 이 용어를 그런 의미로 사용했다. 예를 들어 요한복음 3장 31절은 "위로부터 오시는 이는 만물 위에 계시고"라고 말씀한다. 또한 예수님은 요한복음 19장 11절에서 빌라도에게 "위에서 주지 아니하셨더라면 나를 해할 권한이 없었으리니"라고 말씀하셨다. 두 경우 모두 '아노텐'이 사용되었다. 본문에는 위로부터 난다는 개념이 들어맞는다. 그 이유는 예수님께서 거듭남을 하늘로부터 보내심을 받은

---

[4] Bruce Demarest, *The Cross and Salvation: The Doctrine of Salvation*, ed. John S. Feinberg (Wheaton, IL: Crossway, 1997), 285.

성령의 사역으로 설명하셨기 때문이다.

예수님은 이 둘 중에 어느 것을 염두에 두셨을까? 그분은 니고데모에게 다시 태어나야 한다고 말씀하셨을까 위로부터 나야 한다고 말씀하셨을까? 아마도 두 가지 의미를 다 염두에 두신 듯하다. 니고데모가 두 번째 출생을 언급했을 때 예수님은 그의 말을 정정하지 않으셨다. 중생은 새로운 영적 출생을 의미한다. 그렇다면 이 출생은 어디로부터 비롯하는 것일까? 그것은 위로부터 온다. 여기에는 이중적인 의미가 담겨 있다. 위로부터 다시 나지 않으면 아무도 하나님의 나라를 볼 수 없다.

예수님은 세 차례나 새 출생이 구원의 필수 요건이라고 말씀하셨다. 그분은 요한복음 3장 3절에서 "사람이 거듭나지 아니하면 하나님의 나라를 볼 수 없느니라"고 말씀하셨다. 그리고 다시 5절과 7절에서 "사람이 물과 성령으로 나지 아니하면 하나님의 나라에 들어갈 수 없느니라 ······ 내가 네게 거듭나야 하겠다 하는 말을"이라고 말씀하셨다. 이보다 더 명백한 가르침은 없다. 새로운 영적 출생이 없으면 영적 생명도 없다. 성경이 가르치는 대로 거듭나지 않은 그리스도인은 그리스도인이라고 할 수 없다.

문제 : 인간의 타락

새 출생이 필요한 이유를 알려면 잠시 한 걸음 물러나 인간의 문제가 무엇인지를 생각해야 한다. 문제는 우리의 타락이다. 니고데모는 우리 모두의 부패한 상태를 대변하는 전형이다. 우리는 그가 밤중에 예수님을 찾아왔다는 사실을 영적 차원에서 이해할 수 있다. 그는 예수님과의 만남을 비밀에 붙이고 싶어 했다. 그는 다른 종교 지도자들이 자기를 어떻게 생각할지 몰라 두려워했다. 요한은 빛과 어둠의 상징을 즐겨 사용했는데, 그의 복음서 첫머리에서부터 그 상징이 발견된다. 그가 여기에서 밤을 언급한 이유는 니고데모의 영적 상태를 암시하려던 것일 수 있다. 니고데모는 예수님이 요한복음 3장 19절, 20절에서 묘사하신 부류 가운데 하나였다. 그분은 "빛이 세상에 왔으되 사람들이 자기 행위가 악하므로 빛보다 어둠을 더 사랑한 것이니라 악을 행하는 자마다 빛을 미워하여 빛으로 오지 아니하나니 이는 그 행위가 드러날까 함이요"라고 말씀하셨다.

그 어둠은 니고데모가 의식했던 것보다 더 어두웠다. 그는 어둠 속에서 길을 잃어버린 자였다. 그는 빛을 보지 못했다. 그가 하나님의 나라를 의식할 수 없었던 이유는 거듭나지 못했기 때문이다. 그는 "육으로 난 것은 육이요"(6절)라는 예수님의 말씀대로 육에 속한 사람이었다. 여기에서 '나다'는 말은 물리적인 출생을 가리킨다. '육'이라는 말은 종종 인간의 부패함과 무력함을 가리킨다. 인간이 낳을 수 있는 것은 또 다른 인간뿐이다. 곧 한 사람의 죄인이 또 한 사람의 죄인을 낳는 것이다. 따라서 거듭나지 않는 한 하나님의 나라를 볼 수도 들어갈 수도 믿을 수도 없다.

신학자들은 이를 '전적 무능력'(total inability)이라 일컫는다. 영적인 일에 관한 한, 우리의 부패한 본성은 하나님을 추구할 수 없다. 자연인은 아직 중생하지 못한 상태다. 하나님의 성령으로 거듭나지 않는 한, 자연인은 중생하지 않은 상태에 머무른다. 니고데모가 이를 보여주는 완벽한 본보기다. 그는 성경에 정통했지만 영생에 관한 예수님의 가르침을 이해할 수 없었다. 그는 아직 거듭나지 못한 상태였다.

니고데모에게 필요했던 것, 곧 우리 모두에게 필요한 것은 다름 아닌 영적 새 생명이다. 전적 타락(total depravity)에서의 전적인 변화(total transformation)가 필요하다. 위대한 스코틀랜드 신학자 토머스 보스턴은 이 전적인 변화를 솜씨 있는 의사의 행위에 빗대어 표현했다. "인간은 ……타락으로 인해 완전히 망가졌다. 영혼의 기능이 모두 ……뒤죽박죽으로 변했다. 그러나 주님은 중생을 통해 어긋난 관절을 다시 옳게 맞추신다."[5] 이것이 성령께서 행하시는 놀라운 사역이다. 성령께서는 하나님의 영광을 위해 생각하고, 행동하고, 느끼고, 믿고, 뜻하고, 살 수 있는 영적 새 사람을 창조하신다.

---

5) Thomas Boston, *The Complete Works of the Late Rev. Thomas Boston of Ettrick*, ed. by Samuel M' Millan (London, 1853; repr. Wheaton, IL: Richard Owen Roberts, 1980), 8:141.

영화롭게 된 그리스도께서는 구약성경에 약속된 성령을 보내 하나님의 백성에게 새 생명을 주도록 하신다. 구원사에 나타난 성령의 위대한 사역은 개인 안에서 일어나는 성령의 사역으로 이어진다. 그분은 개인의 역사와 삶 속에 들어와 삶을 변화시키는 능력을 발휘하신다.

이런 성령의 사역을 보여주는 아름다운 사례가 영국 스포츠맨이자 선교사인 C. T. 스터드의 아버지 에드워드 스터드의 삶에서 발견된다. 에드워드 스터드는 재산이 많았다. 그는 경마, 도박, 춤, 연극 관람 등, 온갖 종류의 오락과 스포츠에 돈 쓰기를 좋아했다. 그러나 마침내 그는 거듭난 그리스도인이 되어 새로운 삶을 살기 시작했다. 그때부터 그의 유일한 야심은 사람들을 그리스도께로 인도하는 것이었다. 그는 시골 저택의 홀을 깨끗이 비운 다음 긴 의자를 갖다 놓고, 그곳을 복음 전도를 위한 집회 장소로 바꾸었다. 그의 삶이 갑작스레 달라지자 한 지인은 대체 그에게 무슨 일이 일어났는지 궁금해 했다. 스터드의 저택에 도착한 그는 마부에게 스터드가 종교인이 되었다는 소식을 들었는데 사실이냐고 물었다. 마부는 "그런지 어쩐지는 잘 모르겠지만 한 가지는 분명히 말할 수 있습죠. 겉모습은 똑같은데 속은 완전히 새 사람이 되었습니다."라고 대답했다.[6] 누구든지 하나님의 나라에 들어가려면 이 놀라운 내적 변화가 반드시 필요하다.

중생은 가능한가

새 출생은 구원에 반드시 필요하다. 그런데 그것은 과연 가능한 일인가? 이것이 니고데모가 예수님께 던진 두 번째 물음이었다. "사람이 늙으면 어떻게 날 수 있사옵나이까 두 번째 모태에 들어갔다가 날 수 있사옵나이까"(4절). 니고데모는 예수님이 하시는 말씀을 이해하지 못했다. 그는 그 말씀을 너무 곧

---

6) Norman P. Grubb, *C. T. Studd: Cricketer and Pioneer* (Atlantic City, NJ: World-Wide Revival Prayer Movement, 1933), 19.

이곧대로 이해하려고 했다. 그는 '거듭나다'라는 말을 들을 때 자연적인 출산을 생각했다. '도대체 사람이 어떻게 두 번 태어날 수 있단 말인가?' 그는 그것이 얼마나 터무니없는 일인지 보여주기 위해 노인이 어머니의 모태에 다시 들어갔다가 새로 태어날 수 있느냐고 반문하기까지 했다.

그러나 그는 좀 더 깊이 생각할 필요가 있었다. 그는 예수님이 영적인 가르침을 베풀고 계시다는 것, 곧 자연적인 출생의 원리를 이용해 영적 진리를 가르치고 계심을 알아차렸어야 했다. 그러나 니고데모는 그렇지 못했다. 사람이 어떻게 다시 태어날 수 있을까? 그 대답은 바로 구원에 있다. "사람으로는 할 수 없으나 하나님으로서는 다 하실 수 있느니라"(마 19:26). 타락한 우리로서는 불가능하지만 은혜가 풍성하신 하나님으로서는 얼마든지 가능하다.

예수님은 새 출생을 묘사하실 때 수동태 동사를 사용함으로써 이 사실을 강조하셨다. 우리는 우리가 했거나 하는 일을 묘사할 때 능동태 동사를 사용한다. 능동태 동사를 사용한 문장을 예로 들면 '나는 교회에 다녔다.'이다. 이것은 내가 한 일을 나타낸다. 그러나 '내 인생은 교회에 다니면서 변화되었다.'와 같이 외부 요인에 의해 이루어진 것을 나타낼 때는 수동태 동사를 사용한다. 이것은 내가 했거나 내가 한 행위가 아니라 내게 일어난 것을 나타낸다. 예수님은 새 출생에 관해 가르칠 때 능동태가 아닌 수동태 동사를 사용하셨다. 그분은 니고데모에게 "너는 거듭나져야 한다."(be born again)고 말씀하셨다. 그것은 우리 스스로 할 수 있는 일이 아니라 우리에게, 또는 우리를 위해 이루어져야 하는 일이다.

이는 자연적인 출산에 비유할 수 있다. 출산이 이루어지는 방식은 수동적이다. 어린아이는 스스로 세상에 태어나지 않는다. 어린아이는 항상 어머니에 의해 분만된다. 그와 마찬가지로 거듭나지 않은 죄인들은 스스로를 거듭나게 할 수 없다. 물리적인 출생이 부모에 의해 이루어지듯 영적 출생도 성령에 의해 이루어진다. 아무리 열심히 노력하고, 영성을 다룬 자기계발 도서를 많이 읽고, 종교적인 의식에 수없이 참여하고, 도덕적인 규칙을 누구보다 많이 지켜도 우리 스스로는 영적으로 거듭날 수 없다.

이런 거듭남의 의미를 오해하는 경우가 적지 않다. 앞에서 언급한 책 『거듭남과 성장』은 "첫 번째 출생의 경험과는 달리……두 번째 출생은 전적으로 스스로의 의지에 의한 자발적인 행위였다."라고 말했다. 미국의 경우 이런 오해는 약 100년 전까지 거슬러 올라간다. 19세기 부흥강사였던 찰스 피니는 복음주의 교회에 가장 큰 영향을 미친 사람들 가운데 하나다. 그는 사람들을 하나님의 나라로 인도하기 위해 항상 새로운 방법을 고안했다. 그는 새 출생이 성령의 초자연적인 역사라고 말하는 사람들을 비판했다. 그는 그런 성경적인 가르침을 반대하면서 "우리는 죄인들에게 은혜의 수단을 사용하고 기도로 새 마음을 구하라고 권고하는 대신 스스로 마음과 정신을 새롭게 하라고 요구해야 한다."고 말했다.[7] 그런 식의 말을 듣는 사람들은 스스로 거듭날 수 있다고 생각할 수밖에 없다.

그러나 피니와 동시대 사람이며 위대한 프린스턴 신학자 가운데 한 명인 아치볼드 알렉산더의 회심은 그와는 전혀 달랐다. 알렉산더는 2차 대각성운동 중에도 아직 그리스도를 영접하지 않았다. 알렉산더의 전기 작가는 그의 회심을 이렇게 묘사했다.

어느 날 침례교 신자인 목수가 느닷없이 알렉산더에게 두 번째 출생을 믿느냐고 물었다. 깜짝 놀란 알렉산더는 그렇다고 대답했다. 목수는 다시 그런 경험을 했느냐고 물었고, 알렉산더는 "그런 경험은 잘 모르겠소."라고 솔직하게 대답했다. 그들의 대화는 "오, 선생님이 그런 변화를 경험했더라면 그것을 당연히 알고 있을 텐데요."라는 목수의 당혹스러운 말을 끝으로 중단되었다. 알렉산더는 그 문제를 진지하게 고민하기 시작했다. "성경에 그에 대한 가르침이 있는 것 같았어. 그러나 나는 그것을 적절히 해명할 방법이 있을 거라고 생각했지. 왜냐하면 장로교인들 가운데 새로운 출생을 경험했다는 사람을 본 적도, 그런 경험을 했다는 말을 들은 적도 없었기 때문이야."[8]

---

7) Charles Grandison Finney, *Memoirs of Rev. Charles G. Finney, Written by Himself*, ed. J. H. Fairchild (New York: Revell, 1903), 189.
8) David B. Calhoun, *Princton Seminary; Volume 1: Faith and Learning, 1812-1868* (Edinburgh: Banner of Truth, 1994), 1:45

알렉산더는 성경을 깊이 연구할수록 새 출생을 적절히 해명할 수 있는 방법을 찾기가 더욱 어려워졌다. 어떤 문제를 해결하기 위해 성경을 살펴볼 때 으레 그렇듯이 알렉산더의 경우도 예외가 아니었다. 그는 새 출생이 참된 성경의 교리라는 확신에 도달했지만 스스로 산파가 되어 자신을 거듭나게 하려고 노력했다. 그는 스스로 하나님의 나라에 들어갈 수 있는 방법을 찾으려고 애썼다.

> 나는 기도하고 성경을 읽고, 다시 기도하고 성경을 읽고, 내 힘이 다할 때까지 기도하고 성경 읽기를 반복했다. ……그러나 노력하면 할수록 마음이 더욱 강퍅해지고, 진지하거나 부드러운 감정이 사라지고, 생각이 더욱 황폐해졌다. ……그러던 어느 순간 내가 무기력하고 내 상황이 절박하더라도 이 다급한 상태에서 하나님께 도움을 구하는 것이 옳을 것이라는 생각이 들었다. 나는 스스로의 노력을 모두 포기하고 바닥에 무릎을 꿇은 다음, 한 가지 간구만을 되풀이했다. ……그러자 곧 십자가에 못 박히신 구원자의 모습이 떠올랐다. 지금까지 전혀 경험해 보지 못한 일이었다. 은혜의 계획이 대낮처럼 환하게 드러났다. 하나님이 나를 내 모습 그대로 기꺼이 받아 주셨다는 확신이 생겨났다. 그리고 전에는 구원이 값없이 주어진다는 진리를 옳게 이해하지 못하고 항상 내 힘으로 무엇인가를 해야 한다거나 또는 그리스도를 영접하기 위해 스스로 준비해야 한다고 생각했다는 사실이 확연하게 깨달아졌다. 나는 바로 그 순간에 그리스도의 모든 직임을 인정하고 그분을 영접했다. ……말로 다 할 수 없이 영광스러운 기쁨이 느껴졌다.[9]

아치볼드 알렉산더는 자신의 노력이 아니라 성령의 은혜로운 사역에 의해 거듭났다. 그는 그리스도를 따르기로 결심했는가? 그렇다. 그는 예수 그리스도를 구주로 영접했는가? 그렇다. 그러나 성령으로 거듭나기 전에는 그렇게

---

9) 다음 자료에서 인용했다. J. W. Alexander, *The Life of Archibald Alexander* (New York: Charles Scribner, 1854), 4.

할 수 없었다. 새로운 영적 생활을 가능하게 만드는 것은 바로 생명을 주는 성령의 사역이다.

니고데모가 새 출생을 의심하자 예수님은 이렇게 말씀하셨다. "진실로 진실로 네게 이르노니 사람이 물과 성령으로 나지 아니하면 하나님의 나라에 들어갈 수 없느니라 육으로 난 것은 육이요 영으로 난 것은 영이니"(요 3:5, 6). 거듭남이 가능한 이유는 그것이 성령의 사역이기 때문이다. 성령께서는 영적 출생을 통해 우리를 하나님의 가족으로 만드신다.

그렇다면 '물과 성령으로 난다.'는 예수님의 말씀은 무슨 의미일까? 솔직히 해석하기가 어렵다. 지금까지 다양한 해석이 제시되었다.

어떤 사람들은 물이 자연적인 출생을 가리킨다고 말한다. 나는 몇 가지 이유에서 이것이 잘못된 해석이라고 생각한다. 이 해석은 문법적으로도 잘못되었다. 물과 성령이 한꺼번에 언급되었다. 예수님은 "물로 나고, 성령으로 난다."고 말씀하지 않고, "물과 성령으로 난다."고 말씀하셨다. 물과 성령은 서로 다른 두 가지 출생이 아니라 동일한 한 가지 출생을 묘사하는 것으로 보인다.

물을 해석하는 또 하나의 방법은 이것이 세례를 가리킨다고 이해하는 것이다. 이 설명은 여로모로 일리가 있지만, 니고데모가 그런 식으로 이해했다고 확신하기는 어렵다. 예수님이 '세례'라는 말을 사용하지 않으신 사실을 진지하게 고려해야 한다. 그분은 '물'이라고 말했다. 세례가 하나님의 가족이 되었다는 표징으로 된 것은 그리스도의 부활 이후다. 성경은 때로 세례와 중생을 연관시키지만, 그렇다고 해서 세례를 새 출생의 원인으로 제시하지는 않는다. 세례는 구원의 표징일 뿐, 구원의 토대는 아니다.

또 다른 해석은 물이 하나님의 말씀을 가리킨다는 것이다. 이는 작고한 제임스 몽고메리 보이스의 견해다. 거의 항상 그렇듯이 보이스의 견해가 이번에도 옳다면, 예수님의 이 말씀은 복음에 대한 반응을 통해 새 출생이 이루어짐을 의미한다. 이것은 확실한 성경의 진리다. 사도 베드로는 "너희가 거듭난 것은 ······살아 있고 항상 있는 하나님의 말씀으로 되었느니라"(벧전 1:23)고 말했다. 야고보도 "그가 ······자기의 뜻을 따라 진리의 말씀으로 우리를 낳으셨느니라"(약 1:18)고 말했다. 두 사도 모두 영적 생명이 하나님의 말씀을 통해 잉태

된다고 가르쳤다. 중생은 성령의 직접적인 사역의 결과지만 새로운 영적 출생의 첫 단계는 하나님의 말씀을 듣는 것이다. 이 해석은 나름대로 일리가 있다.

그러나 가장 가능성이 높은 해석은 네 번째 해석이다. D. A. 카슨은 물과 성령을 하나의 개념으로 생각해야 한다고 말한다.[10] 물과 생명을 주는 성령은 따로 분리된 두 개의 표현이 아니라 죄인의 영적 정화를 묘사하는 하나의 표현이다. 싱클레어 퍼거슨에 따르면 성령께서는 "새 생명을 주심과 동시에 마음을 정화시키신다."[11] 예수님의 말씀은 이렇게 번역할 수 있다. "물, 곧 성령으로 나지 않으면 하나님의 나라에 들어갈 수 없다."[12] 이처럼 물과 성령은, 생명을 주고 마음을 정화하는 성령의 사역을 가리킨다.

이것이 니고데모와 같은 사람에게 해줄 수 있는 가장 적절한 말이다. 바리새인인 그는 성경이 요구하는 정화의 규칙을 철저하게 지켰다. 그는 외적인 정화 의식을 모두 준수했다. 그러나 그에게 실제로 필요한 것은 내적 정화였다. 내적 정화가 없으면 아무도 하나님의 나라를 볼 수 없다. 니고데모는 자신이 바리새인이기 때문에 깨끗하다고 생각했다. 그는 정화의 필요성을 의식하지 못했다. 그는 물, 곧 우리의 내면을 깨끗하게 하시는 성령으로 거듭나야 할 필요가 있었다. 물과 성령의 관계를 이와 비슷하게 묘사한 내용이 디도서 3장 4-6절에서 발견된다.

"우리 구주 하나님의 자비와 사람 사랑하심이 나타날 때에 우리를 구원하시되 우리가 행한 바 의로운 행위로 말미암지 아니하고 오직 그의 긍휼하심을 따라 중생의 씻음과 성령의 새롭게 하심으로 하셨나니 우리 구주 예수 그리스도로 말미암아 우리에게 그 성령을 풍성히 부어 주사."

니고데모는 이스라엘의 선생으로서 자신은 안팎을 모두 정결케 해야 할, 죄

---

10) D. A. Carson, *The Gospel According to John* (Leicester: Inter-Varsity, 1991), 194.
11) Sinclair B. Ferguson, The Holy Spirit, Contours of Christian Theology (Downers Grove, IL: InterVarsity, 1996), 122.
12) Kenneth S. Wuest, *Wuest's Word Studies from the Greek New Testament* (Grand Rapids: Eerdmans, 1966), 3, iii. 55-57.

로 오염된 죄인임을 의식했어야 했다. 그는 예수님의 말씀을 듣는 순간 에스겔 선지자의 말을 즉각 떠올렸어야 했다. 이것이 나는 '물'이 성령의 영적 정화를 가리키는 결정적인 증거라고 생각한다. 에스겔서 36장 25, 26절은 "맑은 물을 너희에게 뿌려서 너희로 정결하게 하되 곧 너희 모든 더러운 것에서와 모든 우상 숭배에서 너희를 정결하게 할 것이며 또 새 영을 너희 속에 두고 새 마음을 너희에게 주되 너희 육신에서 굳은 마음을 제거하고 부드러운 마음을 줄 것이며"라고 말씀한다. 에스겔은 성령의 선지자였다. 그는 성령께서 오셔서 하나님의 백성을 정화하고 새로운 영적 생명을 주실 것이라고 예언했다. 성령께서는 우리의 더러운 죄를 깨끗하게 씻으시고, 우리 안에 새 생명(물과 성령에 의한 새 출생)을 주신다.

'물과 성령으로 난다.'는 예수님의 말씀이 무슨 의미이든 간에 이 한 가지는 분명하다. 그것은 오직 하나님만이 죄인의 마음을 변화시키실 수 있다는 것이다. 어떤 그리스도인으로부터 증언을 듣든, 그 증언에는 항상 위로부터 거듭난다는 말이 포함되어 있을 것이다. 두어 가지 예를 제시하면 다음과 같다.

모든 신자를 위한 중생

성경에서 찾아볼 수 있는 한 가지 예는 바울의 빌립보 선교 사역이다. 어느 안식일에 바울은 기도하려고 강가에 모인 여성들에게 말씀을 전했다. 바울의 설교를 듣던 여성들 가운데 루디아라는 여성이 있었다. 주께서 그 마음을 열어 바울의 말을 따르게 하신지라"(행 16:14). 이 말씀은 하나님이 루디아의 마음을 열어 바울의 복음 설교에 반응하게 하셨다는 뜻이다. 그녀는 예수 그리스도를 믿는 신자가 되었다. 그녀가 믿을 수 있었던 것은 마음이 열렸기(성령의 거듭나게 하시는 사역) 때문이다. 그녀가 복음 설교를 들을 때 성령으로 내면이 변화되어 거듭나는 역사가 일어났다.

교회사에서 찾아볼 수 있는 또 한 가지 예는 마르틴 루터의 이야기다. 루터도 루디아처럼 성경을 연구하다가 새롭게 거듭났다. 그는 "오직 의인은 믿음으로 말미암아 살리라"(롬 1:17)는 성경 말씀의 의미를 이해하려고 애썼다. 그는 자신이 불의함을 알고 있었기 때문에 매우 두려웠다. 그는 마침내 하나님의 의가 죄인을 위한 선물로 주어졌고, 그것을 믿음으로 받아들일 수 있다는 영적 깨달음에 도달했다. 루터는 자신의 영적 변화를 이렇게 묘사했다. "새롭게 태어나 낙원에 들어간 것처럼 느껴졌다. 그 순간부터 성경의 전체적인 윤곽이 분명해졌다. 나는 마음속으로 하나님의 능력과 구원과 영광을 구하며 성경을 거침없이 읽어나갔다."[13]

　새 출생은 성경 속의 여성들과 교회사 속의 남성들만을 위한 것이 아니다. 새 출생은 모든 신자를 위한 것이다. 자유주의 교회에서 자라면서 무엇인가 부족한 것이 있다고 느끼기 시작한 한 친구가 있었다. 그녀는 성경을 가르치는 교회에 다니기 시작했고, 이따금 목회자를 만나 알고 싶은 것을 물었다. 그들은 성경 영감설 및 하나님의 창조 사역과 속죄의 필요성, 그리고 교회 안에서의 여성의 역할에 관해 대화를 나누었다.

　그녀의 신학 사상을 바로 잡기까지는 2년이 걸렸다. 그녀는 마침내 성경이 가르치는 그리스도를 영접할 준비가 되었다. 그러나 그녀는 주저했다. 그 일이 생각대로 잘 되지 않을까봐 두려웠기 때문이다. 그녀는 "잘 안 되면 어쩌죠? 예수님을 마음에 영접하겠다고 기도했는데도 아무런 변화도 나타나지 않을까봐 걱정돼요. 그렇게 되면 어쩌죠?"라고 물었다.

　목회자는 그리스도인이 되는 것은 특별한 감정을 느끼는 것과는 관계가 없다고 설명했다. 경험은 중요하지 않다. 예수 그리스도와 그분을 믿는 것이 중요하다. 목회자는 진정으로 거듭나면 성령께서 삶을 변화시키는 능력으로 그 사람의 삶을 변화시키심을 잘 알고 있었다. 그는 하나님의 은혜로 그녀가 거듭난 사실을 확신할 수 있게 해달라고 기도했다. 그날 오후, 그녀는 무릎을 꿇고 죄를 뉘우쳤다. 그리고 예수 그리스도를 구주로 영접하겠다 기도했다.

　그녀는 기도를 마치고 일어났지만 아무것도 달라진 느낌을 받지 못했다. 그

---

13) 다음 자료에서 인용했다. Bernard M. G. Reardon, *Religious Thought in the Reformation* (London: Longman, 1981), 52.

러나 그녀는 하나님이 자신의 기도에 응답하셨고, 자신에게 구원이 주어졌음을 믿었다. 그리고 나서 하나님은 그녀에게 특별한 은혜를 베푸셨다. 다음 날 아침, 잠에서 깨어난 그녀는 말로 다 할 수 없는 평화와 기쁨을 느꼈다. 이전에 경험했던 것과는 전혀 다른 느낌이었다. 그녀는 하나님이 자신을 온전히 새로운 사람으로 만드셨다고 굳게 확신했다. 그녀는 자신이 거듭났다는 것을 알았다.

특별한 경험이 필요하다는 뜻으로 이런 말을 하는 것은 결코 아니다. 거듭남의 경험은 신자마다 제각기 독특하다. 내가 말하려는 요점은 우리의 삶을 영원히 변화시킬 수 있는 능력이 성령께 있다는 것이다. 성령으로 거듭난 사람은 그것이 자신에게 일어난 일 가운데 가장 놀라운 일이라고 증언한다. '도르트 신조'를 작성한 위대한 개혁주의 신학자들은 이렇게 말했다.

> 이것이 성경이 그토록 높이 기려 마지않는 중생이다. 중생은 새 창조, 죽은 자들로부터의 부활, 다시 살아남으로 일컬어진다. 이는 하나님이 우리 안에서 우리의 도움 없이 행하시는 사역이다. 중생은 가장 강력하면서도 가장 기쁘고, 가장 놀랍고, 가장 신비롭고, 이루 다 형용하기 어려운 초자연적 사역이며, 그 효력은 창조 사역이나 죽은 자의 부활에 비해 조금도 뒤떨어지지 않는다.[14]

세상의 창조, 예수님의 부활, 교회를 위한 강림과 같은 성령의 놀라운 사역 가운데 죄인의 중생보다 더 놀라운 사역은 없다.

중생에 나타난 하나님의 주권

새 출생은 필요하다. 새 출생이 없으면 그 누구도 영생을 얻을 수 없다. 새

---

14) Canons of the Synod of Dort (III/IV, Art. 12), in *The Creeds of Christendom*, ed. Philip Schaff, rev. David S. Schaff, 6th ed. (1931; repr. Grand Rapids: Baker, 1983), 3:590.

출생이 가능한 이유는 하나님께서 구원의 희망이 없어 보이는 죄인들을 구원하는 능력을 지니고 계시기 때문이다. 그러나 니고데모는 아직도 의문이 풀리지 않았다. 그는 "어찌 그러한 일이 있을 수 있나이까"(요 3:9)라고 물었다. 그의 세 번째 물음이었다. 그는 바람에 빗대어 성령의 역사를 설명하신 예수님의 말씀이 이해가 되지 않았다. 예수님께서 이 비유를 사용하신 것은 중생이 하나님의 주권에 의한 것임을 보여주기 위함이었다. 새 출생은 하나님의 주권에 의해 이루어진다. 예수님은 "바람이 임의로 불매 네가 그 소리는 들어도 어디서 와서 어디로 가는지 알지 못하나니 성령으로 난 사람도 다 그러하니라"(8절)고 말씀하셨다.

이 비유를 특히 효과적으로 만드는 요소는 '바람'과 '숨'과 '영'을 가리키는 헬라어가 모두 똑같이 '프뉴마'(*pneuma*)라는 사실이다. 성령은 하나님의 숨이고, 그 영향력은 바람과 같다. 바람을 통제하거나 볼 수 있는 사람은 아무도 없지만, 어느 곳으로 불든지 그 바람의 효과는 분명하게 나타난다. 성령의 역사도 그와 같다. 그분의 은혜로운 사역을 통제할 수 있는 사람은 아무도 없고, 또 그분이 언제 죄인의 마음속에 들어가시는지 알 수 있는 사람 또한 아무도 없다. 그러나 그분의 역사는 항상 효과적이다. 죄인이 성령의 능력으로 거듭났다는 사실이 곧 분명하게 드러난다. 성령께서는 자신이 원하시는 곳에 역사하신다. 거듭나게 하고 생명을 주는 성령의 사역은 하나님의 주권적인 뜻에 달려 있다. 성경은 다른 곳에서도 이 사실을 가르친다. 예를 들어 요한복음 1장 13절은 하나님의 자녀는 "혈통으로나 육정으로나 사람의 뜻으로 나지 아니하고 오직 하나님께로부터 난 자"라고 말씀한다. 야고보 사도도 "자기의 뜻을 따라 진리의 말씀으로 우리를 낳으셨느니라"(약 1:18)고 말했다.

이것이 사실이라면 우리는 어떻게 해야 할까? 모든 것이 하나님의 결정에 달린 것처럼 들린다. 성령께서 자신이 원하시는 곳에서 역사하신다면, 우리는 그분의 역사가 우리에게 이루어지도록 어떻게 해야 할까? 니고데모가 말한 대로 "어떻게 그런 일이 있을 수 있을까?" 그는 마치 이렇게 말하는 듯하다. "저는 거듭나야 합니다. 선생님의 말씀대로라면 저는 거듭나야 합니다. 그러나 어떻게 그렇게 할 수 있습니까? 내 스스로 다시 태어날 수는 없습니다. 그것은 오직 하나님만 하실 수 있는 일입니다." 니고데모는 자신에게 필요한 일이 자신의 능력 밖에 있다는 것을 알았다. 그는 그 점을 고민했다. 그는 구원이 하나님의 주권에 달려 있다는 것 때문에 어떻게 해야 할지 난감했다. 구원은 처음부터 끝까지 하나님의 은혜로 이루어진다. 이 점에서 중생은 선택과 조금도 다르지 않다. 하나님은 구원할 사람을 친히 선택하신다. 또한 중생은 믿음과도 크게 다르지 않다. 성경은 믿음을 하나님의 선물로 일컫는다. 중생과 칭의도 서로 다르지 않다. 칭의는 예수 그리스도께서 완성하신 구원 사역을 통해 이루어진다. 하나님은 구원할 사람들을 결정하신다. 오직 하나님만이 그들을 구원하실 수 있다.

이것은 너무나도 명백하고 근본적이고 기본적인 진리이기 때문에 예수님은 하나님의 주권을 옹호하기 위해 장황한 설명을 덧붙이지 않으셨다. 그분은 구원에 관해 말씀하실 때마다 틈틈이 이 사실을 언급하셨다. 예수님이 하나님의 주권을 언급하실 때마다 항상 질문과 반론이 제기되었다. 니고데모의 경우도 예외가 아니었다. 예수님이 생각하기에 니고데모와 같은 사람은 하나님의 주권을 의문시하기보다 오히려 더 잘 알고 있어야 했다. 니고데모는 인간의 노력이 아닌 하나님의 은혜로만 구원이 가능하다는 사실을 성경을 통해 깨달았어야 마땅했다.

따라서 예수님은 "너는 이스라엘의 선생으로서 이러한 것들을 알지 못하느냐"(요 3:10)라고 말씀하셨다. 진정한 문제는 새 출생을 어떻게 이룰 수 있느냐가 아니라 하나님이 어떤 방식으로 그것을 일으키시느냐는 것이다. 하나님은 예수 그리스도의 사역에 근거해 새 출생의 은혜를 베푸신다.

예수님은 니고데모에게 무엇을 가르치셨는가? 그분은 먼저 성령에 관해 가르치셨다. 그러나 그것으로 그치지 않고 자신이 이루실 십자기의 구원 사역에 관해 말씀하셨다. 예수님은 그에게 새로운 영적 생명은 예수 그리스도를 믿음으로써 얻을 수 있고, 그리스도의 구원 사역을 근거로 성령의 선물이 주어진다고 말씀하셨다. 예수님은 대화의 끝부분에서 니고데모에게 스스로 거듭나라고 요구하지 않고, 그리스도를 믿어 구원을 얻으라고 말씀하셨다.

"모세가 광야에서 뱀을 든 것 같이 인자도 들려야 하리니 이는 그를 믿는 자마다 영생을 얻게 하려 하심이니라"(요 3:14, 15).

예수님은 십자가를 언급하셨다. 그분은 십자가에 높이 매달려 죄인들을 위해 죽으실 예정이었다. 예수님은 니고데모가 이해할 수 있도록 구약성경의 일화를 들어 십자가를 묘사하셨다. 그것은 이스라엘 백성이 하나님을 향해 불평을 터뜨린 일을 기록하는 민수기 21장이었다. 하나님은 이스라엘 백성이 불평하자 독뱀을 보내셨고, 그로 인해 많은 사람이 죽었다. 이스라엘 백성은 마침내 자신들이 죄를 지은 탓에 하나님의 심판을 당하는 것임을 깨닫고 어떻게 해야 구원받을 수 있느냐고 물었다. 하나님은 모세에게 "불뱀을 만들어 장대 위에 매달아라 물린 자마다 그것을 보면 살리라"(8절)고 말씀하셨다. 모세는 하나님의 명령에 따랐다. "모세가 놋뱀을 만들어 장대 위에 다니 뱀에게 물린 자가 놋뱀을 쳐다본즉 모두 살더라"(9절). 이처럼 예수님은 놋뱀의 이야기를 들어 니고데모에게 하나님이 요구하시는 일을 설명하셨다.

우리도 이스라엘 백성과 니고데모처럼 죄로 인해 죽어야 마땅하다. 그러나 예수님이 우리를 구원하기 위해 오셨다. 그분은 먼저 '들려야' 하셨다. 요한은 자신의 복음서 8장과 12장에서도 이 표현을 사용했다. 두 경우 모두 그리스도의 십자가를 가리켰다. 믿음으로 예수님을 바라보는 자는 모두 살게 될 것이다. 이것이 니고데모의 질문에 대한 대답이었다. 그의 질문은 새 출생과 하나님의 주권에 관한 것이었다. "중생이 하나님의 은혜에 달려 있다면 어떻게 거듭날 수 있는가?" 예수님은 영적 출생에 이르는 다섯 단계를 가르치지 않고, 그리스도를 믿으면 구원을 얻을 수 있다고 간단하게 말씀하셨다. 왜냐하면 십자가에 못 박히신 그리스도를 믿는 자는 모두 영생을 얻을 것이기 때문이다.

하나님은 죄인들에게 중생의 교리를 믿으라고 요구하지 않으신다. 그분이 우리에게 요구하시는 것은 예수 그리스도를 믿는 믿음이다. 복음이란 무엇인가? 거듭남의 경험이든 그 밖의 다른 경험이든 경험은 복음은 아니다. 복음은 예수님의 죽으심과 부활이다. 그것이 우리가 전하는 복음이다. 우리는 십자가에 못 박혀 죽었다가 부활하신 그리스도를 전한다. 하나님이 새 출생에 관해 말씀하신 이유는, 우리로 중생의 필요성을 깨닫고 그리스도를 바라보고 삶을 변화시키는 성령의 사역을 이해하게 하시기 위해서다. 하나님은 우리에게 예수 그리스도를 믿으라고 요구하신다. '거듭나야 한다.'는 말은 사실을 진술한 것이다. 성경은 거듭나라고 명령하시 않는다. 예수님은 스스로 회개하라고 말씀하지 않으신다. 그분은 자기를 바라보고 구원을 얻으라고 말씀하신다. 성령으로 거듭나야만 그리스도를 바라볼 수 있다.

예수님을 바라보라

니고데모는 어땠을까? 그는 거듭났을까? 나는 그랬을 것이라고 생각한다. 요한복음 7장 마지막에 보면 그가 예수님을 죽일 음모를 꾸미는 유대 지도자들 앞에서 그분을 변호하는 장면이 나온다. 니고데모는 "우리 율법은 사람의 말을 듣고 그 행한 것을 알기 전에 심판하느냐"(51절)라고 말했다. 그러자 다른 바리새인들은 그를 무시하며 "너도 갈릴리에서 왔느냐 찾아 보라 갈릴리에서는 선지자가 나지 못하느니라"(52절)고 말했다.

그러나 니고데모는 그 사실을 찾아보았고 예수님이 하나님께로부터 온 참 선지자이심을 믿었다. 그는 인자이신 예수님이 십자가에 매달려 죽으실 때 그곳에 있었고, 자신의 지위를 잃을지도 모르는 위험을 무릅쓰고 예수님의 시신을 십자가에서 내려 무덤에 장사하는 일을 거들었다. 니고데모가 성령으로 거듭나지 않았다면, 그가 예수님을 바라보고 생명을 얻지 못했다면 그런 일을 어떻게 설명할 수 있겠는가? 거듭난 그리스도인은 성령의 사역을 통해 그리스도를 바라보고 구원을 얻는다. 그는 십자가의 그리스도, 빈 무덤의 그리스도를 바라본다. 니고데모는 그리스도를 바라보고 생명을 얻었다.

어느 눈 오는 주일 아침에 한 젊은이가 교회에 가고 있었다. 그는 느린 걸음으로 골목길을 걸어 작은 예배당에 도착했다. 교회 안으로 들어서는 그의 눈에 설교자가 강단에 오르는 모습이 보였다. 그 설교자는 목회자가 아닌 평범한 노동자였다. "문법과 말투는 어설픈 점이 많지만 그는 열두 명의 청중을 향해 진지하게 말씀을 전했다. 마침내 그 설교자는 젊은이를 바라보면서 '젊은이, 안색이 무척 어둡군요. ……내가 전하는 말씀에 복종하지 않으면 항상 불행할 것이요. 예수 그리스도를 바라보시오. 바라보기만 하면 생명을 얻을 것이요.'라고 말했다."[15]

젊은이는 그 말을 듣고 거듭났다. 그의 이름은 찰스 스펄전이었다. 그는 영적 생명을 얻었다. 성령의 주권적인 사역을 통해 그는 예수 그리스도를 믿음으로 바라보고 영생을 얻을 수 있었다. 당신은 어떤가? 예수님을 바라보고 있는가? 예수님은 "하나님이 세상을 이처럼 사랑하사 독생자를 주셨으니 이는 그를 믿는 자마다 멸망하지 않고 영생을 얻게 하려 하심이라"(요 3:16)고 말씀하셨다.

---

15) Anthony A. Hoekema, *Saved by Grace* (Grand Rapids: Eerdmans, 1989), 113.

진실로 진실로 네게 이르노니 사람이 물과 성령으로 나지 아니하면
하나님의 나라에 들어갈 수 없느니라
육으로 난 것은 육이요 영으로 난 것은 영이니 (요 3:5-6)

14장

— LIFE IN THE SPIRIT

생명의 성령으로 사는 삶

: 하이웰 존스

설교는 제목이 있기 마련이다. 설교를 듣고 나서는 설교 내용과 제목이 서로 무슨 관계가 있는지, 그 내용과 제목은 또 성경 본문과 어떤 관계가 있는지 궁금한 생각이 들 수도 있다. 이번 장의 제목은 사도 바울이 기록한 로마서 8장 1-27절과 관계가 있다. 먼저 본문에서 발견되는 몇 가지 표현을 주목해 보자. 로마서 8장 2절만 보아도 생명이 성령과 관련되어 있음을 알 수 있다. "이는 그리스도 예수 안에 있는 생명(life)의 성령의 법이 죄와 사망의 법에서 너를 해방하였음이라." 더욱이 11절은 생명을 성령의 사역과 관련시켜 말한다. 따라서 이번 장의 제목은 '생명의 성령으로 사는 삶(life)'이 적절할 것이다.

로마서 8장은 성령을 많이 언급한다. 처음 열네 구절 안에 성령이 열한 차례나 언급되었다. 원문에는 모든 경우에 정관사가 사용되지도 않았고, '영'을 뜻하는 헬라어 첫 글자가 모두 다 대문자로 표기되어 있지도 않다. 27절까지 합치면 성령을 언급한 횟수가 더 많아진다. 27절과 39절 사이에는 성령을 명백하게 언급한 경우가 나타나지 않지만 신자의 마음속에서 이루어지는 성령의 사역을 생각하지 않고서는 이 놀라운 말씀을 당당하고 자신 있게 옳게 설명하기가 불가능하다.

물론 용어의 횟수가 신학의 근거가 될 수는 없다. 열네 구절 안에 열한 차례 사용되었다는 사실 자체는 아무런 의미도 전달하지 않는다. 만일 용어의 횟수를 신학의 근거로 삼아야 한다면 '그리고'가 성경 전체에서 가장 중요한 용어로 부각될 것이다. 그러나 성령이라는 용어의 경우는 문제가 다르다. 성경에 등장하는 성령이라는 용어는 우리 주 예수 그리스도의 승리와 연관시켜 성령의 위엄과 신성과 그 사역의 중요성을 상기시킨다. 성경의 첫 장에서부터 마지막 장에 이르기까지 비유나 가르침의 형태로 성령에 대한 언급이 나오는 것을 알 수 있다. 따라서 로마서 8장이 성령을 그토록 많이 언급한다는 사실 자체만으로도 그 빈도수의 중요성을 깊이 숙고해야 할 가치는 있다.

로마서의 나머지 장을 합친 것보다 더 8장에서 성령을 언급한 횟수가 많다는 것도 매우 흥미로운 사실이 아닐 수 없다. 로마서를 주의 깊게 읽어보면 이 사실이 확연하게 드러난다.

처음 일곱 장에서 성령을 언급한 횟수는 다섯 번밖에 없다. 그러고 나서 8장에 성령을 언급한 횟수가 집중된 이유는 무엇일까? 그 이유는 바울이 로마서의 주제인 하나님의 의를 설명하면서 말하고자 했던 핵심에 도달했기 때문이다. 로마서 1장 17절은 "복음에는 하나님의 의가 나타나서 믿음으로 믿음에 이르게 하나니 기록된 바 오직 의인은 믿음으로 말미암아 살리라 함과 같으니라"고 말씀한다. 루터가 깨달은 바대로 하나님이 요구하신 의는 하나님의 의가 아니었다. 루터는 그 의를 하나님께 드릴 수가 없었다. 그렇게 해야 한다고 생각하는 것만으로도 그는 두렵고 떨리지 않을 수 없었다. 하나님의 의란 율법을 온전히 지키고 그 저주를 친히 감당하신 주 예수 그리스도를 믿는 모든 사람에게 은혜로 허락하시는 의를 가리킨다. 사도 바울은 로마서에서 복음의 주제, 곧 하나님의 구원의 의를 세 가지 방식으로 나눠 설명했다.

첫째, 바울은 하나님의 영원한 계획 또는 작정의 관점에서, 구체적으로 말하면 언약의 대표자인 아담과 주 예수 그리스도의 관점에서 그분의 의를 설명했다. 그의 설명은 로마서 5장 후반부에 자세히 나타난다. 하나님의 견지에서 보면 인류는 아담의 죄와 죄책을 고스란히 물려받았다. 따라서 인류는 정죄를 받아야 마땅하다. 모든 사람이 죄를 범했기 때문에 하나님의 영광에 이르지 못한다(롬 3:23). 그러나 둘째 아담이신 예수 그리스도와 하나가 됨으로써 각 족속과 방언과 민족으로부터 온 수많은 죄인들이 구원을 받는다. 이것이 바울이 논증을 전개하는 첫 번째 방식이다.

둘째, 바울은 하나님의 구원의 의를 역사적, 성경적 각도에서 조망했다. 역사적 과정에서 선지자들을 통해 드러났고, 또 신약성경의 기록을 통해 나타난 하나님의 의를 다루었다. 그는 선지자들이 예수 그리스도를 통한 의가 이루어질 것을 예고했다고 언급했는데, 그것이 마침내 마지막 때에 이루어졌다고 설명하면서 유대 민족이 예수 그리스도를 믿는 믿음으로 그분의 몸인 교회와 연합할 것이라 기대했다.

셋째, 바울은 경험적인 차원에서 이 위대한 목적이 창세 전에 계획되어 구약과 신약 시대를 거쳐 점진적으로 계시되다가 주 예수 그리스도를 믿는 죄인들의 마음과 삶 속에서 뿌리를 내려 열매를 맺기에 이르렀다고 설명했다. 로마서 8장은 바로 이 점을 다룬다. 성령을 무시하고 구원의 경험이나 적용, 구원에 뒤따르는 축복을 생각하는 것은 불가능하다. 성령께서는 성자께서 이루신 성부 하나님의 구원의 목적을 적용하심으로써 그 구원이 우리의 마음속에서 결실을 맺도록 이끄신다.

성령의 정체성

로마서 8장은 성령의 인격과 사역에 관해 많은 정보를 제공한다. 무엇보다 성령의 정체성에 관해 자세히 설명한다. 로마서 8장 4, 5절에는 '영'(the Spirit)이라는 용어가 등장한다. 여기에서 '영'은 성령을 가리킨다. 그러나 그 자체만으로는 부적절해 보인다. 약간의 의문이 제기될 수도 있다. 누구의 영을 말하는 것일까? 어느 영을 가리키는 것일까? 이것은 1세기에 매우 중요한 질문이었다. 물론 21세기인 오늘날에도 마찬가지다. 사도 바울은 고린도 교회에 서신을 보내면서 하늘과 땅에 많은 신과 주가 있다고 말했다(고전 8:5). 나중에는 우상 숭배의 관습과 실천이 귀신의 세력과 밀접한 관계가 있다고 지적하기도 했다.

그리스도인들에게 보낸 편지였지만 '영'이라고 말하는 것만으로는 설명이 충분하지 않았다. 1세기에 그랬다면 21세기에도 예외는 아니다. 오늘날 사람들은 1세기의 이교주의(paganism)로 회귀하고 있다. '영'이라는 용어 안에는 많은 것이 포함되어 있다. 누구의 영이고, 어느 영을 가리키는 것일까? 로마서 8장에서 성령을 묘사하는 내용이나 호칭을 면밀히 살펴볼 필요가 있다. 그 첫 번째 예가 16절과 26절 두 곳에서 발견된다. 그곳에는 "성령이 친히", "성령도 …… 친히"(the Spirit himself)라는 표현이 사용되었다.

재귀 대명사를 덧붙인 것은 중요한 의미를 지닌다. 이는 단지 공간을 메우기 위한 첨가가 아니라 성령을 다른 영들과 구별하는 역할을 한다. 이 점을 염두에 두고 로마서 8장을 읽어보면 성령과 다른 영들이 함께 언급되어 있는 것을 발견할 수 있다. 예를 들어 15절은 "종의 영"과 "양자의 영"을 언급한다. 16절은 "성령이 친히"라는 표현으로 이 두 영과 성령을 대조한다. 성령은 이 두 영과 동일한 영으로 취급되지 않았다. 다른 두 영은 모두 인간 안에 있는 정신, 태도, 성향을 가리킨다.

이론의 여지는 있지만 첫째는 각성한 죄인, 곧 죄의 부패시키는 능력과 속박하는 힘을 의식하는 사람을 가리킨다. 바울은 로마서 7장 24절에서 "이 사망의 몸에서 누가 나를 건져내랴"라고 말했다. 그는 죄책을 의식했다. 바울은 로마에서 복음을 전하지 않았다. 그런데 어떻게 그곳에 교회가 생겨났을까? 오순절에 로마에서 온 사람들이 예루살렘을 방문했다. 그들에게 무슨 일이 있었는가? 그들은 베드로의 설교를 듣고 마음이 찔려 "형제들아 우리가 어찌할꼬"(행 2:37)라고 말했다. 그들은 자신이 무력하고, 더럽고, 절망적이고, 죄책을 짊어진 정죄당한 죄인임을 알았다. 그것이 바로 속박의 영이다.

둘째는 '아빠 아버지라고 부르짖게 만드는' 양자의 영이다(롬 8:15). 이것은 거듭난 인간의 영이다. 이 영은 자신이 의롭다 하심을 받고 죄 사함을 받았을 뿐 아니라 하나님의 가족으로 입양되었다는 확신을 지닌다. 내가 강조하고 싶은 것은 이것, 곧 우리가 관심을 기울이는 성령이 이들 두 영과는 다르다는 것이다. 거듭나지 못한 인간의 영이 초자연적인 것과 수치와 정죄를 의식하는 것은 성령이 역사하신 결과일 뿐, 성령 자체는 아니다. 또한 하나님의 가족으로 입양되었다고 확신하는 것도 성령이 아니기는 마찬가지다. 여기에서 성령을 구별하는 것은 매우 중요하다.('양자의 영'에 대한 존스 박사의 입장은 『ESV 성경』을 비롯해 다른 많은 번역 성경의 입장과는 매우 다르다. 『ESV 성경』은 로마서 8장 15절의 '프뉴마'를 대문자로 표기한다. 『KJV 성경』, 『NKJV 성경』, 『NIV 성경』을 비롯해 다른 대다수 번역 성경도 로마서 8장 15절의 '양자의 영'을 성령을 가리키는 의미로 번역했다. 존스 박사는 그와는 다른 견해를 취한다 - 편집자 주)

오늘날 이 구별이 중요한 이유는 특히 종교적인 분위기에서 마음이 감동되는 것을 곧바로 성령과 결부시키는 경향이 매우 강하기 때문이다. 지나친 은사주의의 경우는 말할 것도 없고, 로마 가톨릭교회나 동방 정교회의 예배처럼 조용하고 절제된 분위기에서도 그런 현상이 나타난다. 후자의 경우는 기뻐하며 손뼉을 치는 분위기가 아니라 무엇인가 신비로운 분위기를 자아낸다. 그러나 아무리 감동적이고, 경외심을 자아내고, 겸손한 마음을 느끼게 한다고 해도 그것을 성령과 동일시해서는 안 된다. 성령께서는 자신만의 독특한 정체성을 지니고 계신다.

로마서 8장에는 우리에게 익숙할 뿐 아니라 종종 사용되는 '성령'(The Holy Spirit)이라는 표현은 발견되지 않는다. 그곳에서 성령을 가리키는 호칭을 보면, 성령을 하나님, 그리고 그리스도와 연결시킨다. 9절을 읽어보라. "만일 너희 속에 하나님의 영이 거하시면 너희가 육신에 있지 아니하고 영에 있나니." 또 10절은 "그리스도께서 너희 안에 계시면"이라고 말씀한다. 성령께서는 한편으로는 하나님, 다른 한편으로는 그리스도와 각각 연관되어 나타나신다. 그리스도께서는 3절에서 하나님의 '아들'로 일컬어지셨다. 성령께서는 거룩한 영, 곧 하나님의 영으로서 인간의 성향과 대조되는 데 그치지 않으신다. 그분은 인간과는 전적으로 다른 거룩한 존재, 곧 성부 하나님과 성자 하나님과 동등하신 하나님이시다. 성령께서는 인류를 구원하기 위한 목적, 곧 위대한 구원 언약을 수행하시는 성부와 성자의 활동에 동참하신다.

성령께서는 상상 속의 신, 곧 인간이 만들거나 상상하는 신이 아니시다. 그분은 복되신 삼위일체 하나님 가운데 세 번째 위격에 속하신다. 성령께서는 영적으로 죽은 죄인의 마음속에서 역사하시어 그를 신자로 만드신다. 하나님의 아들 주 예수 그리스도의 순종과 의를 통해 성취된 하나님의 구원의 목적이 성령의 사역을 통해 이루어진다.

거룩하고, 죽지 않고, 승리하는 성령으로 사는 삶

내가 다음으로 지적하고 싶은 일반적인 사실은 생명의 성령으로 사는 삶의 질이다. 성령으로 사는 삶을 생각할 때는 "성령이 누구신가?"라고 묻는 것도 중요하지만 "성령으로 사는 삶은 어떤 삶을 가리키는가?"라고 묻는 것도 그에 못지않게 중요하다. 다른 무엇보다 성령으로 사는 삶은 거룩한 삶이다. 삼위일체 하나님 가운데 세 번째 위격이신 성령의 생명, 곧 신자의 영혼 안에 하나님의 생명이 거한다. 이는 하나님의 형상으로 창조된 덕분에 인간 개개인 모두가 지니는 종교적 감각과는 전혀 다르다.

바울은 로마서 2장에서 율법이 없는 이방인들도 하나님의 형상으로 창조되었기 때문에 비록 시내 산에서 계시된 십계명과 율법을 모르더라도 나름대로 도덕법과 양심을 지닌다고 말했다. 이방인들도 옳고 그른 것에 대한 의식이 있다. 비록 죄와 타락으로 인해 오염되고 약화되었지만 인간은 자기보다 더 크고 위대한 존재가 존재하고, 언젠가는 그 앞에 서게 될 것이며, 책임 있게 살아야 할 의무가 있음을 의식한다. 그들은 그런 의식을 지우고 없애려고 노력하지만 그럴 수가 없다.

성령으로 사는 삶은 종교적으로 사는 것과는 다르다. 그것은 거룩한 삶, 곧 하나님을 알고 그분과 관계를 맺고 교제를 나누는 삶이다.

성령으로 사는 삶은 거룩한 삶일 뿐 아니라 죽지 않는 삶이다. 로마서 8장 10절은 "또 그리스도께서 너희 안에 계시면 몸은 죄로 말미암아 죽은 것이나 영은 의로 말미암아 살아 있는 것이니라"고 말씀한다. 이 삶의 특성은 부활, 곧 그리스도의 부활에 의해 규정된다. "그리스도께서 너희 안에 계시면 몸은 죄로 말미암아 죽은 것이나"라는 말씀에서 죄는 누구의 죄를 가리킬까? 그것은 아담의 죄를 가리킨다. 또 "영은 의로 말미암아 살아 있는 것이니라"에서 의는 누구의 의를 가리킬까? 그것은 그리스도의 의를 가리킨다.

11절은 이렇게 덧붙인다. "예수를 죽은 자 가운데서 살리신 이의 영이 너희 안에 거하시면 그리스도 예수를 죽은 자 가운데서 살리신 이가 너희 안에 거하시는 그의 영으로 말미암아 너희 죽을 몸도 살리시리라." 예수 그리스도를 믿는 믿음으로 말미암아 우리의 영혼 안에 거하는 생명이 죽지 않는다. 그것은 부활의 생명이요 불멸의 생명이다. 그 생명은 죽음에 의해 정복되지 않는다. 그리스도인들은 심지어 죽어도 산다. 성령께서 죽은 육신도 다시 살려내실 것이다. 우리는 썩을 것으로 심고 썩지 않을 것으로 살아난다. 왜 그럴까? 그 이유는 둘째 아담, 곧 마지막 아담께서 생명을 주는 영, 살리는 영이시기 때문이다. 예수님을 죽은 자들 가운데서 살리신 이의 영이 우리 안에 거하시면, 우리 안에 거하시는 자신의 영으로 우리의 죽을 몸도 다시 살리실 것이다. 우리는 온전히 구원받을 것이다. 무엇도, 심지어는 발가락 하나도 남기지 않고 모두 살아날 것이다.

생명의 성령으로 사는 삶은 거룩하고, 죽지 않을 뿐 아니라 또한 승리한다. 성령께서는 그 승리의 주권자이시다.

많은 사람이 로마서 8장을 이렇게 생각한다. '로마서 5장은 로마서 3장, 4장과 마찬가지로 칭의를 가르치고, 로마서 8장은 성화를 가르치고, 그 가르침은 영화롭게 하는 것으로 끝을 맺는다.' 로마서 8장이 성화와 무관하다는 뜻은 결코 아니다. 그러나 로마서 8장에는 끝까지 살펴보아도 성화라는 말이 나오지 않는다. 30절은 "의롭다 하신 그들을 또한 거룩하게 하셨느니라"가 아니라 "영화롭게 하셨느니라"고 말씀한다.

로마서 8장은 그리스도인들에게 성령을 언급하며 무엇인가를 해야 한다고 명령하지 않는다. 8장 어느 곳에도 명령형 동사는 등장하지 않는다. 물론 우리가 해야 할 일이 아무것도 없다는 말은 아니다. 우리가 해야 할 일이 있다. 그것도 상당히 많다. 그러나 그 강조점은 우리가 하는 일이 아니라 성령께서 하시는 일에 있다. 성령의 활동, 곧 그분이 주관하시는 사역이 강조된다. 성령으로 사는 삶은 우리가 시작하는 삶이 아니다. 그것은 성령께서 시작하시는 삶이요 우리는 그분께 반응할 뿐이다. 14절은 "무릇 하나님의 영으로 인도함을 받는 사람은 곧 하나님의 아들이라"고 말씀한다.

바울은 에베소서 5장 18절에서 "성령으로 충만함을 받으라"고 명령했고, 갈라디아서 5장 16절에서는 "성령을 따라 행하라"고 명령했다. 여기에서 강조되는 것은 성령의 인도하심이다. 우리는 성령을 따르고, 그분께 반응하고, 그분과 동행해야 하는 위치에 서 있음을 기억해야 한다. 빌립보서 2장 12, 13절은 "항상 복종하여 두렵고 떨림으로 너희 구원을 이루라 너희 안에서 행하시는 이는 하나님이시니 자기의 기쁘신 뜻을 위하여 너희에게 소원을 두고 행하게 하시나니"라고 말씀한다. 하나님이 우리 안에서 역사하신다. 그분은 우리 안에서 선한 일을 시작하셨다. 그분은 그 일을 중도에 포기하지 않으신다. 우리는 성령의 감동과 감화와 경고와 책망과 권고에 반응하고, 굳은 결심으로 그분의 인도하심을 따라야 한다. 성령께서 주시는 능력으로 그 모든 것을 실천에 옮겨야 한다. 그것이 두렵고 떨림으로 우리의 구원을 이루는 것이다.

여기에 언급된 삶은 성령을 따라 사는 삶이다. 로마서 8장 5절 후반부에 보면 "영을 따르는 자는 영의 일을 생각하나니"라는 말씀이 발견된다. 이것은 마음과 실천으로 이루어진 삶이다. 마음은 생각과 욕망과 결정을 주관한다. 마음과 정신과 의지가 모두 성령의 인도하심을 따라야만 행위, 곧 실천이 이루어진다.

우리는 성령을 따라 행해야 할 의무가 있다. 성령께서는 우리의 손을 붙잡고 앞으로, 위로, 본향으로 인도하신다. 우리가 빚진 자인 이유는 하나님이 우리에게 율법의 의를 요구하시기 때문이다. 우리가 의무를 행해야 하는 이유는 빚진 자이기 때문이다. 그러나 이제 우리는 자유롭게 되었다. 전에는 불가능하고, 얻을 수도 없는 것이 참으로 영광스럽게도 이제는 가능해졌다.

3절은 "율법이 육신으로 말미암아 연약하여 할 수 없는 그것을"이라고 말씀한다. 율법은 우리를 구원할 수 없다. 율법이 복종을 조건으로 축복을 베풀 수 있다고 생각할지도 모르겠지만 율법은 축복을 베풀 수 없다. 왜 그럴까? 그 이유는 복종이 불가능하기 때문이다. 율법이 육신으로 인해 연약해져 할 수 없는 그것을 하나님이 하셨다. 어떻게 하셨는가? "죄로 말미암아 자기 아들을 죄

있는 육신의 모양으로 보내어 육신에 죄를 정"하심으로 하셨다(3절). 하나님은 우리를 속박하고 예속시키는 죄를 처리해 율법의 의가 우리 안에서 이루어지게 하셨다. 산상설교를 통해 그 의미가 분명해진 십계명을 우리 구주께서 온전히 이루셨다. 그 덕분에 우리는 육신이 아니라 성령을 따라 행하게 되었고, 성령께서 우리를 불의의 길이 아닌 의의 길로 인도하사 우리 안에 율법의 의가 이루어지게 하셨다. 이것이 승리하는 삶이다. 우리는 의무를 행하지만 우리 자신의 힘으로 행하지 않는다.

자유와 인도하심이 있는 성령으로 사는 삶

이 삶을 좀 더 자세히 살펴보자. 이 삶은 자유와 인도라는 두 부분으로 이루어진다. 우리는 자유로운 상태에서부터 시작한다(2, 3절). 왜냐하면 자유가 인도에 앞서기 때문이다. 자유롭지 않으면 따를 수 없다.

무엇으로부터의 자유인가? "죄와 사망의 법"(2절)으로부터의 자유다. 이것은 무슨 의미인가? 여기에서 율법은 계명이 아닌 권세, 곧 통제하고 지배하고 속박하는 힘을 가리킨다. 로마서 2, 3장은 모든 인류의 상태를 묘사한다. 율법 아래 있는 자들에게 율법이 요구하는 것을 전한다. 율법 아래 있는 자들은 그들을 속박하고 지배하는 권세 아래 있기 때문에 율법을 지킬 수 없다. 이것이 인간의 보편적인 상황이다. 육신에 있는 사람은 아무도 하나님을 기쁘시게 할 수 없다. 기독교적인 삶이 가능하려면 먼저 이 속박이 깨져야 한다.

"육신을 따르는 자는 육신의 일을 ……생각하나니"(5절). 육신에 있는 자들은 하나님을 기쁘시게 할 수 없다. 성령 안에 있는 자들은 성령의 일을 생각한다. 이 둘은 서로 근본적인 차이를 드러낸다. 전자에서 후자로 옮겨가는 것은 곧 예수님의 속죄 사역을 통해 아담으로부터 그리스도께로 옮겨가는 것을 의미한다. 성부께서 성령을 통해 속죄의 축복과 효력을 우리의 영혼에 적용하신다. 2절은 이를 "생명의 성령의 법"으로 일컫는다. 두 세력의 충돌, 곧 이 법과 "죄와 사망의 법"의 충돌이 이루어진다. 강한 자가 자신의 소유를 안전하게 지키려고 스스로를 무장한다. 그러나 그보다 더 강한 자가 복음의 말씀을 가지고 나타난다. 성령의 능력이 강한 자를 결박하고, 그가 의지하는 소유를 빼앗는다.

웨슬리의 찬양은 참으로 지당하기 그지없다.

> 속박된 나의 영이 오랫동안
> 죄와 본성의 어둠 속에 단단히 묶여 있었네.
> 주님의 눈에서 살리는 빛이 뿜어 나와
> 나는 깨어나고, 뇌옥에 빛이 환하게 밝았네.
> 내 사슬이 벗겨지고, 내 마음이 자유를 얻었네.
> 나는 일어나 발을 옮겨 주님을 따랐네.[1]

내 사슬을 풀 열쇠를 스스로 찾지 않았다. 사슬은 저절로 벗겨졌다. 자유롭게 되지 않으면 따라갈 수 없다. 그리스도를 믿지 않고는 기독교적인 삶을 살 수 없다. 스스로를 신뢰하면 이 삶을 살 수 없다. 우리에게 성령을 보내주시는 예수 그리스도의 의를 신뢰해야 한다. 그래야만 기독교적인 삶을 살 수 있다.

로마서 8장은 우리가 비록 그리스도인일지라도 다른 것들로부터 벗어나 더욱 수준 높은 삶으로 나아가야 한다고 가르치지 않는다. 우리가 그리스도인이라면 우리는 이미 자유롭다. 우리는 더 이상 죄에 지배되지 않는다. 이 말은 죄의 권세가 현실이 아니라는 뜻과는 거리가 멀다. 우리는 더 이상 죄의 지배를 받지 않고, 율법을 하나님께 인정받는 조건으로 간주하지 않는다. 하나님의 인정을 받기 위해 어떤 일을 해야 할 필요는 없다. 예수님이 모든 것을 다 이루셨다. 우리는 아무것도 두려워할 필요가 없다. 왜냐하면 예수님이 모든 두려움을 짊어지셨기 때문이다. 우리는 자유롭다. "생명의 성령의 법"이라는 표현에서 '생명'은 무엇보다 자유를 의미한다.

---

1) Charles Wesley, "And Cant It Be That I Should Gain," *The Trinity Hymnal*, (Philadelphia: Great Commissions, 1990), 455.

성령께서 인도하시는 거룩함과 확신과 기도

그러나 이것은 단지 시작일 뿐이다. 로마서 8장 14-27절에서 알 수 있는 대로 인도하심이 뒤따른다. 인도하심은 세 부분으로 나뉜다. 성령께서는 어디로 인도하시는가? 그분은 앞장 서 가신다. 요한복음 10장의 선한 목자는 양들 앞에서 걸어가고, 양들은 그의 뒤를 좇는다. 양들은 그분의 음성을 듣는다. 예수님은 성부 하나님 곁으로 가시면서 자기 양 떼를 성령께 맡기셨다. 성령께서는 그들보다 앞서 가시면서 "이것이 천국, 곧 영광에 이르는 길이다."라고 말씀하신다. 성령께서 인도하신다. 그분이 앞서 가신다. 따라서 그분의 뒤를 따라 가야 한다.

성령께서는 어디로 인도하시는가? 그분은 그리스도를 더 많이 닮도록 인도하시고(거룩함), 구원을 더욱 굳게 확신하도록 인도하시고(확신), 기도로 더 많은 위로를 얻도록(기도) 인도하신다. 거룩함과 확신과 기도는 성령의 인도를 받는 삶의 세 가지 특징이다. 그분은 우리를 죄 가운데로 인도하지 않으신다. 그분은 우리를 교만, 자기 신뢰, 헛된 영광으로 인도하지 않으신다. 그분은 무릎을 꿇고 도움과 긍휼을 구할 필요가 없다고 생각하도록 이끌지 않으신다. 그분이 본향으로 인도하시는 길은 거룩함의 길이다. 성령께서는 우리를 그 길로 인도하시면서 예수 그리스도 안에서, 또 그분을 통해 나타난 하나님의 사랑과 긍휼을 상기시켜 주시고, 우리가 그분의 소유라는 확신을 갖게 해주신다. 우리는 인간의 도움이 헛되다는 것을 깨달을 때마다 하나님을 향해 "오, 하나님!" 하고 부르짖을 수 있다. 그러면 그분이 도와주신다. 우리는 성령의 손 안에 있다. 그분을 믿고 따르라!

13절은 "너희가 육신대로 살면 반드시 죽을 것이로되"라고 말씀한다. 이것은 위대한 보편 진리다. 육신을 따르면 그 결국은 죽음이다. 그러나 성령을 따르면 그 결국은 생명이다. 육신의 행실을 죽여야만 살 수 있다.

경건주의는 옳지 않다. 경건주의는, 세상과 육신이 악하므로 경건함과 거룩함에 이르려면 수도원에 들어가야 한다고 생각한다. 그러나 세상은 하나님의 세상이고, 하나님이 지으신 우리의 육신은 그분을 통해 구원받는다. 세상과 육신은 그 자체로 악하지 않다. 그러나 현재의 세상과 육신은 사탄이 찬탈한 왕국의 일부다. 그 안에서는 타락의 결과가 영향력을 발휘한다. 세상과 육신은 하나님과 인간을 대적하는 사탄이 우리의 삶에 침투하기 위해 사용하는 수단이다.

우리는 사탄을 대적해야 한다. 우리는 세상의 것을 남용하거나 그 안에 매몰되지 않은 상태로 세상을 잘 이용해야 한다. 세상의 좋은 것들을 허락하신 하나님께 감사해야 하지만 그것에 마음이 지배되어서는 안 된다. 우리는 우리의 지체를 불의의 무기로 죄에게 내주어서는 안 된다(롬 6:13). 그 이유는 무엇인가? 죄가 육신의 감각을 통해 우리에게 접근하기 때문이다. 여기에는 우리의 손으로 하는 일, 우리의 눈으로 보는 것, 우리의 귀로 듣는 것, 우리의 발이 가는 곳만이 아니라 우리의 생각까지 모두 다 포함된다. 죄는 그런 식으로 우리에게 침투한다. 존 번연의 『거룩한 전쟁』[2]에 보면 '맨소울'(Mansoul)이라는 성으로 들어가는 문이 여러 개 있다. 우리는 그 문을 지켜야 한다. 우리는 육신의 행실을 죽여야 한다. 생명을 얻으려면 "안 돼!"라고 말해야 한다.

아우구스티누스는 회심하기 전에 부도덕한 삶을 살았다. 하나님의 은혜를 깨닫고 난 어느 날, 그는 시장을 지나가고 있었는데 이전에 같이 어울리던 한 여자 친구가 그를 향해 "아우구스티누스, 나야."라고 말했다. 그는 아무 대답도 하지 않았다. 그녀는 다시 "아우구스티누스, 나라구."라고 소리쳤다. 그는 마침내 걸음을 멈추고 돌아서서 "그러나 나는 더 이상 내가 아니야."라고 말했다.

개혁주의 신자들은 거룩함을 추구해야 한다. 그러나 '경건주의'라는 그릇된 길로 치우치지 말고 참된 경건을 추구해야 한다. 성령께서는 거룩함으로 인도하신다.

또한 성령께서는 확신과 기도로 우리를 인도하신다. 이 두 가지를 하나로 묶어 말한 것에 주목하라. 성령께서는 한편으로는 증언하시고(16절), 다른 한편으로는 말할 수 없는 탄식을 쏟아내신다(26절). 우리가 속한 개혁주의 전통

---

[2] John Bunyan, *The Holy War*, 1682.

안에서는 성령의 증언이 우리 영의 증언에 부가되는지 여부에 대한 논의가 진행 중이다.

복음을 믿으면 그로 인해 우리에게 생명과 평화가 주어진다. 그러면 우리는 하나님께 대해 산 자가 되었다는 것을 알고, 하나님과 화목했다는 것을 알고, 하나님이 우리를 사랑하심을 알게 된다. 이 외에 더 필요한 것이 있다면 무엇일까? 우리는 기도하라는 부르심을 받았다. 따라서 우리는 기도한다. 성령께서는 우리의 기도를 도와주신다. 그렇다면 어떻게 도와주실까? 기도하는 우리를 도우시는가, 아니면 우리의 기도에 자신의 탄식과 열망을 더하심으로써 도와주시는가? 주석마다 제각기 견해가 다르다. 나는 성령께서 우리의 영이 행하는 것 외에 그 이상의 일을 행하신다는 견해를 따르고자 한다. 내가 이 견해를 따르는 근거는 "성령이 친히"라는 문구 때문이다. 이 독특한 표현이 우리의 영이 하는 일과 그분이 하는 일을 분명하게 구분한다.

우리의 영은 예수 그리스도를 통해 하늘에 계신 성부를 하나님으로 일컬으며 그분을 향해 "아빠, 아버지"라고 부르짖는다. 그러나 때로는 성령께서 우리의 영혼을 향해 증언하실 때가 있다. 물론 귀로 들을 수 있는 음성을 들려주시거나 성경에 기록된 말씀 외에 다른 특별한 계시를 허락하시는 것은 아니다(계시는 종결되었고 그 자체로 충족하다). 우리의 영혼을 향한 성령의 증언은 설교를 듣거나 말씀을 읽는 것을 통해 주어진다. 우리가 기도할 때나 성찬에 참여할 때도 주권자이신 성령께서 우리에게 다가와 우리가 하나님의 자녀라는 확신, 곧 "자녀이면 또한 상속자 곧 하나님의 상속자요 그리스도와 함께 한 상속자"(17절)라는 확신을 불러일으키신다. 그동안 수십 세기에 걸쳐 이런 사실을 직접 경험해 온 하나님의 성도들이 헤아릴 수 없이 많다.

26절은 "우리는 마땅히 기도할 바를 알지 못하나"라고 말씀한다. 우리는 역경에 처하는 것이나, 연약함에 시달리는 것이 무엇인지는 잘 알고 있다. 이 두 가지 저주가 영광스런 본향으로 가는 우리의 발목을 붙잡아 걸려 넘어지게 만든다. 우리는 그로 인해 기도하며 간절한 열망을 토해낸다. 22절은 생명도 없고 말도 못 하는 피조물이 탄식하며 하나님의 자녀들의 영광스런 자유를 기다린다는 비유를 들어 이 열망을 묘사했다. 우리는 하나님께 말하는 법, 곧 그분께 우리의 사정을 아뢰는 법을 알고 있다. 그렇다면 우리는 이런저런 상황에서 우리 자신과 다른 사람들을 위해 어떻게 기도해야 할까? 우리가 기도할 바를 알지 못할 때 성령께서 우리를 위해 중보 기도를 드리신다. 그분은 우리의 기도에 자신의 중보 기도를 더하신다. 다시 말해 우리가 "오, 하나님!"이라고만 부르짖어도 성령께서 그 의미를 해석하시고, 그것을 필요한 말로 바꾸어 주신다. 27절은 "마음을 살피시는 이가 성령의 생각을 아시나니 이는 성령이 하나님의 뜻대로 성도를 위하여 간구하심이니라"고 말씀한다.

우리가 기도할 때 성령께서 우리를 도와주신다. 성부 하나님의 오른편에는 우리의 대언자이신 성자께서 앉아 계신다. "하나님이 우리를 위하시면 누가 우리를 대적하리요"(31절). 이제 로마서 8장이라는 이 위대한 장이 이런 식으로 결말을 맺을 수밖에 없는 이유를 비로소 짐작할 수 있다. 신자 안에서 성령의 사역이 지속적으로 이루어지다 보면 필연적으로 그런 결과가 나타날 수밖에 없다.

"우리가 알거니와 하나님을 사랑하는 자 곧 그의 뜻대로 부르심을 입은 자들에게는 모든 것이 합력하여 선을 이루느니라"(28절). 그렇다. 나는 안다.

"내가 확신하노니 사망이나 생명이나 천사들이나 권세자들이나 현재 일이나 장래 일이나 능력이나 높음이나 깊음이나 다른 어떤 피조물이라도 우리를 우리 주 그리스도 예수 안에 있는 하나님의 사랑에서 끊을 수 없으리라"(롬 8:38, 39).

처음에는 정죄함이 없는 데서부터 시작한다. "그러므로 이제 ······정죄함이 없나니"(1절). 마지막에는 단절이 없고(39절), 그 중간에는 대적함이 없다. "하나님이 우리를 위하시면 누가 우리를 대적하리요"(31절).

예수 그리스도를 믿는 믿음 안에서 성령으로 살며 성부 하나님께 영광을 돌려 드리자. 아멘.

15장

HOLY SPIRIT, COUNSELOR

보혜사 성령

: R. C. 스프로울

요한복음에 기록된 다락방 강화의 중심 주제는 그리스도께서 떠나신 후에 성령을 보내시겠다는 약속이다. 14장부터 시작되는 다락방 강화는 성경에서 성령의 인격과 사역에 관한 가장 광범위하고 포괄적인 가르침을 담고 있다.

신약성경의 이 대목에서 예수님이 거듭 언급하신 명칭은 헬라어 '파라클레토스'(*Paraklētos*)다. 이 용어는 '보혜사'(保惠師, Paraclete)를 뜻한다.

성경을 얼마나 주의 깊게 살펴보고 있는지 깜짝 퀴즈를 하나 내서 점검해 보고 싶다. 보혜사는 누구인가? '성령'이라고 대답한다면 퀴즈에 응해주어 고맙지만 정답은 아니다. 성령께서는 신약성경의 보혜사가 아니시다. 이를 확실하게 설명하려면 요한복음 14장에 기록된 예수님의 말씀을 살펴봐야 한다. 예수님은 그곳에서 "내가 아버지께 구하겠으니 그가 또 다른 보혜사를 너희에게 주사 영원토록 너희와 함께 있게 하리니 그는 진리의 영이라 세상은 능히 그를 받지 못하나니"(16, 17절)라고 말씀하셨다.

예수님의 말씀을 주의 깊게 살펴보면 제자들에게 헬라어로 '또 다른 파라클레토스,' 즉 또 다른 조력자를 보내겠다고 약속하신 것을 알 수 있다. 또 다른 보혜사라는 말은 최소한 그 이전에 이미 보혜사가 존재했다는 의미를 내포한다. 나는 "또 다른 보혜사가 누구인가?"라고 묻지 않았다. "보혜사가 누구인가?"라고 물었다. 보혜사는 바로 그리스도이시다.

영어로 번역된 성경들을 살펴볼 때마다 나를 깜짝 놀라게 하는 것 가운데 하나는 '파라클레토스'라는 용어의 번역을 둘러싸고 빚어지는 혼란이다. 요한은 요한일서 2장에서 신자들에게 죄를 짓지 말라고 권고하면서 "만일 누가 죄를 범하여도 아버지 앞에서 우리에게 대언자가 있으니 곧 의로우신 예수 그리스도시라"(1절)고 말했다. 나는 『KJV 성경』이 요한복음에서는 '위로자'(comforter)로 번역하고, 요한일서에서는 '대언자'(advocate)로 번역한 이유가 늘 궁금했다. 나는 그 명칭이 이상하다고 생각한다. 여기에는 약간의 혼동이 있는 것이 분명하다. 나는 이 자리를 빌려 그 혼동의 안개를 걷어내고 예수님이 다락방 강화에서 가르치신 진리를 좀 더 분명하게 밝히고 싶다.

다른 번역 성경들은 '파라클레토스'를 '조언자'(counselor)나 '조력자'(helper)로 번역했다. 결국 동일한 헬라어 단어 하나를 네 가지의 의미, 곧 위로자, 조언자, 조력자, 대언자로 번역한 셈이다. 과연 '파라클레토스'의 참된 의미는 무엇일까?

어떤 종류의 보혜사인가

이 자리는 나의 신학적인 좌절감을 토로하는 자리이기도 하다. 나는 파라클레토스를 조언자로 번역하는 것을 좋아하지 않는다. 왜냐하면 그 말은 학교의 진학 상담사나 우리가 조언을 구하는 사람들의 경우처럼 우리를 인도하는 정신적 스승 같은 의미가 너무 짙기 때문이다. 또 다른 보혜사를 보내시겠다는 예수님의 말씀은 교회의 삶 속에서 조언이나 충고를 제시하는 것보다는 훨씬 더 중요한 일을 하실 분을 보내시겠다는 의미를 담고 있다. 따라서 조언자라는 명칭은 삭제하는 것이 좋을 듯하다. 그 말에 줄을 그어라.

'조력자'는 어떨까? 병원의 간호조무사나 목수의 조수와 같은 '조력자'를 의미할까? '조력자'라는 용어는 너무 모호하다. 물론 성령께서는 우리를 도와주시지만, 이 말은 나를 만족시키기에는 너무 일반적이다.

　이번에는 『KJV 성경』의 '위로자'를 생각해 보자. 언어의 유동성 문제, 즉 언어의 의미는 시간이 지나면서 변하는 경향이 있다는 점만 제외하면 그런대로 괜찮은 번역이다. 『KJV 성경』이 번역된 17세기의 영국에서 위로자가 지녔던 개념과 요즘에 사용되는 그 말의 의미는 큰 차이가 있다. 위로자란 무엇이고, 또 누구를 가리키는가? 위로자란 우리가 슬퍼하거나 시련을 당하거나 고통을 느낄 때 우리의 곁을 지켜주는 사람이다.

　위로가 성령께서 하나님의 백성의 삶 속에서 행하시는 일 가운데 하나인 것은 분명하다. 본래의 파라클레토스이신 예수님께서 그 역할을 완수하셨을 때도 위로자라는 칭호가 주어졌다. 예수님을 성전에 봉헌할 때 그곳에서 메시아를 기다리던 나이 많은 시므온은 죽기 전에 "이스라엘의 위로"로 묘사된 여호와의 기름부음을 받은 자를 보게 될 것이라는 약속을 받았다(눅 2:25). 상처받은 사람들의 위로자는 예수님의 호칭 가운데 하나다. 우리가 하늘 문 안으로 들어가 하늘의 도성 새 예루살렘에 도착하면 그리스도와 하나님께서 모든 눈물을 씻어주신다는 것이 우리의 마지막 소망이다.

　이것이 위로를 떠올릴 때 우리가 생각하는 의미이다. 그러나 예수님이 요한복음 14장에서 말씀하신 의미는 이와 거리가 다소 멀다. 내 말을 오해하지 않기를 바란다. 성령께서는 우리를 위로하신다. 그러나 "내가 또 다른 보혜사를 보낼 것이다."라는 예수님의 말씀은 "다른 무엇보다도 너희를 위로할 자를 내가 보낼 것이다."를 의미하지 않는다.

　17세기에 '위로자'라는 표현을 사용한 이유는 당시의 영어가 지금보다 라틴어와 훨씬 더 밀접하게 관련되어 있었기 때문이다. '위로자'를 뜻하는 영어 'comforter'는 라틴어 접두어와 어근으로 이루어진 '쿰 포르테'(*cum forte*)에서 유래했다. '쿰'은 '함께'를 뜻하고, '포르테'는 '힘'을 뜻한다. 17세기의 위로자는 싸움에서 흠씬 두들겨 맞고 우는 사자의 눈물을 닦아주는 사람을 의미하지 않았다. 당시의 '위로자'는 곁에 와서 싸울 수 있는 힘을 주는 사람을 의미했다. 싸움이 끝나고 난 뒤 병원에서 보살핌을 제공하는 것과 싸움을 할 수 있도록 힘을 제공하는 것은 그 의미가 전혀 다르다. 예수님은 제자들을 세상에 보내시면서 "내가 또 다른 보혜사를 보내주겠다. 그는 너희에게 힘을 줄 것이다. 왜냐하면 장차 세상이 나를 미워한 것처럼 너희를 미워할 것이기 때문이다."라고 말씀하셨다.

17세기에 사용되었던 그 말의 본래 의미만 기억한다면, 『KJV 성경』의 '위로자'란 용어 사용은 아무 문제가 없다.

우리의 대언자, 우리의 변호인

나는 네 가지 명칭 가운데 '대언자'를 선호한다. 왜냐하면 이 명칭에는 헬라어와 라틴어의 의미가 거의 그대로 보존되어 있기 때문이다. '파라클레토스'의 접두어 '파라'(para)는 영어에서도 흔히 발견된다. 이 말은 '곁에서 나란히'를 뜻한다. 예를 들어 '준사역'(paraministry)이라는 용어는 교회와 나란히 일하는 사역 단체를 가리키고, '준의료활동 종사자'(paramedic)는 의사들과 나란히 일하는 사람을 가리킨다. 또 '준법률가'(paralegal)는 변호사와 함께 일하는 사람을 의미한다. '클레토스'라는 어근은 '부르다'를 뜻하는 헬라어 동사 '칼레오'(kaleō)에서 파생했다. 따라서 '파라클레토스'를 문자대로 이해하면 곁으로 부름받은 사람을 의미한다.

헬라어 '파라클레토스'와 라틴어 '아드보카테'(advocate)의 유사성을 발견하기는 매우 쉽다. '보카티오'(Vocatiō)는 '부르다'를 뜻하는데, '소명'(calling)을 뜻하는 영어 단어 'vocation'이 여기에서 유래했다. 이처럼 '대언자'란 우리의 곁으로 부름받은 자를 가리킨다. 이 말의 라틴어와 헬라어의 의미는 동일하다.

헬라 세계에서 '파라클레토스'는 변호인을 가리켰다. 그러나 그것은 단순한 변호인이 아니라 가족 변호인, 곧 지속적으로 보수를 받으면서 문제가 있을 때마다 곁에서 도와주는 사람을 뜻했다. 당시 권력자나 관원이나 고소인 앞에 서야 하는 사람은 그때마다 파라클레토스를 곁으로 부를 수 있었다. 예수님이 성령님에 대해 "내가 또 다른 대언자(즉 또 다른 변호인)를 너희에게 보내주시라고 아버지께 구하겠다."고 말씀하신 것은 참으로 흥미롭다. 그리스도 그분이 곧 우리의 대언자이시다.

예수님이 신약성경에서 성취하신 역할을 좀 더 신중하게 살펴볼 필요가 있다. 다락방 강화가 끝나고 얼마 지나지 않아 예수님은 처형되셨고, 무덤에 장사되었다가 부활하셨다. 그러고는 곧 승천하셨다. 사도신경에 따르면 예수님은 지금 하나님의 오른편에 앉아 계신다. 성부 하나님의 곁은 온 세상을 향해 권세와 권위와 지배와 왕권을 행사하는 장소다. 예수님이 승천하시어 하늘에 계신다는 신약성경의 증언은 곧 교회가 고백하는 대로 그분이 하나님의 오른편에 앉아 계신다는 뜻이다.

신약성경에 등장하는 1세기의 순교자들에게 어떤 일이 일어났는지 기억하라. 스데반의 설교는 큰 논쟁을 야기했다. 그는 그 설교에서 유대인들을 향해 그들이 영광의 주님을 십자가에 못 박아 죽였다고 말했다. 곁에 있던 유대인들은 그 설교를 듣고서 크게 분노해 그를 향해 이를 갈았다. 그들은 즉석 재판을 열고 그에게 신성모독죄를 뒤집어씌워 돌로 쳐 죽였다. 군중이 스데반을 막 죽이려는 찰나, 하나님은 하늘의 휘장을 열어 그에게 환상 중에 하늘의 성소를 볼 수 있는 은혜를 베푸셨다. 세상의 법정이 스데반에게 신성모독죄를 뒤집어씌워 사형을 선고했을 때 그는 "보라 하늘이 열리고 인자가 하나님 우편에 서신 것을 보노라"(행 7:56)고 증언했다. 세상의 법정이 스데반을 처형하려고 할 즈음에 하나님은 그에게 자신의 우편에 서 계시는 대언자를 보여주셨다. 하늘의 법정에 서 계시는 대언자가 곧 그의 변호인이었다. 스데반은 예수님이 자신을 변호하시는 것을 보았다.

작별, 과연 달콤한 슬픔일까

예수님이 요한복음 14장 16절에서 제자들에게 하신 말씀은 그들의 마음속에 큰 슬픔과 고통을 불러일으켰다. 그분은 나중에 또한 이렇게 말씀하셨다.

"지금 내가 나를 보내신 이에게로 가는데 너희 중에서 나더러 어디로 가는지 묻는 자가 없고 도리어 내가 이 말을 하므로 너희 마음에 근심이 가득하였도다"(요 16:5, 6).

제자들의 마음을 슬프고 근심스럽게 만든 것은 무엇인가? 그들은 예수님으로부터 가장 듣고 싶지 않은 말을 전해 들었다. 예수님은 다락방 강화에서 제자들에게 "조금 있으면 내가 너희를 떠날 것이다. 너희는 (지금은) 내가 가는 곳에 올 수 없다. 내가 떠날 것이므로 너희는 나를 보지 못할 것이다. 그러나 아무런 희망이나 위로 없이 너희를 남겨 두고 떠나지는 않을 것이다. 또 다른 보혜사를 너희에게 보내주시라고 아버지께 구할 것이다. 너희는 내가 떠나야 한다는 것을 이해해야 한다."라고 말씀하셨다.

우리는 21세기를 살아가고 있다. 우리는 구원사의 과정 중에서 주님이 세상에 계셨던 시기에 살았으면 하는 영적 향수를 느낀다. 가나의 혼인 잔치를 직접 목격하고, 변화산에서 그리스도의 인성을 뚫고 환하게 드러난 하나님의 영광을 직접 경험하고, 부활의 아침에 부활의 증인이 되었더라면 더 이상 바랄 것이 무엇이 있겠는가? 역사상 가장 큰 특권을 누린 사람들은 예수님과 동행하며 그분의 발 앞에 앉아 가르침을 듣고 그분이 행하시는 사역을 직접 목격했던 사람들이다. 그런데 예수님은 "나는 떠날 것이다."라고 말씀하셨다.

아내와 내가 결혼을 약속했을 당시 우리는 각자 다른 대학교에 다녔다. 따라서 우리는 방학 때만 서로를 볼 수 있었다. 나는 추수감사절과 성탄절 방학 때에 그녀가 오하이오에서 출발하는 버스를 타고 대학교에서 고향으로 돌아오기만을 학수고대했다. 방학이 끝나면 나는 그녀를 피츠버그 도심에 있는 고속버스 터미널까지 차로 데려다주곤 했다. 터미널 대합실에는 대학생들로 가득했다. 그들은 그곳에서 서로 입을 맞추고, 손을 붙잡고, 눈물을 흘리면서 애정을 공공연히 표시했다. 남자들은 여자들을 버스에 태워주고, 그들이 멀리 수평선 너머로 사라질 때까지 지켜보았다.

아내가 버스에 타는 순간이 오면 나는 그녀를 몇 달 동안 보지 못할 것을 알았다. 버스가 터미널을 떠나면 나는 버스가 보이지 않을 때까지 바라보았다. "작별은 참으로 달콤한 슬픔이다."라고 말했던 셰익스피어가 그렇게 미울 수가 없었다. 나는 내 차에 올라타면서 "그 에이번의 시인은 대체 무슨 생각을 한 것일까? 작별은 조금도 달콤하지가 않아."라고 말했다. 아내가 떠날 시간이 되면 우울하고 슬프기만 했다.

아버지가 더플백을 어깨에 메고 전쟁터로 떠나기 위해 버스를 타던 때가 기억난다. 나는 아주 어렸지만 아버지는 버스에 오르면서 내게 "훌륭한 군인이 되거라."고 말했다. 당시 나는 고작 세 살이었지만 아버지를 다시는 볼 수 없을 것 같은 느낌을 받았다. 버스 정류장에서 돌아오는 길은 결코 행복하지 않았다.

1945년에 전쟁이 끝났다. 수많은 군인이 집으로 돌아왔다. 나는 피츠버그 기차역에서 아버지가 집으로 돌아오기를 기다렸다. 플랫폼에 서 있는데 저 멀리, 수백 미터 떨어진 곳에서 어깨에 더플백을 멘 남자의 모습이 눈에 띄었다. 나는 그 사람이 아버지임을 단번에 알아차렸다. 나는 엄마 곁에서 떨어져 나와 있는 힘을 다해 달려갔다. 그리고 몇 미터밖에 남지 않은 지점에 다다라서는 마치 공중비행을 하듯 몸을 날렸다(마이클 조던이 공중비행이 무엇인지 알기 전에 내가 먼저 시도했던 셈이다). 아버지는 내가 달려오는 것을 보고는 얼른 더플백을 내려놓고 나를 번쩍 들어 올려 품에 안았다. 내 인생에서 가장 행복했던 순간 중에 하나였다. 그러나 아버지가 집을 떠나던 날은 그렇게 슬플 수가 없었다. 기쁨이라곤 전혀 느껴지지 않았다. 제자들도 예수님이 "나는 떠날 것이다."라고 말씀하실 때 큰 슬픔을 느끼지 않을 수 없었다.

누가는 사도행전 1장에서 예수님이 떠나시던 당시의 상황을 이렇게 증언했다.

"이 말씀을 마치시고 그들이 보는데 올려져 가시니 구름이 그를 가리어 보이지 않게 하더라 올라가실 때에 제자들이 자세히 하늘을 쳐다보고 있는데 흰 옷 입은 두 사람이 그들 곁에 서서 이르되 갈릴리 사람들아 어찌하여 서서 하늘을 쳐다보느냐 너희 가운데서 하늘로 올려지신 이 예수는 하늘로 가심을 본 그대로 오시리라 하였느니라 제자들이 감람원이라 하는 산으로부터 예루살렘에 돌아오니 이 산은 예루살렘에서 가까워 안식일에 가기 알맞은 길이라"(행 1:9-12).

예수님이 세상을 떠나 하늘로 올라가시자 제자들은 망연자실했다. 그들은 우두커니 서서 하늘을 바라보았다. 그들은 성부 하나님의 나라로 가시는 그리스도의 마지막 모습을 조금이라도 더 보려고 하늘을 응시했다. 그때 천사들이 나타나 "왜 서서 넋을 잃고 하늘만 바라보느냐? 예루살렘으로 돌아가라."고 말했다.

누가는 사도행전 첫 장에서 제자들이 행한 일, 곧 그들이 예루살렘으로 돌아간 일만 기록했다. 예수님의 승천을 증언한 사도행전 기록에는 누가복음의 기록이 생략되어 있다. 누가복음 24장 50-52절은 이렇게 진술한다.

"예수께서 그들을 데리고 베다니 앞까지 나가사 손을 들어 그들에게 축복하시더니 축복하실 때에 그들을 떠나 하늘로 올려지시니 그들이 그에게 경배하고 큰 기쁨으로 예루살렘에 돌아가."

예수님은 다락방 강화에서 "내가 떠날 것이다."라고 말씀하셨다. 요한은 제자들의 마음에 슬픔이 가득했다고 기록했다. 그런데 예수님이 막상 그들을 떠나시자 그들은 기뻐하며 예루살렘으로 돌아왔다. 예수님이 떠나실 것을 생각할 때는 슬픔의 고통에 짓눌렸지만 실제로 예수님이 떠나시는 것을 보고는 크게 기뻐하며 예루살렘으로 돌아왔다. 과연 무엇이 그들의 감정을 그렇게 변화시킨 것일까?

그 대답은 요한복음 16장에 기록된 예수님의 말씀에서 발견된다. 예수님은 "내가 이 말을 하므로 너희 마음에 근심이 가득하였도다 그러나 내가 너희에게 실상을 말하노니……"(6, 7절)라고 말씀하셨다. 그런데 예수님이 굳이 제자들에게 "내가 실상을 말하노니"라고 말씀하실 필요가 있었을까? 예수님은 항상 그들에게 실상, 곧 진실만을 말씀하지 않으셨는가? 예수님은 진실 외에 다른 것을 말씀하실 수 없다. 그러나 그분은 제자들을 위해 이 점을 더욱 분명하게 강조하기 원하셨다. 그들은 슬픔에 사로잡힌 상태였기 때문에 굳센 확신이 필요했다.

예수님은 "내가 너희에게 실상을 말하노니"라고 말씀하시고 나서 "내가 떠나가는 것이 너희에게 유익이라 내가 떠나가지 아니하면 보혜사가 너희에게로 오시지 아니할 것이요 가면 내가 그를 너희에게로 보내리니"(7절)라고 덧붙이셨다. "너희에게 유익이라"는 예수님의 말씀은 헬라어 '숨페로'(*sumphĕrō*)를 번역한 것이다. 이 말은 '유익하다, 유리하다.'를 뜻한다. 이 말은 상황이 전보다 개선되었다는 의미를 담고 있다. 예수님은 "내가 너희에게 실상을 말하노니"라고 운을 떼시고 나서 "내가 머무는 것보다 내가 가는 것이 너희에게 더 좋다."라고 말씀하셨다.

교회가 믿지 않았던 가르침

이것은 교회가 지금까지 한 번도 믿지 않았던 예수님의 가르침에 해당한다. 우리는 세상에서 영위하는 우리의 삶이 그리스도께서 세상에 계실 때 제자들이 영위하던 삶보다 더 낫다고 생각하지 않는다. 그러나 예수님은 자신이 머무는 것과 떠나는 것을 비교하며 "내가 떠나는 것이 너희에게 더 낫다. 그것이 너희에게 더 유익하고, 유리하고, 이롭다."고 말씀하셨다.

제자들이 슬픔 가득한 상태에서 벗어나 크게 기뻐하며 예루살렘으로 돌아왔다는 것은 그들이 새로운 깨달음을 얻었다는 증거다. 그들은 어느 순간에 이르자 "내가 떠나는 것이 더 낫다."라는 예수님의 말씀을 믿게 되었고, 그분이 떠나시는 것이 더 나은 이유를 이해하기 시작했다.

첫째, 예수님이 떠나시는 것이 더 나은 이유는 그분이 가시는 곳 때문이다. 그분은 만왕의 왕으로 즉위하기 위해 세상을 떠나셨다. 예수님이 비하된 상태로 세상에 머무시는 것과 그분이 하나님의 오른편으로 가시는 것 중에서 어느 것이 더 좋은가? 예수님이 위대한 대제사장으로 하늘에 오르시어 그곳에서 하나님을 직접 대하며 하늘의 성소에서 매일 중보 기도를 드리시는 것이 더 좋지 않겠는가? 예수님이 다락방에서 우리를 위해 기도하시기를 원하는가, 아니면 우리의 대제사장이자 왕으로서 참된 다락방에 들어가시기를 원하는가? 예수님이 온 우주를 다스리는 권위의 자리에 올라 만왕의 왕이요 만주의 주로서 통치하시고, 또 세상을 떠남으로써 다른 보혜사, 곧 진리의 성령을 보내주실 권한을 지니게 되신다면 우리의 현재 상황이 더욱 나아질 것이 분명하다.

예수님은 성령께서 하실 일에 대해 이렇게 말씀하셨다.

"그가 와서 죄에 대하여, 의에 대하여, 심판에 대하여 세상을 책망하시리라 죄에 대하여라 함은 그들이 나를 믿지 아니함이요 의에 대하여라 함은 내가 아버지께로 가니 너희가 다시 나를 보지 못함이요 심판에 대하여라 함은 이 세상 임금이 심판을 받았음이라"(요 16:8-11).

나는 카슨이 매우 훌륭하고 결정적인 요한복음 주석 가운데 하나를 저술했다고 생각한다.[1] 그는 깊이 있는 이해와 통찰력을 바탕으로 자신의 주석에서 이 대목을 다루었을 뿐 아니라 학술지에 여러 편의 논문을 발표하면서까지 성령께서 죄에 대해, 의에 대해, 심판에 대해 세상을 책망하실 것이라는 예수님의 말씀의 의미를 정확하게 이해하기 어렵다고 지적했다.

여기에 사용된 용어의 의미가 애매하다. 즉 '책망하다'로 번역된 헬라어 '엘레그코'(*eldgchō*)는 '논박하다, 설득하다, 납득시키다.'를 의미하기도 한다. 이 용어는 특히 법률적인 상황에서 의견을 제시하는 것, 곧 법정에서 유죄나 무죄의 진실을 입증하는 증거를 내보이는 것을 의미한다. 그렇다면 예수님은 "내가 다른 대언자, 곧 다른 변호인을 보낼 것이다. 그는 사람들에게 죄와 의와 심판을 깨닫게 하는 일(논박하고, 설득시키고, 납득시키는 '엘레그코'의 일)을 할 것이다."라고 말씀하신 셈이 된다.

이 말씀이 애매한 이유는, 예수님이 말씀하신 성령의 역할이 예수님이 주장하신 진리를 사람들에게 이해시켜 죄책이 무엇인지를 깨우치는 것인지, 아니면 의의 참된 기준으로 그들을 논박하는 것인지가 분명하지 않기 때문이다. 예수님이 하신 일 가운데 하나는 의에 관한 그릇된 생각을 폭로하는 것이었

---

1) D. A. Carson, *The Gospel According to John* (Grand Rapids: Eerdmans, 1991).

다. 예루살렘에서 도덕의 표본으로 간주되었던 사람들, 곧 서기관들과 바리새인들은 이스라엘의 의로운 자로 칭송과 존경을 받았지만, 참된 의가 나타나자 가짜라는 것이 백일하에 드러났다.

참된 의의 화신이신 주님께서 이제 세상을 떠나실 때가 다가왔다. 그렇다면 누가 참된 의가 무엇인지 일깨우는 일을 계승할 것인가? 누가 사람들에게 진정한 죄가 무엇인지를 계속 일깨워 줄 것인가? 예수님은 "내가 또 다른 대언자를 보내 그 역할을 감당하게 할 것이다."라고 말씀하셨다.

아마도 예수님의 말씀에는 "내가 세상에서 행한 사역을 성령께서 대신 행할 것이다. 그는 진정한 죄가 무엇이고, 진정한 의가 무엇이고, 진정한 심판이 무엇인지를 보여줄 것이다."라는 의미가 담겨 있었을 것이다. 이것이 예수님의 의도였을 것이다. 그런 점에서 예수님이 말씀하신 성령의 사역은 객관적이다. 즉 그분의 사역은 죄가 무엇이고, 의가 무엇이고, 심판이 무엇인지에 대한 객관적인 현실을 보여주는 것이다. 그러나 다른 한편으로 생각하면 예수님은 성령의 주관적인 사역을 언급하셨을 수도 있다. 즉 성령의 사역은 그리스도의 객관적인 사역을 우리의 마음에 주관적으로 적용하는 사역을 수행하는 것일 수도 있다. 이것이 사실이라면 성령의 책망이란 곧 성령께서 우리의 마음속에서 죄를 깨우쳐 주는 것을 의미한다. 예수님이 이 두 가지 가운데 어느 것을 염두에 두고 말씀하셨는지 확실히 알 수 없다.

어느 쪽이든 상관없다(문제를 대충 얼버무리려는 의도는 결코 아니다). 왜냐하면 어느 쪽이든 성경이 가르치는 성령의 사역과 조화를 이루기 때문이다. 성령께서는 이 두 가지 사역을 모두 행하신다. 성령께서는 진정한 죄가 무엇인지 보여주시고, 의가 무엇인지 객관적으로 증명하시며, 참된 심판을 행하신다. 그러나 그분의 사역은 단지 객관적인 차원에만 국한되지 않고 주관적인 차원에까지 나아간다.

우리가 그리스도인인 이유는 무엇인가? 우리는 무엇 때문에 회개했는가? 그것은 우리의 죄를 객관적으로 입증하는 증거 때문만은 아니었다. 성령께서는 우리의 죄에 대한 객관적인 증거를 제시하는 데 그치지 않고, 그리스도의 십자가 앞에 나오지 못하게 방해하는 우리의 거짓된 방어책을 무너뜨리신다.

그래서 우리가 하나님께 온전히 투항함으로써 "하나님이여, 이 죄인을 불쌍히 여기소서."라고 부르짖게 만드신다. 우리가 회심하기 전에 하나님이 먼저 우리의 돌 같은 마음을 녹여 부드러운 살 같은 마음으로 바꾸어 주셨다. 그런 내적 깨달음을 일으키는 분이 바로 성령 하나님이시다.

칼빈은 우리를 구원하는 의는 외부로부터 오는 의, 곧 우리 자신의 것이 아니라 하늘로부터 오는 의임을 성령의 깨우치심을 통해 깨닫게 된다고 말했다. 그리스도께서 우리를 위해 이루신 의가 신자에게 전가된다. 하나님이 우리를 의롭다고 여기시는 이유는 우리 자신이 실제로 의로워서가 아니라 그리스도께서 우리의 의가 되시기 때문이다.

성령께서는 의에 대해 세상을 책망하실 것이다

예수님은 "그가 죄에 대하여, 의에 대하여 세상을 책망하시리라."고 말씀하셨다(요 16:8). 그 이유는 그리스도께서 세상을 떠나 하늘에 가실 것이기 때문이다. 그렇다면 이것은 단지 그리스도께서 계시지 않는 동안 성령께서 의를 가르치신다는 뜻일까? 칼빈은 그렇지 않다고 말했다. 그는 바울의 증언, 곧 그리스도께서 우리의 의를 위해 다시 살아나셨다는 증언을 상기시킨다. 부활은 하나님이 그리스도의 속죄와 그분이 우리를 대신해 행하신 완전한 사역을 인정하신다는 증거다. 그리스도께서는 우리의 죄를 위해 죽는 것으로 그치지 않고, 우리의 의를 위해 다시 살아나셨다. 본문에 사용된 헬라어 '디카이오수네' (*dikaiosunē*)는 예수 그리스도를 믿는 믿음(칭의의 유일한 근거)으로 의롭다 하심을 받는다는 로마서의 핵심 주제에서 발견되는 '칭의'를 뜻하는 바로 그 용어다.

복음을 어떻게 깨닫고, 납득할 수 있을까? 성령께서는 죄로 인해 무능력해진 죄인의 상태를 깨우쳐 주실 뿐 아니라, 예수 그리스도의 의가 죄인이 의롭다 하심을 받는 데 온전히 충족한 효력을 발휘함을 보여주신다. 예수님의 말씀은 "세상은 나를 미워한다. 세상은 너희도 미워할 것이다. 내가 성령을 너희 곁으로 보내 너희를 깨우치고, 또한 사람들에게 의를, 곧 죄인을 의롭게 하시는 하나님의 의를 깨우칠 것이다."라는 의미를 담고 있다. 성령께서는 그리스도의 구원 사역을 신자들의 삶에 적용하는 역할을 하신다.

주님께서 자신이 떠나는 것이 우리에게 유익하다고 말씀하신 이유는, 우리 자신과 온 세상 사람들에게 죄와 의와 심판을 깨우쳐 주실 성령을 보내주실 것이기 때문이다. 우리가 살고 있는 문화를 생각할 때 이 점을 반드시 기억해야 한다. 오늘날의 문화는 죄나 의나 심판이 없다고 치부한다. 포스트모더니즘의 핵심은 도덕적 상대주의에 있다. 죄는 없고, 단지 잘못된 선택만이 있을 뿐이다.

9.11 테러 사건이 남긴 몇 가지 긍정적인 결과 가운데 하나는 세상 사람들이 참으로 오랜만에 객관적인 악의 현실을 논하기 시작했다는 것이다. 그 일을 잘못된 결정이나 그릇된 선택으로 일컫는 사람은 아무도 없었다. 사람들은 모두 "이것은 악이다."라고 말했다. 우리는 악을 선이라 하고, 선을 악이라 하는 시대에 살고 있다. 야만적인 이교도의 땅에서 하나님께 충실하려고 노력하는 그리스도인들은 소외감과 외로움을 느낀다. 그들은 참된 의와 죄와 심판을 아는 사람은 아무도 없을 것이라고 생각한다. 그러나 그런 상황만 늘 지속된다면 예수님은 진실이 아닌 거짓을 말씀하신 셈이 된다. 성령께서는 죄와 의와 심판에 대한 세상의 견해가 승승장구하도록 방치하지 않으실 것이다. 왜냐하면 그분은 성부와 성자께서 보내시는 진리의 영이시기 때문이다.

내가 아버지께 구하겠으니 그가 또 다른 보혜사를 너희에게 주사 영원토록 너희와 함께 있게 하리니
그는 진리의 영이라 세상은 능히 그를 받지 못하나니 이는 그를 보지도 못하고 알지도 못함이라
그러나 너희는 그를 아나니 그는 너희와 함께 거하심이요 또 너희 속에 계시겠음이라 (요 14:16-17)

THE
TRIUNE
GOD

D. A. 카슨 (D. A. Carson)

복음주의 진영의 최전방에서 하나님의 말씀과 복음을 변증하는 데 앞장서고 있는 탁월한 학자이다. 제임스 몽고메리 목사는 카슨 박사를 금세기 가장 뛰어난 신약학자로 꼽는 데 주저하지 않았다. 그는 신약학자로서 성경의 무오성과 요한 신학, 바울 신학 등에 능통하지만 무엇보다 고난과 악의 문제에 많은 관심을 가지고 있다. 은사주의 문제에 대한 점만 빼고는 웨인 그루뎀과 신학의 맥을 같이한다. 열려 있지만 신중한 복음주의자로서 균형과 친화를 중시하는 경향이 있다. 하지만 복음의 핵심적인 부분에 대해서는 흔들림이 없고 타협하지 않는다. 그가 늘 강조하는 핵심적인 교훈은 "성경으로 말하게 하라"는 것이다. 철저하게 하나님의 말씀이 선포되게 하라는 그의 교훈은 포스트모더니즘에 물든 이 시대에 교회가 감당해야 할 중요한 사명을 잊지 않도록 한다.
미국의 트리니티복음주의신학교(Trinity Evangelical Divinity School)에서 신약학 연구교수로 섬기면서 〈복음 연맹〉(The Gospel Coalition)에서 활동하고 있다. 『교회와 문화, 그 위태로운 관계』(국제제자훈련원), 『이머징 교회 바로 알기』(부흥과개혁사) 외에 50여 권의 책을 집필, 편집했다.

R. C. 스프로울 (R. C. Sproul)

개혁주의 신학계를 이끄는 저명한 신학자로 심오한 진리들을 이해하기 쉽게 설명하는 글과 강의로 유명하다. 어릴 때부터 '왜?'라는 질문으로 가득했던 그는 대학에서 친구에게 예수님을 전해 듣고 '왜' 예수를 믿어야 하는지 해답을 찾기 위해 성경을 읽기 시작했다. 그리고 지금까지 찾던 모든 문제의 확실한 답이 성경에 있다는 것을 알게 됐다. 결국 그에게 마지막 한 가지 '왜?'라는 질문이 떠올랐다. '왜 사람들은 이렇게 확실한 진리인 성경을 믿지 않는 걸까?' 스프로울은 이런 회의들에 대한 답을 찾아가며 더욱 확신 있는 복음주의자가 되었다. 스프로울은 많은 그리스도인이 이해되지 않는 모순적인 대답을 갖고도 편안하게 느끼는 안일함에 놀란다. 그는 사람들이 성경 말씀을 자세히 공부하지 않고 잘못된 추측 안에서 하나님의 의도를 오해하며 사는 무감각을 경계해야 한다고 말한다. 그래서 그는 딱딱하게 들리던 성경 교리를 명쾌한 논리와 적절한 예화로 풀어, 성경 말씀이 일상의 삶과 떨어질 수 없도록 연결고리를 만들어 주고자 노력하고 있다.
낙스신학대학원(Knox Theological Seminary) 등 여러 주요 신학교에서 신학과 변증학 교수로 재직했으며 현재는 플로리다주에 위치한 세인트 앤드류 채플(St. Andrews Chapel)의 담임목사로서 말씀을 전하고 있다. 평신도 교육에 열정을 품고 70여 권의 책을 저술했으며, 〈리고니어 선교회〉(Ligonier Ministries)와 라디오 방송 '마음을 새롭게 함으로'(Renewing Your Mind)를 통해 기독교의 진리를 일반인들에게 알리려는 노력을 계속하고 있다. 1994년 「크리스채너티투데이」의 비평가들이 뽑은 '신앙생활에 가장 큰 영향을 준 학자' 3위로 선정되었다.

리처드 필립스 (Richard D. Phillips)

전통적인 군인 가정에서 태어나 대학을 졸업한 후 아버지와 할아버지의 뒤를 이어 미군 기갑부대의 장교로 복무했다. 어느 날 어머니의 권유로 다시 교회를 나가기로 결심한 그는 제임스 몽고메리 보이스 목사가 시무하던 필라델피아 제10장로교회의 예배에 참석했다. 그날 밤 설교는 구약 호세아서에 나오는 구원의 사랑에 대한 메시지였다. 죽을 수밖에 없는 죄인을 예수 그리스도께서 십자가에 달려 구원하셨다는 메시지가 가슴을 후려쳤고 그 놀라운 사랑에 무릎을 꿇고 회개할 수밖에 없었다. 그 후 그의 삶은 변했다. 그는 어디를 가든 복음 전하는 일을 멈출 수 없었다. 미국 웨스트포인트 육군사관학교에서 리더십을 가르치던 리처드는 곧 소령으로 예편하고 부르심의 소명을 따라 목회자의

저자들에 대하여

길로 들어선다. 목회자가 된 이후로는 자신의 삶을 바꾸었던 설교의 힘, 특히 성경적인 강해 설교에 매진했다. 제임스 몽고메리 보이스, 마틴 로이드존스, 찰스 스펄전 등 선배 목회자의 본을 따라 성경의 진리, 개혁신학을 선포하는 일에도 앞장서고 있다.

현재 사우스캐롤라이나에 있는 유서 깊은 그린빌 제2장로교회의 담임목사이자 〈고백 복음주의자 연합〉(the Alliance of Confessing Evangelicals)의 회원이며, 제임스 몽고메리가 설립한 〈필라델피아 개혁주의 신학 협의회〉(the Philadelphia Conference on Reformed Theology)의 대표이다.

그는 『히브리서』(부흥과개혁사), 『Jesus the Evangelist, What's So Great about the Doctrines of Grace?』를 비롯해 많은 책을 저술했다. 또한 'God's Living Word'라는 라디오 프로그램을 통해 정기적으로 말씀을 전하고 있다.

마이클 호튼 (Michael S. Horton)

〈고백 복음주의자 연합〉의 회장을 역임한 바 있다. 웨스트민스터신학대학원(Westminster Theological Seminary)에서 석사학위를, 영국 옥스퍼드대학(Oxford University)의 위클리프 홀(Wycliffe Hall)에서 박사학위를 받았다. 현재는 웨스트민스터신학교의 조직신학 교수로 사역하고 있다. 마이클 호튼은 자신의 사명을 다음과 같이 밝힌다. "나는 학생들이 평생 목회를 하면서 배워야 할 가장 중요한 스킬 중의 하나가 바로 다른 사람들의 말을 듣는 것이라고 생각합니다. 간혹 개혁주의자들은 세상을 밝히는 빛이 아니라 오히려 캄캄하게 하는 어둠이라는 비난을 듣기도 합니다. 그러나 그런 오명을 견뎌내면서 우리는 그들에게 문을 열어야 하며, 우리 자신의 입장을 누그러뜨릴 줄 알아야 합니다. 그리고 그들이 사용하는 용어와 그들이 비판하는 관점에서도 진지하게 대화를 나눌 수 있을 때 비로소 그들에 대해서 우리도 할 말을 할 수 있게 되는 것입니다. 그리하여 결국에는 우리의 목회가 공감을 나누면서도 담대하고 확신 있게 진리를 선포하는 사역이 되길 바랍니다." 이처럼 그는 세속화에 물든 교회를 향해 복음에 대한 확고한 태도와 성경적인 개혁에 대한 실제적인 적용을 제시하며 현대 개혁주의 신학을 이끌고 있다.

브라이언 채플 (Bryan Chapell)

현재 복음주의권에서 가장 영향력 있는 설교자 중 한 사람이며, 탁월한 설교학 교수이기도 하다. 그가 쓴 『그리스도 중심적 설교』(Christ-Centered Preaching)는 설교학 교재로 전 세계적으로 쓰임받고 있다. 트리니티복음주의신학교와 리폼드신학대학원(Reformed Theological Seminary)에서 가르쳤으며, 현재 미국 일리노이 주에 소재한 그레이스장로교회(Grace Presbyterian Church)의 담임목사이자 카버넌트신학대학원(Covenant Theological Seminary) 명예총장, 낙스신학대학원 설교학 교수다. 브라이언 채플은 설교 입문부터 박사학위를 위한 강의까지 다양한 수준과 대상들을 가르치고 다가갈 수 있는 학문적 통찰력과 성과를 보여주고 있다. 하지만 늘 목회를 향한 부르심의 소명을 잊지 않으며 언제든 목회 현장에 설 수 있도록 준비를 잊지 않는다. 그래서 그의 글에는 학문적 통찰과 더불어 성도들에게 감명 깊게 전달되는 적용과 해설이 균형을 갖춘다. 또한 목회와 학문 사이에서 균형감을 갖춘 리더십으로 여러 집회와 세미나의 강사로 활동하며 개혁신학을 알리고 있다.

지은 책으로는 『그리스도 중심적 설교』, 『성화의 은혜』(지평서원), 『그리스도 중심적 예배』(부흥과개혁사) 등이 있다.

이안 M. 더귀드 (Iain M. Duguid)

교회를 향한 열정과 복음 선포에 대한 뜨거움으로 가득한 구약학자이다. 본격적으로 신학을 공부하기 전에는 복음 전파의 열정으로 전기 기술을 배워 서아프리카의 리베리아로 건너가 선교사로 섬기기도 했다. 케임브리지대학교에서 구약학을 공부한 이후에도 계속해서 도심 지역에 교회를 개척하는 일에 참여했다. 또한 웨스트민스터신학대학원과 리폼드신학대학원에서 구약학과 히브리어를 가르쳤다. 교수로 사역하는 중에도 교회 개척에 끊임없이 참여했다. 기회가 생길 때마다 말씀을 선포하는 자리를 만들기 위해 어디든지 달려가는 열정을 지녔다. 정기적으로 우크라이나와 라트비아에서 가르치는 일을 계속하고 있다. 더귀드 박사는 히브리어를 영어로 번역하는 작업 못지않게 역사상 실재이신 예수 그리스도를 현대 대중의 마음에도 전달되도록 생생하게 전달해야 한다고 학생들에게 가르치며, 그 자신도 그 일을 위해 헌신하고 있다.

저서로는 『크리스천이 사는 법』(좋은 씨앗)과 『Ruth, Esther Reformed Expository Commentary』 등 다수의 구약 주석들이 있다.

조엘 비키 (Joel R. Beeke)

조엘 비키 박사는 퓨리탄리폼드신학대학원(Puritan Reformed Theological Seminary)의 학장이자, 조직신학 교수이며 그랜드래피즈에 있는 네덜란드개혁교회를 담임하고 있다. 리포메이션 헤리티지 출판사(Reformation Heritage Books)와 인헤리턴스 출판사(Inheritance Publishers)를 통해 개혁주의와 청교도에 관련한 책들의 출판에도 앞장서고 있다. 그 외에도 (Banner of Sovereign Grace Truth)의 편집자, 솔리데오 글로리아Soli Deo Gloria, 배너 오브 트루스 트러스트(Banner of Truth Trust)의 이사로서 개혁주의 책들의 출판에 많은 영향을 끼치고 있다. 또한 약 70여 권의 이르는 저술 활동을 통해 개혁주의와 청교도 신앙이 현대 삶에도 이어지도록 하는데 많은 노력을 기울이고 있다.

대표적인 저서로는 『깊이 읽는 시편 23편』(생명의말씀사), 『언약 자손으로 양육하라』(성서유니온선교회), 『영적침체에서 벗어나는 길』, 『개혁주의 청교도 영성』, 『청교도 신학의 모든 것』(이상 부흥과개혁사) 등이 있다.

케빈 드영 (Kevin DeYoung)

미시간 주 이스트 랜싱에 있는 유니버시티 리폼드 교회(University Reformed Church)의 담임 목사이며 젊고 실력 있는 차세대 목회자로 주목받고 있다. 네덜란드 개혁파 교회에 뿌리를 둔 조부와 기독교라디오 방송국에서 근무한 부모의 영향을 받으며 성장했다. 고든 콘웰 신학교(Gordon Conwell Theological Seminary)에서 목회학 석사를 받은 후 아이오와 주에 있는 퍼스트 리폼드 교회(First Reformed Church)에서 부목사로 사역하다가 2004년부터 지금의 유니버시티 리폼드 교회에서 사역하고 있다.

또한 저술가로서도 활발하게 활동하여 2009년과 2010년, 2012년에 『왜 우리는 이머징 교회를 반대하는가』, 『왜 우리는 지역교회를 사랑하는가』(이상 부흥과개혁사), 『그리스도인의 구멍 난 거룩』(생명의말씀사)로 '크리스채너티 투데이 북어워드'를 수상했고 팀 켈러, 존 파이퍼 등과 함께 〈복음연맹〉 회원으로도 활동하며 블로그, 페이스북, 트위터 등을 통해 독자들과 소통하는 등 꾸준히 저술 활동을 펼치고 있다.

필립 라이큰 (Philip Graham Ryken)

휘튼대학(Wheaton College)에서 영문학과 철학을, 웨스트민스터신학대학원에서 신학을 전공했으며 옥스퍼드대학에서 교회사로 박사학위를 받았다. 그 후 영국에서 돌아와 필라델피아 제10장로교회에서 사역을 하다 제임스 몽고메리 보이스 목사의 뒤를 이어 담임 목회자로 섬겼다. 현재는 복음주의 신학의 산실인 휘튼대학 총장을 맡고 있다. 『청교도 이 세상의 성자들』(생명의말씀사)을 저술한 리랜드 라이큰의 아들로 아버지의 영문학적 감성과 청교도 영성을 이어받았으며, 제임스 보이스 목사의 진리에 기반한 사역 정신을 계승했다. 진리의 토대 위에 어떻게 하면 현대 문화에 그리스도의 복음을 전달할 것인가에 큰 관심을 두고 있으며, 활발한 강의와 다양한 저술 활동을 통해 그 영향력을 점점 넓혀가고 있다.

보이스 목사와 함께 『라스트 워즈-예수님이 남기신 14가지 말씀』(생명의말씀사), 『개혁주의 핵심』(부흥과 개혁사) 등을 저술했으며 그 외에도 『사랑한다면 예수님처럼』(생명의말씀사) 등 30여 권의 책을 집필했다.

하이웰 존스 (Hywel Jones)

1963년 웨일스장로교회(the Presbyterian Church of Wales)에서 목사 안수를 받은 후 여러 교회에서 섬겼다. 1977년 런던신학대학원(London Theological Seminary)이 설립되자 그곳에서 성경해석학과 설교학을 가르쳤고 1985년 학장에 취임했다. 1996년 런던신학대학원의 학장직을 포기하고 이안 머레이의 뒤를 이어 배너 오브 트루스 트러스트(The Banner of Truth Trust)출판사의 편집장을 맡았다. 복음을 전 세계적으로 전파하는 일에 더욱더 힘을 쏟기 원하는 그는 편집장으로 있으면서 세미나와 강의, 콘퍼런스 등을 개최해 세계적으로 개혁신학을 알리는 일에 일임을 담당했다. 4년간 편집장을 역임한 후 2000년부터는 캘리포니아에 있는 웨스트민스터신학대학원에서 실천신학 교수를 지냈다. 그는 학생들에게 다음과 같은 소망을 남긴다. "제가 학생들을 대할 때마다 바라는 소망이 있다면, 여러분들이 설교 강단에 서서 예배를 인도할 때 성도들이 우리 삼위 하나님의 자비와 위엄을 깨닫게 되는 것입니다." 이 말처럼 그는 학자로서 저자로서 목회자로서 오직 하나님의 영광만이 빛나도록 하는 일에 평생을 매진하고 있다.

저서로 『Let's Study Hebrews (Let's Study Series)』, 『Job (Evangelical Press Study Commentary)』 등 다수의 주석을 출간했다.

편집자 : 로널드 콜 (Ronald L. Kohl)

그레이스바이블펠로우쉽교회(Grace Bible Fellowship Church)의 목사이며, 해마다 퀘이커타운에서 '개혁주의 콘퍼런스'를 주최하고 있다. 십 대 초반에 자신이 구세주가 절실하게 필요한 죄인임을 깨닫고 예수님을 영접했다. 자신이 가르치는 일에 특별한 은사가 있음을 자각하고 목회자의 길을 가기로 결심했지만 부르심의 소명을 향한 길은 쉽게 열리지 않았다. 대학에서 저널리즘을 전공하고 스포츠 잡지의 편집자로서 사회생활을 시작해야 했던 그는 여전히 스포츠 칼럼니스트로서도 활동 중이다. 언론과 출판활동을 통해 쌓은 풍부한 소양은 나중에 신학교에 들어가 기독교 사상을 전공하는 데 훌륭한 기틀이 되어 주었다. 또한 칼럼니스트로서의 활동은 불신자와의 접점에서 늘 복음을 전할 기회를 주었다. 이런 다양한 경험들은 진리에 대한 확신을 보다 더 견고히 하는 토대가 되었으며 개혁주의 신학을 세워나가는 각종 콘퍼런스와 위원회 등을 섬기는 데에도 도움을 주었다.

사명선언문

너희가 흠이 없고 순전하여······세상에서 그들 가운데 빛들로
나타내며 생명의 말씀을 밝혀 _ 빌 2:15-16

1. 생명을 담겠습니다
만드는 책에 주님 주신 생명을 담겠습니다.
그 책으로 복음을 선포하겠습니다.

2. 말씀을 밝히겠습니다
생명의 근본은 말씀입니다.
말씀을 밝혀 성도와 교회의 성장을 돕겠습니다.

3. 빛이 되겠습니다
시대와 영혼의 어두움을 밝혀 주님 앞으로 이끄는
빛이 되는 책을 만들겠습니다.

4. 순전히 행하겠습니다
책을 만들고 전하는 일과 경영하는 일에 부끄러움이 없는
정직함으로 행하겠습니다.

5. 끝까지 전파하겠습니다
모든 사람에게, 땅 끝까지, 주님 오시는 그날까지
복음을 전하는 사명을 다하겠습니다.

서점 안내

광화문점 서울시 종로구 새문안로 69 구세군회관 1층
02)737-2288(T) 02)737-4623(F)

강남점 서울시 서초구 신반포로 177 반포쇼핑타운 3동 2층
02)595-1211(T) 02)595-3549(F)

구로점 서울시 구로구 시흥대로 577 3층
02)858-8744(T) 02)838-0653(F)

노원점 서울시 노원구 동일로 1366 삼봉빌딩 지하 1층
02)938-7979(T) 02)3391-6169(F)

분당점 경기도 성남시 분당구 황새울로 315 대현빌딩 3층
031)707-5566(T) 031)707-4999(F)

신촌점 서울시 마포구 서강로 144 동인빌딩 8층
02)702-1411(T) 02)702-1131(F)

일산점 경기도 고양시 일산서구 중앙로 1391 레이크타운 지하 1층
031)916-8787(T) 031)916-8788(F)

의정부점 경기도 의정부시 청사로47번길 12 성산타워 3층
031)845-0600(T) 031) 852-6930(F)

인터넷서점 www.lifebook.co.kr